高校德育成果文库

GaoXiao DeYu
ChengGuo WenKu

守正创新　润心铸魂
新时代高校"三全育人"的理论与实践

李登万　主编

光明日报出版社

图书在版编目（CIP）数据

守正创新　润心铸魂：新时代高校"三全育人"的理论与实践 / 李登万主编 . -- 北京：光明日报出版社，2024.9. -- ISBN 978-7-5194-8302-9

Ⅰ. G641

中国国家版本馆 CIP 数据核字第 2024MV8051 号

守正创新　润心铸魂：新时代高校"三全育人"的理论与实践
SHOUZHENG CHUANGXIN　RUNXIN ZHUHUN：XINSHIDAI GAOXIAO "SANQUAN YUREN" DE LILUN YU SHIJIAN

主　　编：李登万	
责任编辑：李　倩	责任校对：李壬杰　温美静
封面设计：中联华文	责任印制：曹　净

出版发行：光明日报出版社
地　　址：北京市西城区永安路 106 号，100050
电　　话：010-63169890（咨询），010-63131930（邮购）
传　　真：010-63131930
网　　址：http://book.gmw.cn
E - mail：gmrbcbs@gmw.cn
法律顾问：北京市兰台律师事务所龚柳方律师

印　　刷：三河市华东印刷有限公司
装　　订：三河市华东印刷有限公司
本书如有破损、缺页、装订错误，请与本社联系调换，电话：010-63131930

开　　本：170mm×240mm	
字　　数：394 千字	印　张：25
版　　次：2025 年 1 月第 1 版	印　次：2025 年 1 月第 1 次印刷
书　　号：ISBN 978-7-5194-8302-9	
定　　价：99.00 元	

版权所有　翻印必究

编委会

主　编： 李登万
副主编： 肖　峰　郑辅春
　　　　　倪　波　王　静

目 录
CONTENTS

第一篇　课程育人　科研育人

挖掘地方工匠文化资源　探究工匠精神有机融入高职院校思政课教学——以德阳为例 ……………………………………………… 3

一枝一叶总关情——"大思政课"视野下"沉浸式"思政叙事的探索与实践 ……………………………………………………… 13

思政类大学生竞赛与高职思政课实践教学整合创新研究 …………… 24

善言能写　铸造成行乐业工匠人——"口才与写作"课程育人实践探索 ……………………………………………………………… 35

以文化人、以情动人、以创彰文——"文化创意设计"课程思政教学改革与实践 …………………………………………………… 48

基于"阅读育人"的课程开发和建设——以公选课"阅读与交流"为例 ………………………………………………………………… 61

"三融通"产教融合协同育人——以校企合作共建1981管理创新中心为例 ………………………………………………………… 73

逻辑、价值与实践：儒家仁爱思想融入手工课程筑基高职学前教育人才培养的思考 ……………………………………………… 83

浅议大学英语课程在提升高职大学生跨文化交际能力中的作用 …… 92

第二篇　文化育人　网络育人

地域红色工业文化与高校思政课教学的耦合——以德阳红色工业文化资源融入为例……103

中华优秀传统文化传承基地建设助力高校文化育人的探索与实践——以四川工程职业技术大学"1332"文化育人模式为例……113

在批判和反制历史虚无主义中深化高校"四史"教育……122

"三全育人"视野下高职院校美育工作实践策略探究……132

高职英语学科"以文化人，以文铸魂"育人研究与实践……140

与时偕行　润物无声——学校融媒体"一体三向"网络育人模式的探索与实践……153

"大思政"背景下地方文化融入高职院校文化育人实践路径研究——以四川工程职业技术大学为例……161

网络育人视域下高职学生思想政治现状和辅导员实践对策探索——以四川工程职业技术大学为例……170

第三篇　实践育人　心理育人

基于积极心理学的高职院校心理育人质量提升路径探究……183

基于效用理论的大学生利他行为形成机制研究……192

"三线精神"融入大学生志愿服务的精神培育和实践研究……212

双创视域下高职院校文化创意产品设计研究——以四川双语手绘旅游地图为例……220

儿童福利院志愿服务育人路径研究——基于四川工程职业技术大学学前教育专业的实践分析……229

"艺"心绘梦，绘就乡村振兴新祈愿——乡村振兴战略视域下"'艺'心绘梦"服务队的实践育人路径……238

心理剧在大学生心理健康教育课程中的应用……………………248

第四篇　服务育人　资助育人

"三全育人"理念下高职学生的就业育人体系构建研究——以
四川工程职业技术大学为例………………………………………259
基于朋辈教育的资助育人体系构建路径研究——以四川工程
职业技术大学为例…………………………………………………267
高校食堂"共建、共享、共育"服务育人机制的探索与实践
——以四川工程职业技术大学为例………………………………275
人本·服务·精细：退役大学生德育培养新模式………………284
基于乡村振兴教育帮扶背景下的多维资助育人模式实践
——以四川工程职业技术大学为例………………………………291
"三全育人"视域下职业院校"三心三意"服务育人理念的
实践…………………………………………………………………299

第五篇　管理育人　组织育人

基于"大思政课"实践创新的高校思政类社团建设研究
——以四川工程职业技术大学听潮学社为例……………………311
以习近平法治思想为指引推动高校法治教育新发展……………320
党建领航，"三维"融合赋能，助力学生成长成才——以四川
工程职业技术大学大数据与会计师生融合党支部为例…………329
"讲好中国故事"视域下高职来华留学生人文素养教育探析
——以四川工程职业技术大学为例………………………………337
构建"一主干，两循环"就业管理与服务体系，实现大学生高
质量就业——以四川工程职业技术大学建筑工程学院为例……348

工作室视角：构建高职"三全育人"新矩阵……………………356
多元协同学生三自管理工作法探索与实践……………………365
辅导员角色下基于优势视角引导高职学生职业规划……………374
组织文化在管理育人中的探索与实践——以班级文化建设为例……383

01

第一篇

课程育人 科研育人

挖掘地方工匠文化资源　探究工匠精神有机融入高职院校思政课教学
——以德阳为例

张芙蓉　彭丽　贾芳琴

党的二十大报告强调："加快建设国家战略人才力量，努力培养造就更多大师、战略科学家、一流科技领军人才和创新团队、青年科技人才、卓越工程师、大国工匠、高技能人才。"[①]习近平总书记在2021年4月对职业教育作出重要指示："加快构建现代职业教育体系，培养更多高素质技术技能人才、能工巧匠、大国工匠。"[②]这说明党和国家高度重视培养大国工匠和高技能人才。高职院校秉承着为国家提供有力人才和技能支撑的功能使命，是培养高素质技术技能型人才的主阵地。挖掘地方工匠文化资源，推进工匠精神有机融入思政教学，帮助学生涵养匠心、感悟匠情、践履匠行，对于创新发展高职的思政教育具有重要意义。

一、德阳工匠文化资源概况

明确工匠文化的内涵，梳理地方工匠文化资源概况是探究工匠精神有机融入高职院校思政课教学实践的首要前提。

（一）工匠文化的内涵

工匠文化是一种具有浓厚工匠特色的精神和物质财富，是社会、企业或者个人在生产、经营和管理活动中，经过一定的历史积淀，传承、创造并沉

---

① 习近平.高举中国特色社会主义伟大旗帜　为全面建设社会主义现代化国家而团结奋斗：在中国共产党第二十次全国代表大会上的报告［EB/OL］.中国政府网，2022-10-25.

② 习近平对职业教育工作作出重要指示［EB/OL］.中国政府网，2021-04-13.

淀下来的有价值的文化遗产。工匠文化分为三个层次：表层是物质文化，具体表现为承载工匠精神的厂容、厂貌，产品的工艺、设计和质量。这些物质文化是能被人感知的承载工匠精神的有形载体。中间层是制度文化，包括制度的遵守和纪律的执行等。它不仅反映工匠群体的基本精神面貌，而且是培养工匠精神的制度保障。核心层是精神文化，即工匠精神，这是一种不断追求技术和产品质量的匠人精神。这种精神涵盖了爱岗敬业、持之以恒、精益求精、守正创新的职业品质。

（二）德阳工匠文化资源状况

德阳历史文化悠久，工匠文化积淀深厚，其蕴含的工匠精神熠熠生辉。

德阳的世界级重装企业承载着工匠精神。作为"重装之都"的德阳拥有一大批国内一流、世界知名的重装制造企业，包括宏华石油、东方电机、中国二重、东方汽轮机等。形成了一大批国家级、省级代表一个操作行业的领先水平的高端技能大师工作室，如李小军车工技能大师工作室、文小山数控车工技能大师工作室、陈曙光热处理工技能大师工作室、文仲波电焊工技能大师工作室等。中国二重、东方汽轮机厂厂史馆、东汽精神教育基地科技创新成果展示厅汇聚德阳匠心制造，彰显着德阳重工业历史深厚的底蕴。这些有形的物质文化是承载工匠精神的天然土壤。

德阳的非物质文化遗产孕育着工匠精神。德阳非物质文化遗产丰富，拥有国家级非物质文化遗产绵竹年画和剑南春酒酿造技艺，省级非物质文化遗产中江手工挂面技艺、德阳潮扇传统工艺等；而市级非物质文化遗产更是数不胜数，包括德阳酱油酿制技艺、孝泉果汁牛肉制作工艺、连山回锅肉制作工艺、广汉缠丝兔制作工艺、什邡晾晒烟传统生产技艺等。这些传统技艺从历史中走来，流淌着工匠的血脉。同时形成了承载这些工匠文化历史发展的绵竹年画博物馆、剑南春酒酿造技艺剑南春酒史博物馆、觉慧村非遗中江挂面传承基地、高槐村省级非遗德阳潮扇传承基地等，它们是培育工匠精神的天然沃土。

德阳的工匠涵养着工匠精神。三星堆博物馆文物修复高级工大国工匠郭汉中，德阳重型装备制造产业工匠二重模锻工叶林伟、二重镗工林荣、东汽数控车工李小军、东电焊工秦建等，国家级非遗传承人绵竹北派年画大师李芳福，绵竹南派年画大师陈云福，省级代表性传承人德阳潮扇传统工艺龚德江、杨占勇等，中江挂面大师刘光初、钟标隐等，剑南春集团中国酒体风味设计学之父、中国酒体形态学之父徐占成，国家首席白酒品酒师、中国评酒大师徐姿静、王丽等，这些德阳工匠们始终扎根一线，以爱岗敬业、持之以恒、精益求精、守正创新的职业品质彰显着工匠精神的时代内涵。

二、挖掘地方工匠文化资源推进工匠精神融入高职院校思政课的价值意蕴

（一）有利于增强职业教育适应性的要求，凸显高职院校思政课的职教特色

党的十九届五中全会对职业教育改革发展提出了增强适应性的新要求。全会指出要增强职教适应性关键在于培养学生既能掌握适应企业需求的较高技术技能，同时还能培养学生具有良好的职业道德、职业素养和职业行为，涵养工匠精神。高职院校的专业课侧重于培养高职大学生专业理论素养和职业技能，而培养学生未来岗位适应性要求的职业道德、职业素养是思政课的神圣使命之一。在中国从制造大国向制造强国转变以及进入高质量发展阶段的背景下，爱岗敬业、精益求精、专注执着、尚巧求美、守正创新、道技合一的工匠精神是高素质技能型人才必须具备的核心职业精神。在教学实践中，我们结合学生的职业需求，深入挖掘地方所蕴含的工匠文化资源，推进工匠精神有机融入思政课的教学中，提升学生的核心职业素养和"匠于心、精于工、品于行、化于文"的工匠精神，引导学生形成职业敬畏和职业自豪感，让他们更好地适应未来工作岗位和社会经济需求，凸显高职院校思政课职教特色。

（二）有利于增强高职院校思政课的时代性、针对性、实效性和亲和力

《中国制造2025》是中国推进制造强国而制订的行动计划。实现制造强国的战略目标，迫切需要培养大批具有工匠精神的技能型人才。李克强强调，"我们国家需要搞普通研究的人，也需要搞专业工作，当高级工匠的人，后者

现在我们国家更需要"[①]。然而笔者根据调查发现，高职大学生普遍比较关注职业技能的学习、训练和竞赛，对职业态度、职业品质、职业精神的培育关注不足，直接导致学生步入工作岗位后频频跳槽，这既不利于学生个人的职业发展，也会妨碍企业的生产经营。高职思政课需紧扣时代之需、学生之要，依托地方工匠文化资源，从职业理想、职业精神、职业道德、职业规范等方面提升高职大学生对工匠精神的深层领会和实际感悟，激发他们对工匠精神内心追求、现实向往，增强高职大学生行业自觉和职业自信，从而增强思政课的时代性和针对性。由于地方工匠文化资源具有直观、形象、如临其境的特点，学生倍感亲切、真实，这样更容易拉近思政课堂和现实的距离，调动学生的学习兴趣，从而大大增强思政课的实效性和亲和力。

（三）有利于引导学生关注本土工匠文化，推进地方工匠文化的传承

地方工匠文化资源是源自当地地域和民族在历史发展过程中创造并保留下来的独具地方特色的精神产品。在教学实践中，通过对地方工匠文化资源进行挖掘、筛选和整理，结合学生的职业需求和专业特点，依托思政教材相关的教学专题，将其进行创造性转化和创新性发展，形成鲜活的理论教学案例和丰富的实践教学资源，让本土工匠文化走进课堂、走进学生，有利于引导学生关注地方的工匠文化，构建"思政课程"的地方人文根基，有利于推进地方工匠文化的弘扬，发挥高校文化传承的功能。

三、把握地方工匠文化资源有机融入高职院校思政课的基本原则

依托地方工匠文化资源，推进工匠精神有机融入高职院校思政课是凸显思政课的职教特色、全面推进"大思政课"建设实施的重要举措。但在教学实践中，工匠文化资源的选择、融入却面临着诸多问题。比如，政治教育和工匠精神培育本末倒置，将思政课上成了职业素养课，政治教育功能减弱；思政课专题内容和工匠文化资源两张皮，两者之间找不到有效融入点；工匠文化资源的融入对思政课课时安排的冲击；等等。因此，工匠文化资源融入

---

① 李克强.个人+"工匠精神"=？总理这么说［EB/OL］.中国政府网，2016-12-16.

思政课教学应坚持一定的原则，实现深度、高效融合。

（一）高效性原则

所谓高效性原则，就是将地方工匠文化资源融入思政课时要"有的放矢"。为避免思政课和"工匠精神"培育两张皮现象，必须在素材的高效融入上下功夫。在工匠文化资源的选择和利用上紧紧围绕课程的教学目标和教学内容进行取舍，注重素材的典型性和针对性。在教学实践中精准挖掘工匠文化资源所蕴含的家国情怀、爱岗敬业、守正创新、专注执着等道德品质、精神特质，支撑、深化思政课宏大的理论学习，最大限度地保障思政课程的政治教育功能，同时又充分体现高职思政课的职教特色，达到提高高职思政课教学的针对性和实效性的良好教学效果。

（二）适时性原则

所谓适时性原则，就是注意把握地方工匠文化资源融入的时机。时机把握恰当，学生容易入脑入心。首先，适时抓住相关时事热点为契机渗透工匠精神。年度大国工匠、省工匠和市工匠人物评选时，身边入选的工匠往往更容易引发关注，正是培养工匠精神的时机，此时安排学生课前收集入选的本土工匠人物的事迹，结合教学专题进行讨论，可以起到很好的效果。其次，善于抓住学生实训的契机培养学生的工匠精神。高职院校的学生每学期都有实训，教师可以将相关专题如"恪守职业道德，培育工匠精神"放在学生实训的时机学习，甚至可以将学生实训工厂或企业的优秀工匠的事迹在课堂上分享，学生实训期间再近距离走进榜样人物，这样可以大大提升思政课的实效性。

（三）适度性原则

所谓适度性原则，就是地方工匠文化资源融入思政课时要注意在量上把握分寸，不过多也不过少。思政课普遍存在教学内容多、课时少的矛盾，工匠文化资源的融入将对思政课课时安排带来冲击和压力，因此我们在资源的选取、利用上并不是多多益善，机械化地将其融入教材的每一个章节、每一个专题，甚至让学生产生了自己置身于专业素养课堂的错觉。思政课最基本也是最重要的功能是政治教育，工匠精神培育是高职思政课重要的使命之一，这就要求教师正确把握工匠精神和思想政治理论课的关系，不能本末倒置，坚持适度原则。勉强或过度使用不但不利于教学实效提升，反而还可能弱化思政课的教育价值和魅力。

四、挖掘德阳工匠文化资源，推进工匠精神融入高职思政课教学实践的路径探索

（一）理论教学融入工匠精神，引领学生涵养"匠心"

高职院校思政课承担着帮助学生树立正确的世界观、人生观、价值观、道德观和法治观的重任。工匠精神蕴含着丰富的价值体系，与该课程有关的大学生人生观、理想信念、中国精神、道德观的内容，在理论上具有同源性，内容上具有融合性，人才培养目标上具有契合性。在课堂理论教学中将教学内容进行模块化设计，着力探寻两者之间的契合点、着力点，并将之融入工匠精神。以"思想道德与法治"课程为例，笔者将教材的内容分成人生观、道德观、国家观和法治观"四观"模块，"四观"既是"思想道德与法治"课程教学内容重要的组成部分，也是弘扬工匠精神的重要载体。

在人生观模块，结合二重、东汽的技能大师的成长历程，以"劳动与人生"为着力点，引导学生将工匠精神融入个体和社会的关系之中，帮助学生从社会价值的高度认识劳动的意义和价值，在一定程度上消除高职大学生对应用技能型工作庸俗的误解和对自身价值的错误认识，实现劳动创造美好生活，劳动舞动出彩人生的价值引领。在国家观模块，结合德阳工匠对技艺的极致追求和工业报国的爱国情怀，以"个人和国家"为契合点，帮助大学生认识到工匠精神和中国精神紧密联系，正确认识个人劳动和国家命运的关系，引导学生树立社会主义核心价值观，激励他们创新创造科技报国。在道德观模块，结合德阳非遗物质传承人对传统技艺的坚守和传承，以"道德与伦理"为切入点，在诠释中国传统美德的基本精神的基础上融入工匠精神，紧紧围绕为人民服务、职业道德、职业伦理，培育学生对社会主义道德的建设能力。在法治观模块，结合德阳重装企业、大师工作室涵养工匠精神的安全生产规

章制度、安全技术操作流程等，以"法律规范与法律操守"为契合点，紧密结合职业规范和职业操守的内容，培养学生的法治思维，引导学生遵守劳动契约，提升劳动品质。在教学中找准德阳工匠文化和"四观"教学模块的契合点渗透工匠精神，使学生对工匠精神达成政治、思想和情感的认同，涵养匠心，发挥思政课铸魂育人的功能。

（二）实践教学渗透工匠精神，引发学生感悟"匠情"

德阳的工匠文化资源是一本鲜活的教材，它不仅能为思政课提供丰富的理论素材，还能为实践教学提供广阔的实践体验基地。因此，在实践教学过程中我们依托德阳工匠文化资源，构建课堂、校园和社会三位一体的全方位、立体化的实践教学模式，帮助学生拓展精神世界，升华职业情感，培育工匠精神，引发学生感悟"匠情"。

课堂实践教学是基础，依托德阳的工匠文化资源，借助课堂讨论、辩论、主题演讲等方式，让学生主动参与到教育教学全过程，通过自我探究、小组探究等形式体悟工匠精神的精神实质，提升思想认同，促进工匠精神转化为学生的内在品格。如在讲授"恪守职业道德，培育工匠精神"专题时，结合绵竹年画国家非物质文化遗产代表传承人陈兴才和李芳福立足优秀传统手工艺近80年的坚守的案例，让学生辩论"择一事终一生好"还是"一生从事多个职业或行业好"，引导学生感悟这些非遗传承人身上所诠释的"因为热爱所以坚持"的情怀和执着、专注、精益求精的职业品质，鼓励学生把自己对专业的热爱当作长期的坚守。教师将地方的工匠文化资源融入课堂，让学生倍感真实、亲切，通过巧妙地设置辩题，让同学们在辩论中不断迸出思想的火花，达到自我教育和相互教育的目的。

校园实践教学是延伸。将德阳的工匠文化资源"引进"校园，在更为广阔的空间和层面上开展丰富多彩的实践活动，使学生在切身体验中感悟匠情，强化工匠精神。如在讲授"传承工匠精神，树立职业信仰"专题时，将德阳潮扇传统工艺传承人杨占勇请进学校，杨老师通过讲座给学生讲授德阳潮扇的历史由来、传承发展的现状以及自己多年对潮扇坚守的情怀，并现场演示潮扇的制作流程，让学生亲身参与其中。通过一系列的实践活动引发学生去体悟非遗传承大师爱文化、爱家乡的朴素家国情怀，引导学生推崇传承大师的敬业、专注、执着、创新的职业精神和职业品质，激发学生保护、传承、开发地方工匠文化资源的自觉意识，从而达到激励学生结合自己的专业和地方发展需求树立高尚的职业理想、坚定自己的职业信仰的教学目的。因此，将地方非遗传承大师、重装技能大师等社会资源引进校园，通过工匠们的现身说法来提升思政实践课堂的感染力，既丰富了校园文化，又提高了思政课的实效性和亲和力。

社会实践教学是升华。利用寒暑假或课余时间，组织学生深入德阳世界级的重装企业及厂史馆、非遗传承基地等开展调查、参观访问等活动，引导学生以理论促实践，由实践获感悟，在反思中达成知行合一。如在讲授"创新创造科技强国，弘扬工匠精神"专题时，组织学生参加东汽精神教育基地科技创新成果展示厅，该展示厅以"大国重器·创新之路"为主题，由争锋馆、争先馆、争气馆、争光馆四个馆构成。学生通过参观、全方面了解东方汽轮机全国重点实验室的发展历程、研究方向、研究成果和创新平台等。在四馆内，讲解员揭开了"央企十大国之重器"、被中央媒体誉为中国"争气机"的F级50兆瓦重型燃气轮机的神秘面纱，让学生真实地感受到我国自主燃气轮机如何实现从"0"到"1"的突破，以及核心技术突破背后的艰辛和一线技术工人们砥砺前行、奋斗不止的职业品质，激发学生创新创造、以技报国的匠情。学生通过课外或假期参观，身临其境地体验、感受德阳的工匠文化，通过自主学习、自主实践和自主探究，真正将工匠精神内化于心、外化于行，达到知行合一。

（三）校园环境烘托工匠精神，引导学生践履"匠行"

培养学生的工匠精神，还应该以高职校园文化为抓手，增强工匠文化渗透力。良好的校园文化对学生的价值取向、思想观念、道德素质等都有潜移默化的影响。将德阳地方工匠文化资源有机融入校园文化环境，创设"敬业、专注、精益、创新"的工匠文化氛围，让学生在耳濡目染中受到熏陶与感染，主动规范自身行为，以工匠精神的优良品质推动自己的专业成长，引导学生践履"匠行"。

首先，整理德阳优秀工匠及其贡献，根据不同的主题如"创新创造技能报国""走进德阳非遗"等，以展馆或者展板的形式加以宣传。以德阳劳模、德阳工匠为内容打造"工匠园""德阳工匠文化长廊"等校园文化景观，烘托出尊敬"工匠"、崇尚"工匠"的校园风尚，引导学生在地方工匠文化氛围中潜移默化培育工匠精神。其次，邀请德阳国家级、省级、市级技能大师和非遗传承人到学校开设专题讲座，特别是本校的优秀校友，更有感染力和号召力。笔者所在院校一直聚焦高端装备制造业，培养了一批批德技兼修的现代工匠，如白酒酿造高级技师徐姿静、空军航空修理系统领军人物刘尚明、航空制造创新标兵吴传华、航空航天精密加工技术的攻克者何波等。通过校友们分享亲身经历和经验去感染和熏陶学生，激发他们的兴趣爱好、增强专业信心和认可度。最后，积极利用学校的网站、微信公众号、融媒体等学生喜闻乐见的新媒体、新形式宣传德阳地方工匠文化，营造工匠文化校园氛围。

综上所述，在全面推进"大思政课"建设的背景下，挖掘地方工匠文化资源推进工匠精神有机融入思政课教学是创新高职思政教育的重要举措。在教学实践中努力探求地方工匠文化资源与思政课教学内容的契合点，挖掘其背后蕴含的职业品质、职业精神，将其高效、适时、适度融入思政课课堂，将德阳工匠文化资源所蕴含的磅礴之力转化为思政课育人的效能，着力培养"立大志、明大德、成大才、担大任"的高端技术技能人才。

参考文献

［1］曾泓华，周扬帆.工匠精神融入高职学生职业素养培育路径创新研究［J］.科教文汇（中旬刊），2020（8）.

［2］陈爱华."工匠精神"融入高职思想政治教育探究［J］.广东轻工职业技术学院学报，2018，17（2）.

［3］范伶俐.工匠精神与高职思政课教学的有效融合［J］.宿州教育学院学报，2020，23（2）.

［4］李克强.个人+"工匠精神"=？总理这么说［EB/OL］.中国政府网，2016-12-16.

［5］林丽金.工匠文化在高职教育中的融入［J］.西部素质教育，2019，5（24）.

［6］刘春华.我省新增5个国家级技能大师工作室 每个领办人都有绝活

[N].四川日报，2019-01-15（15）.

［7］刘燕，程静.劳模精神、劳动精神、工匠精神融入高职思政课教学实践研究［J］.教育与职业，2022（2）.

［8］习近平.高举中国特色社会主义伟大旗帜 为全面建设社会主义现代化国家而团结奋斗：在中国共产党第二十次全国代表大会上的报告［EB/OL］.中国政府网，2022-10-25.

［9］王兆婷.职业精神融入高职思政课的学理依据和路径：以思想道德修养与法律基础为例［J］.开封文化艺术职业学院学报，2020，40（12）.

［10］习近平对职业教育工作作出重要指示［EB/OL］.中国政府网，2021-04-13.

［11］张晶.招办主任来支招 教你如何选专业［N］.重庆日报，2022-03-30（10）.

［12］朱志永.工匠精神融入高职院校思政课教师教学实践的内涵与路径研究［J］.重庆电子工程职业学院学报，2022，31（5）.

［13］雷霆.校企合作下的高职学生管理浅谈［J］.科教导刊—电子版（中旬），2018（17）.

［14］孔玲，陈蔡杰.以"工匠精神"引领农科大学生的职业技能培养：以扬州大学农科专业为例［J］.扬州大学学报（高教研究版），2018，22（5）.

作者简介

张芙蓉（1979—），女，湖南浏阳人，哲学硕士，四川工程职业技术大学马克思主义学院教师，副教授，研究方向：思想政治教育。

彭丽（1985—），女，四川仁寿人，法学硕士，四川工程职业技术大学马克思主义学院教师，讲师，研究方向：思想政治教育、马克思主义中国化。

贾芳琴（1983—），女，山西汾西人，法学硕士，四川工程职业技术大学马克思主义学院教师，讲师，研究方向：思想政治教育、马克思主义理论教育。

一枝一叶总关情
——"大思政课"视野下"沉浸式"思政叙事的探索与实践

邓小燕　胡国　贾芳琴　柏菁　曹婷

目前，思政课教学中仍存在把理论以灌输方式强势植入学生大脑的倾向，教师多少存有在课堂上"自说自话""自娱自乐""自以为是"的"独角戏式"的表演现象，思政课要实现"入脑入心"，让学生真懂、真信、真用仍然比较困难。思政课如何做到把握学生需要，把"重要的"做成"需要的"；课堂内容如何引发学生内心触动，把"有意义"做得"有意思"起来；如何用感性方法传播理性观念，既"上接天线"又"下接地气"，使学生愿意听、听得懂、记得住、又受用，这些问题的解决日益迫切。近年，"'大思政课'我们要善用之"[1]的重要论述赋予思政课多角度的建设思路，为其教改提供了新的支撑和启迪。作为思政教育主渠道和主阵地，高校思政课承载着"讲好中国故事"的重大责任和历史使命，教学中"叙事话语的引入既可以夯实思政教育个体存在的根基，也可以拓宽思政教育的视域，还可以增强思政教育的情景效用"[2]。对思政叙事教学重新审视与研究的任务摆在思政课教师的面前。

一、叙事与思政叙事的相关理论

（一）叙事的主题选择和价值生成

叙事是人类存在的一种基本方式，与说理、抒情一样，都是人类与生俱

---

[1] 杜尚泽."'大思政课'我们要善用之"（微镜头·习近平总书记两会"下团组"·两会现场观察）[N].人民日报，2021-03-07（1）.

[2] 潘晴雯.从说理走向叙事：思政话语的转换及其意义[J].探索与争鸣，2012（8）：73-77.

来的一种表达自己感受和情感的方式。最早的叙事可以追溯到《论语》《庄子》《史记》和古希腊的《荷马史诗》等。"我们的生活不停地和叙事、和讲述的故事交织在一起……我们被包围在叙事之中。人们通过叙事'理解'世界，也通过叙事'讲述'世界。"[1]为研究方便，本文将叙事仅界定为"讲故事"，但它与单纯讲故事、看电影这些众享的娱乐活动完全不同，叙事有着活泼明快的形式，但不以享受和消遣为目的。一方面，叙事主题是纯然开放的。"主题就像一颗颗星星，构成了我们生活于其中的意义的星空。"[2]叙事的故事是有结构、有道理、有意义和价值的。叙事不是故事的随意链接，而是依照对教材内容的理解，循着某个主题逻辑的构成。另一方面，叙事价值是显而易见的。现实生活中，叙事常常使理论具有更加饱满的思辨内容，使内在情感体验更加突出；能把生涩而乏味的理论回归生活，以展现人们生动活泼的现实处境；叙事还可让高深笼统甚至捉摸不透的观点变得容易理解起来，让人们内心世界在展开的故事、推进的情节、事件的链接中发生心灵层面的交互。叙事文字是丰富有感染力的，赋予了墨守成规的文本以灵动的气息，特别是"叙述的直接抵达，让那些没有体温、呼吸和心跳的文字，那些概念单性繁殖概念的论、史、评，远远留在它们的灰色地带"[3]。

（二）思政叙事的概念界定和要素构成

思政叙事是思政课教学不可或缺的重要方法，深得师生喜爱。教学中，叙事因其明确的教育价值而被广泛采用。叙事过程中摄入的意识形态表达对教育对象产生的意义是独特的，让思政课与叙事有机衔接起来。关于思政叙事需厘清两个问题：其一，何谓思政叙事？思政叙事是指叙事主体用"讲故事"的方式向教育对象讲述富含思想观念、政治观点和德法规范的"故事"的教学方法。既要讲述"故事"的"事"与"理"，更要涵盖"故事"的"人"与"情"。较之其他教学法，叙事能够促使学生更主动地进入教育过程，更利

---

[1] 王枬，等. 教师印迹：课堂生活的叙事研究［M］. 北京：教育科学出版社，2008：1.
[2] 范梅南. 生活体验研究：人文科学视野中的教育学［M］. 宋广文，等译. 北京：教育科学出版社，2003：119.
[3] 任洪渊. 作家批评家：黄伟林的"批评叙事学"［J］. 南方文坛，2001（6）：18-19.

于增进个体的理解和共识，能更好地开展教学活动，意识形态意蕴能更自然化为"常识"从而被人接受和理解。其二，讲故事的要素有哪些？习近平总书记指出："讲故事就是讲事实、讲形象、讲情感、讲道理，讲事实才能说服人，讲形象才能打动人，讲情感才能感染人，讲道理才能影响人。"[①]其清晰地论述了思政叙事的灵活性、人文性和隐喻性等特点，阐明了思政叙事所包含的事、情、境、理、主体五要素之关系，"把握事是依托、情是催化、理是核心、境是场域、叙事者和受叙者是主体，五要素相互作用，有机统一，有助于调节个体思想情感、引导社会价值方向、凝聚社会集体共识，达成思想政治教育的目的和使命"[②]，提升思政课教学的有效性和实效性。所以，"讲好故事"是思政课教师必备的一种能力。

二、思政叙事在教学中的运用现状和存在问题

思政叙事作为思政课教学的重要方法，运行情况怎样？存在哪些不足？未来如何完善？本文借学习通平台面向同期教学多个专业教学班发放了"思政叙事教学法在思政课教学中的运用情况调查问卷"，共826位同学参与并形成了有效问卷，对把握叙事现状进行叙事创新提供了调研依据。

（一）思政叙事是思政课教师喜欢且运用广泛的教学方法

思政课教学内容广、内容更新快、复杂性程度高，"讲好思政课不容易"，思政课的特殊性和挑战性，要求思政课教师不同程度地对教学做出创新和探索。教学中，教师自觉或不自觉地从历史、现实、世界多维度开展思政叙事。问卷中，学生认为思政课教师会经常讲到历史故事并展开分析的比例占到82.7%，经常采用中外故事比较并得出令人信服结论的比例占到77.1%，经常会对热点焦点问题及时展开讨论并分析的比例占到82.4%，经常联系生活实际进行叙事的比例占到65.1%，教师在叙事中重视归纳总结的比例占到71.3%。可见思政课教师对思政叙事是青睐且有经验基础的，思政叙事是思政课教学的一大法宝。

---

① 中共中央文献研究室．习近平关于社会主义文化建设论述摘编［M］．北京：中央文献出版社，2017：212．

② 蒋雪莲．思想政治教育叙事的基本功能及其策略优化［J］．理论导刊，2020（9）：118-122．

（二）思政叙事是青年学生乐于接受且易于参与的教学活动

问卷中，有78.2%的学生对思政课教师采用叙事教学授课持赞同态度，他们认为叙事教学形象生动便于吸收与理解；有56.6%的学生认为思政叙事应得到经常性运用，几乎每节课使用他们都能接受；有63.3%的学生认为在一堂思政课中思政叙事在时间上可以占到30%~50%；与其他教学法进行比较，学生认为叙事教学更具生动性的占31.8%，更富典型性的占27.7%，更有温度、接地气、有感染力的占27.7%。当问到思政叙事教学法的好处有哪些时，29.4%的学生认为可以激发学生兴趣，活跃课堂氛围；24.8%的学生认为可以有效突破重难点讲解，使知识内化于心；25%的学生认为可以提高思政课教学实效。数据显示，思政叙事中叙事主体间如果能建立更为平等的关系，有更多情感的投入、更为真诚的沟通，叙事主题即使含而不露，也能激发学生主动探寻隐匿其间的深刻道理。

（三）思政叙事存在问题与思政课的现实困境具有关联性

问卷统计分析显示思政课困境表现有二。一是少数学生对思政课重要性认识不足，心理上排斥或不重视现象仍然存在。4.9%的学生断定自己天生不喜欢这门课，4.8%的学生断定思政课对自己不重要。可见，这部分学生对"思政课是立德树人的关键课程"，是"启人大智、育人大德、引人大道的'人生大课'"[①]的基本认知是欠缺的。二是绝大部分学生虽对思政课有充分认识，但教学又难以满足他们对思政课育人的期待。问卷中29.3%的学生认为教学形式单一；28.2%的学生认为教学针对性不强、内容枯燥乏味，难以走入其内心；15.7%的学生认为教师对信息化手段运用不科学，要么过多依赖，要么运用不熟练。这些困境折射到思政叙事时也存在如下问题：学生反映故事选材不合适占13.9%，话语缺乏生活性、时代性占21.6%，故事讲述载体单一占26.6%，故事设计不合理占10.7%，情境创设缺乏创意占17.8%。概括讲就是叙事办法老套单一；叙事解读无深度新意；叙事文本无针对性，叙事缺乏对故事的"理论解释力"和对学生的"思想引领力"，不能满足学生的成长需要和内心需求。随着不断产生的教学失望和教学遗憾，教师对思政叙事中"叙

---

① 冯秀军. 善用"大思政课"的三个维度[J]. 思想理论教育导刊，2021（8）：103-109.

什么""怎么叙"必须有所行动。

三、"沉浸式"思政叙事的创设和变现

（一）"沉浸式"理论教育意蕴的挖掘

所谓沉浸式是美国心理学家 Csikszentimihalyi（齐克森米哈里）提出的，也称为沉浸理论或沉浸式体验，属于积极心理学范畴，指当个体在完成某项活动时整个身心投入既定情境，专注一心，全然屏蔽来自外境所有无关信息，内心体验不断激发，促使个体身心进入沉浸状态并朝着越来越好的方向发展。沉浸理论这一内涵意蕴与思政课教学强调的"潜移默化""润物无声"等育人方式异曲同工。"沉浸式"强调多叙事、少说教，沉浸来自故事的精彩、教学时空场景的转化、营造教学情境手段的多样，来自教师对学生的鼓励话语、赞赏眼神、好意提醒和真诚批评，以此叙事即可拨动学生心弦，亦可达成沉浸化育，从而激活思政课堂。"沉浸式"为我们提供了思政叙事认识和建构的新思路。

（二）"沉浸式"理论在思政叙事各要素的植入

思政叙事包括人、事、情、境和理五要素，体现为主体、内容、方法、环境、目标等特有方面。叙事主体的交互、叙事内容的精确、叙事方法的艺术、叙事环境的协同、叙事目标的确立，对纷繁复杂、变化分散的故事诉说素材的"统摄整合"，共同将"沉浸"叙事之网铺陈开来。

叙事目标的确立是"沉浸式"思政叙事的化育彰显。思政教学各环节的开展始终要围绕着教学目标。合理科学设定教学目标，关乎思政叙事活动能否顺利实施。思政课目标中知识与能力、过程与方法、情感态度与价值观的各维度，为思政叙事目标提供了分析的框架。思政叙事目标一要以叙事实现知识层面的灌输，深化青年学生对教材要求掌握的理论观点的认知。二要以叙事养成青年辩证思维、历史思维、创新思维、系统思维的习惯，坚持历史唯物主义，培养青年学会辩证看待问题和分析问题的方法。三要以叙事启迪青年树立有信仰内核的正确史观，生成追求明德、温润心灵的价值理念。叙事目标维度的紧密连接、丝丝入扣、循序渐进共同实现思政叙事沉浸化育。

叙事主体间的交互是"沉浸式"思政叙事的实现前提。思政叙事是基于

平等产生的对话活动。问卷中有67.9%的学生认为自己是一个喜欢分享故事的人，44.1%的学生希望课堂上由师生共同完成叙事活动。这为根据叙事分工、叙事情境的不同，师生作为叙事主体提供了可能。思政叙事"关键在教师"。作为叙事主体，教师需要在故事文本的选择、加工与述说上，敢下真功夫，实现情理交融；需要对学生叙事使用文本的真实性、主题吻合性、作品原则性严格把关；需要鼓励学生对故事文本进行创造性重构和创新性演绎，指导和完善学生的叙事活动。其次，思政叙事也需要给学生"话语赋权"。作为叙事主体，学生也需要承担故事的选择、加工及叙事作品的制作和展示活动。师生间双向互动、平等交流、相互启发，共讲"生动感人的故事，可为学生营造一个沉浸其中的课堂，从而把理论的抽象化为触及学生心灵的感动"[①]。

叙事内容的精确是"沉浸式"思政叙事的构成核心。内容精确是指叙事内容供给与学生需求的一致性，目的是提升思政叙事的针对性和实效性。选好故事是供给关键，这个过程可分两步展开：第一步悉心切脉，开展学情调查获取学生的认知状况、学习特点、偏好、期待以及疑问，把握学生需求，进行有的放矢的叙事；第二步开好处方，保障教学供给，实现卓有成效的叙事。问卷中，有79.6%的学生表示想听革命英雄和时代楷模的故事，这些故事味道浓、情节丰富、通俗易懂又发人深省，多能满足学生对叙事内容的期待。选取内容还要坚持"三遵循"：遵循"善用历史变焦镜"，讲清历史进程、讲好精神谱系、讲透唯物史观；"活用思想透视镜"，"善于将中国问题的解读置于人类发展的坐标系中，具有立足国内国际两个大局的宽广视野"[②]；"巧用时代反光镜"，紧握时代发展脉搏，选用丰富的时代营养剂，"捕捉学生'经历过'的社会热点和问题，用以服务教学内容"[③]。

叙事方法的艺术是"沉浸式"思政叙事的着力点。思政叙事作为思政课教学的重要方法，讲述者要感同身受进入故事角色，要设身处地进入故事情景，要心无旁骛讲述故事。教师要想恰当地表达真情实感，需要讲究叙事方法的艺术，一要借助教学研究助力叙事表达。"基于深厚的教学研究，叙事

---

① 冯秀军.见多识深，把大思政课讲深讲透讲活[N].光明日报，2022-06-21（15）.

② 冯秀军.善用"大思政课"的三个维度[J].思想理论教育导刊，2021（8）：103-109.

③ 周文.教学要素视角下"大思政课"的建设路径[J].思想理论教育，2021（12）：75-79.

表达不会只限于热闹，它可以驱动'思维'，逻辑严谨，达到有效的价值引领。"[1]二要锤炼语言形成独特表达。好的叙事犹如交响乐，叙事主题的有效确立、叙事交互的平等对话、叙事节奏的起承转合、语言风格的叙议结合、肢体语言的恰当使用、叙事内容的通俗顺畅都是跳动其间的闪亮音符。三要创新方法生成多样表达。问卷中20.7%的学生喜欢视频叙事，14.3%的学生喜欢图片叙事，13.2%的学生想通过演绎或拍微电影的形式获取体认，8.3%的学生期待听到专家和榜样的讲述，7.8%的学生期待获得VR场景体验。教师善选和自由切换适宜的叙事方法，有利于将学生由单独的情意世界导向"情""理"结合的价值世界。

叙事环境的协同是"沉浸式"思政叙事的物质保障。"人创造环境，同样，环境也创造人。"[2]教师要为思政叙事创造相互协同、接续有用的时空环境。一是思政课堂育人主渠道环境要"守好"，善于构筑对话平等的教学"微环境"，加强学生主体性的发挥。二是思政物化资源环境要"用好"，红色叙事经由红色物化环境不断传递着信仰力量与真理智慧，特别是精神谱系教育基地、领袖故居等红色资源环境作为思政叙事主要板块，大大增强了思政叙事的生动性和说服力。三是思政叙事虚拟环境要"建好"，特别在大学生无法离网的现状下，借助网络虚拟空间，用VR技术打造主题体验馆，用AR拍照生成数字影像，吸引学生驻足"打卡"，用数字化赋能思政叙事。问卷中40.1%的学生有VR体验经历且认为讲述红色革命故事时加入VR技术效果会更好，49.5%的学生虽没有此经历但也认为效果会更好。叙事环境的转变加之课程思政与思政课程的同向同行，共同构成思政叙事的生态大环境。

（三）以"发扬中国革命道德"一课为例探索"沉浸式"思政叙事样式

中国革命道德作为红色基因的集中体现，彰显了中国共产党的根本宗旨和中华民族的独特品性，它跨越历史长河，承载着众多革命人物、革命事迹和崇高的革命精神。选择《思想道德与法治》第五章内容"发扬中国革命道

---

[1] 邓小燕. 致广大而尽精微："大思政课"视野下思政课创新的思考与实践［M］//李登万. 铸魂育人　润物无声：新时代高校德育工作的理论与实践. 北京：光明日报出版社，2022：111.

[2] 中共中央马克思恩格斯列宁斯大林著作编译局. 马克思恩格斯选集：第1卷［M］.北京：人民出版社，1995：92.

德"进行教学最能体现红色教育与高校思政课精神上的一脉相承和融合发展。要讲好中国革命道德,必须变"知识硬灌"为"沉浸化育",然而这种转变并不容易。中国革命道德的叙事话语更接近于"远离大地"的"宏大叙事"而非诗意栖居大地的"个体叙事"特点,教学难度大的同时要求也很高,教师不同程度地存在着怕"讲不好"的"本领恐慌"和干脆"少讲点""挑着讲"的畏难情绪。教学中的话语体系需"从宏大叙事所要求的应然状态中转化到个体叙事所对应的实然状态上来"①,以"沉浸式"全面架构故事的基本要素,探索以"主题、主体、内容、设计、场域"五重维度为有机组件的"沉浸式"思政叙事样式,在为什么叙、谁来叙、叙什么、怎样叙、何处叙的逻辑线路中引入沉浸的底色。

紧紧围绕"沉浸化育"目标做好历史叙事和时代叙事。"一是讲清楚中国革命道德的形成发展和主要内容,从中国共产党人的初心使命、根本宗旨、光荣传统和优良作风中梳理和挖掘其中蕴含的道德元素;二是讲清楚中国革命道德是社会主义道德的红色基因,帮助青年学生深刻认识传承红色基因的重大意义和时代价值,引导青年学生大力发扬红色传统,赓续共产党人的精神血脉"②,做到以理服人,以情感人,赋予个体极强的体验感和代入感,实现沉浸化育。

主体"双向奔赴"共同营造师生之间、生生之间双向叙事的生动场景。特别在学习"中国革命道德的主要内容"时,变传统叙事为"翻转小课堂",开展"小组讨论""场景应用""叙事演练""叙事展示"等"沉浸式"叙事活动,教师由主演变导演,青年学生由观众变主角。问卷中有33.7%的学生成长于红色革命地区或者红色家庭,61.1%的学生参加过党课学习,其中有学生在本次课中崭露头角,展示了他们得天独厚的主体条件和追求真理的认真态度。

依照"四用"要求紧扣时代主题选择叙事素材。根据"用党的科学理论武装青年,用党的初心使命感召青年"③要求,以党的二十届中央领导集体首

---

① 潘晴雯.从说理走向叙事:思政话语的转换及其意义[J].探索与争鸣,2012(8):75.
② 教育部高校思想政治理论课教学指导委员会.党的十九届六中全会精神融入"马克思主义基本原理"课的教学建议[J].思想理论教育导刊,2022(3):4-13.
③ 习近平.高举中国特色社会主义伟大旗帜 为全面建设社会主义现代化国家而团结奋斗:在中国共产党第二十次全国代表大会上的报告[EB/OL].中国政府网,2022-10-25.

次出行延安开启跨越历史对话和发出面向未来的宣示这一重大事件为契机，深入挖掘延安精神这一教学优质载体，弄清我们党历史上从这里出发，今天又重回延安从这里迈步开启新征程的历史线索和历史逻辑，号召青年学生发扬自力更生、艰苦奋斗、吃苦耐劳精神，沉浸化育青年心灵，呼唤青年自觉担当起新时代伟大使命。

力求在叙事设计上线索清晰、手段创新。在叙事任务发布、叙事互动教学、叙事课后反思实现"网络化"；借用"三问"推进形成叙事主线，形成叙事的清晰逻辑；构筑沉浸情景，图片叙事、音频叙事、视频叙事、表演叙事交替发力，加大情感力量介入，消弭"宏大叙事"的强势；以"个体叙事"和"群像叙事"引发情感沉浸，从"小故事""小切口""小细节"入手，创造性、深度化地讲述延安时期中国共产党人、革命战士、进步青年面临日常生活和现实困难所表现出来的高尚革命道德；深入探讨析之以辨，面对各种社会思潮的翻滚搅动，青年学生更要发扬革命道德、传承红色基因，同各种诋毁英雄、歪曲历史的历史虚无主义思潮做斗争。

在条件可能范围内转换叙事场域打造理想叙事。叙事本质是开放的，在空间上是开阔的，叙事不能只限于教室一隅来发生，拓宽叙事场域是提高高校思政课教学实效的必然要求。或以"实地叙事方式"开展师生假期"延安红色之旅"实践活动"沉浸式"体验革命道德；或以"虚拟叙事方式"借助AR/VR技术建构具有情景色彩的叙事场景，使青年学生创建"情感链接"，增加叙事的"纵深感和现场感"，触动情感世界；或以"延展叙事方式"延伸课堂"半径"，依托或搭建多方平台，引导学生"学思践悟"，深入青年"心"、激发青年"力"、引领青年"行"。多领域、超时空、广互动一起发力，不断加深青年对中国革命道德的体验和认同，逐渐让他们涵养出这种高蹈、向上的而非低就、底线的优秀道德。总之，对思政叙事的求索和实践，动力来源于97.3%的学生表示他们曾被故事深深打动，来源于87.7%的学生对延展课堂的深度认可，更来源于当有人对红色革命遗址进行破坏或者有辱没英雄的行为时，73.4%的学生选择了亮剑。

参考文献

[1] 杜尚泽.""大思政课'我们要善用之"（微镜头·习近平总书记两会"下团组"·两会现场观察）[N].人民日报,2021-03-07（1）.

[2] 潘晴雯.从说理走向叙事：思政话语的转换及其意义[J].探索与争鸣,2012（8）.

[3] 王枬,等.教师印迹：课堂生活的叙事研究[M].北京：教育科学出版社,2008.

[4] 范梅南.生活体验研究：人文科学视野中的教育学[M].宋广文,等译.北京：教育科学出版社,2003.

[5] 任洪渊.作家批评家：黄伟林的"批评叙事学"[J].南方文坛,2001（6）.

[6] 中共中央文献研究室.习近平关于社会主义文化建设论述摘编[M].北京：中央文献出版社,2017.

[7] 蒋雪莲.思想政治教育叙事的基本功能及其策略优化[J].理论导刊,2020（9）.

[8] 冯秀军.善用"大思政课"的三个维度[J].思想理论教育导刊,2021（8）.

[9] 冯秀军.见多识深,把大思政课讲深讲透讲活[N].光明日报,2022-06-21（15）.

[10] 周文.教学要素视角下"大思政课"的建设路径[J].思想理论教育,2021（12）.

[11] 邓小燕.致广大而尽精微："大思政课"视野下思政课创新的思考与实践[M]//李登万.铸魂育人 润物无声：新时代高校德育工作的理论与实践.北京：光明日报出版社,2022.

[12] 中共中央马克思恩格斯列宁斯大林著作编译局.马克思恩格斯选集：第1卷[M].北京：人民出版社,1995.

[13] 教育部高校思想政治理论课教学指导委员会.党的十九届六中全会精神融入"马克思主义基本原理"课的教学建议[J].思想理论教育导刊,2022（3）.

作者简介

邓小燕（1969—），女，教育硕士，教授，四川工程职业技术大学专任教师。近年公开发表《对高校思想政治理论课教学定位的思考》《基于主导性与主体性相统一原则探索高职思政课教学创新》等论文10篇。主持并参与德阳市社科联课题《"走心"：青少年思想政治教育路径创新探析》、四川省"思想道德修养与法律基础"示范课程建设等项目21项。编写教材2部。2020四川省"课程思政"示范教学团队主要成员。2021"我心中的思政课"微电影《岭上花开》获省特等奖和国家优秀奖，首席指导教师。主要研究方向：思想政治教育。

胡国（1970—），男，大学学历，讲师，四川工程职业技术大学专任教师。曾主持并参与课程建设和课题12项，近年发表论文8篇，其中学校道德教育论文两篇，"课程思政"示范项目荣获学校二等奖。主要研究方向：传统体育项目教育教学与课程思政。

贾芳琴（1983—），女，法学硕士，讲师，四川省德阳市委讲师团成员。参编教材5部，担任副主编一部，第一作者发表文章7篇，主持课题4项，参与课题10余项。主要研究方向：马克思主义理论教育、思想政治教育。

柏菁（1983—），女，硕士研究生，讲师，四川工程职业技术大学马克思主义学院党总支组织委员、教工第二党支部书记、新思想教研室主任。曾主持和参与省、市、院级课题10项，参与编写教材4部，公开发表论文12篇。曾获四川省职业院校教师教学能力大赛三等奖、德阳市党的二十大征文一等奖等，曾多次被评为"优秀共产党员""优秀辅导员"，曾获学校"永好教师育人奖"。主要研究方向：思想政治教育。

曹婷（1983—），女，硕士研究生，讲师，四川工程职业技术大学专任教师。公开发表论文10余篇，参编教材2部，主持参与科研项目9项，研究成果2次获德阳市理论研讨征文三等奖。2019年获四川省"中华传统美德进课堂"教学大赛三等奖，2022年获四川省教师教学能力大赛获三等奖。主要研究方向：思想政治教育。

思政类大学生竞赛与高职思政课实践教学整合创新研究

彭丽　张芙蓉　王维恪　李照会

党的十八大以来，实践教学成为推动高职思想政治理论课教学改革的重要引擎，越来越受到重视。2020年，教育部等九部门关于印发《职业教育提质培优行动计划（2020—2023年）》的通知指出，要"构建职业教育'三全育人'新格局"，强调全员、全过程、全方位协同育人。2022年，《全面推进"大思政课"建设的工作方案》又进一步明确指出，要结合"中国国际'互联网＋'大学生创新创业大赛青年红色筑梦之旅"（以下简称"红旅"）、"习近平新时代中国特色社会主义思想大学习领航计划"（以下简称"领航计划"）等竞赛类活动开展实践教学，这给高职思政课实践教学指明了新的方向，思政课教学应该借助思政类大学生竞赛平台，整合创新实践教学育人路径。

一、思政类大学生竞赛融入高职思政课实践教学的意义

思政类大学生竞赛作为高职思政课实践教学的重要形式，旨在丰富学生思想政治理论知识，启发学生自主学习，锻炼学生创新实践，培养学生团队协作和塑造学生价值理念。在思政课实践教学中融入思政类大学生竞赛项目，是培养学生实践能力的一条有效途径，也是提升思政课实践育人实效的一种有益尝试。

（一）有利于促进学生成长

从学生角度来看，学生作为实践育人的主体，思政类竞赛融入实践教学，一是有利于激发学生学习思政课的主动性和创造性。二是有利于加深学生对

思政课教学内容的内化吸收，从而增强学生学习思政课的获得感和成就感。三是有利于学生综合能力的提升和潜能的发掘，增强学生的自信心和内驱力。

（二）有利于促进教师发展

从教师角度来看，教师作为实践育人的主导，思政类竞赛融入实践教学，一是可以更新教师教育理念，利用竞赛活动把思政教师和其他专任教师、管理岗工作人员、实践基地工作人员等凝聚起来，形成协同育人理念。二是可以提升教师的教育教学能力，激发教师的教学成就感和获得感。三是通过教师团队的交流合作，可以提高教师的团队协作能力和沟通能力。

（三）有利于推动课程改革

从课程角度来看，思政课作为实践育人的重要课程，思政类竞赛融入实践教学，一是有利于丰富思政课实践教学内容，优化实践教学方法，提高实践教学效果，检验实践教学成效。二是有利于把枯燥的思政课转化成学生喜闻乐见的竞赛活动，增强思政课的吸引力，提高思政课的教学质量。

二、思政类大学生竞赛与高职思政课实践教学整合发展现状

思政类大学生竞赛与高职思政课实践教学整合创新是深化高职思政课教学改革、提高思政课实践育人实效的新引擎。事实上，对于思政类大学生竞赛融入思政课实践教学，近年来部分高校已有积极的探索和实践，也取得了一定的成绩，但总体上还存在一些问题。

（一）竞赛与教学相互脱节

竞赛与教学在融合的过程中，存在相互脱节的现象。一是部分教师没有把竞赛纳入实践教学环节，只是选拔部分学生参与竞赛，且只对参赛学生进行集中培训和指导，导致竞赛教学的受众群体较小，违背竞赛初衷。二是部分教师虽把竞赛项目纳入了实践教学，但缺乏指导，甚至放羊式管理，导致学生知识和能力得不到有效的提升和锻炼。三是竞赛的标准、要求、方法等与实践教学的标准、要求、方法等没有实现真正相融，而是停留在表层，出现两张皮现象。

（二）教学方式简单低效

把竞赛项目融入实践教学的过程中，教学方式简单低效。一方面，部分教师没有对竞赛教学的模式、内容、方法、规则、评判标准、环境、效果等因素进行系统的规划构思；另一方面，教师一般只是把竞赛项目布置下去，学生课后准备，完成作品提交，没有前期的准备指导，后续的过程把关、成果评价和教学反思等，导致教学效果不佳。

（三）师生沟通交流缺乏

充分的沟通交流可以实现思想的融会贯通，这也是保障竞赛项目顺利推进的润滑剂。竞赛教学中存在沟通缺乏现象。一是教师与学生之间的交流合作少。实践教学中，教师把实践任务布置下去后，学生一般不会主动联系教师，教师也很少主动联系学生，导致师生之间互动交流少。二是学生与学生之间交流合作少。竞赛任务布置下去后，小组成员间缺乏有效的沟通交流，小组负责人组织、协调能力差，出现部分小组成员较少参与，甚至不参与的现象。三是教师与教师之间交流合作较少，教师单打独斗，缺乏团队协作，影响教学实效。

（四）考核评价传统单一

一是竞赛教学考核内容单一，缺乏对竞赛活动过程的考核。考核重结果、轻过程，部分教师缺乏对竞赛教学的过程管理，任由学生自由组队，完成作品的设计制作，教师只对最后呈现的作品考核打分。二是竞赛教学考核标准单一。学生能力、禀赋、优势不同，竞赛教学评价标准单一、手段趋同，用"一把尺子量到底"，不能客观公正地考核学生的进步情况。三是竞赛教学考核主体单一。竞赛教学的考核一般只由任课老师进行评价，缺乏其他主体的参与，如学生和其他教师等，考核不够客观公正，也不全面。

三、思政类大学生竞赛与高职思政课实践教学整合创新路径

近年来，我校高度重视实践育人，借助思政类大学生竞赛平台，整合创新思政课实践教学育人路径，实践育人成效显著。下面以我校马克思主义学

院思政课实践教学为例，从重构教学内容、创新教学模式和教学方法、优化教学评价三个维度，深度剖析思政类大学生竞赛与思政课实践教学整合创新路径。

（一）对接竞赛项目，融入实践主题，重构实践教学内容

我们对接思政类大学生竞赛"红旅"和"领航计划"竞赛项目，将其融入实践教学主题，重构实践教学内容（如图1所示）。

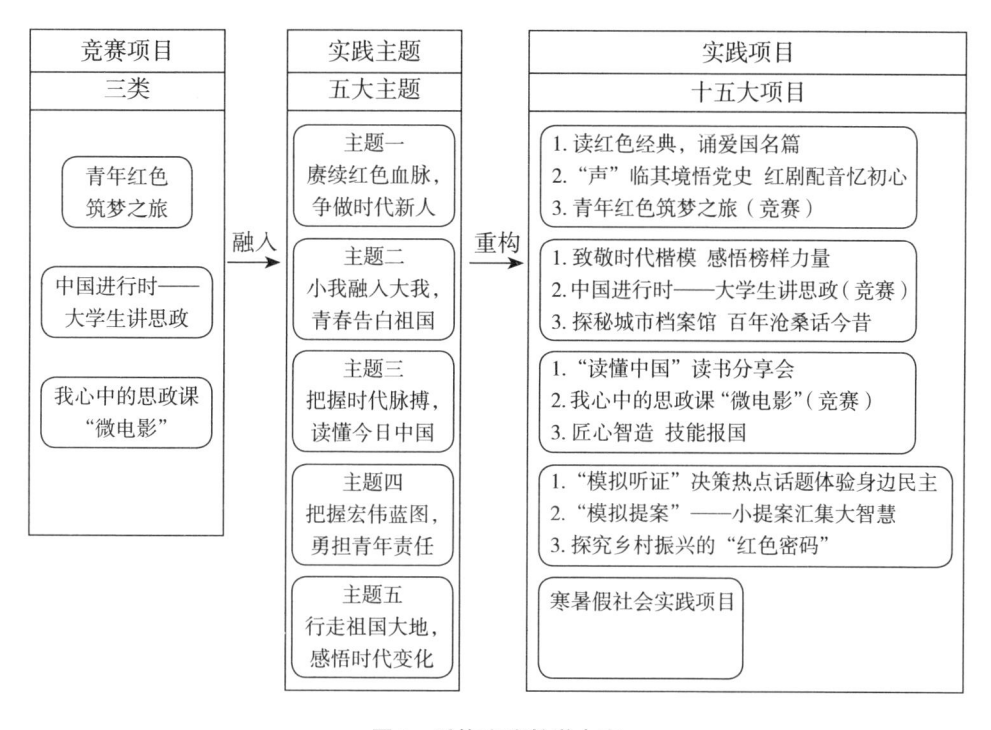

竞赛项目 三类	实践主题 五大主题	实践项目 十五大项目
青年红色筑梦之旅	主题一 赓续红色血脉，争做时代新人	1. 读红色经典，诵爱国名篇 2. "声"临其境悟党史 红剧配音忆初心 3. 青年红色筑梦之旅（竞赛）
中国进行时——大学生讲思政	主题二 小我融入大我，青春告白祖国	1. 致敬时代楷模 感悟榜样力量 2. 中国进行时——大学生讲思政（竞赛） 3. 探秘城市档案馆 百年沧桑话今昔
我心中的思政课"微电影"	主题三 把握时代脉搏，读懂今日中国	1. "读懂中国"读书分享会 2. 我心中的思政课"微电影"（竞赛） 3. 匠心智造 技能报国
	主题四 把握宏伟蓝图，勇担青年责任	1. "模拟听证"决策热点话题体验身边民主 2. "模拟提案"——小提案汇集大智慧 3. 探究乡村振兴的"红色密码"
	主题五 行走祖国大地，感悟时代变化	寒暑假社会实践项目

图1 重构实践教学内容

1. 在实践主题"赓续红色血脉，争做时代新人"下增加"青年红色筑梦之旅"项目。这不仅可以帮助大学生传承红色基因，坚定理想信念，涵养家国情怀，还可以锻炼学生的创新创业能力。例如，"建筑类、旅游类专业学生参与农旅融合设计、道路和园林等基础设施设计等；艺术类专业学生参与红色文化相关的文创产品设计等；工商管理类学生参与产品的生产、销售对接

设计等；学前教育类学生参与幼儿教育和乡村振兴融合设计等"[1]。我校旅游系参赛作品《筑梦"荷"乡——农旅融合筑梦秦巴山区（罗圈岩）乡村振兴》，在2021年"第七届四川省国际'互联网+'大学生创新创业大赛——青年红色筑梦之旅"比赛中荣获铜奖。

2.在主题"小我融入大我，青春告白祖国"下融入"大学生讲思政"竞赛项目。思政教师在开展实践教学过程中，指导学生组建团队，围绕"习近平新时代中国特色社会主义思想概论"课程教学内容中的有关章节或专题进行教学设计，讲授公开课，引导大学生深刻理解"中国共产党为什么能、马克思主义为什么行、中国特色社会主义为什么好"[2]等重大问题，"深化学生对思政课教学内容的认识和思考，展现新时代大学生的马克思主义理论素养和精神风貌"[3]。我校学生作品《凝聚青年力量 构筑国家安全》在2023年省委教育工委组织的"新思想引领新征程·新青年建功新时代"——高校大学生讲思政课公开课活动中荣获特等奖。

3.在主题"把握时代脉搏，读懂今日中国"下融入"我心中的思政课'微电影'"竞赛项目。在实践教学过程中，教师指导学生围绕"我心中的思政课"，用微电影的表现手法，呈现大学生思政课学习过程中最精彩最打动人心的故事，展现学生心目中最理想的思政课。我校学生微电影作品《红星永耀若尔盖》在2023年"我心中的思政课"——第七届四川省高校大学生微电影展示活动中荣获一等奖。

（二）实施讲备展思，强化团队协作，创设隔堂对分教学模式

从思政课实践教学课程的特点入手，在传统对分课堂"理论讲授—学生自学—小组讨论—全班对话"的基础上，创设"讲备展思"隔堂对分教学模式，即上周课进行理论讲授，课后进行分组演练准备，本周课完成竞赛展示、教师点评和答疑解惑，课后教师进行总结和反思，进一步优化教学内容和方式

---

[1] 谢清，严丽华，唐鹏.乡村振兴背景下发挥高校优势，加快新时代"三农"建设路径的探索：以四川工程职业技术学院帮扶罗圈岩村为例[J].农家致富顾问，2020（24）：366-368.

[2] 苏瑞莹.十九大精神融入高校思政课教学改革的几点思考[J].广西青年干部学院学报，2019，29（1）：55-59.

[3] 刘志贤.我区高校开展讲好百年党史上好大思政课系列活动[N].内蒙古日报，2021-06-22（2）.

等。通过以上四个环节，增强师生之间、生生之间的交流互动，打造师生互动对话课堂，提升教学效果。具体如图2所示。

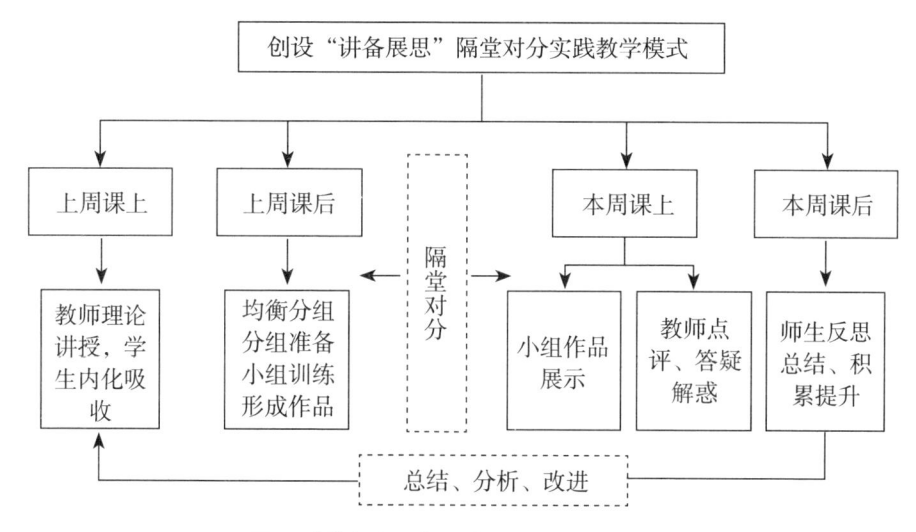

图2 "讲备展思"隔堂对分实践教学模式

"讲备展思"隔堂对分实践教学模式的具体授课安排如下：

1.上周课上：教师理论"讲授"，学生内化吸收。教师在理论讲授环节主要讲解与竞赛相关的重点、难点，其他内容留给学生课后自主学习。讲授内容主要有三：一是竞赛教学的相关基础知识，包括竞赛的价值、意义、宗旨、参赛要求、评分标准等。二是竞赛教学优秀成果展示，把学生竞赛的优秀作品作为教学素材引入实践教学，引导学生学习参考。三是竞赛教学经验分享，教师分享指导学生参赛的经验，学长学姐分享参赛经验。

2.上周课后：学生分组"准备"，完成作品。在教师的指导下均衡分组、组建团队、分工协作、小组训练、完成小组作品。学生分组准备作品的过程中，存在的困惑首先在小组内讨论解决，小组内解决不了的高层次问题留待下次课请教师答疑解惑。此外，如遇到的困难亟须解决，可以及时向教师寻求帮助。

3.本周课上：学生作品"展示"，教师答疑解惑。小组成员展示小组作品，分享小组收获和遇到的问题。教师和学长学姐针对每个小组的作品和小组成员的团结协作情况等进行点评打分,并针对小组存在的困惑进行答疑解惑,与其他学生一起为小组作品的进一步完善提供修改意见。

4.课后:师生总结"反思",积累提升。学生就上课内容进行内化吸收,各小组根据教师的点评,进行总结反思,进一步完善自己的作品。教师在此基础上收集学生反馈的意见进行总结反思,进一步改进实践课的教学内容和方法。此外,在学习通打造网络分享云平台,把小组作品分享到云平台,供学生学习交流。

(三)竞赛场景体验,团队乐学沉浸,创设竞赛式教学法

在实践教学过程中,让学生在真实的竞赛场景中去体验,在丰富的竞赛活动中去感悟,在团队合作乐学中去沉浸,在教师、学长学姐们的语言中去浸润,提高思政课实践教学温度。具体如图3所示。

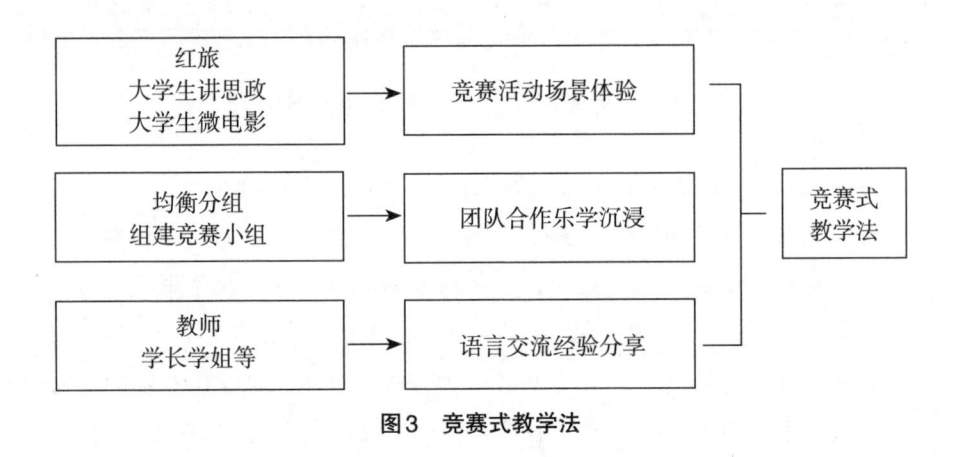

图3 竞赛式教学法

1.竞赛活动场景体验。在教学过程中,教师根据思政课实践教学的需要,把"红旅"项目、"大学生讲思政"项目、"大学生微电影"项目等引入实践课堂。同时,教师按照真实的竞赛标准去要求学生,让学生在真实的竞赛场景中去参与、体验、感受,以赛促学,以赛促教,从而培养学生的实践创新能力,提高实践教学的质量和效率。

2.团队合作乐学沉浸。教师在深入掌握学生的实际情况和个体差异的基础上,根据学生的认知能力、兴趣爱好和学业水平等特征,对全班学生进行

科学合理的均衡分组。分组后，教师依据竞赛的规范和要求，以小组为单位组织学生进行备赛和比赛活动。在备赛过程中，教师在理论指导和实践操作方面给予学生专业指导，帮助学生明确分工、协作配合，以充分发挥每个学生的优势。在快乐的团队氛围中，学生反复演练和实践，乐学沉浸，最终完成作品的设计和实现。

3. 语言交流经验分享。在实践教学过程中，思政教师为学生分享自己多年积累的指导学生参赛的经验和教训；同时，邀请学长学姐进入课堂，分享他们参赛的收获和体验，利用朋辈力量，让学生在语言交流、情感浸润中收获成长。此外，在教学过程中，以教师为主导，以学生为主体，以竞赛项目为媒介，强化师生间的交流互动，打造高效对话课堂，提高教学实效性。

（四）多元多维评价，全时全程跟踪，构建竞赛教学多元评价体系

要把思政类竞赛融入实践教学，实践教学的考核评价方式也需要进行相应的改革创新。为突出赛教融合模式下实践教学评价的人本性、多元性和真实性，采用竞赛教学多元评价法，强化以课前、课中、课后为主的过程评价，注重以竞赛结果为主的结果评价，探索以个体进步为主的增值评价，强化鼓励表彰，激发学生学习动力。具体如图4所示。

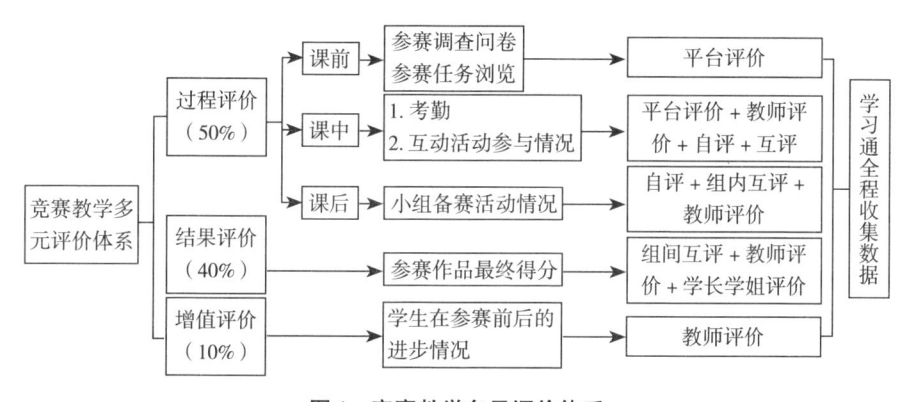

图4 竞赛教学多元评价体系

1. 丰富过程评价。课前评价环节一般包括对学生参赛情况的调查问卷、与竞赛项目相关的资料分享，该部分内容只要学生参与就可以获得积分。课

中评价环节除考勤外，教师根据学生在课中的表现，如抢答、选人、讨论、辩论等，给予相应积分，同时，在自评和班级同学互评部分，还可以给予点赞加分。课后评价环节主要是小组备赛活动情况，该部分主要包括小组成员自评、组内互评和教师评价，一般会根据具体的参赛项目设计相应的小组活动评价表。

2. 优化结果评价。教师和学长学姐根据各小组的作品情况进行打分，评分标准会根据具体的参赛项目来进行设计。在设计评价标准时，要注重分类优化。如"大学生讲思政"项目，评分标准一般会包括教学准备（教案、PPT）、教学内容（重难点、适用性、时间分配、完整性）和教学过程（新课导入、学习目标、课堂活动、教学手段、教学总结）等。

3. 强化增值评价。教师主要根据学生参赛前后的进步情况给予打分。增值评价重在强化对后进生的一个鼓励表彰作用，让他们在学习过程中体验成功的喜悦，从而激发学习动力。所以，在增值评价过程中，"不要苛求其统计数据的绝对精准，也不要迷信借助统计技术呈现的每一条精细结果"[1]。

4. 全时全程跟踪。通过学习通平台，教师可以系统地追踪和收集学生在学习过程中的多维度数据，并运用数据分析技术，精准把握学生的整体学习状况，包括知识掌握程度、学习进度、学习偏好等。此外，平台还能够记录并生成每个学生的学习成长曲线图，这为教师深入了解每个学生的学习特点和成长轨迹提供了有力支持。通过对学生学习成长曲线图的分析，教师可以为每个学生绘制出详细的学习画像，这不仅有助于教师更准确地评价学生的学习表现，还能够为个性化教学提供数据支撑。在教学过程中，教师可以根据学生的学习画像调整教学策略，提供更加贴合学生需求的教学内容和方式，从而不断优化教学评价，提升教学实效。

结束语

综上所述，思政类大学生竞赛与实践教学的有机整合，是高职思政课实践教学改革的生动实践，也是提高高职思政课实践育人实效的有效手段。高

---

[1] 李凌艳. 如何用好教育增值评价？——对"探索增值评价"的主旨与行动的理性思考[J]. 中小学管理，2020（10）：8-10.

职思政课要办好，就必须树立"三全育人"理念，突出实践导向，组织开展多样化的实践教学改革试验，从而引导学生成为坚定的马克思主义者，担负起实现中华民族伟大复兴的时代重任。

参考文献

［1］蒯正明，孙武安.竞赛教学：高校思政课教学改革的有效实践［J］.思想理论教育导刊，2016（7）.

［2］丁水平.本科职业教育技能竞赛与实践教学融通对接研究［J］.教育与职业，2020（24）.

［3］祁晓玲.以职业院校技能竞赛推进教学改革的研究与实践［J］.装备制造技术，2022（8）.

［4］胡广阔，李平.竞赛教学对大学生创新行为的影响研究［J］.大学教育，2022（11）.

［5］邵彦.职业院校技能竞赛与实践教学的整合与对接［J］.黑龙江畜牧兽医，2017（12）.

［6］李凌艳.如何用好教育增值评价？——对"探索增值评价"的主旨与行动的理性思考［J］.中小学管理，2020（10）.

作者简介

彭丽（1985—），女，汉族，四川仁寿人，四川工程职业技术大学讲师，法学硕士。主要研究方向：思想政治教育、马克思主义中国化。主编、参编教材3本，参与省市校级课题10余项，其中主持5项，在各类期刊发表论文10余篇。2021年获四川省思想政治理论课教师"精彩一课"比赛二等奖，2022年主持参与四川省高等职业院校教师教学能力大赛获二等奖，2023年指导学生在四川省大学生讲思政课比赛中获特等奖。

张芙蓉（1979—），女，汉族，湖南浏阳人，四川工程职业技术大学副教授，哲学硕士。主要研究方向：思想政治教育。

王维恪（1986—），男，汉族，四川渠县人，四川工程职业技术大学讲师，理学硕士。主要研究方向：计算机教育大学生思想政治教育。发表学生管理相关论文5篇，参与课题2项，并多次指导学生获得省级以上奖项。

李照会（1985—），女，汉族，四川邻水人，四川工程职业技术大学副教授，学前教育学硕士，主要研究方向：学前教育。发表科研论文多篇，主持参与课题多项。指导学生参加2021年四川省职业院校技能大赛（高职组）高职院校师范生教学能力大赛学前教育分赛项获得一等奖，被评为优秀指导教师。

基金项目

2023年新时代思想政治教育研究中心基地项目（编号：SZ23B019）。

善言能写 铸造成行乐业工匠人
——"口才与写作"课程育人实践探索

刘凯　李伟　张春妮　丁亚玲

"口才与写作"是一门培养口语表达与沟通能力、强化应用写作能力的通识类公共基础必修课程，是为学生学好专业知识与技能、提高就业及应职应岗能力和可持续发展能力的奠基课程，具有很强的人文性和工具性，旨在提升学生语言文字表达应用能力，帮助学生树立文化自信，培育良好道德品质和职业素养。

"口才与写作"课程在制定课程标准时，就根据《教育部关于职业院校专业人才培养方案制订与实施工作的指导意见》中"要注重学用相长、知行合一，着力培养学生的创新精神和实践能力，增强学生的职业适应能力和可持续发展能力"以及"推动中华优秀传统文化融入教育教学，提高学生审美和人文素养"的要求，对接学校各专业人才培养目标中"具有良好的语言、文字表达和沟通能力""具有探究学习、终身学习、分析问题和解决问题的能力"的需求，依托省级重点专业、高水平产学研平台以及国家级精品资源课程等优质资源，以中华优秀传统文化和真实工作案例为载体，结合口语表达训练与应用写作能力的教学内容，设计了"2线4环2评"学生自主管理学习教学模式，以PBL项目式教学法为策略，引导学生知行合一，达到"善言能写，成行乐业"的实用语文核心教学目标，最终实现服务专业，铸造善言能写，成行乐业的新时代工匠人的育人目标。

一、"口才与写作"课程育人的优势

作为语文课的一门衍生课程，"口才与写作"课程有着自身独特的优势和特点，在教学和育人方面发挥着练技铸魂的功能。

（一）口语表达沟通能力和写作能力是每个人生存的必备技能之一

《谷梁传》中曾有"人之所以为人者，言也。人而不能言，何以为人？"[①]之说，强调了语言表达是人之为人的基本特征之一。在当今人际沟通交流非常频繁的时代，口语表达和写作能力更是在社会上立足的基本技能，是每个人生存与发展的需要。

（二）良好的口才与应用写作能力是工作中重要的技能需求

从目前的招聘岗位来看，几乎所有的管理岗位都要求有良好的交际沟通表达能力，职场中良好的口才和沟通能力对个人的职业成长有着至关重要的作用。而应用写作能力亦是如此，根据天津滨海职业学院杨红老师对企业的调研结果，88%的企事业单位工作人员都认为应用写作能力非常重要。[②]由此可见，本门课程设定的培养目标能满足学生就业的现实需求。

（三）课程内容与载体的人文性有利于开展课程思政实现以文化人

课程以中华优秀传统文化为载体，教学资源和课程思政案例中都引入了中国古典优秀文化和近现代优秀革命文化，结合学校历史引入"三线精神"等校史文化。深厚的文化底蕴和人文性的课程特色更有利于润物无声地实现课程育人。

（四）课程设计的趣味性和实用性有助于激发学生兴趣引导学生自主学习

口才训练部分内容丰富，趣味性强，多样的活动形式激发学生的参与热情。应用写作略显枯燥，但项目式设计凸显其实用性，贴近工作实际，可直接与工作岗位的需求对接，能引起学生积极探索实践的兴趣。课程采用"增值晋级"式评价激励模式，引入游戏模式的长效提升机制，激发学生自主学习的兴趣与热情，实现学生学习的自我管理。

---

① 承载.春秋穀梁传译注[M].上海：上海古籍出版社，2004：273.
② 杨红.天津市滨海新区企事业单位写作能力需求调查报告[J].语文学刊，2013（23）：106-107.

二、"口才与写作"课程育人的实施策略

（一）课程整体教学设计

1. 基于目标，重构教学内容

本课程为公共基础必修课程，共32学时，所选教材为语文教研室教师主编的"十四五"职业教育国家规划教材《口才与演讲训练教程》。根据本课程核心教学目标以及专业人才培养目标，为在有限课时内更好地服务专业群学生培养需求，结合学生学习工作真实场景，制定了"绪论—夯实基础—校园应用—职场实践"四个由浅入深循序渐进的学习环节，依据专业人培方案和职业岗位对人才的需求，以及"善言能写"的教学目标，将教材内容进行重构，分为"绪论""素质篇""校园应用篇""职场应用篇"四个学习模块。

2. 多维调研，掌握基本学情

知己知彼方能百战不殆，教学亦是如此。只有充分掌握学生情况，才能制定恰当的教学策略。学情分析是每学期每个班级都要做的，主要通过问卷星、学习通等方式对学生入学成绩、学业基础、能力基础等方面进行充分的了解。以我校2021级理化测试与质检技术1班的调研情况为例，经过调研，该班生源为28%的中职生及72%的普高生。其中还有8名"9+3"的彝、藏、羌等民族的学生。

知识基础方面，有应用语文学习基础，无职场应用基础。语文基础参差不齐，技能偏科现象较多。59%的人口语表达逻辑性差，63%的人写作存在语法和逻辑问题。生源差异影响也较为明显，从知识基础和学习状态来看，普高生优于中职生；从活跃度和参与度看，中职生优于普高生。"9+3"学生则稍有欠缺。

能力基础方面，实践运用与主动学习能力不强。主动参与口才实践活动的仅占15%。从学习主动性来看，大部分同学主动性弱，自主管理意识不够。根据调研，有32%的人会主动学习，仅13%的人会自主管理学习。

学习特点方面，学生学习兴趣浓厚，学习方法欠缺。83%的人希望提升日常口语交际能力，59%的人希望提升职场语言表达能力。学生愿意线上学习，喜欢多样评价。73%的人愿意接受线上线下相结合的教学方式，更愿意

接受增值晋级评价模式。

3. 成果导向，确定教学目标

根据教育部文件中"学用相长，知行合一"的要求，结合工作岗位需求及专业人才培养方案中对表达能力和沟通能力要求及学生具体学情，本课程确定了"善言能写，成行乐业"的实用语文核心教学目标，最终实现服务专业，铸造善言能写、成行乐业的新时代工匠人的育人目标。具体的教学目标设计如下。

知识目标：具备能说会写的语文基础知识，表达明确流畅，写作文从字顺，积累较为丰富的语言素材和案例；熟记普通话语音知识、礼貌用语、态势语等知识；掌握诵读、演讲、交谈、求职面试等口才实践活动的基本特征及使用技巧；结合专业岗位识记真实工作场景中具体应用文体的类型特征、适用范围、格式要素等知识，掌握写作方法。

能力目标：具备当众发言、演讲、诵读、表演等口语表达能力以及有效倾听、适时反馈，与他人真诚交流沟通的人际沟通能力；能根据生活、职场需要，具备按规范格式，用语准确，有逻辑有创意的应用文撰写能力；能根据职场需要，具备良好的职场适应能力以及解决工作问题的能力；能从中华优秀传统文化、基于工作过程的真实案例中汲取营养，掌握学习方法，根据自身兴趣和职业发展需要，具备自我更新自主学习能力。

素质目标：自觉传承中华优秀传统文化，坚定文化自信，树立正确价值观；具备真诚务实、谦逊有礼、团结协作的个人修养和诚信守法、爱岗敬业的职业道德；结合真实工作案例及场景，培养严谨踏实、精益求精、求实创新的工匠精神；以语言艺术为载体，培养学生健康的审美趣味，涵养人文精神。

4. 依托行业，融入思政元素

根据《高等学校课程思政建设指导纲要》，结合课程开设专业的人才培养方案和专业岗位的需求，本课程搭建课程思政框架，设计"格物致知（基础）""德技并修（校园）""知行合一（职场）"三个主题，深入挖掘全方位融入课程思政元素，提炼出"坚定文化自信、涵养工匠精神"的思政主线，引领学生形成正确人生观、价值观和职业精神。

提炼行业特色工匠精神。以三线建设精神及装备制造业所需的职业素养和工匠精神为基准，结合企业生产、营销、管理中的真实案例，总结提炼艰苦奋斗、敬业友善、诚信务实、严谨踏实、灵活创新等思政元素。详见表1。

表1 "口才与写作"课程思政体系建构

教学单元	课程思政主线	单元主题	单元课程思政目标	教学要点	课程思政要素融入
绪论	坚定文化自信 涵养工匠精神	口才之道与知己知彼（2学时）	知己知彼	了解课程，自我评价	语言之美，知己知彼
第一单元		语言能力与格物致知（6学时）	夯实表达基础提升个人素养（基础）	口才心理	内心强大，自我提升
				言谈礼仪	为善当先，彬彬有礼
				应用文写作基础	传承母语，严谨求实
第二单元		校园应用与德技并修（12学时）	坚定文化自信明确德技并修（校园）	普通话	积极推普，凝心聚力
				态势语	举手投足，落落大方
				诵读	家国情怀，传承文明
				演讲	赤子之心，责任担当
				演讲稿	言行一致，独立自主
				求职面试	爱岗敬业，吃苦耐劳
第三单元		职场应用与知行合一（12学时）	培养工匠精神服务大国重装（职场）	倾听与交谈	尊重友善，平等真诚
				策划书写作	严谨细致，虑事周全
				通知写作	规范周密，求实协作
				管理口才	顾全大局，无私奉献
				营销口才	诚信专业，艰苦奋斗
				综合汇报	精益求精，勇于创新

5. 立足岗课，设计教学策略

基于学情，创新设计"2线4环2评"教学模式。

根据马斯洛需求层次理论中自我价值实现的需求[1]，以及建构主义学习理论中学习者主动学习的重要性，结合学情调查中学生的兴趣点，设计了以学

---

[1] 马斯洛认为人的基本需要有五种，它们由低到高依次为生理的需要、安全的需要、归属和爱的需要、尊重的需要、自我实现的需要。而自我实现需要是学生自主学习的重要动机。参见：教育部人事司. 高等教育心理学[M]. 北京：高等教育出版社，1999：124.

生自我管理学习为主的"2线4环2评"教学模式。

"2线"是指以学生自我学习管理为主线的教学两条线。一是教师设计、引导和总结评价的教学线，一是学生自我管理提升的学习线。教师教学线是教师根据教学内容、学情，整合资源设计教学环节，全程引导学生学习。学生学习线则是借助平台，通过学生自评、互评、教师评价对学习情况进行量化，绘制技能学习柱状图和雷达图，学生根据雷达图中技能点增值情况自主管理学习。同时引进增值晋级的激励评价，激励学生不断拔优补短增值晋级，达到自主管理学习全面提升的目的。

"4环"是指四个教学过程。在课前慕课自学、课中教师导学、课后巩固延学三环节后增设了"长效增值提升"环节，引导学生树立终身学习理念。长效增值提升是指在教学内容完成后，学生根据得分情况自主领取练习任务进行拔优补短，提交后根据评价机制进行量化打分，达到增值晋级不断提升的学习效果。

"2评"是指两种评价机制。一是增值晋级晋阶的激励评价机制。本单元五个知识技能，每个技能点（柱状图）和单元综合技能（雷达图）均按20分一级分别设置"青铜、白银、黄金、铂金、钻石、王者"六个级别。学生根据每个学习环节的评价累积得分获得对应称号，以此激发学生学习兴趣，激励学生自主学习和长效学习。二是绝对评价与相对评价相结合的评价机制。根据不同生源情况对学生学习过程中个人相对增值得分与班级目标参照绝对得分进行分别评价，兼顾不同层次学情，并在增值练习中因材施教，分层设置习题。

设置晋阶，构建学生长效学习机制。达到王者级别的学生获得进入人才资源库的资格，可学习播音主持等高级课程，优先获得推荐进入广播站、主持队以及参加各类语言表达类比赛的资格。通过后续晋阶模式构建长效学习机制，培养学生终身学习习惯（如图1所示）。

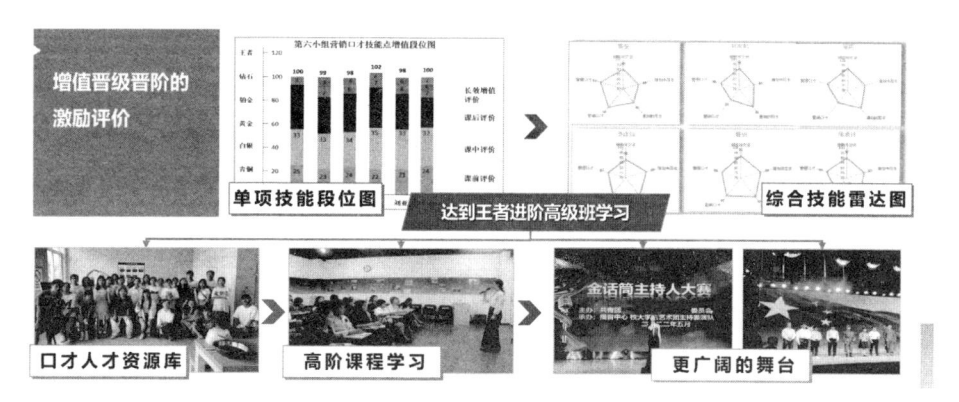

图1 增值晋级晋阶激励评价模式

对接职场，采用PBL项目式教学法。课程根据教学内容以及学生成长的不同阶段，分别设置了校园应用和职场应用两个场景。结合场景中真实的活动项目和工作案例，分别引入项目一"校园文化艺术节"和项目二"焊缝检测评片分歧沟通"。引导学生在项目实践中解决问题，实现"做中学"的目的。

6.教学应变，打造线上线下多维教学资源

为了应对像疫情这样随时可能出现的教学变化情况，也为了积极推进课程教学的网络资源建设及在线开放课程的开发与建设，教学团队构建线上线下并行教学模式和资源，目前已经建好"口才与写作""大学语文"两门在线开放课程，面向社会开放，其中"大学语文"已成功申报省级在线示范课程；建成"汉语一""汉语二""中国传统文化"三门校内SPOC，以及校内线上线下资源库、习题册等。

同时还自建专业特色教学资源库。结合各专业岗位，收集校内外企业多年代表性案例，初步建成视频资源库和分层案例及习题库，设定知识点与思政点，根据不同层次设定不同要求，帮助学生自主学习提升。这些逐步丰富的线上线下资源，有利于教师采用线上线下混合式教学，也有利于学生自由灵活地学习。

（二）教学实施过程

1.根据重构的教学内容和课时安排，课程将传统理论教学法与项目式教学法相结合，设计了不同的教学方法。在绪论和素质篇，主要针对给学生打下理论知识基础，故采用了传统理论教学法。而在校园应用篇和职场应用篇，则根据学生在校园的活动以及在职场的工作开展情况，以真实的校园项目和工作案例设计项目，采用项目式教学法，让学生在做中学（如图2所示）。

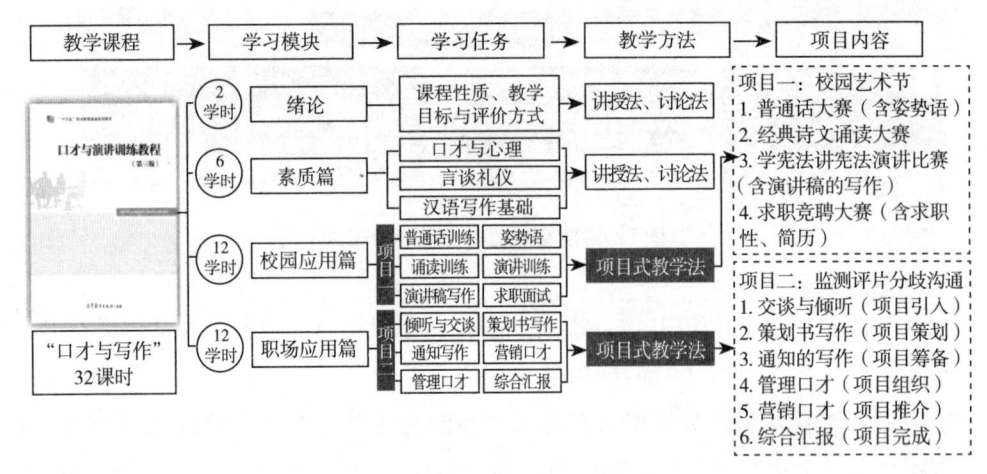

图2　教学方法与项目内容安排

2．实施"4环"流程，增设长效增值提升环节

课程的所有教学任务均以学生自我管理学习为主线，实施"4环"教学流程，图3展示的是项目二中综合汇报课的教学流程，其他任务的教学安排都大同小异。

课前环节——知识预学。课前根据学情推送慕课资源，学生自学并完成在线练习，通过自评、互评和师评完成技能初始值的量化评定。

课中环节——即学即用。课中温习学习内容，教师答疑解惑。组间讨论，知识延伸。学生完成教师设计的主题活动，通过评价完成第一次技能点增值提升。

课后环节——拓展巩固。教师根据学生技能点级别设置不同的拓展任务，因材施教。学生完成相关练习，上传成果并反馈教学效果。以自评、互评、师评完成作业量化评定，形成第二次技能点增值提升。

长效环节——增值提升。课堂学习完成之后，学生自主查看各技能的单项与综合级别以及技能分布雷达图，分析优势和弱势项目。自主从题库中领取任务进行拔优补弱练习，上传至云平台进行量化评分，形成第三次技能点增值提升。本环节可循环多次进行，再对接高阶学习，形成长效学习提升机制。

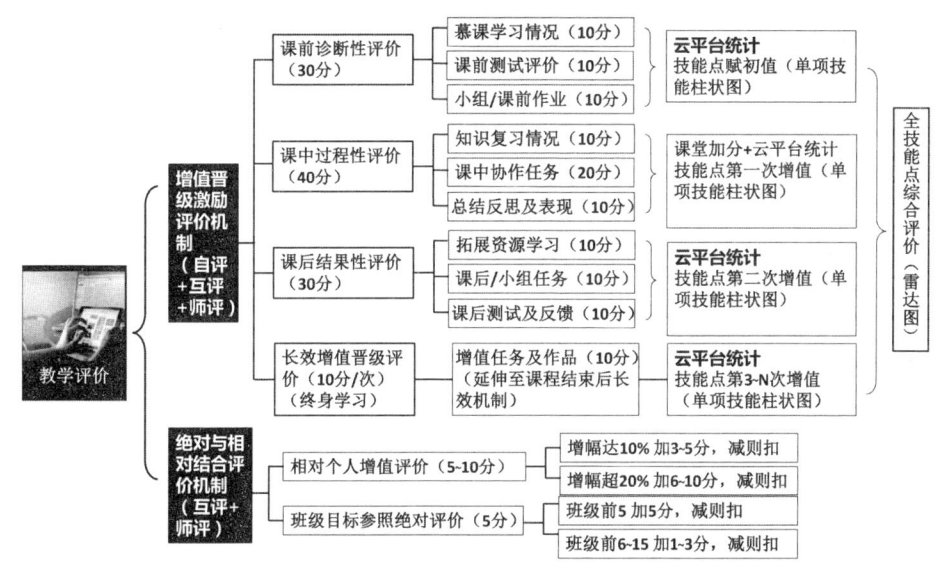

图3　学生自主管理学习多元评价机制

3.两种评价方法，激发兴趣探索教学公平

在教学过程中，评价不仅反映学生成绩，为每一位学生不同阶段学业成绩的客观画像，还应该成为激励学生不断前进的一种手段，这就需要从多角度多维度全过程跟进学生的每一次学习，也要保证公平公正。为此，本课程设计了如下的评价体系，主要从两个角度进行。

（1）全过程评价保障增值晋级激励评价方法

在增值晋级激励评价方法中，课前诊断性评价设定技能初始值，课中阶段性评价确定增量值，课后任务评价再次增值，长效评价增值晋级促进终身学习。各技能点每一次评价都以量化形式确定，每一次练习都有增值，结合六个段位，激励学生不断通过练习进行增值晋级，养成长效学习习惯。

（2）绝对评价与相对评价探索教育公平

针对生源类别不同以及学习中个体的差异，教学团队设计了全过程增值相对评价与绝对评价相结合的方式，在单元综合评价及最终期末总评时，根据增值的相对大小和班级参照目标排名分别对不同层次的同学进行评价，保证不同层次学生得到合理评价，探索教育公平性。

三、"口才与写作"课程育人学习效果分析

在本课程的学习中，学生通过"课前自学，课中运用，课后拓展，长效提升"四个学习阶段，顺利完成了各项教学任务，项目式教学也得以实施。两轮教学结束后，学生各项能力都有明显提升。

（一）增值晋级激励模式，兴趣高涨强化知识

通过设置各技能点增值级别及综合增值级别，辅以达到"王者"可晋阶的激励措施，学生学习兴趣浓厚，学习主动性增强，知识掌握得以强化。接收并提交任务数量增多，增值明显（如图4所示）。

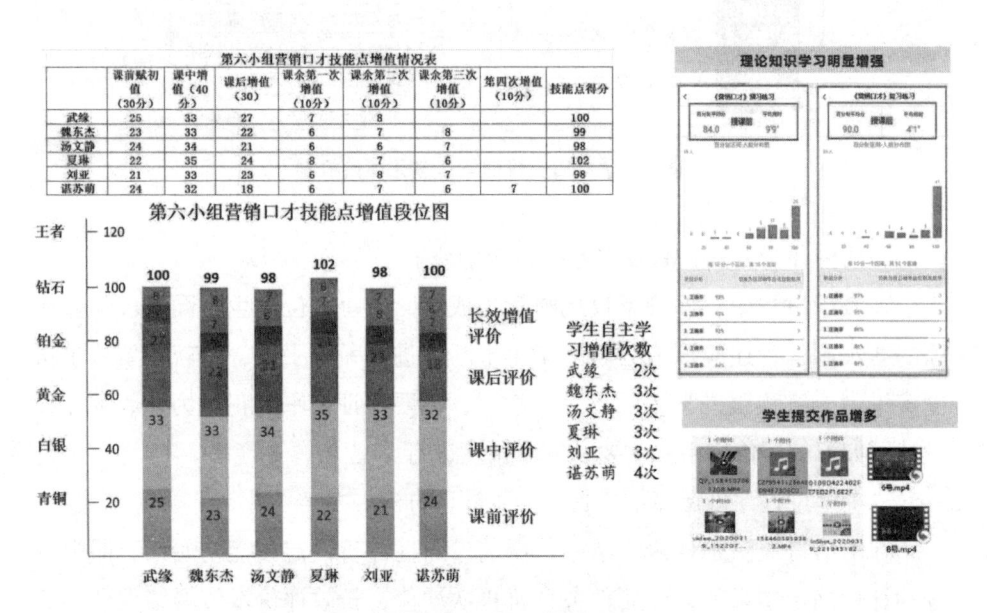

图4 增值晋级激励评价模式效果

（二）学生自我管理学习，提优补弱达成目标

通过自主查看单项技能柱状图及个人能力雷达图，学生完成任务增值晋级的积极性和数量明显增多，技能点提升明显，综合级别增长较多。其中职

场口才运用增幅较大，达26%，职场写作稍弱，达13.3%，达到善言能写的学习目标。

（三）素质培养融入思政，实施过程润物无声

在素质培养过程中，以项目教学为主线，分阶段融入思政元素，让学生在实施过程中亲身体验到职业素养以及诚信务实、敬业友善等工匠精神的重要性，于无声处提升学生素养。

（四）真实案例项目教学，提升职场适应能力

课程引入真实案例实施项目教学，培养学生分析和解决实际问题能力，提升职场中生产、营销和管理方面的口语交际能力和应用写作能力。通过完整项目实施，学生熟悉了职场中解决问题的基本流程，职场适应能力增强。

四、"口才与写作"课程育人的反思与改进

经过两学年的教法改革与实践，本课程在课程建设、课程育人上成效显著。通过对以上教学的总结，主要有以下几方面的特色，也存在着不够完善之处。

（一）特色与创新

1. 学生主线模式，提升自主学习管理能力

教师设计并实时更新技能增值图和综合评价雷达图，引导学生自主管理学习，通过查看优项弱项，自主提优补弱，实现技能提升目的，提升学生自我管理能力和自主学习能力。

2. 晋级晋阶模式，激发兴趣实现长效学习

教学任务完成后，学生可自主领取任务，通过增值晋级晋阶的激励评价，可激发学生自主学习兴趣，并将学习延伸到课程结束后，学生通过增值可晋级晋阶，进入高阶学习，养成长效乃至终身学习习惯。

3. 两种评价结合，达到分层评价共同提升

相对增值评价有利于后进的提升与激励，绝对得分评价有利于促进优生保持或达到更优，两种评价都可以通过单项技能和综合能力的增值记录来实

现，从而做到分层评价，实现学生共同提升。

（二）不足及改进

1.增值晋级不够智能化

增值晋级激励机制的所有功能和数据采集还不够智能化，仍需要不断地完善。

2.资源还需进一步完善

针对不同生源不同层次学生要做到因材施教，分配不同难度任务，而现有资源分层不够精确，内容不够充实。

参考文献

[1]承载.春秋穀梁传译注[M].上海：上海古籍出版社，2004：273.

[2]李向明.职业人文基础[M].北京：高等教育出版社，2010.

[3]教育部人事司.高等教育心理学[M].北京：高等教育出版社，1999.

[4]丁亚玲.口才与演讲训练教程[M].2版.北京：高等教育出版社，2019.

[5]杨红.天津市滨海新区企事业单位写作能力需求调查报告[J].语文学刊，2013（23）.

[6]高丽丽，胡桂香."三教"改革背景下高职院校在线开放课程建设研究[J].甘肃科技，2022，38（22）.

作者简介

刘凯（1980—），男，博士在读，四川工程职业技术大学语文教研室主任，副教授，主持4项省部级课题，全国职业院校教师教学能力大赛二等奖获得者，研究方向：语言学、汉语言文字学。

李伟（1987—），男，硕士，四川工程职业技术大学教育学院专任教师，讲师，全国职业院校教师教学能力大赛二等奖获得者，合著《西夏汉文典籍丛考》，研究方向：中国古代文学。

张春妮（1981—），女，本科，四川工程职业技术大学教育学院专任教师，讲师，四川省职业院校教师教学能力大赛二等奖获得者，研究方向：对外汉语教学。

丁亚玲（1965—），女，本科，四川工程职业技术大学教育学院专任教师，教授，四川省职业院校教师教学能力大赛二等奖获得者，主编"十四五"国家规划教材《口才与演讲训练教程》，研究方向：现当代文学。

以文化人、以情动人、以创彰文
——"文化创意设计"课程思政教学改革与实践

张海霞

随着《关于教育系统深入学习宣传贯彻党的二十大精神的通知》的推进，课程思政教学已成为高职院校教学改革的关键内容之一。在国家政策的指导下，各院校纷纷开展相关的实践探索，将思政教育与课程教学融合，深化教学活动，打造新型课堂，塑造学生正确的价值理念，既要提高学生的知识水平，也要提升学生的思想道德水平。"文化创意设计"课程采用"以文化人、以情动人、以创彰文"的核心理念，以课程为载体，将思想政治教育渗透到教学内容、教学方式、教学评价等各个环节中，通过潜移默化的方式引导学生接受思想政治教育，提高学生的思想政治素质。课程注重发挥学生的主体性，强化教学的互动性和实践性，使学生不仅能够从课程中获取知识，同时也能够得到思想政治教育的熏陶和启迪。

一、以专业视域寻找课程思政的定位

（一）艺术设计专业教学通过设计实践引导学生形成自己的审美取向和积极向上的价值观

艺术设计教育中的课程思政可以引导学生树立正确的世界观、人生观和价值观。艺术设计教育的目的不仅在于培养学生的技能和创造力，更在于引导学生在艺术设计实践中逐渐形成自己的艺术观念和审美取向。教师可以通过在课堂中输入正确的思想观念和道德标准，帮助学生认清艺术设计实践中的社会责任和道德底线，形成积极向上的艺术设计价值观。[1]

---

[1] 王轩，宁金成. 基于"课程思政"理念的专业课程教学改革探索与实践[J]. 科技与创新，2020（8）：91-92，95.

艺术设计是一门具有创造性和艺术性的学科，对学生的专业素养要求较高。当前，高职院校艺术设计专业学生的创新意识较强，具有一定的审美能力和艺术创作能力。他们喜欢尝试新的艺术表达方式，追求创新和独特性，有较强的自我表达欲望和创作冲动。同时，学生思维灵活，有一定的学科融合能力，能够在创作中融合不同的学科知识，从不同的角度去思考问题，寻找解决问题的新思路和新方法。但是，学生们在社会实践、人际交往等方面相对较弱，在思想政治素质方面也存在较大的差距，教师需要通过课程思政教育来引导学生树立正确的世界观、人生观和价值观。在当前中国特色社会主义建设的伟大征途中，高职院校艺术设计专业人才肩负着重要的责任和使命，作为未来艺术与文化的传播者和实践者，必须拥有健康的人格以及正确的人生观、社会观和世界观。

（二）"文化创意设计"课程以文化为土壤，培养学生的社会责任感和创新能力

"文化创意设计"课程是艺术设计课程体系中的一门特色专业课。文化创意设计是通过对主题文化的理解，依靠创意人的智慧、技能、才能和文化积累来重新设计创造新的产品。设计者追求的不仅仅是造型和美感，还需要通过自己的认知，将文化精神注入产品中，用焕然一新的面貌感动消费者。

通过课程学习，学生获得广泛知识，开拓专业视野，了解具体文化背景下的艺术设计实践和价值观。教师培养学生的文化素养、审美能力、创新思维和解决问题的能力[1]，从而引导学生深入思考和探索艺术设计与文化、社会责任、可持续发展等多方面的关系，形成更全面的艺术设计观和人生观。课程中的文化创意设计项目实践活动，丰富了学生的生活经验和社会阅历。在与具有不同背景的同学合作的过程中，相互理解和尊重，培养团队合作和交流能力。学生一旦投身设计项目中，会主动关注社会问题，并运用艺术设计的手段表达对社会的关切和回应，自觉推动文化传承，通过设计实践为社会可持续发展做出贡献。

课程以文化为土壤，在学习、生活和社会多层面促进学生的全面发展，

---

[1] 康存杰.中职美术课程思政的实践与探索[J].快乐阅读，2022（11）：76-78.

培养他们的社会责任感和创新能力。因此,"文化创意设计"课程思政教学提高了学生的专业素养和思想道德水平,这对于培养符合新时代中国特色社会主义要求的艺术人才具有十分重要的现实意义。①

二、以课程为根本设计思政教学内容

《文化创意设计》课程思政整体设计,采用"以文化人、以情动人、以创彰文"这一核心理念(如图1所示),旨在帮助学生认识文化创意产业的重要性和意义,了解中国传统文化和精神,培养社会责任感,提高审美素养和创新能力,转变设计思维。让学生的角色从消费者转变为设计者,从设计者转变为推动者,从而传递文化精神,提升作品的社会影响力。

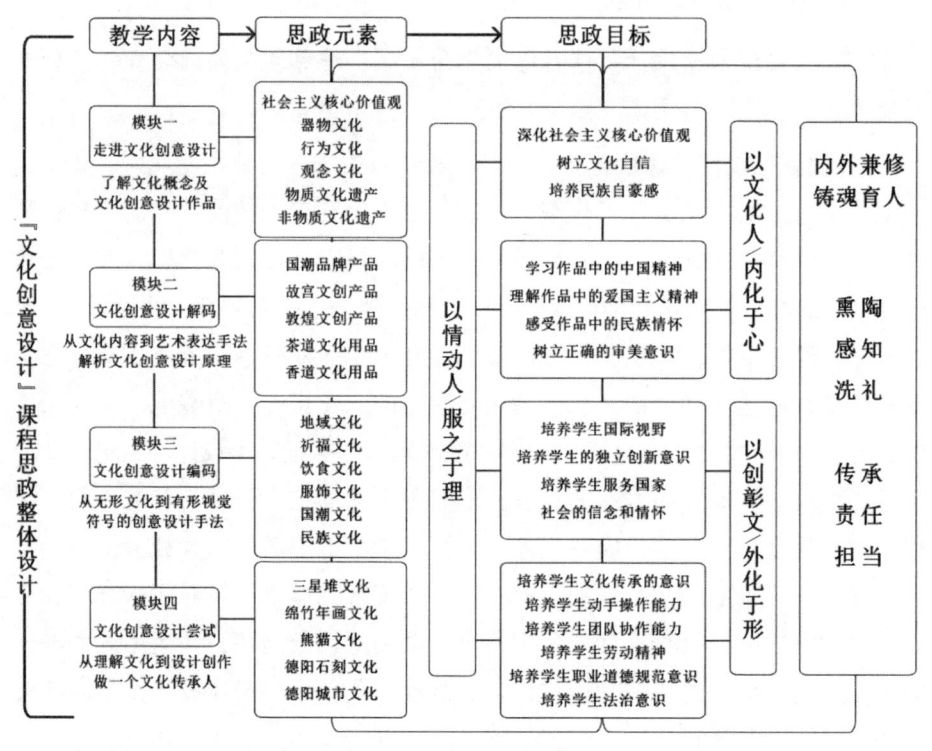

图1 课程思政的整体设计

---

① 夏凌.地方高校艺术设计专业课程思政教育策略研究[J].中国包装,2021,41(6):75-77.

（一）结合专业知识挖掘思政元素

课程思政元素的挖掘以专业理论知识为核心，围绕坚定学生的理想信念，选择以爱国、爱家、爱优秀传统文化为主线。将德育元素进行细分，从大国文化、传统文化到德阳地方文化的引入，帮助学生培养在平凡生活中对文化的感知力，激发学生探索真理、追求真理、勇于创新的精神，树立学生爱我中华、强国有我的情怀，培养具有新时代责任感的设计师。

（二）以文化人、内化于心

课程通过系统的传统文化学习，运用文字、文物、文章、器具、诗歌、曲艺、音乐、绘画、影视等文化形式教化于人。通过"文化＋追根溯源＋探寻精神内核"的方式引导学生主动投入对中华文化的探究中，体会中华文化的精髓和力量，产生对中华文化的喜爱、敬佩和进一步探究的热情。思政育人的理念在教学过程中自然融入，悄然生长，持久扎根，内化于心，激发学生在日后生活工作中自觉弘扬民族文化、发展民族产业的热情与责任感。

（三）以情动人、服之于理

课程教学中，学生会接触到各种形式的艺术作品，感受和理解其中蕴含的情感元素。在轻松、包容的学习环境中，鼓励学生主动发掘和表达自己的情感观点。通过"认同＋情感共鸣＋投入自觉情感"的方式培养学生的情感表达能力，并将这种情感融入自己的创意设计中，设计作品传达自己对文化的情感认同、对社会问题的关注以及对未来的期许等。这样的情感表达不仅能够展示学生个人的创意和想法，同时也能够传递文化力量和价值观。

（四）以创彰文、外化于"形"

课程的实践模块鼓励学生进行原创性设计，在设计中展现自己独特的观点和创新的表达方式，将学习的设计方法、技术和工具运用到团队合作的项目实践中，并用创意思维解决问题。通过"创新＋穿越时空＋彰显时代风采"的方式重点培养学生系统设计思维与综合设计能力。着力解决学生普遍存在的设计创意与文化内容衔接困难、综合创新能力不足的问题，改变学生对创新设计的畏惧感，提高设计自信心。学生通过文创产品的创新设计，生动讲述中国故事,让文化内涵的艺术呈现与社会价值观的传递更准确、更有温度。

(五)内外兼修、铸魂育人

通过对文化的发现、体会、理解、探求、领悟、创意、设计,极大地树立了学生的民族自信心与自豪感,建立起以中国审美为基础的当代设计美学新思路和新价值。这为他们将来从事设计工作在思想层面预留出了有效的文脉承接思路,并为整体性增强我国的民族化设计、区域社会特色性设计乃至中华文化宏观性设计在国际领域中的发展动力提供了有效的思政基础,同时也增强了学生的社会责任感与担当意识。

三、以价值观塑造为导向执行课程思政教学

课程始终以学生为中心,关注学生的个性、兴趣和需求,以价值塑造为导向促进学生全面发展。在当今多元化和全球化的时代背景下,为了使学生深入了解并感受到中华文化的魅力,增强他们的文化自信和自觉传承中华文化的责任感,课程优化了教学体系,将思政元素通过"基因"方式融入专业知识之中,将思政教育贯穿于教育教学全过程,创新"双线三环五步六维"的教学模式(如图2所示),全方位实施课程育人。

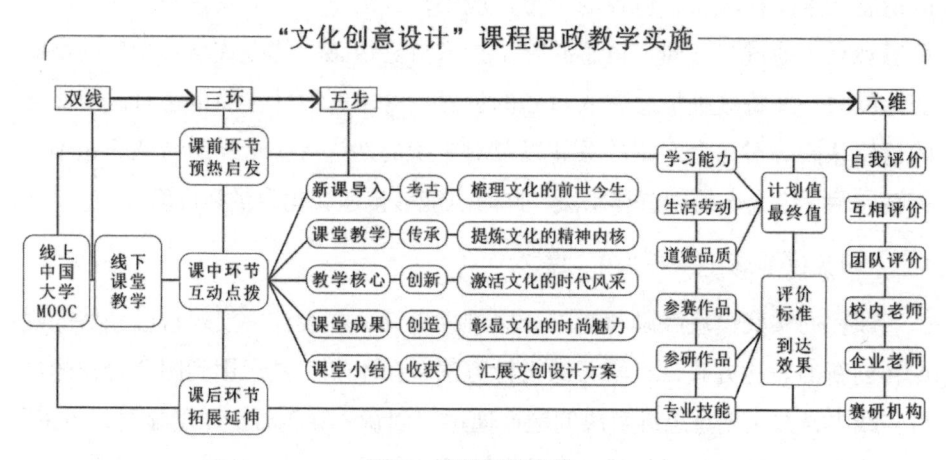

图2 课程思政实施

（一）"双线"并轨运行，创设情境悉心育人

课程结合时代特色，采用信息化技术，在中国大学 MOOC 平台建立了资源共享课程"文化创意设计"。该课程已顺利开课四期，实现了线上线下相结合的教学方式。线上采用多元的学习资源、多维的视觉效果提高课程的互动性和趣味性，引导学生走进文化，触及文化内涵，汲取文化精髓；线下通过引导提问、课堂讨论、头脑风暴、精讲点拨、团队协作等教学活动培养学生的实践和创新能力，帮助学生带着文化穿越时空，设计具有时代特色、个性新颖又具有可行性的文创作品。线上线下"双线"并轨运行，为培养具有创新思维和文化素养的人才提供了有力的支撑和保障。

（二）"三环"并重，构建课程育人整体框架

课前环节，预热启发。课程通过线上平台发布教学内容前置信息，为课堂教学事先进行情感铺垫和知识准备，引导学生认识和理解课堂内容。师生预热期间的沟通和互动有助于教师切实地了解学生的学习情况和需求，并及时调整教学计划和策略，以适应学生的实际情况。

课中环节，互动点拨。教学过程采用线上线下混合模式，主要通过 PBL 模式引导启发、自助求学、精讲点拨三种教学手段来落实以学生为主体的翻转课堂。坚持知识传授和价值引领相统一，显性教育和隐性教育相统一[1]，有效保障教学质量。

课后环节，拓展延伸。通过线上发布的课后练习和专业相关的拓展知识，帮助学生深入理解课堂所学知识，为学生提供更广阔的学习视野和更深层次的学习体验。教师也可以通过拓展延伸更详细地了解学生的学习情况，并引导学生思考相关问题，帮助学生发展终身学习的能力。

（三）"五步"深入浅出，无形嵌入课程思政

1. 新课导入：考古——梳理文化的前世今生

线上播放主题文化的产生、发展和现状。采用 PBL 教学模式，以问题为导向，驱动学生自主探究，构建知识结构，丰富知识内容，培养学生的自主

---

[1] 张帆."隐性思政教育"理念下的《跨文化商务交际》课程建设研究[J].湖北开放职业学院学报，2022，35（17）：155-157.

学习能力。

2. 课堂教学：传承——提炼文化的精神内核

以文化的经典形式（如文物、器具、建筑等）为例观察、分析、总结出主题文化独有的形、神、义以及审美特点。采用学生体验概括、教师精讲点拨的方式，归纳出主题文化的艺术特性、文化内涵和美学情感，培养学生的审美能力。

3. 教学核心：创新——激活文化的时代风采

通过主题文化的文创作品案例解析引导学生认识、探索、思考文创作品的设计原则、方法和思路，并以此确定文创作品的设计定位。采用头脑风暴激发学生的创意思维，解决学生对创新设计的畏惧和不自信的问题。难点是赋予文化的时代生命力，这是将主题文化转化为文化创意产品的核心。引导学生发现文创产品在满足使用的基础功能以外，更注重产品所蕴含的文化内涵以及所提供的情感体验。在艺术表达中寻找时代的审美倾向，贯彻落实设计以人为本的核心精神。

4. 课堂成果：创造——彰显文化的时尚魅力

带领学生尝试用多种艺术语言形式表达设计理念，从中寻找最合适的方案。其是学生亲身经历思考到创作的过程，也是实现经验积累的黄金时段。通过实际操作锻炼学生在团队合作中的沟通协作能力，以及发现问题、解决问题的能力，培养学生的容错设计意识，磨炼意志品质，实现可靠性设计，培养艰苦创业的精神。

5. 课堂小结：收获——汇展文创设计方案

教师组织各组代表汇报展示课堂学习成果，发布《课堂任务评价表》引导小组自评和互评，教师对作品进行评分并总结。帮助学生在欣赏他人与自己作品的过程中完善自我审美体系。课堂结束后，学生整理工具和桌椅，通过日常琐事培养学生的劳动精神。

（四）"六维"反馈评价，充分发挥育人功能

优化的评价机制改变传统的单一考核机制，结合中国大学MOOC线上学习数据，从六个维度进行评价考核：自我评价、互相评价、团队评价、校内老师、企业老师、赛研机构考评。教学的过程评价、增值评价、结果评价有

机融入六个维度，并在每个维度中有效对应评价主体和评价对象，形成系统的综合评价体系，达到因材施教，供需匹配，促进学生的全面发展。

教学过程中，通过学生的自我评价、学生之间的相互评价、学生团队评价以及双师评价共同测评来衡量学生的学习能力、生活劳动和道德品质的提升情况，形成过程性评价。学生的专业技能、参赛作品、参研作品的达成效果由校内教师、企业老师和赛事或科研发布机构按相关标准进行考评，形成结果性评价。两项评价综合为最终成绩。在六维评价体系中帮助学生加强内省能力，形成综合全面的自我认知，提升自信心。

四、以成果验证课程思政教学效果

（一）优化内容、创新模式、教评改融合，持续提升教学质量

"文化创意设计"课程思政教学改革与实践，使学生的课堂参与度、学习时长、互动参与数据等都明显提高（如表1所示）。新的教学模式推动学生自主学习课程内容，并加深了对文化的认知与理解。学生知识能力、综合素质也逐渐提升，能够从浅到深、从理论到实践，融合课程内容，解决知识的重难点，达到预期目标，考核成绩整体提升（如图3所示）。项目实践体验让非遗传承人进入课堂参与教学，学生体验感好，对于地方文化有渗透性理解，持续激发学生学习积极性和爱国热情。

表1 2019、2020、2021级学生线上、线下课程学习数据

授课班级	线上视频学习总学时（小时）	线上考核参与人次	累计课堂活动参与总人次	考试及格率（%）	平均成绩
2019级艺术设计平面方向1班	169	103	463	100	84.56
2019级艺术设计平面方向2班	139	134	521	100	81.38
2020级数字媒体艺术设计1班	139	222	488	89.19	72.46
2020级数字媒体艺术设计2班	147	250	484	100	84.6
2021级数字媒体艺术设计1班	254	244	498	未出	未出
2021级数字媒体艺术设计2班	651	292	525	未出	未出

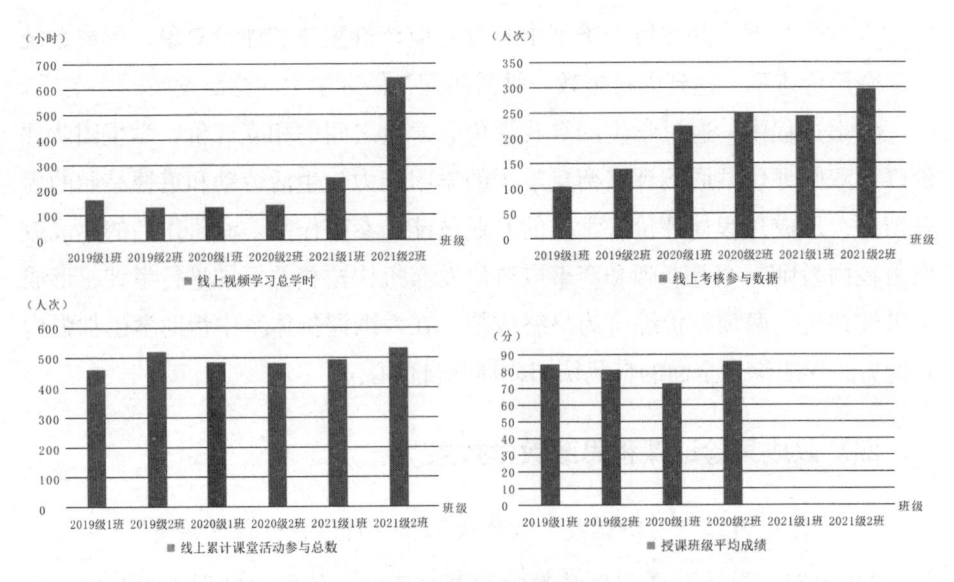

图3 课程学习数据

（二）完善的课程思政育人体系，全面落实了立德树人根本任务

课程挖掘专业知识中的思政元素，把思政元素和职业素养融入专业课堂，从而形成"全面思政教育、立体思政教育、创新思政教育"的教育新理念，完善课程思政育人体系，[①]有机融合了思政教学目标与知识教学目标，有效促进课程知识教学与课程思政教学同向同行，达到协同效应，使得学生在学习过程中不仅获得了扎实的学科知识，还培养了正确的价值观和思想意识。

培养家国情怀和政治认同，塑造大德境界。优秀的传统文化是中华民族的精神财富，具有源远流长、博大精深的内涵，是中华民族的文化根基和精神支柱。通过学习和体验优秀的传统文化，学生能够感受到中华文化的博大精深，增强对家国的深厚情感和自豪感，培养家国情怀。[②]引导学生深入了解国家政策和发展战略，以及其对文化创意领域的影响，形成对国家发展方向

---

① 杨英来，王洋洋，信小兵，等.医学院校"药理学"课程思政教学改革探索与实践［J］.教师，2022（23）：105-107.
② 龚诗昆.基于家国情怀融入高校思政教学的价值与实践策略研究［J］.湖北开放职业学院学报，2023，36（3）：91-92，95.

的正确认知和认同，培养学生的社会责任感和担当精神，让他们明白自己作为文化创意设计者的社会角色和责任，并以积极的态度参与到社会发展中去。

认识个人与社会的关系，感悟道德情操，进而形成较高的公德意识和道德修养。通过传统文化的学习，学生能够感悟到其中所蕴含的深厚的道德情操，如诚实守信、敬老尊师、孝道等，从而形成正确的价值观和行为准则。这些道德情操贯穿于整个设计过程中，成为学生行动的指南和准则，让学生在设计实践中注重个人修养与社会责任的结合。

挖掘职业操守，培养学生的职业道德和职业素养。通过学习和体验优秀的传统文化，学生的审美情操得到了提升，同时培养了对艺术和美的敏感性。项目训练激发学生的创新思维和创造力，使他们学会独立思考和有效表达自己的创意，在团队合作中学会了倾听他人意见、尊重他人贡献，并在团队中发挥自己的优势，共同完成任务。这使得学生具备了良好的职业生存和发展的基本能力，从而能够适应现代企业对人才的要求。

（三）以赛促学、以研助学，取得丰硕教育教学成果

课程中的实践项目导入了专业技能竞赛命题和有关科研课题，采用以赛促学、以研助学的方式激发学生的活力，积极投入项目设计实践活动中，获取自我价值，增强自信。这不仅是对学生的研究、创新和设计能力的考验，同时也鼓励他们去思考设计的社会影响效应和价值观引导作用。这种实践形式培养了学生的创新创业意识，为他们未来的艺术发展和职业道路奠定坚实基础。课程部分作品如图4、5、6、7、8、9所示：

图4 三星堆蜀小立IP设计（第九届"互联网+"大学生创新创业大赛校赛铜奖）

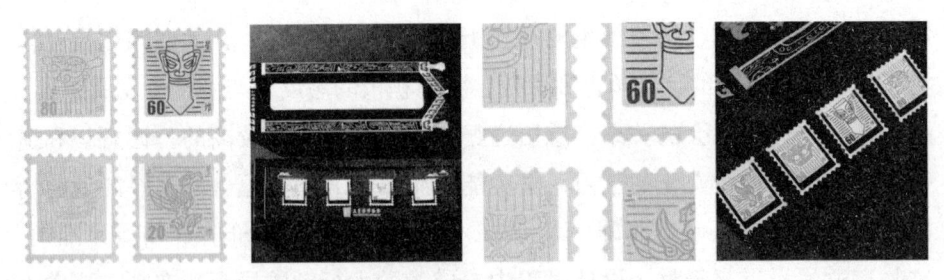

图5 三星堆文创设计：书签

图6 绵竹年画的仕女插画

图7 德阳石刻文创设计：书签

图8 三星堆文创设计：三星童行（第九届"互联网+"大学生创新创业大赛校赛银奖）

图9 德阳文庙文创设计：孔庙物语（版权已被收购）

五、小结

课程思政育人在于影响学生的精神认知，通过精神意识转变学生的实践行为，从而提高课程思政教学的针对性。"文化创意设计"课程思政教学改革与实践以其独特的理念和方法，取得了显著的教学效果。学生在生活中主动发现与挖掘文化内容，探求文化之美，树立正确的审美意识，并深入思考，将文化精髓设计转化为有灵魂有温度的文创产品，形成了良好的学习意识。在传授知识、培养能力的同时对学生的价值观加以正确引领，通过容错设计意识提升可靠性设计能力，增强学生的文化自信，培养学生的社会责任与担当意识，实现立德树人的根本目标。

参考文献

［1］王轩，宁金成.基于"课程思政"理念的专业课程教学改革探索与实践［J］.科技与创新，2020（8）.

［2］康存杰.中职美术课程思政的实践与探索［J］.快乐阅读，2022（11）.

［3］夏凌.地方高校艺术设计专业课程思政教育策略研究［J］.中国包装，2021，41（6）.

［4］张帆."隐性思政教育"理念下的《跨文化商务交际》课程建设研究［J］.湖北开放职业学院学报，2022，35（17）.

［5］杨英来，王洋洋，信小兵，等.医学院校"药理学"课程思政教学改革探索与实践［J］.教师，2022（23）.

［6］龚诗昆.基于家国情怀融入高校思政教学的价值与实践策略研究［J］.湖北开放职业学院学报，2023，36（3）.

作者简介

张海霞（1981—），女，四川工程职业技术大学艺术学院数字媒体艺术设计教研室主任，副教授，研究方向：传统文化与视觉传达。发表专业论文《地域文化在数字媒体艺术中的创新表达研究》等10余篇,其中核心期刊论文2篇;主持参与省市级课题11项;重点课程建设5门;获市政府政策咨询类科研成果1项;获2020年、2021年四川省职业院校教师教学能力大赛(高职组)一等奖。

基于"阅读育人"的课程开发和建设
——以公选课"阅读与交流"为例

杨海涛

在倡导"全民阅读推广"的时代背景下,学校阅读教学课题组提出"阅读育人"的理念,探索阅读课程的体系建构与阅读推广实施路径,旨在推动校园阅读和阅读课程育人,以及活跃校园文化氛围。

一、课程开发的缘起

2012年,党的十八大报告写入"开展全民阅读活动",将之列为建设社会主义文化强国的一项重要举措。从2014年开始,"全民阅读"连续10次写入政府工作报告,表达也从"倡导全民阅读""大力推动全民阅读"向"深入推进全民阅读""深化全民阅读活动"强化,为全民阅读打开了新的境界。学校阅读教学课题组积极响应"全民阅读"的号召,致力于大学语文的教学改革探索,针对传统语文课堂上老师讲得多、学生阅读少、学生主动参与阅读积极性不高等问题,提出了"阅读育人"的理念。

为了更好地践行这一教育教学理念,课题组从科研、教学等方面切入,探寻"阅读育人"的有效实践。例如,从2017年开始致力于"大学语文"的教学改革探索,探索阅读教学的研究与应用。2018年,申报四川省2018—2020年高等教育人才培养质量和教学改革项目"课程思政视阈下《大学语文》母语阅读教学模式研究",并于2021年实施完成;2021年,申报完成了校级课题"高职学生的阅读策略和运用"。同年,课题组又申报完成了四川省第二批思想政治精品项目"'思政教育主题引导'式的《大学语文》阅读教学改革探索与实践"。

在科研成果有一定积累的基础上，课题组于2019年开设了"阅读与交流"公选课，本着立德树人的宗旨理念，开展全校学生的阅读教学和实践活动，主要从课程目标、课程内容、教学实施、课程考核等方面做了探索实践。

二、课程目标的设置

课程团队从学生通过阅读收获什么、怎么通过阅读实现育人目标等进行思考，结合课程建设体系的需要设置了如下课程目标。

（一）知识目标

建立系统化、整体化的阅读知识体系，引导学生阅读经典，阅读不同类型读本。

1. 了解阅读的意义和目标

让学生了解阅读在获取知识、锻炼逻辑思维、提升语言水平、培养欣赏和审美能力等方面的意义和目标。引导和鼓励学生进行一些以提升认知和修养为目标的阅读。

2. 了解阅读的四个层次，熟悉阅读方法

了解阅读的四个层次——基础阅读、检视阅读、分析阅读和主题阅读[①]。熟悉略读和精读等阅读方法，引导学生进行精细阅读和深度阅读。

3. 掌握文本分类和不同文类的阅读策略

了解阅读文本分类，能从文体和内容上将读本进行归类，掌握各类文本的基本特征和阅读方法、阅读策略等。掌握各类文学体裁的基本特征和鉴赏方法、审美技巧等，包括引导学生把握小说、诗歌、散文的特点和阅读路径，同时引导学生把握非文学类文本阅读要点。

（二）能力目标

主要是使学生的阅读教育实现从书本到生活、从被动到主动、从抽象到具体的转化，并帮助学生在知识输入与应用输出中搭建实践桥梁。

1. 培养阅读和表达为主的语文核心能力

主要包括阅读能力和表达能力，提升学生信息沟通与表达思想情感的能力。

---

① 艾德勒，范多伦. 如何阅读一本书[M]. 郝明义，朱衣，译. 北京：商务印书馆，2018.

2.提升认知能力和理解能力

通过经典阅读，促进学生思维与情感的进一步发展，提升学生的认知能力与感悟能力，以及对社会和人生的理解能力。比如，通过《乡土中国》的阅读，学生可以学习阅读社科论文、学术论著的方法，提升对中国乡土社会的认知和理解。

3.提高运用整合、学以致用的能力

将阅读材料与其他学科和现实生活相连接，促进跨学科整合和应用，将阅读所获得的知识和技能应用于实际问题的解决和创造性思考。例如，以阅读分享交流会、阅读案例分析等活动引导学生在生活中"用语文"，延伸语文应用能力的场景。

（三）素质目标

1.促进学生思想道德水平的提升，健全学生人格

通过提供科学合理的阅读指导，让学生能够以最佳的阅读方法和途径去汲取中华优秀传统文化的思想精华和道德精髓，从而弘扬以爱国主义为核心的伟大民族精神和以改革创新为核心的时代精神。通过经典阅读，挖掘发现前人的精神成果，建立起大学生价值体系，推动学生道德品质的养成和思想道德水平的提高，引导学生坚定道德信仰，从而形成健康美好的人格。比如，通过阅读《论语》，引导学生了解什么是君子人格，做一个谦谦君子。通过阅读《非暴力沟通》，引导学生运用"爱的语言"正确表达自己的想法，提升个人修养。

2.培养审美素养和艺术修养

通过阅读文学艺术作品和美学著作，培养学生的审美情感和艺术修养。比如，通过阅读《写给大家的中国美术史》《美的历程》，了解每个朝代具有代表性的美术作品，提升艺术审美修养和鉴赏能力。

3.培养学生的理性辩证思维

课程的阅读内容不仅包括文学作品的阅读，也包括非文学性文本的阅读。通过非文学类文本的阅读，培养学生的理性思维和逻辑思维，引导学生客观公正理性地看待事情。通过提供不同类型、不同观点的阅读材料，引导学生

从多个角度理解和分析问题。

三、课程教学内容的选择

（一）增加非文学文本的阅读

通过参与式观察、访谈和问卷调查发现，学生的阅读多以文学类文本为主，在文学类文本中，又多以小说阅读为主（如图1所示）。这样的阅读其实是忽略了非文学文本，培养的是感性思维，而不是理性思维和逻辑思维。阅读非文学类文本，有利于培养学生的理性思维能力和逻辑能力，有利于提升学生的认知水平。

因此，在推荐文学类书籍之外，需要增加其他类型的文本，包括哲学类、历史类、社会科学类、实用类、信息类文本等。

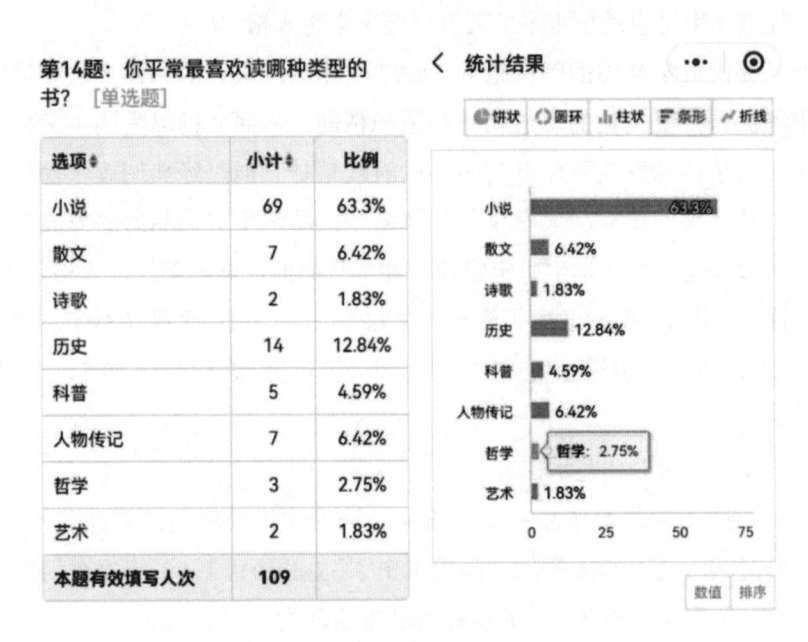

第14题：你平常最喜欢读哪种类型的书？[单选题]

选项	小计	比例
小说	69	63.3%
散文	7	6.42%
诗歌	2	1.83%
历史	14	12.84%
科普	5	4.59%
人物传记	7	6.42%
哲学	3	2.75%
艺术	2	1.83%
本题有效填写人次	109	

图1　学生阅读情况调查之阅读文类

（二）阅读文本以整书为主

目前，学生的阅读材料以单篇阅读为主，而且是以碎片化阅读的方式为主。如果仅仅只有单篇阅读，而缺乏复杂材料的阅读和整书阅读，将不利于学生思维的纵深发展。

针对这一弊端，课程的阅读文本以整本书或部分章节为主。整书阅读的优势之一在于可以引导学生阅读复杂的材料，形成整体性认识。本课程主要涉及的共读书籍有《论语》《呼兰河传》《茶经》《乡土中国》《非暴力沟通》《写给大家的中国美术史》等。

（三）阅读文本体现三种文化

习近平总书记在庆祝中国共产党成立95周年大会上指出："在5000多年文明发展中孕育的中华优秀传统文化，在党和人民伟大斗争中孕育的革命文化和社会主义先进文化，积淀着中华民族最深层的精神追求，代表着中华民族独特的精神标识。"[1]因此，在教学内容的选择上，课程团队充分考虑体现这三种文化的文本和书籍的安排。

"中华优秀传统文化是中华民族的精神命脉，是涵养社会主义核心价值观的重要源泉，也是我们在世界文化激荡中站稳脚跟的坚实根基。"[2]课堂精读文本选取了《论语》《茶经》《春江花月夜》等具有传统文化内涵的读本，同时还提供了《诗经》《庄子》《老子》等拓展阅读文本。

体现革命文化的推荐书籍，选择了曲波的《林海雪原》和罗广斌、杨益言的《红岩》等。《林海雪原》的作者曲波曾于1958年到1962年在德阳工作，担任德阳西南重型机器厂（后改名第二重型机器厂）的副厂长，文中少剑波的原型就是曲波自己，故给学生推荐了这部曾经风靡全国的红色经典小说。

体现社会主义先进文化的读本，首选拓展阅读书目中的马克思、恩格斯的《共产党宣言》等。

---

[1] 习近平. 在庆祝中国共产党成立95周年大会上的讲话［N］. 人民日报，2016-07-02（2）.
[2] 习近平. 在文艺工作座谈会上的讲话（2014年10月15日）［N］. 人民日报，2015-10-15（2）.

表1 "阅读与交流"课程教学内容（修订）

顺序	授课内容	课时	重点或难点
1	课程绪论	2	理解阅读的意义和目标、课程内容、考核方式等
2	书籍分类和阅读内容的选择	2	引导学生阅读经典，以及蕴含"三种文化"的文本的阅读
3	阅读的方法和层次	2	熟悉阅读方式方法，了解阅读的层次，引导学生深度阅读
4	诗歌阅读：《春江花月夜》	2	掌握古诗词的鉴赏方法，从《春江花月夜》看古诗词之美
5	小说阅读：《呼兰河传》	4	引导学生运用小说的阅读策略，阅读《呼兰河传》
6	小说阅读：红色文化经典《林海雪原》	2	运用小说阅读的方法自主阅读，引导学生感受革命文化的力量
7	散文阅读：《半个父亲在疼》	2	把握散文的阅读要点，感悟亲情，学会珍惜亲情
8	古代儒家哲学思想经典阅读：《论语》	4	引导学生阅读儒家经典，理解"君子"人格，学会做人
9	古代茶文化经典阅读：《茶经》	2	引导学生阅读传统文化经典，感受茶文化的魅力
10	社会科学著作阅读：《乡土中国》	4	掌握社会科学著作的阅读方法，了解乡土中国
11	信息类文本阅读：《写给大家的中国美术史》	2	掌握信息类文本的阅读方法，培养审美能力
12	实用文本阅读：《非暴力沟通》	2	掌握实用类文本的阅读方法，学会用"爱的语言"进行非暴力沟通
13	期末考试	2	课程考核

表2 "阅读与交流"课程拓展阅读书目

类型	书名（或篇名）	作者	出版社
小说类	《红楼梦》	曹雪芹	人民文学出版社
	《彷徨》	鲁迅	人民文学出版社
诗歌类	《诗经译注》	程俊英	上海古籍出版社
	《穆旦诗集》	穆旦	人民文学出版社
散文类	《文化苦旅》	余秋雨	作家出版社
	《我的阿勒泰》	李娟	花城出版社
戏剧类	《曹禺戏剧选》	曹禺	北京十月文艺出版社
	《莎士比亚戏剧全集》	莎士比亚	作家出版社
哲学思想类	《庄子今注今译》	陈鼓应	中华书局
	《老子今注今译》	陈鼓应	中华书局
	《中国哲学简史》	冯友兰	岳麓书社
	《共产党宣言》	马克思 恩格斯	人民出版社
实用类	《金字塔原理》	芭芭拉·明托	南海出版公司
	《如何阅读一本书》	莫提默·J.艾德勒 查尔斯·范多伦	商务印书馆
	《爱的五种语言》	盖瑞·查普曼	江西人民出版社
人物传记类	《苏东坡传》	林语堂	湖南文艺出版社
	《杜甫传》	冯至	人民文学出版社
美学类	《美的历程》	李泽厚	生活·读书·新知三联书店
	《美学散步》	宗白华	上海人民出版社
心理学类	《人性的弱点》	戴尔·卡耐基	北京联合出版公司
	《乌合之众：大众心理研究》	古斯塔夫·勒庞	时代文艺出版社
	《蛤蟆先生去看心理医生》	罗伯特·戴博德	天津人民出版社

四、教学活动的实施

（一）教学活动体现学生的自主阅读

"阅读与交流"主要的课堂教学环节和活动如下：学生自主荐书—教师介绍书籍并进行阅读指导—学生自主阅读—学生交流分享—师生交流—阅读成果梳理。在这些活动环节，以学生的"阅读与交流"活动为主，教师起引导和指导作用，以充分发挥学生的主动性和积极性。

1. 学生读书推荐

首先，由教师引导学生阅读经典、阅读整书、阅读不同类型的书籍，并向学生推荐书目书单，鼓励学生去图书馆借自己感兴趣的书。在此基础上，指导学生进行检视阅读并尝试做读书推荐，并且要求学生在课余时间做好读书推荐的准备。

其次，让学生在课堂上依次推荐喜欢的或最近在阅读的书籍。学生介绍的内容包括书籍的作者、内容等基本情况，以及学生的读后感和阅读技巧等信息，鼓励学生尽量用自己的语言表达自己的真实感受。

2. 教师引导阅读，学生自主阅读

在这一环节，教师会对要交流的文本先进行介绍，同时对这类书籍（文章）的文本特点进行介绍和总结，并给予阅读方法的指导。

然后教师会在布置阅读任务的前提下，让学生自主阅读。学生的自主阅读包括课堂阅读和课余阅读，课堂阅读为主，课余阅读为辅。

3. 学生交流阅读感受，教师纠正补充

在这一环节，主要是让学生基于自己的阅读行为谈感受，可以以小组合作方式，先在小组成员间相互交流，再派小组代表进行总体汇报。也可以鼓励学生自己谈阅读感受。是否以小组合作的形式进行交流，取决于文本特点和学生的分享意愿。

教师需要在学生交流汇报后，针对性地进行纠正和补充，以培养学生正确的阅读习惯，提高阅读的科学性与有效性。

4. 学生再次阅读，形成阅读成果

每次阅读交流完成后，教师鼓励学生将自己的阅读感受形成摘抄、读后感、文学作品、小论文、书评等形式的阅读成果。例如，在阅读散文《半个父亲在疼》之后，可要求学生以亲子关系或亲情为主题，创作一篇散文。在阅读《乡土中国》后，可鼓励学生用书中的观点去阐释某些文学作品中的个人选择和人物命运，最后形成读后感或小论文。

（二）教师的讲解分析变为阅读指导为主

在传统的语文课堂上，教师会对文本进行详细讲解分析。而在"阅读与交流"的课堂上，教师承担的任务主要有两个。

一是书籍的介绍和阅读方法的指导。例如，在《乡土中国》的阅读与交流活动中，教师会介绍作者费孝通、《乡土中国》的创作背景和主要内容，以及学术论著的阅读方法。在《写给大家的中国美术史》的阅读与交流活动中，教师首先会介绍这本书的内容和作者蒋勋，然后会介绍信息类文本的特点和阅读方法，其意图在于引导学生去阅读。

二是与学生的交流对话。学生交流后，教师会依据学生交流的内容，与学生进行对话，对学生所讲内容进行补充、完善和提升，或者在学生阅读的基础上提出一些供大家讨论的问题。

五、课程考核：过程性和开放性评价

（一）平时过程考核

"阅读与交流"注重过程性评价。平时过程考核占比40%，主要考核的内容有学生的读书分享推荐、读书笔记、平时作业、课堂主动发言的次数和质量等，这四项内容分别占总成绩的10%。具体做法如下。

读书分享。每次课由两位同学发言，交流读书感想和心得，时间要求3~5分钟。

读书笔记。每位学生提交一份读书笔记，包括1000字以上的摘抄和1000字以上的读书心得。

平时作业。平时作业有摘抄、问答、讨论等形式，占总成绩的10%。

课程发言情况。此项考核也占总成绩的10%。如果学生能够积极主动地发言，以及担任小组汇报人，或者发言质量较高，则奖励加分。

（二）期末试卷考核

期末试卷考核占总成绩的60%，期末考核主要以开放性试题为主，重点考查学生的阅读主动性、阅读成果的质量等。考核的内容包括介绍师生共读的书籍，介绍一本你喜欢的书，谈谈课程学习的收获和建议，写作一篇读后感，等等。

六、课程应用与阅读推广

课程团队还积极以阅读讲座等形式进行阅读推广，将阅读方法和课堂上分享的书籍也在课堂外进行分享。

（一）阅读指导：校内外阅读讲座

课程团队开展了一系列关于阅读的专题讲座，进行校园阅读的推广和阅读方法的指导。讲座《再造风景——文学作品策略学习》主要对学生进行文学阅读指导。讲座《实用类文本的阅读策略及运用》主要谈实用类文本的阅读策略，引导学生阅读非文学类文本，树立学以致用的意识。讲座《整书阅读与策略》主要谈整书阅读策略，引导学生进行整书阅读。讲座《中华传统读书法——吟诵入门》主要介绍中华传统读书法——吟诵，让学生了解传统文化的魅力，运用吟诵的方式更好地体会古诗词文赋的魅力。讲座《品读〈论语〉滋养心灵——做一个快乐的人》是团队教师走出校园，走进四川省女子强制隔离戒毒所，为戒毒人员举办的专题讲座。

（二）校内外阅读分享交流

课程团队教师还积极参加朗诵、鉴赏等阅读分享活动，同时鼓励学生积极参与图管会的读书征文活动。例如，参加"阅读中华经典 凝聚德阳智慧——德阳市诗词楹联学会第28个'世界读书日'阅读分享会"。阅读分享会上，团队老师对张若虚的诗歌《春江花月夜》进行精彩赏析，同时还朗诵并分享了苏轼的《卜算子·黄州定慧院寓居作》。

结语

通过"阅读与交流"选修课的学习，学生认识到阅读对生活、工作与学习的意义和阅读经典的价值,也了解了图书的分类、阅读的层次等阅读知识,逐步树立阅读经典和不同类型书籍的主动意识。通过阅读与交流,学生基本掌握了不同类型文本的阅读方法,并在阅读中提升了认知,并逐步构建起自己的精神世界。通过阅读教育讲座、阅读指导讲座和阅读活动的开展,阅读推广的范围从校园走向社会,正在影响和惠及更多的人群。"阅读与交流"课程的开设,是学校课程育人的全新探索,也是立德树人的重要载体和平台。当然,"以阅读课程培育人"还有许多拓展空间,比如,深度阅读、以读促写、以写促读等。

参考文献

[1]艾德勒,范多伦.如何阅读一本书[M].郝明义,朱衣,译.北京:商务印书馆,2018.

[2]习近平.在庆祝中国共产党成立95周年大会上的讲话[N].人民日报,2016-07-02(2).

[3]习近平.在文艺工作座谈会上的讲话(2014年10月15日)[N].人民日报,2015-10-15(2).

[4]喻梦倩,侯壮,高晓晶.理工科高校图书馆读者阅读教育模式探究:以电子科技大学图书馆"大学生阅读素养"课程教学为例[J].四川图书馆学报,2019(3).

[5]胡以涛,吴璟,童云娟.高校开设阅读素养类通识教育课程的实践探索:以南京农业大学为例[J].中国农业教育,2021,22(6).

[6]吴智斌.大类培养视角的经典阅读类课程教学体系建构与实施路径:以浙江财经大学文传类平台课程经典阅读为例[J].湖南人文科技学院学报,2022,39(6).

[7]吴蓉,董若剑,李睦,等.高校图书馆提升大学生阅读素养的探索与实践:以西南交通大学图书馆阅读与欣赏课程教学为例[J].四川图书馆学报,2021(3).

作者简介

杨海涛（1982— ），女，四川射洪人，文学硕士，中共党员，四川工程职业技术大学教育学院，讲师。研究方向：语文教育教学、中国语言文学。2021年获得四川工程职业技术大学第四届教学成果奖一等奖。参研四川省2018—2020年高等教育人才培养质量和教学改革项目"课程思政视阈下《大学语文》母语阅读教学模式研究"等省级课题4项。参研四川省第二批全省高校思想政治工作精品项目"'思政教育主题引导'式的《大学语文》阅读教学改革探索与实践"。

基金项目

四川省第二批全省高校思想政治工作精品项目"'思政教育主题引导'式的《大学语文》阅读教学改革探索与实践"的研究成果之一。

"三融通"产教融合协同育人
——以校企合作共建1981管理创新中心为例

魏杨 张戈

经管系与深圳市一九八一科技有限公司合作共建"1981管理创新中心",以产教融合双主体育人为途径,依托校企、产教和岗课赛证三大支点构建跨境电商人才"三融通"科研育人模式,探索"产业需求+政策支持+引企入校"产教融合机制,服务创新驱动战略,从而回答好培养什么人、怎样培养人、为谁培养人的问题。走出以人才培养促进区域经济发展,助推中国(德阳)跨境电商综合试验区高质量建设之路。

一、学校实施"三融通"产教融合协同育人的背景

(一)相关政策

科研育人是全面建设中国特色社会主义教育的本质要求之一,很大程度上也是支撑人才强国和科教兴国的基座,事关教育强国建设的兴衰成败。党和国家历来重视科研育人工作,改革开放至今,特别是2017年以来,党中央、全国人大、国务院和有关部委相继出台《高校思想政治工作质量提升工程实施纲要》《关于深化产教融合的若干意见》《中华人民共和国职业教育法》等文件,为科研育人提供基本遵循。教育部《"三全育人"综合改革试点工作建设要求和管理办法(试行)》要求"发展科教协同育人计划、产学研合作协同育人计划"等项目,服务国家和区域经济发展。2020年5月,国务院同意德阳设立跨境电商综合试验区(以下简称"试验区")[1]。2021年1月,省政府印

---

[1] 金婵娟,古蓉媛.德阳获批跨境电子商务综合试验区[EB/OL].四川在线,2020-05-07.

发关于试验区实施方案的通知（以下简称《通知》）[①]，学校经管系跨境电商（含电商）专业（以下简称"跨境电商"），因具有产业前瞻、动态实践和涉及面广的特征，迎来重大机遇，服务好德阳经济发展，为科研育人提供应用保障。学校遵照要求明确提出，"建立教研一体、学研相济的科教协同育人机制，制定产学研合作协同育人计划"[②]，为科研育人提供建设通道。

（二）研究基础

19世纪初，德国柏林大学威廉·冯·洪堡首创"科研与教学相统一"教育理念；其后，英国剑桥大学卡文迪许实验室人才培养模式和美国博耶理论均以此探索；此外，卡马卡尔认为，企业要与大学充分研究协商，研发要有行业参与，以确保相关性；政府支持对促进企业和大学的联系与合作至关重要，显著提高合作驱动力。[③]我国张瑶、唐瑕苓认为，通过科研活动实现理论知识学习、专业技能培养及思想品德培育等均可归入科研育人范畴。[④]周光礼和马海泉等认为，科研育人实质上是一种"以学生为中心"的教育理念，部分高校和教师应改变"为科研而科研"的行为偏好。[⑤]产教融合是科研育人的重要手段和实施路径，尽管科研育人在理念、内涵、对策方面形成大量成果，但多集中本科尤其是研究生阶段的理工科人才培养上，对高职院校的研究甚少，更鲜见财经商贸类内容。

新时代党和国家对高校，特别是高职院校关于科研育人提出的要求，出

---

① 川府函〔2021〕9号，四川省人民政府关于印发德阳、绵阳跨境电子商务综合试验区实施方案的通知［EB/OL］.四川省商务厅，2021-01-14.

② 教思政厅函〔2018〕15号，教育部办公厅关于开展"三全育人"综合改革试点工作的通知［EB/OL］.中华人民共和国教育部门户网站，2018-05-25.

③ 蒋文娟.我国科教结合协同育人机制研究：基于科研院所和高等学校合作视角［D］.合肥：中国科学技术大学，2018.

④ 张瑶，曹建新，庄水亮，等.浅析新时期高校本科科研育人［J］.大众文艺.2020（1）：242-243；唐瑕苓，范文教，刘犟，等.科研育人提升地方本科高校人才培养质量：四川旅游学院的实践与思考［J］.四川旅游学院学报，2020（1）：1-5.

⑤ 周光礼，周详，秦惠民，等.科教融合 学术育人：以高水平科研支撑高质量本科教学的行动框架［J］.中国高教研究，2018（8）：11-16；马海泉.科学研究与现代大学［J］.中国高校科技，2017（7）：4-6.

台的系列文件，均为本文理论基础，包括但不限于《职业学校校企合作促进办法》《建设产教融合型企业实施办法（试行）》《关于推动现代职业教育高质量发展的意见》《职业学校学生实习管理规定》等。

二、"三融通"产教融合协同育人的内涵及意义

（一）内涵

产教融合是指产业和教育之间的紧密联系互动，教育培养出符合产业需求的人才；产业也为教育提供应用场景和实用科技。本文指中心跨境电子商务产业和经管系跨境电商专业教学的融合。校企融通是指学校和企业发挥各自优势，共同完成学生培养任务。本文指由经管系和深圳市一九八一科技有限公司联合建设的"1981管理创新中心"（以下简称"中心"）。岗课赛证融通是指以课程为中心，将岗位需求、竞赛、证书融入其中并实现培养技能型人才的目标。本文指"跨境电商B2B数据运营职业技能等级证书"等1+X职业技能等级证书（中级）等取证实训。

（二）研究意义

科研育人具有显著的理论联系实践性，具有两方面研究意义。一是理论意义，坚持问题导向丰富理论的实践内涵。深入实践"校企融通、产教融通、岗课赛证融通"三融通模式，直面问题，助力试验区人才培养，提供参考；进而为类似区域相关业态场景，提供方案。二是实践意义，强基固本进而加强实践的理论支撑。坚守"党建引领形成合力，就业为本明确导向，产教融合双主体育人"实现路径，对出现新情况新问题，在理论应用中丰富实践方法，在实践探索中提高理论支撑。

三、"三融通"产教融合协同育人的做法、成效及经验

（一）学校产教融合典型做法与基本要求

1. 经验做法

近年来，学校以产学研融合为抓手，做深做实做细应用型高职人才技能

培育的体制机制工作，简称"1331"模式。主要做法如下：有效建设好"一个产学研主平台"，精准实现好"三个对接"，统筹组织好"三个进入"，全面架设好"一条成就大国工匠的道路"，持续建立健全体制机制。该模式自运行以来，因其管用好用耐用，现已取得了较好成效，并获得了广泛赞誉。

2. 基本要求

学校要求各系部，在推行"三全育人"工作中，因势利导，基于以上成果成就模式，结合实际，构建适宜的产学研平台，发挥政府主导、行业引领和企业参与的综合价值，将产学研用实战、学生主动参与和现场规范教学深度融合，构筑不同行业的"大国工匠"成长之路。

（二）"三融通"产教融合协同育人需求分析

基于学校产教融合典型做法与基本要求，结合实际，从三方面分析需求。首先，在试验区人才需求方面：2021年1月，《通知》指出德阳跨境电商专业人才需求超过1000人。2021年4月，德阳印发《德阳市跨境电商人才孵化基地认定管理办法》，明确人才输出事项。2022年1月，RCEP正式生效，跨境电商规模持续增长。2022年8月，世界清洁能源装备大会在德阳召开，为人才孵化提供新机遇。以上，确定了人才需求规模。其次，在中心人才需求方面：以跨境电商的运维和营销为主业，在亚马逊、美客多、独立站等平台提供全球开店、FBA、建站服务、站内运维、站外推广等服务。需求是接纳较大规模的具有跨境电商理论知识、国贸知识，熟悉外贸流程，掌握跨境电商B2B运营、策划推广、视觉设计、数据分析技能的时代新人。最后，跨境电商人才供给方面：面向生产和贸易型外贸企业跨境平台运维部门，主流跨境电商平台运营、客服、物流部门，个人网络创业，外贸行业、相关企业业务部门，以及其他需求单位的就业创业。其需求是跨境电商单位，提供网络营销、运营、数据分析、供应链、跨境物流和客户服务的实训环境。

综上三个主体在跨境电商人才方面，互为支撑，相互依存，供需两旺，通过模型推演，初步论证"三融通"主要做法，能够推动各方有效协同，节约资源，增强效用，实现多赢。

表 1　试验区与中心切合点相关度分析表

类别	与中心切合点相关度	2021年	2025年
发展目标	强正相关		中西部内陆开放特色的跨境电商综合试验区；成渝地区双城经济圈跨境电商创新发展示范区；装备制造等特色商品进出口基地
引进和培育跨境电商企业数量			100家以上
具备B2B和B2C能力的跨境电商供应链综合服务平台企业数量			5家以上
在德阳设立功能性总部的行业头部企业数量			5家以上
培育建立跨境电商特色产业园区数量			3家以上
从事跨境电商的专业人才突破	强正相关（已贡献128人）		1000人以上
外贸企业应用跨境电商比例	强正相关（贡献度约6%）		40%以上
跨境电商交易额	强正相关（年金额7亿元）		超过10亿元

注：此处自变量是1981管理创新中心，因变量是试验区。

资料来源：2021年1月，四川省政府印发试验区实施方案的通知。

（三）"三融通"产教融合协同育人主要做法

1.以促进学生长效发展为出发点，坚守初心，有效推进产教融合，成就财经商贸英才

遵循学校"1331模式"，高位求进，遴选品质优良、技能精湛的同志担纲实训老师，制订产教融合方案，优化课程设计，关注实训实效，强化质量反馈，主要开展以下工作：第一，从产业所需技能出发。注重电商运维、数据分析挖掘、网络营销、通关办理、跨境物流的提升工作。第二，在"真环境、

真项目、真实训"的三真实景中提升技能。运用课程专用周、专业实习和顶岗实习等机会,带动学生有序进入中心提高技能。第三,将践行新理念、拓展新格局、提高新本领的三新教育观植入实训全环节。检验专业理论和实际应用成果,务实地锤炼各岗位实操技能。第四,实行轮值班组长制,发挥头雁作用。设立电商运维、数据应用和网络营销三个组,轮值担任组长,做到有位有为,有为有位;通过运行,部分学生能战胜受心理、知识和技能影响的"小我",成长为持续发展的"大我"。

通过以上举措,2020年12月,中心成员作品《布勒家具——家具电商创业实践》荣获省教育厅等主办的第六届四川省国际"互联网+"大学生创新创业大赛银奖。2021年6月,在参加2021年四川省职业院校技能大赛(高职组)电子商务技能赛项中,中心成员荣获一等奖。

2. 以护航学生德智体美劳进步为落脚点,坚定信心,持续推动校企融通,培养时代新人

学校和经管系历来重视校企融通工作,从建校初期刘少奇同志视察学校后的深情寄语中可见一斑,他说"先建校后建厂,先培养人才后生产产品,实行厂校一体"。其后,一以贯之,继往开来,解决统筹层级不足和整合成效不佳的机制难题。一是实行双主任制。系行政负责人担任中心主任,负责规划、目标责任及产教融合等宏观管理;公司负责人担任执行主任,负责运营及产教融合方案执行,做好战略性产品选型和外联等中微观管理。二是推行"双教师"制度。企业教师传授技能,系部教师突出理论教学,培养知识精、技能高、素养好的高素质人才。三是建立校企融合党支部,发挥组织堡垒作用。中心人员的党组织关系纳入经管系集中管理,选优配强青年骨干担任支委会成员,以新理念,构建新格局,统一思想、提升战斗力。四是营造向上氛围,传递正能量。通过营销案例总结、物流速递大比武等形式,对内激励对外宣传,引发跨境电商人才供应链和部分媒体的关注。

通过以上举措,2021年1月,中心成员成果"专创融合提质高职电子商务专业创新创业人才培养实践"荣获学校主办的第四届教育教学成果奖一等奖。

3. 以促进学生一专多能多证为着力点，坚固恒心，推进岗课赛证工作，增强综合竞争力

践行习近平总书记"激励广大青年走技能成才、技能报国之路"[①]的重要指示，注重学生成才要素、途径，关注成长全过程。首先，做好以岗定课。明确目标方向，以岗位职责为中心，设置运营和招商专员岗位课程；以履职尽责为任务，编写岗位实训教材和作业指导书。其次，落实以赛促学。基于目标，立足应用，收集省内外竞赛信息，精准对标素质竞赛要求，对"网店运营""跨境电商平台运营"课程改革创新，增加实训和跨文化背景下有效处置分歧的内容，具有实用性。再次，实现课证融合。指导学生参加职业技能取证实训，参加其他利于一专多能多证的职称活动，其中，不乏取得周期长难度大的证书。最后，实施四位一体育人模式。开展学生共训，参加其他技能比赛。通过实施"岗位素质为标准，课程体系建设为基础，技能大赛为载体，就业目标为导向"，开创"高素质技术技能人才"成长之路。

通过以上举措，截至2022年12月，中心成员累计取得相关职业技能证书300份。在省级以上职业技能大赛中获奖30余次；参加全国区域选拔赛获一等奖，在第二届"博导杯"中泰职业院校创新创业国际邀请赛中晋级决赛。此外，部分成员还取得含金量高、实用性强、认可度高的其他证书。

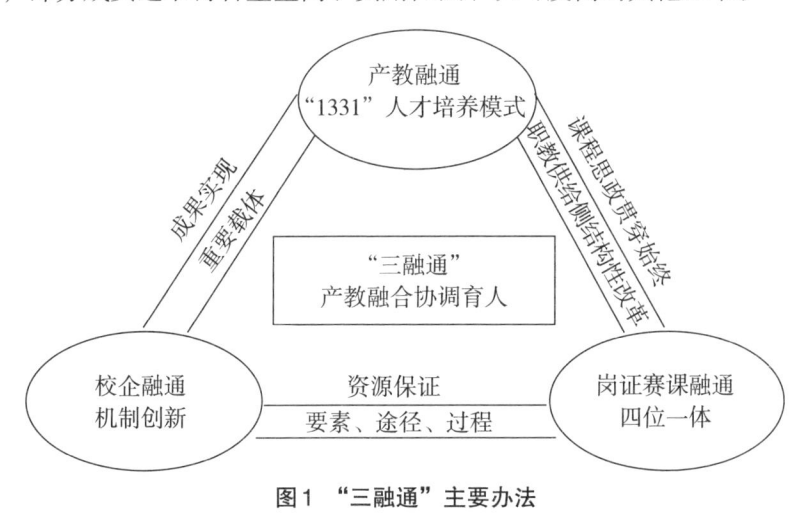

图1 "三融通"主要办法

[①] 习近平. 弘扬精益求精的工匠精神 激励广大青年走技能成才技能报国之路[EB/OL]. 人民网，2019-09-24.

（四）"三融通"产教融合协同育人应用成效

第一，回答"培养什么人"。贯彻党的教育方针，淬炼专业素养和创新精神，以中心为依托深度开展校企合作，助力科研育人进入快车道。近年来，学生在省内高职院校电子商务技能赛项中荣获一等奖；在"ITMC杯"全国跨境电子商务技能大赛荣获总决赛特等奖；在Wish和dhgate平台开展项目40余个；"1+X"职业资格考试通过率保持在90%以上，累计300余人。此外，在双创大赛中的参赛人次、申报项目、项目获奖等指标均名列全校前茅。

第二，回答"怎样培养人"。为落实"三融通"培养方案，2021年经管系对所设专业进行了数字化升级，重构培养目标、课程体系，并修订了培养方案，申报"跨境电子商务"专业并如期招生，其中电商专业联袂营销专业成功申报省双高A档专业群，"网店营销"等22门优质课程完成建设并高质量验收。走出以优质学科专业建设、优质教学团队助力高素质高技能人才培养之路。

第三，回答"为谁培养人"。践行为党育人、为国育才的使命[①]，系党总支加强了融合党支部建设，指派政治站位高、业务能力强的党员干部到中心负责产教融合实施工作，确保政治保障，培养对口专业入党积极分子73人、发展预备党员23人，在岗位上充分发挥朋辈育人作用。

两年来，中心共完成16个班级、800余人次的专业技能实训。其间，学生岗位实习不少于180天，累计培养3批共128名跨境电商人才，其中近96%毕业生在成渝（成德）地区就业，为成渝地区双城经济圈建设提供人才支撑。

（五）"三融通"产教融合协同育人经验总结

第一，初步探索"产业需求+政策支持+引企入校"产教融合机制。根据党中央、国务院印发《关于深化现代职业教育体系建设改革的意见》：省级党委和政府制定人才需求、产业发展和政策支持"三张清单"，健全落实机制；围绕德阳跨境电子商务综合试验区建设，地方政府、学校在场地、人才等方面给予一系列支持；将深圳市一九八一科技有限公司引入学校，合作共

---

① 郑苗，刘向阳，张家靖.新时代高校提升红色文化教育话语说服力的思考和探析[J].高教探索，2022（6）：124-128.

建"1981管理创新中心"。各方资源深度共享融合，在繁荣区域数字贸易，助力建设贸易强国方面做出探索，提升师生服务区域经济建设能力。

第二，初步形成高职院校"三融通"人才培养创新模式。通过产教融通、校企融通、岗课赛证融通，奠定学生"企业顶岗实习—企业管培生—企业实习生—企业骨干"的发展基石，让学生乐意且能够留得住所在实习企业工作，明确职业路径。2022年11月数据显示，3批128名顶岗实习学生顺利就业，成长为业务骨干，和平台员工一道，为客户创造近7亿元人民币的年均产值。

"三融通"模式培育的新商科人才得到行业、企业高度认可，育人平台成功申报"中国（德阳）跨境电子商务综合试验区人才孵化基地"，《德阳日报》等媒体对其专题报道。两年来，先后有成都纺织高等专科学校、四川化工职业技术学院、甘孜职业学院等院校前往考察学习。本模式让人才培养更精准，教学内容更丰富，学生成长更具象。成果具有一定普适性，适合产教融合平台建设、运行体制机制创新、校企协同人才培养方面应用。借鉴单位在建设场地、师资团队和建设经费上应加强保障，获得地方政府的政策支持，充分考虑行业优势和教育情怀，依法依规约定合作内容和权责。

因本模式尚在初步探索中，仍需持续创新和验证科研育人的方式方法，拟在以下方面加强：与大学生创新创业深度结合，通过将运营主管和销售冠军请进课堂等方式，提升大学生创新创业质量；进一步提升科研育人人才培养水平，厚植德阳跨境电商土壤，以开放带动、改革推动、创新驱动，让服务行业和培养人才双向发力，双循环高质量发展。

参考文献

[1]王翮.高职院校思想政治教育质量提升研究[D].武汉：华中师范大学，2019.

[2]辛玉芳，赵文芳.高校专职科研队伍的科研育人特色及价值探究[J].教师，2020（34）.

[3]教育部办公厅关于开展"三全育人"综合改革试点工作的通知[EB/OL].中华人民共和国教育部政府门户网站，2018-05-25.

[4]蒋文娟.我国科教结合协同育人机制研究：基于科研院所和高等学校

合作视角［D］.合肥：中国科学技术大学，2018.

［5］习近平.弘扬精益求精的工匠精神　激励广大青年走技能成才技能报国之路［EB/OL］.人民网，2019-09-24.

［6］郑苗，刘向阳，张家靖.新时代高校提升红色文化教育话语说服力的思考和探析［J］.高教探索，2022（6）.

作者简介

魏杨（1981—），女，本科，四川工程职业技术大学经济管理学院副主任、副教授，北大核心期刊发表论文2篇，公开刊物发表论文10余篇。主持四川省"十四五"首批职业教育精品在线开放课程"商务谈判"的建设，主持和参与市级以上科研项目5个，先后获得2021年全国教师教育教学信息化大赛四川省一等奖、2022年全国师生信息素养提升实践活动四川省一等奖，四川省职业院校教师教学能力大赛二、三等奖。

张戈（1968—），男，博士研究生，四川工程职业技术大学经济管理学院副主任、副教授，近年来在专业期刊发表论文5篇，其中《大数据人才盘点在中小企业人才管理上的探索与实践》获得德阳市第十八届优秀科技论文三等奖，主持完成"基于PPIS的大学生创新创业团队优秀团队负责人潜质分析及应用"等校级市级项目3项，指导完成"职业潜能大数据测评与职业生涯规划平台的应用实践"等大学生创新创业训练计划3项。

逻辑、价值与实践：儒家仁爱思想融入手工课程筑基高职学前教育人才培养的思考

吴新星

将儒家仁爱思想与课程教育紧密融合，是我们在课程育人过程中积累的宝贵经验。在新时代背景下的高职院校，理顺儒家仁爱思想与筑基学前教育人才培养之间的内在联系并整合，探索二者融合途径是必要工作，也是历史唯物论的继承与发展。本文首先从历史发展角度梳理两者之间的内在联系，然后从历史唯物主义角度来阐述价值意蕴，最后结合本校学前教育专业人才培养的实际情况，探讨两者"融合"的实践路径，将"仁爱内涵"的逻辑延伸到"手工课程"的教育形态上，使"儒家仁爱"思想由内而外地与课程紧密连接，结合目标性与合规性，通过"显"与"隐"的立体育人模式，树立"祖国观""民族观""历史观""文化观"，从而培养"四有"好教师。

党的十八大以来，具有中国特色的社会主义建设各项事业在习近平总书记的领导下，都取得了令人瞩目的伟大成就，并由此开启了中国特色社会主义建设各项事业发展的全新局面。习近平总书记非常关心学前教育事业，并多次指出"要有仁爱之心"，要"讲仁爱"。"仁爱"作为新时期学前教育工作的主线和纲领，为学前手工课程融入儒家仁爱思想、筑基高职学前教育人才培养明确方向。

一、引言

"四有"好教师是习近平总书记在与北京师范大学师生代表座谈时指出的，其行为准则是对教育的侠骨仁心，也是对儒家仁爱思想的认同。[①] 仁爱之

---

① 习近平号召全国广大教师：做党和人民满意的好老师[EB/OL]. 中国政府网, 2014-09-09.

心是教师不可或缺的职业修养，从这个角度看，儒家仁爱思想是引导学生发展个人价值观的正确方向，对学校素养提高有着至关重要的作用。在实践中怎样坚持用"儒家仁爱"的思想去浸润课堂，怎样贯穿筑基高职学前教育人才培养的全过程，也是学术界亟待解决的问题。

目前，学术界主要还是从其历史轨迹、教育路径、逻辑内涵和个案分析等角度去开展关于"筑基学前教育人才培养"的理论研究和实践研究。在运用儒家思想浸润课堂的形式、立足幼儿教育人才培养论述思想探源以及如何实现路径等方向的研究相对较少，本文则针对这些问题做出了一些思考。本文先分析儒家仁爱思想融入课程的逻辑契合性，从历史和历史唯物主义两个角度去诠释其价值意义[①]，再结合高职高专幼教专业的实际情况，探讨二者相互交融的路径和方法，让儒家仁爱融入筑基高职学前教育专业人才的培养落到实处。

二、儒家仁爱思想探源与学前教育人才培养的逻辑契合

中国古代社会的主流意识形态是儒家仁爱思想，在中国发展进程中有着重要的位置。虽然与现代的学前教育时间跨度不同，但从中华民族发展历程来看，儒家的仁爱思想体现了人与人、人与社会以及人与自然的和谐共处，这与学前教育专业的人才培养目标相契合，其内容互构、关系共生、培育向度一致，两者在时间向度、内容向度上逻辑契合。

（一）时间向度：儒家仁爱思想与学前教育专业人才培养方法的逻辑契合

儒家思想与现代教育的融合可谓同向同行，儒家思想主张的核心内容是"仁爱之心"。例如，"启发诱导""言传身教""因材施教""环境教育"等儒家在道德教育实践中总结出来的特色教育方法与现代学前教育专业人才培养的方法脉络相辅相成，都是对传统美德的继承、发扬和创新，这些仍然是当前及将来学前教育专业人才培养的重要主题。

---

① 汤夺先，朱相发. 铸牢中华民族共同体意识研究的回顾与展望：基于Citespace的知识谱系分析[J]. 西藏民族大学学报（哲学社会科学版），2021，42（5）：19-27，154.

纵观我国历史，不乏追求理想社会的奋斗者和弘扬思想理论的人，处处都体现着"和谐相处"的理想追求。[①] 儒家仁爱思想的育人功能，可以帮助我们处理好人与人、人与社会和人与自然的关系，处理好利益关系。[②] 运用好这些观点和理念，也对制订学前教育专业人才培养方案有着重要的启示作用和指导意义，对建设社会主义和谐社会的进程也会起到积极的作用。完全可以通过过程育人来引导未来的"接班人"去实现中华民族伟大复兴的"中国梦"。

（二）内容向度：儒家仁爱思想与人才培养职业道德的逻辑契合

1."泛爱众"是幼儿教师师德修养的基础

孟子说"老吾老，以及人之老；幼吾幼，以及人之幼"，认为既要尊敬长辈、爱护幼小，还要与人为善。其中儒家思想中的"仁爱"不仅仅是爱自己、爱自己的父母和爱自己的兄弟姊妹，还需要爱他人、爱众生，即有仁爱之心。[③] 用比较通俗的话来讲就是不仅要关爱自家的小孩，也要关爱别人家的小孩。由此可见，儒家思想提倡的"泛爱众"反映在学前教师的职业素养中，就是需要体现对幼儿的尊重、爱护和富有爱心上。以此作为幼儿教师的师德、技德供养灵魂，通过从爱血缘亲人到平等、尊重、关爱每一位孩子，培养作为幼儿教师最基本的职业道德。

2."己所不欲，勿施于人"是幼儿教师职业行为的底线

子曰："己所不欲，勿施于人。"反映在学前专业的职业教育中，便是要求教师不要将自己不愿意做的事强加于他人。在对待每一位幼儿的时候要守住底线，做到用客观、公正的态度去尊重孩子的独立人格。长期以来，全国各地都有曝出幼儿教师肆意触碰道德法律底线、无故虐待幼儿的新闻。如何引导幼儿教师进行换位思考，思考如果自己作为幼儿在那样的环境下，是否能够承受住来自教师的恐吓、虐待与言语侮辱；思考幼儿教师该不该凭一时之

[①] 杨晓珍. 儒家"仁爱"思想对构建现代和谐社会的作用[J]. 浙江工贸职业技术学院学报，2021，21（2）：67-74.

[②] 杨晓珍. 儒家"仁爱"思想对构建现代和谐社会的作用[J]. 浙江工贸职业技术学院学报，2021，21（2）：67-74.

[③] 袁进霞. 论孔子仁爱思想的教育价值[J]. 河南工业大学学报（社会科学版），2009，5（4）：29-31，34.

气，做出故意伤害幼儿的行为？"己所不欲，勿施于人"应该作为幼儿教师职业行为的底线并坚守到底。

3."仁者人也"是幼儿教师职业培养的目标

子曰："修身以道，修道以仁。仁者人也，亲亲为大。"① 孔子主张以德修己，把"仁"作为人的根本追求。"君子"应具有智、仁、勇三种品德，"智、仁、勇"把人才培养目标具体化、理想化、规范化，用孔子主张的"培养贤能之士为社会服务"教育观念来促成幼儿教师个人修养及职业道德修养，与学前教育专业培养目标吻合，最终实现培养情感上积极向上、为人师表的"四有"好教师。

"仁者人也"是儒家仁爱思想所倡导的对于自身修养的要求，更是作为要面对一群没有血缘关系的孩子的幼儿教师，应该具备的基本素质和必要条件。为了更好地适应社会对学前教育专业的认可度，更应该将"仁者"思想作为不懈追求的事业目标，将"仁"的追求作为自身内在的标准与支撑，提高自我修养，树立良好的职业道德品质，让思想道德素质、言谈举止都要合乎于理。

三、儒家仁爱思想融入手工课程筑基学前教育人才培养的价值意蕴

儒家仁爱思想可以赋予学前教育专业手工课程深刻的精神引领，通过手工可以表现出儒家仁爱思想中蕴含的超越言语表达的深刻思想。单纯学习手工技能，容易产生枯燥的感受，而融入儒家仁爱思想后，在潜移默化中进行思想教育，可以让学前教育专业学生明白手工背后所蕴含的价值。

（一）体验手工的游乐性

领悟"物我与共"思想。通过儒家仁爱思想中"物我与共"的思想，引领学生充分理解和体会人与人、人与物和谐相处的生态观，让学前教育专业学生从中感知即使简单的手工也蕴含着深刻的价值。② 学前教育专业学生在童真童趣中学习幼儿手工，感受幼儿手工和环境创设带来的游乐性，体会作为

---

① 徐洪兴.《孟子》精读［M］.上海：复旦大学出版社，2010：17-18.
② 马晓兰.物与我融合的抒情：徐志摩诗歌浅谈［J］.青年文学家，2018（18）：47.

幼儿思想上的单纯、友善。例如，在运用手工技法进行重构绘本内容的团队协作中，分角色制作道具，扮演绘本角色中的人与动物，抛开学生身份，体会人与人相处、人与物相处的和谐氛围。

（二）体验手工的纯真性

形成"仁爱之心"。在对待外界事物时，幼儿与成人在思维上具有不同的特点，他们能够赋予一些无生命的事物情感。通过模拟幼儿的生活情境，体会幼儿的可爱，从而形成关爱幼儿，保护幼儿的思想，促进学前教育专业学生仁爱之心的形成。例如，"过家家"的区角环境活动，模拟生活场景、角色扮演，用手工环创玩具模拟家庭生活等。

（三）体验手工的童幻性

明白"孝亲"的美德。在手工操作过程中，引导学前教育专业学生将自己代入幼儿创作的情境中，以幼儿的思维来对待客观事物，用幼儿的童真思维去观察世界，通过手工创作吐露真实、直接的情感。例如，在"母亲节"活动中，可以开展手工创意活动，将自己置身于幼儿情境中，伴随主题性手工制作的礼物，自然流露出对父母的真情实感，避免面对面表达爱意的腼腆之情，从而感同身受地理解与表达儒家仁爱思想的孝亲美德。

四、儒家仁爱思想融入手工课程筑基学前教育人才培养的实践路径

用儒家仁爱思想筑基学前教育人才培养教育，需要从实践中找寻教育方法，用学生乐于接受的形式来增强对儒家仁爱思想的价值认同，在过程中内化个体知识和行为准则，这种内化是源于人的主观认同所转化的思想信念。那么，结合学前教育专业学生的特点，以增强认同感为核心，以促进个体内化为目标，通过课堂革命来改革课堂教学设计，从显性层面与隐性层面着手，充分利用课前、课中、课后的教学设计，是筑基学前教育人才培养教育中融入"儒家仁爱"思想的有效途径。

（一）显性层面：课中教学设计直面学生，春风化雨涵养启迪

注重显性教育，立场坚定，与党和国家的方针政策保持高度一致。课中

教学以"仁爱内涵"为引领，通过案例分析，用生动形象的事例来感染人、启发人，实现铸魂育人润物无声。

"亲亲而仁民，仁民而爱物"的儒家思想，是从朴素的凡夫俗子之爱，扩展到对一切事物"仁爱"的范畴，深化到普遍而自觉的爱的观念，从而形成了对一切事物的"仁爱"，而筑基学前教育人才培养教育的核心要义，是儒家仁爱思想的必然要求。在手工课程的课中教学环节，运用"仁爱内涵"，坚守主阵地，坚守"你中有我，我中有你"的多元一体格局，通过融入儒家仁爱思想的课程建设，做好专业人才培养教育科学研究。

手工课程经历十多年的平台建设，目前已经建成为国家级精品在线课程。课程利用虚拟仿真等教学手段激发学生学习动力，不断完善课程大纲和教学实例。用案例分析、实地调研、分组讨论等创新方法，将"儒家仁爱"思想的思政元素和教学内容有机协同，梳理知识目标和素质目标凝聚价值共识，用"仁爱内涵"的教育深化学生对儒家仁爱思想的理解。同时，将实践教育和劳动教育作为课程教学设计的有机组成部分和重要补充，在实践过程中育人，增强学生思想教育的适当性，真正做到学以致用。

（二）隐性层面：课前、课后教学设计引导学生，载体厚植文化沃土

手工课程涵盖了大量赋予传统民族文化特色的知识载体，导引了课程内涵多个向度，在教学活动设计的过程中发挥着实践整合、导向熏陶的作用，对于形成理想信念和共同的精神追求有着非常重要的意义。针对课前、课后的教学设计，因其本身具有的隐性教育特点，反映在认同主客体之中便是文化共生的具象表现。比如，在技能技法的学习中，可以注入大量的传统文化案例和历史素材，借其本身自带的思政元素，结合艺术化的手段，运用解构重组等方式方法来形成原创精品并加以推广。

（三）"显性+隐性"教育结合、厘清思政主线与方法

根据学科专业特点以及历年来对于手工课程教学过程的经验总结和反思，基于学生成长成才的需要，制定符合学生"德行"的"期望"。作为首批入选国家级精品在线课程的"幼儿手工与环境创设"，将思想政治教育内化为课程内容，从"课前—线上、课中—线下、课后—拓展"三个维度切入，思政教

育与知识技能的有机融合与交错同向同行，让思政教育与知识技能培养形成"共同体"，学生综合能力得到显著提升。

通过教育内容和工作岗位要求的整合，教学内容对接校企联合单位，实现教学内容与工作岗位要求的统一，以深度发掘儒家思想内涵的"匠人精神基因"传承艺术匠心精神。以"修齐治平"的儒家思想孕育艺术匠心，并以此培养忠诚、忘我无私奉献的社会道德意识；以"允执厥中"的儒家思想铸基匠行，以便专注精益的创造能力；以"至诚不息"的儒家思想修养匠身，从而培养百折不挠的实践意志；以"中正之道"的儒家思想淡泊明志，从而贯穿德技双馨的乐观人生。[①] 教学设计理实一体，结合学前教育职业特点，以"匠心巧手育桃李，薪火相传润童心"为思政主线，打造"美育+传统文化、创新+岗位要求、拓学+精进技能"三维立体式育人模式[②]，结合《幼儿园美术教学手册》真实项目案例开展"1+1+1"教学，激发学生想象力与创造力，培育健全人格。

1."美育+传统文化"，对接线上平台，培养学生文化自信

课前利用网上教学平台，以"美育+传统文化"的育人模式培养学生文化自信和自觉，结合真实项目案例，通过"第一个案例项目"激发学生对中华文化的认同，增强弘扬和传承优秀传统文化使命感的培养，做到文化自信。

2."创新+岗位要求"，对接线下交互，内化学生职业素养

课中使用线下课堂对接《幼儿园教育指导纲要》《幼儿园教师职业标准》《幼儿园教师资格考试标准》以及虚拟云平台互动，以"创新+岗位要求"的育人模式，对标"创新思维培养"的核心属性要求，通过"第二个案例项目"的实践，逐步提升创新思维与岗位能力，内化职业素养。

3."拓学+精进技能"，对接职业竞赛，精进学生职业技能

课后拓学对接职业大赛，以"拓学+精进技能"的育人模式精进学生职业技能水平，为了促进"岗、课、赛、证"互联融通，检验学生适应岗位的

---

① 钟亮梅. 儒家思想对当代中国工匠精神培育的启示[J]. 福建教育学院学报，2020，21（4）：81-85.
② 谭建平，王继荣. "三全育人"背景下大学生理想信念教育的内在机理[J]. 当代教育理论与实践，2022，14（6）：120-125.

综合能力，加强专业内涵建设和教学改革，参照省赛形式，通过"第三个案例项目"的考核有效促进教育教学的改革创新发展，通过竞赛促进"教、学、练、改"，最终促进学前教育专业人才培养的质量提升。

五、结语

儒家仁爱思想与筑基学前教育专业人才培养，两者在时间向度、内容向度方面高度契合，审视儒家仁爱思想融入课程教育的作用与规律，将其拓展并融入课程，以筑基学前教育专业人才培养是课程育人的目标。聚焦归属共鸣，以儒家仁爱思想为核心，通过课前导学、课中引学、课后拓学的立体式教学设计，从显性层面和隐性层面两个角度出发，引导学生领悟"儒家仁爱"思想，掌握思想内涵，内化为自觉行动，生成正确认知和情感认同，形成稳定的意志和价值观念，成长为习近平总书记所期盼的"四有"好教师。

参考文献

[1]习近平号召全国广大教师：做党和人民满意的好老师[EB/OL].中国政府网，2014-09-09.

[2]汤夺先，朱相发.铸牢中华民族共同体意识研究的回顾与展望：基于Citespace的知识谱系分析[J].西藏民族大学学报（哲学社会科学版），2021，42（5）.

[3]杨晓珍.儒家"仁爱"思想对构建现代和谐社会的作用[J].浙江工贸职业技术学院学报，2021，21（2）.

[4]袁进霞.论孔子仁爱思想的教育价值[J].河南工业大学学报（社会科学版），2009，5（4）.

[5]马晓兰.物与我融合的抒情：徐志摩诗歌浅谈[J].青年文学家，2018（18）.

[6]钟亮梅.儒家思想对当代中国工匠精神培育的启示[J].福建教育学院学报，2020，21（4）.

[7]谭建平，王继荣."三全育人"背景下大学生理想信念教育的内在机理[J].当代教育理论与实践，2022，14（6）.

作者简介

吴新星（1981—），女，汉族，四川绵阳人，四川工程职业技术大学艺术学院专任教师，副教授。研究方向：美术学。

浅议大学英语课程在提升高职大学生跨文化交际能力中的作用

苏玉仙　胡晓　文舒通

随着世界经济全球化加深，人类共同面临的危机与挑战日益严峻，国家与地区间的联系更加紧密，交流互鉴更加频繁。英语是世界使用最广泛的语言，在世界文明交流互鉴中起着纽带作用。同时，英语在培养大学生跨文化交际能力中也发挥着重要作用。通过英语这个媒介，能及时获得国外前沿的科技和发展理念，了解和借鉴世界优秀文明成果；促进我国与其他国家的交流与互鉴，助力中华文化的传播，增强文化自信；助推全面建设社会主义现代化国家和实现中华民族伟大复兴的中国梦。

一、跨文化交际能力的内涵与高职大学生的国际化素养

跨文化交际能力或者跨文化胜任力的英文是 Cross-cultural/Intercultural Competence，简称 ICC，是指在不同文化背景的场景下个体或者交际者得体（符合目的语文化的社会规范、行为模式和价值取向）、有效实现交际目标的交际行为能力。从现象来看，跨文化交际并不是现代才有，古代就已存在。凡是在有不同文化背景的个体接触的地方就会产生跨文化交际活动。从历史的发展来看，跨文化交际就是人类自身发展的历史。

上海外国语大学跨文化研究中心的张红玲教授团队研究形成了《中国外语教育跨文化能力教学参考框架》（2023，以下简称《参考框架》）。《参考框架》中的跨文化交际能力包含四个价值维度、三个目标层次。"从个人角度，跨文化交际能力能够开阔视野、增长知识、增强文化认同感；从社会角度，它是促进建立友好关系、增进协同、协作与合作；从国家角度，它能促进各

国的民间交流、国家间的外交活动；从全球化角度，它是为世界和平培养全球化公民。"[①] 跨文化交际能力的三个能力目标"一是基础的跨文化知识；二是语言应用能力，特别是跨文化的情感态度；三是跨文化交际实践能力"[②]。具体来讲，跨文化知识是指对目的语文化的学习、对其他文化的了解和对本族文化的深入理解与反思三方面。跨文化的情感态度是指广泛接触和了解不同文化的异同，在此基础上，不断增强学习者对国家、民族和文化的认同，以及对世界其他文化包容和欣赏的态度。跨文化交际行为能力是指将文化知识和跨文化情感态度转化为能力，形成善于倾听观察、分析阐释及比较批判的能力。

随着科技的进步，21世纪人类进入了信息化、数字化时代，进入了全球化的发展时代。一方面，国家间的交流互鉴更加频繁和便利，世界已成为一个地球村。国家间的相互依赖更加突出，科技和经济竞争也更加激烈。另一方面，人类面临的全球性问题与挑战层出不穷。既有因发展造成的自然灾害，又有人类自身造成的其他危机与挑战。要应对这些挑战，世界各国只有携起手来，发挥好文化和文明的作用，通过交流互鉴与合作才能实现发展共赢。

历史经验告诉我们，能在国际事务中发挥重要作用的国家，历来是综合国力强大的国家，兼具在经济、科技方面的"硬实力"和在文化方面的"软实力"。当今世界，国家"软实力"的作用日益彰显。以世界发达国家美国为例，美国政府高度重视培养其大学生的国际化素养。美国本科教育的八大目标中强调了适应多元文化的素养和全球化素养，可见其对国家发展之需国际化人才的要求。

改革开放以来，我国综合国力大大增强，在世界的地位和影响力不断攀升。据美国《新闻周刊》2005年的一篇报道，美国掀起了全民学汉语的热潮。"在美国的家庭中，汉语已成为继英语和西班牙语之后第三种最为普遍的语

[①] 上海外国语大学跨文化研究中心.中国外语教育跨文化能力教学参考框架[M].上海：上海外语教育出版社，2023：1–3.

[②] 毕重钰.新时期外语教学中跨文化交际能力培养[J].科教导刊（中旬刊），2020（35）：164–165.

言。"①美国总统的家庭成员也在积极学习汉语。以上现象说明了当代中国及中华文明对世界的影响。随着我国深化改革与开放，经济平稳发展并成为世界经济增长的新引擎，中国大国形象更加彰显，在国际事务中的话语权极大增强。据统计，目前世界学习中文的人数越来越接近全球学习英语的人数。

从国内、国际形势分析，我国大学生的国际化素养不仅必要，而且意义重大。但目前高职大学生的国际化素养远远不足。一是学生的国际化意识不强，二是他们的跨文化交际能力较弱。高职院校长期以来普遍存在着重技能轻人文的现象。大多数高职院校的师生片面地认为学生的国际化素养并不重要或者可有可无，甚至有些职业院校的决策者和管理者也只重视学生的专业知识和技能，忽视学生的国际化和人文素养，结果是高职院校许多毕业生不能满足新时代国家战略发展和中国式现代化建设以及全球化发展的需要。综上，高职大学生的国际化素养，即跨文化交际能力不仅是国家发展之需，也是当今世界全球化发展的时代之需，需要高度重视和着力培养。

二、高职大学生跨文化交际能力的必要性与时代性

全面贯彻习近平总书记关于职业教育的重要论述，要求我们牢牢把握职业教育的重要使命，抓住历史机遇，为国家建设和经济发展培养高素质的技术技能人才。新时代，国家需要的高素质技术技能人才需具备跨文化交际能力（跨文化胜任力）素养。高校各专业"设置大学英语课程的首要目标是满足为国家经济和社会发展培养高素质的建设者和接班人"。其次"是满足学生个人发展需求目标，即满足学生在专业学习、国际交流及职业发展等方面的需要"②。无疑，大学英语课程对高职学生的成长成才意义深远。"英语应用能力有助于学生增强国际意识、树立世界眼光，提升综合素质，以应对全球化时代的机遇和挑战。"③

---

① 方明理. 从美国人学汉语看中国人学英语［EB/OL］. 新浪博客，2008-12-09.
② 陈世华. 新时代的机遇与担当：构建人类命运共同体视角下的高校外语教育［N］. 中国社会科学报，2018-04-10（3）.
③ 唐晓东，宁强. 大学英语国际化选修课程建设研究与实践［J］. 长春工程学院学报（社会科学版），2016，17（1）：135-137.

新时代，中国在全面建设社会主义现代化国家的新征程中，坚持胸怀天下，以和平发展、合作共赢的全球化目标，积极推动构建人类命运共同体，创造人类文明新形态。世界各国要应对当今世界面临的如地震、干旱、洪灾、疾病、局势动荡以及战争等各种全球性挑战，既需要经济与科技的力量，也需要文化的力量。早在2013年，中国就提出了"一带一路"发展倡议，其核心是"促进基础设施建设和互联互通，加强经济政策协调和发展战略对接，促进协同联动发展，实现共同繁荣"[1]。此倡议得到了全世界大多数国家和国际组织的支持与响应。十年来的实践证明，"一带一路"倡议极大地促进了沿线国家的文明交流和政治、经济、科技的发展，实现了共赢目标。

今天，中国越来越走近世界舞台的中央，前所未有地成为世界关注的中心。即使是在2020年全球新冠疫情暴发并延续的三年时间里，伟大的中国共产党依然以人民为中心，践行初心使命，不仅打赢了疫情防控的阻击战攻坚战，有效保护了人民群众的身体健康和生命安全，而且为世界的疫情抗击贡献了中国力量。同时，坚持疫情防控和经济社会发展"两手抓"，经济连续保持增长态势，为世界经济发展做出了贡献。中国在自身发展的同时积极促进世界文明交流与共同发展。2019年5月，在北京举行的以"亚洲文明交流互鉴与命运共同体"为主题的文明对话大会，也让世界看到，和平与发展仍然是时代主题。2023年5月，在北京举行的以"开放合作、共享未来"为主题的"2023中关村论坛展览"（也称科博会），共有80多个国家和地区的近200家外国政府、国际组织和机构参与。此次论坛也是当今世界顶尖科技成果交流展。习近平主席在贺信中指出：中国"愿同世界各国一道，携手促进科技创新，推动科学技术更好造福各国人民"[2]。这充分说明，中国是一个既开放又爱好和平的国家，愿意同世界各国携手合作，共同建设美好未来。

作为高校开设的人文通识教育课程，大学英语课程肩负着培养大学生的科学素养、人文精神、世界观、人生观及价值观的崇高使命，即大学英语既要兼顾国家发展需求和时代发展需求，也要兼顾学生个人发展需求。就外语

---

[1] 戚义明.推动共建"一带一路"走深走实.中国共产党新闻网，2019-02-18.
[2] 陈芳，胡喆，温竞华，等.推动科学技术更好造福各国人民：习近平主席致2023中关村论坛的贺信激励各界携手促进科技创新［N］.人民日报，2023-05-26（1）..

的工具性而言，北京外国语大学李宇明教授提出了"外语生活"的理念。他认为"如今外语已经发展嬗变为公民素质。目的已不全在于学习，还在于办理各种实务，满足在不同文化间穿行"①。显然，以外语技能为基础的大学毕业生的跨文化交际能力在国家可持续发展与国际交往中的作用更加突出。

三、有效发挥大学英语课程的人文功能，助力提升跨文化交际能力

高职大学生不但要增强国际化意识，提升跨文化交际能力，同时需要增强中国文化自信。中华文明是世界古文明中唯一未曾中断而发展到今天的伟大文明。我们有五千年的悠久历史和灿烂文化，众所周知的中国古代四大发明，对世界文明发展做出了极大贡献。当代中国历经改革开放的建设和发展，又创造了值得国人自豪的"新四大发明"：高速铁路、共享单车、移动支付和网购。新四大发明对中国经济、社会和文化具有极大的推动作用，对世界产生了积极而深远的影响。

文化是一个民族、一个国家的主流价值观和道德模式。习近平总书记在党的十九大报告中指出："文化兴国运兴，文化强民族强。没有高度的文化自信，没有文化的繁荣兴盛，就没有中华民族伟大复兴。"②我国有五千年的灿烂文明，每一个中国人都应引以为傲并坚定中华文化的自信。对中华文化的自信是我们民族的根本。习近平总书记在党的二十大报告中强调："坚守中华文化立场，提炼展示中华文明的精神标识和文化精髓，加快构建中国话语和中国叙事体系，讲好中国故事、传播好中国声音，展现可信、可爱、可敬的中国形象。"③以上关于中华文化传承和文化强国建设的国策更加明确了高职院校外语教育的方向和目标，这就要求不断提升当代大学生的跨文化交际能力。

2023年6月2日，文化传承与发展座谈会在北京召开。习近平总书记出席座谈会并做了重要讲话。他强调："在新的起点上继续推动文化繁荣、建设文化强国、建设中华民族现代文明，是我们在新时代新的文化使命。要坚定文

---

① 李宇明. 树立"外语生活"意识［J］.中国外语，2017，14（5）：1，9–10.
② 党的十九大报告辅导读本［M］.北京：人民出版社，2017：40.
③ 党的二十大文件汇编［M］.北京：党建读物出版社，2022：35.

化自信、担当使命、奋发有为。"①毫无疑问，在我国进入全面建设中国式现代化的新征程中，在努力建设中华民族现代文明的新起点上，当代大学生的国际化素养已成为一项基本素养和必备能力。我国高校外语教育必须担当起新时代中华民族现代文明建设和文化传承、传播的使命。

我国高校外语教育在我国改革开放中发挥了积极作用，但在开启全面建设社会主义现代化国家及经济全球化加深的新形势下，离国家发展需求和期待尚有较大距离，还难以完全胜任时代赋予的使命和要求。高等职业教育的外语教学一直存在"教"多"育"少的情况，强调外语的工具性，忽略外语学科的人文性。高职大学英语基本上停留于听、说、读、写、译基本技能的教学，尚未上升到以推进文明交流互鉴的国家战略高度。外语教师的角色主要扮演"装卸工"②，即直接将国外理论和方法装入中国语境，没有形成自己的外语教育体系。

语言是文化的一部分。英语除了在世界文明交流互鉴中发挥媒介作用外，还承载着不同国家的文化和文明成果，具有非常丰富的思想、情感与态度，兼具有人文功能。学生要学好用好英语这个重要工具，除了学习知识或促进专业发展之外，还要了解不同国家的文化，提升跨文化胜任力。英语教学不单是语言及语言技能教学，更是人文素养教育。母语是我们的根，而外语是叶，能够增加我们的见识、行动力和包容力。以上也是高校外语教师必须思考的时代课题。那么，如何发挥好外语学科的人文功能，实现为党育人、为国育才的目标？

要实现这一目标，首要的是外语教师要学习领会大学英语课程的目标要求，在教学实践中增强学生国际化意识并提升国际化胜任力。教育部颁布的《高等职业教育专科英语课程标准》（2021年版，以下简称《新标准》），明确了"英语课程是高等职业教育专科课程体系的有机组成部分，兼具工具性与

---

① 习近平. 担负起新的文化使命，努力建设中华民族现代文明［EB/OL］."学习强国"学习平台，2023-06-02.

② 王文斌. 文明交流互鉴呼唤外语教育的时代担当［N］.中国社会科学报，2023-03-28（8）.

人文性"[1]。大学英语课程就是要把学生培养成具有中国情怀和国际视野,并能用英语进行有效沟通的人才。《新标准》规定的四大学科核心素养之一就是多元文化交流。这就要求学生在学习和使用英语的过程中,"能够识别、理解、尊重世界多元文化,拓宽国际视野,增强国家认同,坚定文化自信,树立中华民族共同体意识和人类命运共同体意识;能够有效进行跨文化交际,用英语传播中华文化"[2]。有效贯彻落实《新标准》就是助力提升跨文化交际能力。

人类文明既具多样性又具共通性。不同的文明自然衍生不同的语言,"外语"就是不同语言的代名词。"语达则心通,心通则情融,情融则志同,志同则力聚,力聚文明交流互鉴之路则畅。"[3]因此,在人类文明交流互鉴中呼唤外语教师的时代担当,提升学生的跨文化交际能力是大学英语课程的目标与使命。

外语教师要主动成为提升学生跨文化能力的引路人和促进者。大学英语不仅要帮助学生掌握英语知识、技能,还需要有意识引导学生学习跨文化知识。在教学设计和实践中融入跨文化内容。外语教师在教学实践中应有意识引导学生掌握跨文化交际基础知识,理解中外思维方式、价值观、风俗习惯、礼仪等方面的差异,熟悉跨文化沟通的特点,理解跨文化交际障碍和冲突产生的原因,有意识让学生学习了解"表层文化还是深度文化、文化概括还是文化具象化。比如:个体或集体的身份认同;对不确定性的态度:高容忍度还是低容忍度等基础的跨文化知识"[4]。

跨文化交际能力的重点是对待不同文化的情感态度,培养具备良好的跨文化沟通素质,具备一定的思辨意识和能力,有民族自豪感,有正确的价值观,培养开放、包容、尊重、同理心、欣赏力,但需注意避免本国中心主义、刻板、偏见以及行为方面的歧视。人们开始理解他国文化时,普遍存在对其

---

[1] 中华人民共和国教育部.高等职业教育专科英语课程标准(2021年版)[EB/OL].中华人民共和国教育部政府门户网络,2021-04-01.

[2] 中华人民共和国教育部.高等职业教育专科英语课程标准(2021年版)[EB/OL].中华人民共和国教育部政府门户网络,2021-04-01.

[3] 王文斌.文明交流互鉴呼唤外语教育的时代担当[N].中国社会科学报,2023-03-28(8).

[4] 上海外国语大学跨文化研究中心.中国外语教育跨文化能力教学参考框架[M].上海:上海外语教育出版社,2023:1-3.

他文化的概念化、刻板化。跨文化交际的技能目标是改进跨文化交际策略，锻炼英语应用能力，创设真实的跨文化场景，能够使用英语比较恰当、有效地进行跨文化沟通。外语教师要有意识地在大学英语课程中融入跨文化交际的内容，也可开设跨文化交际课程，尽可能让学生参与到不同文化的体验、比较、分析以及合作性问题解决的活动中。外语教师要加强学习信息化教学技术，有效引导学生进行线上、线下混合式学习，比如中国大学慕课MOOCs的中国文化和跨文化交际课程，全球盛行的TED演讲视频资源及其他新媒体资源，去了解他国文化知识，提升跨文化意识和能力。

结语

从英语学科的人文属性出发，需要培养学生的跨文化交际能力。对照教育部高等职业教育专科英语课程标准，培养学生的跨文化交际能力是大学英语课程的重要任务之一，需要在教学中贯彻落实。同时，在经济全球化、世界文明交流互鉴频繁化的时代，大学英语课程需要主动担当与作为，在帮助学生提升英语语言技能的同时，助力学生掌握必要的跨文化知识，增强全球化意识，进一步提升跨文化交际技能，为国家发展繁荣和中华民族伟大复兴培养更多能读懂中国，又能读懂西方，会英语、有中国心，能讲好中国故事并具有人类命运共同体意识的中国大国公民。

参考文献

［1］安培. 韩国留学生跨文化交际能力培养研究［D］. 哈尔滨：黑龙江大学，2018.

［2］史晶. 跨文化交际中的词汇空缺［D］. 哈尔滨：黑龙江大学，2011.

［3］上海外国语大学跨文化研究中心. 中国外语教育跨文化能力教学参考框架［M］. 上海：上海外语教育出版社，2023.

［4］毕重钰. 新时期外语教学中跨文化交际能力培养［J］. 科教导刊（中旬刊），2020（35）.

［5］党的二十大文件汇编［M］. 北京：党建读物出版社，2022.

［6］王文斌. 文明交流互鉴呼唤外语教育的时代担当［N］. 中国社会科

学报，2023-03-28（8）.

［7］中华人民共和国教育部. 高等职业教育专科英语课程标准（2021年版）［EB/OL］.中华人民共和国教育部政府门户网络，2021-04-01.

作者简介

苏玉仙（1966—），女，英语语言文学学士、教育学硕士，外国语学院教学顾问，教授，主持校、市、省部级课题8项，主编/参编教材8本（教育部推荐和规划教材3本），发表学术论文20余篇。曾获四川省高校教师"师德标兵"称号。

胡晓（1987—），女，教育学硕士，博士在读，讲师，主持校级课题3项，参编教材3本，发表学术论文近30篇。多次获得校级优秀教师称号。

文舒通（1991—），男，工商管理硕士MBA（全球商务方向），经济管理学院教师，德阳市东方恒运电机有限公司采购部部长，参与发电机发明专利3项、论文1篇。

第二篇 **02**

| 文化育人 网络育人 |

地域红色工业文化与高校思政课教学的耦合
——以德阳红色工业文化资源融入为例

张玉霞　杨雅涵

习近平总书记提出，"'大思政课'我们要善用之，一定要跟现实结合起来。上思政课不能拿着文件宣读，没有生命，干巴巴的"[①]。党的二十大报告强调"用好红色资源"[②]。

红色是中国共产党的本色，是中华人民共和国的底色。新中国成立以来，在党领导人民进行社会主义工业化建设实践中形成的以自力更生、艰苦创业、敬业奉献、自主创新、产业报国等精神为本质内核的"红色工业文化"是继续推进我国工业高质量发展的重要支撑。"红色工业文化"具有地域性，德阳是国家工业布局和三线建设的重点地区，德阳红色工业文化是新中国红色工业文化演进的生动剪影，也是思想政治教育的丰富源泉。

一、德阳红色工业文化资源融入高校思政课教学研究的必要性

（一）挖掘利用地域红色资源提升育人实效

地域红色文化资源感知度强，具有直观性和便利性的特点。讲身边人、说身边事，用生动鲜活的案例和素材讲道理，更能够激发学生学习兴趣和热情，提高思政课的说服力、吸引力、感染力。

地域红色文化资源是思政课的"活教材"，思政课是地域红色文化的"活

---

① 杜尚泽."'大思政课'我们要善用之"（微镜头·习近平总书记两会"下团组"·两会现场观察）[N].人民日报，2021-03-07（1）.

② 习近平.高举中国特色社会主义伟大旗帜　为全面建设社会主义现代化国家而团结奋斗：在中国共产党第二十次全国代表大会上的报告[EB/OL].中国政府网，2022-10-25.

载体"。实现地域红色工业文化与高校思政课教学的耦合，有利于传承发展地域红色文化；有利于创新思政教育模式，丰富思政教育的内容和手段；有利于大学生传承红色基因，提升文化自觉性、家国情怀和政治素养，强化理论认知和坚定信仰。

（二）用好行业红色资源服务高校培养目标

高校服务于行业人才培养，与社会责任、行业发展、国家需要结合紧密。用好地方行业红色资源，推动思政课特色化发展，有助于增强教育教学的精准性、针对性、实效性。

四川工程职业技术大学因德阳工业化建设而生，是在适应国家装备制造的不同历史阶段发展需要中不断成长壮大的，与德阳重装企业的发展风雨同舟、息息相关。60多年来，学校培养了一大批技术能手、技能大师，为国家工业建设特别是装备制造业的建设和发展做出了积极贡献。新时代，落实大思政课理念，积极挖掘用好适合行业人才培养目标的地域红色资源，将德阳红色工业文化资源融入高校思政课教学研究不仅是必要的，而且有着得天独厚的条件和优势。

二、德阳红色工业文化资源的思政价值内涵

（一）德阳红色工业文化资源丰富，是高校思政课教学可以充分运用的"活教材"

德阳是新中国工业布局和三线建设的重点地区。60多年来，德阳工业从无到有、从有到大、由大变强，成为"中国重大技术装备制造业基地"，有"古蜀文明之源、装备智造之都"的美誉。[①]

德阳红色工业文化资源丰富、特色鲜明。有保留退役产品设备厂房的三线建设遗址遗迹构成的红色基地，有大量记载德阳工业发展壮大的历史文献资料，有一代代工业人产业报国制造强国的红色故事。这些红色工业文化资源承载着中国制造发展传承的优秀基因，以小见大，生动见证了中国共产党

---

① 德阳：古蜀文明之源 装备智造之都［N］.四川日报，2022-09-01（T29）.

领导中国人民白手起家干工业的奋斗史,见证了我国社会主义工业化建设的伟大成就,蕴含着三线建设精神、东汽精神等思想精华,具有与时俱进的时代性,具有典型的教育示范意义,是新时代德阳高质量发展的宝贵财富,也是高校思政课教学可以充分运用的"活教材"。

(二)德阳红色工业文化资源与高校思政课教学的内容契合点

根据学校定位,结合高校各门思政课的理论点及育人目标,找准德阳红色工业文化资源与高校思政课教学的内容契合点,对地方行业以及校本典型案例进行梳理,是地域红色工业文化与高校思政课教学耦合的基础性工作。

1. 新中国工业布局和三线建设

新中国成立以及社会主义制度的确立,为大规模开展工业化建设提供了前提。20世纪50年代中后期,国家工业布局,在德阳这个传统的农业小县,从无到有开展大规模的工业区建设,拉开了德阳重装工业基地建设的序幕,初步建起了如今中国二重、东方电机等国家重点基础工业企业的前身西南重型机器厂和德阳水力发电设备厂。同步建设的德阳重型机器制造学校(四川工程职业技术大学前身),实行厂校一体,为重型机械工业服务,为德阳工业区建设输送了大批急缺宝贵的人才。1958年邓小平视察德阳工业区建设时说,"德阳的工业是国家的大工业,拿制造冶金设备、电站设备的工厂来说,是目前全国最大的","要加紧建设,打破陈规,边建设边生产"[1]。

从1964年国家开始启动的三线建设中,德阳再次掀起了工业建设的热潮。二重、东电续建,工业区建设时期筹建的东方汽轮机厂也于1966年开工建设,随后陆续迁建新建东方电工机械厂、德阳耐火材料厂、四川玻璃纤维厂、四川树脂厂、四川化工机械设备厂、四川钻探采掘设备厂、四川建筑工程机械厂、德阳机械厂、德阳电机厂等一批工业企业。三线建设为德阳奠定了重大装备制造工业基础。

在思政课教学中,德阳工业从无到有、从有到大、由大变强的历史成就,是党领导人民自力更生、发愤图强,创造社会主义革命和建设伟大成就的生动写照,是走中国工业化道路思想的显著成果,彰显社会主义集中力量办大

---

[1] 中共中央文献研究室. 邓小平文集:中卷[M]. 北京:人民出版社,2014:377-378.

事的制度优势,是引导学生正确理解和把握改革开放前后两个历史时期关系的典型案例。

2.传承弘扬"三线精神",做新时代好青年

20世纪五六十年代,风华正茂的建设者响应党的号召,怀揣着"好人好马上三线"的报国壮志,离开大城市,告别家乡、告别亲人,从北国冰城,从东海之滨,从四面八方汇聚到西南,白手起家、拓荒僻壤,为国家战略大后方建设贡献力量,铸就了"艰苦创业、无私奉献、团结协作、勇于创新"的三线精神。[①]

三线精神历久弥新,永不过时。通过思政课实践教学,讲述三线创业者们感人肺腑的故事,参观三线企业的遗迹遗址,实地考察三线建设退役产品设备和厂房,教育引导学生把小我融入大我,把红色基因传承好,争当"有理想、敢担当、能吃苦、肯奋斗"的新时代好青年。

3.创新发展,用科技创新打造"大国重器"

以东方电气为例,创新让企业"电力"十足。从4.5万千瓦双牌机组,到17万千瓦葛洲坝机组,到70万千瓦三峡机组,再到百万千瓦的白鹤滩机组,东电坚持科技自立自强,创造了世界水电的巅峰之作。被誉为中国新时代"争气机"的我国首台全国产化F级50兆瓦重型燃气轮机组,"风光水火气核"六电并举的产能,智能化、数字化的"无人车间",使老牌重装之都以"智能因子"作为营养剂开出了"新花"。企业牢牢把核心技术、大国重器掌握在自己手里,形成了一系列具有自主知识产权的核心技术,实现了中国制造向智能制造、中国创造的飞跃,挺起了民族工业的脊梁。从跟跑,到并跑,再到领跑,获得成功的"金钥匙"是两个字:创新。

创新是经济社会发展的第一动力,只有创新才能自强、才能争先。关键核心技术是买不来的,只有把关键核心技术掌握在自己手中,才能从根本上保障国家经济安全、国防安全和其他安全。通过本土中央企业依靠创新不断登顶业界新的高峰的典型案例,教育引导新时代大学生强化创新意识,解放思想,勇于探索,不断追求卓越。

[①] 朱云生,何悦.三线精神的历史生成逻辑与精神内涵[J].学校党建与思想教育,2020(14):12-14.

4. 弘扬"东汽精神"，增强敢于斗争、善于斗争的本领

2008年"5·12"特大地震中，位于龙门山断裂带的东汽厂是受灾最重、损失最大、遇难人数最多的中央企业。面对巨大自然灾难和美国次贷危机演化为全球性金融危机的双重压力，东汽人奋起抗争，在废墟上生产自救，铸就了"不怕牺牲、敢于胜利，坚韧不拔、艰苦创业，自主创新、勇攀高峰"的东汽精神[①]，在危难时刻挺直了中央企业"震不倒""压不垮""不弯腰"的坚强脊梁。

东汽精神有着巨大深远的意义。新征程上机遇和风险挑战并存、不确定难预料因素增多。通过"东汽精神"典型案例，激化学生斗志，引导学生增强忧患意识，面对前进道路上的风险挑战坚持敢于斗争、善于斗争。

5. 实现能源绿色低碳转型，推动社会主义生态文明建设

德阳工业，特别是国机重装、东方电机、东方汽轮机、东方风电、东方锅炉等重点企业着力开发涵盖风能、太阳能、核能、地热能、潮汐能以及储能技术等清洁能源装备，与国家双碳布局紧密结合，推进能源绿色低碳转型发展。德阳成为清洁技术与新能源装备制造业国际示范城市[②]，新能源发展是德阳红色工业文化在新时代的又一张传承名片，展现出了德阳红色工业文化强劲的生命力和集聚效应。

思政课教学中运用新能源发展的本土典型案例，可以帮助学生深刻体会绿色发展理念的含义，领悟统筹发展和安全的重要意义。

6. 校企合作，产学研融合发展

德阳是国家高等职业教育综合改革试验区、全国首个职业教育促进经济社会发展示范区。近年来，校企共同探索了现场工程师培养模式。学生通过遴选进入企业和学校联办的现场工程师班，作为清洁能源发电装备制造的高素质紧缺技术技能人才进行重点培养。校企结对协同创新，使教育科技人才工作深度融合，既为大学生学习和就业提供新的选择，又为企业科技创新调动更大范围的资源，还为经济高质量发展提供了人才支撑。国产大飞机模锻

---

① 人民日报评论员. "东汽精神"催人奋进［N］. 人民日报，2009-02-27（1）.
② 叶建平. 清洁技术与新能源装备制造业国际示范城市项目落户德阳［N］. 中国高新技术产业导报，2009-08-24（C6）.

件、"华龙一号"核电机组、白鹤滩水轮发电机组……众多"大国重器"、重大工程都贴上了"德阳制造"的标签，职业教育作为重要的参与者功不可没。

厂校一体、产教融合是德阳职教特色，更是德阳红色工业文化的精神体现。回顾学校发展历程和优秀校友事迹，产学研平台也是开展大思政课实践教学的重要依托。

三、德阳红色工业文化资源融入高校思政课教学基本思路

（一）搭建大思政课平台，构建"四维一体"实践教学模式

落实大思政课理念，要开门办思政课。四川工程职业技术大学充分调动社会力量和资源，在校内外建设一系列大思政课实践基地，聘请基地专家担任大思政课教师，增强大思政课师资力量；设置大思政课教研室，加强大思政课教学研究和教学服务与管理；统筹思想政治理论课各门课的实践教学需要，开设"思想政治理论课综合实践"课程，将德阳红色工业文化资源融入课程标准。

依托综合实践课程这个机制，构建课堂认知性实践、校内体验性实践、社会反思性实践、网络互动性实践的"四维一体"实践教学模式，让思政教育从"书本"走向"社会"，让学生在实践中感悟理论，实现学思用贯通、知信行统一的教学目的，提升育人实效性。

（二）开发校本教辅资料，融入实践教学体系

有了教材才能规范教学。四川工程职业技术大学马克思主义学院依托"杨雅涵名师工作室"，充分利用地方资源和校本实际，开发了独具特色的《大学生思想政治理论课实践教程（活页式）》教材。

教材按照高校几门思想政治理论课分篇章，聚焦不同年级所学的各门课程，系统设计与理论教学相配套的实践模块和项目，凸显全面性、针对性、递进性。每个篇章的实践研学至少有一个对接大思政课实践教学基地，如四川工程职业技术大学校史馆、学校省级工程实验室、德阳市档案馆、德阳三线建设工业博物馆、"东电印迹"工业历史文化园等基地研学项目。项目化的研学活动设计实现了把德阳红色工业文化资源融入思政课教材。

（三）建设融媒体资源库，技术赋能提升效果

运用现代化信息技术手段，收集整理文献资料、视频资料，梳理教学案例，建设德阳红色工业文化教学资源库。教师指导学生运用德阳红色工业文化资源创作新媒体作品，通过网络传播德阳红色工业文化。依托网络教学平台，整合师生共建共享的资源，将思政课实践教学成果如讲述榜样故事、微电影、沉浸式情景剧表演等上传平台分享，不断充实教学资源库。建设教学资源库增强了教学生动性、互动性和体验性，有利于提高思政课程的吸引力，激发学生学习热情，促进学生自主高效学习。

（四）运用多种教学方式，多"式"融入增强吸引力

1. 把红色工业文化资源融入思政课课堂教学，移社会入课堂

结合当代大学生对新技术新媒体的喜好和关注，通过新媒体等手段把红色工业文化资源融入思政课课堂教学，不断拓展学生知识面。教师灵活运用情境教学法、案例教学法，用好红色资源，采用微视频展示、课堂微演讲、角色扮演、经典影视配音、师生异位教学等方式，讲好、悟好、传播好红色故事，引导学生传承弘扬红色基因。

2. 坚持"大思政课"理念，积极"走出去"，移课堂入社会

围绕三线建设工业遗产，建设德阳红色工业文化实践教学基地。组织学生参观德阳三线建设工业博物馆、"东电印迹"工业历史文化园、德阳冶轴文创园、德阳市"5·12"大地震展览馆、校史馆等，以发展奋进故事和优秀人物事迹教育引导学生继承艰苦奋斗、无私奉献的精神。同时将参观考察等教学活动所拍摄的照片、视频以及基地研学项目中学生的优秀作品添加到教学资源库。

（1）以校外实践基地"东电印迹"工业历史文化园教学活动为例

思政课教师组织学生走进工厂，参观位于厂区内的工业历史文化园，参观现代化的重跨车间和数字化车间，重温三线建设，追忆峥嵘岁月，感受新时代国有企业高质量发展的新风貌、新征程，感悟今昔巨变。

该专题实践教学进行任务感知、获取探究、碰撞提升、整体收获、学以致用五个模块活动，邀请大思政课企业专家现场讲解，通过组织参观考察、

自主探究、分组讨论、全班对话以及研学作业、研学反思等环节，帮助学生从德阳工业文化资源中得到思政教育。

"东电印迹"工业历史文化园的文化墙、退役老火车头、矗立一旁的工业烟囱，还有各种退役产品和设备厂房，都曾是新中国工业建设的参与者，辉煌征程的见证者，如今被赋予新生，成为红色工业文化和精神的传颂者。在移动入厂的思政课上，它们成为最好的教科书，最有效的教具，在诉说着一代又一代爱国青年将人生理想和奋斗目标融入国家战略，用青春与热血书写辉煌的动人故事。在这个特别的思政课堂，新时代大学生切身感受到穿越时空的薪火相传的精神！

（2）走进产学研平台，与"四川工匠"同讲思政课

依托校内产学研平台，四川工程职业技术大学马克思主义学院将四川省装备制造业机器人应用技术工程实验室等四个省级工程实验室打造成校内"思想政治理论课教学实践基地"和"课程思政建设实践基地"。聘请以学校五位"四川工匠"为代表的专业课实训教师作为"双实践"基地思政课导师，挖掘学校四个省级工程实验室在技术攻关、工艺试制中的育人因素，通过真设备、真生产、真产品的现场体验，使思政课具有"实境"特色，使"课程思政"具有校本元素，进一步培养了学生爱国爱校情感，实现了引导学生弘扬"工匠精神"、提升建成工业强国和现代化国家建设的使命感与责任感的思政教育目标，形成了"思政课教师+专业课教师"有效协同育人的机制。

思政课教师带领学生走进实践基地，与四川工匠同上一堂思政课，讲述学校发展历程、办学成果，学校优秀毕业生技能成才、技能报国的典型案例；现场展示工业机器人操作，就工匠精神、技能成才、产业报国等学生关心的问题回答学生提问。通过实践教学活动帮助学生理解技术技能人才"前途广阔、大有可为"，让学生更好地理解技术技能人才"前途广阔、大有可为"，更加深刻认识到当代青年的责任，树立"技能报国、奋斗有我"的学习精神。

参考文献

[1]德阳市地方志编纂委员会.德阳市志：上册[M].成都：四川人民出版社，2003.

[2]习近平.思政课是落实立德树人根本任务的关键课程[J].求是，2020（17）.

[3]刘勇.地方优秀历史文化资源引入高校思想政治理论课的探索与思考[J].学校党建与思想教育，2018（23）.

[4]沈壮海."大思政课"我们要善用之：思考与探索[J].思想政治教育研究，2021，37（3）.

[5]夏永林."大思政课"内涵的多维探讨[J].思想理论教育导刊，2021（8）.

[6]秦宣.善用"大思政课"培育时代新人[N].人民日报，2021-08-02（12）.

[7]中共德阳市委宣传部.四川德阳 加快建设世界级清洁能源装备制造基地[N].人民日报，2023-08-22（12）.

[8]教育部等十部门关于印发《全面推进"大思政课"建设的工作方案》的通知[EB/OL].中国政府网，2022-07-25.

[9]李思源.德阳装备智造与三线建设[EB/OL].四川省情网，2021-07-05.

作者简介

张玉霞（1972—），女，本科，四川工程职业技术大学思政课教师，教授。四川省"课程思政"示范教学团队成员，四川省"课程思政"示范课程"毛泽东思想和中国特色社会主义理论体系概论"负责人。发表论文9篇，主编参编教材4部，主持参与科研教研项目10项，主持参与课程建设12项。

杨雅涵（1986—），女，硕士研究生，教授。四川工程职业技术大学党委委员、马克思主义学院主持工作副院长、党总支副书记，国家公派加拿大访问学者，四川省高等学校思政课教指委委员，四川省思政教育名师工作室负责人。近年来，获"全国高校思政课教学展示活动"特等奖等省级以上教学比赛6项，省级教学成果奖2项，主编省规划教材1部，主持参与各级科研教研项目30余项，在《探索》等杂志发表文章20余篇。

基金项目

四川省教育厅2022—2024年职业教育人才培养和教育教学改革研究重点项目"高职院校'大思政课'实践教学协同育人体系构建研究"（GZJG2022-358）阶段性成果。高校思想政治教育名师工作室"杨雅涵名师工作室"研究成果。

中华优秀传统文化传承基地建设助力高校文化育人的探索与实践
——以四川工程职业技术大学"1332"文化育人模式为例

余婷

一、研究背景

党的十八大以来,以习近平同志为核心的党中央高度重视中华优秀传统文化。2017年,国家正式将"传承弘扬中华优秀传统文化"[1]列入文化发展改革规划,明确指出要将中华优秀传统文化"贯穿国民教育始终","保护传承文化遗产"[2]。2022年,党的二十大报告提出:"坚持和发展马克思主义,必须同中华优秀传统文化相结合。"2023年的政府工作报告再次提及:"弘扬中华优秀传统文化,加强文物和文化遗产保护传承。"

高校是文化传承与创新的重要阵地。文化传承与创新是高校的重要职能,也是落实立德树人根本任务的重要内容和实践抓手。[3]在国家政策的指导与要求下,2018—2020年,经三批遴选教育部共认定了106个高校传承基地,其中高职院校只有6个,四川地区只有4个,高职院校尤其是工科类高职院校传承基地建设工作相对滞后。

---

[1] 中共中央办公厅 国务院办公厅印发《国家"十三五"时期文化发展改革规划纲要》[EB/OL]. 中国政府网,2017-05-17.

[2] 中共中央办公厅 国务院办公厅印发《关于实施中华优秀传统文化传承发展工程的意见》[EB/OL]. 中国政府网,2017-01-25.

[3] 王骄. 以文化人 以文育人:李平生谈推动中华优秀传统文化创造性转化、创新性发展[J]. 山东教育,2021(48):6-11.

四川工程职业技术大学位于成都平原腹心地带德阳，该地不仅有三星堆古蜀文明遗址、全国三大孔庙之一的德阳文庙、"大孝之乡"中国德孝城，还有四川省级非遗项目德阳潮扇、国家级首批非遗项目绵竹年画。

2020年伊始，四川工程职业技术大学立足地域特色传统文化，发挥学校资源与地域优势，以传承中华优秀传统文化、弘扬中华美育精神、创新学校文化育人模式为宗旨，开始布局传承基地建设工作，选择德阳本地非遗项目"绵竹年画"作为基地的主要传承项目，并依托绵竹年画传承基地建设开始探索与实践传统文化育人的新路径。

二、实施路径

四川工程职业技术大学绵竹年画传承基地主要由艺术学院负责，校团委、党委宣传部等多部门参与协作与配合。根据教育部发布的建设任务与要求，在基地建设过程中，主要围绕课程建设、社团建设、工作坊建设、基地活动开展等方面探索传统文化育人的实施路径。

在传承基地建设过程中，学校逐渐形成了一套颇具特色的"1332"文化育人模式：以一个传承项目"绵竹年画"为核心；组建囊括三种身份"专业教师＋非遗传人＋文化学者"的育人团队；搭建"社团＋工作坊＋智慧美育"三维育人平台；构筑"特色课程"与"特色活动"相结合的育人双轨道（如图1所示）。

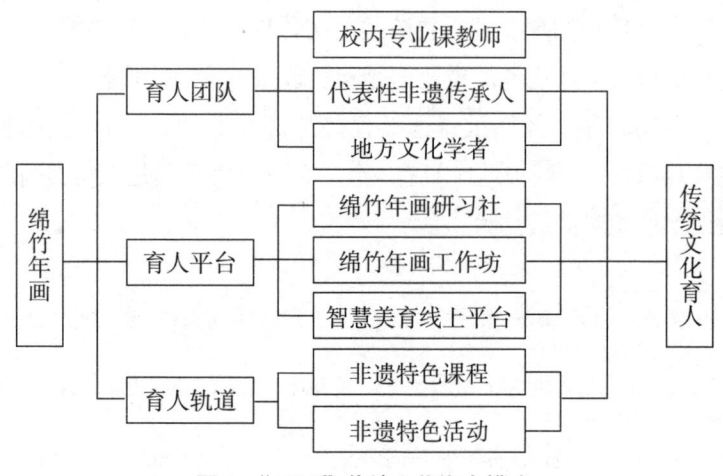

图1 "1332"传统文化育人模式

（一）组建"专业教师+非遗传人+文化学者"三师联动育人团队，实现优势资源共享互补

非遗传承项目具有突出的地域性特征，需要授课教师具备相关的艺术实践经验。通过聘请非遗代表性传承人、文化学者加入育人团队，协同校内专业教师共同开展教学，形成一支有理论讲解、有实践指导、素质优良的文化育人团队，实现优势资源的共享互补。

（二）搭建"社团+工作坊+智慧美育"三维育人平台，形成"虚实结合"的乐学空间

通过成立一个校级的传承项目学生社团"绵竹年画研习社"，线下建绵竹年画工作坊，线上建"智慧美育"网络平台，搭建出一个"理实虚融合"的传统文化育人平台，逐渐形成了上下联动、虚实结合的乐学空间。

1. 绵竹年画研习社

基于传承项目成立的大学生社团绵竹年画研习社是由校团委直属，艺术学院共同管理的文化艺术类社团，旨在为我校的非遗文化爱好者提供一个研习交流的平台，让更多的人可以了解德阳本土非物质文化遗产"绵竹年画"的历史渊源、感受绵竹年画的艺术特色、体验绵竹年画技艺，感受非遗文化之美，自觉参与传承与弘扬本地非遗文化。

2. 绵竹年画工作坊

绵竹年画传承基地开展传承活动与技艺研习的主要场所是校内的绵竹年画工作坊，该工作坊为学校与德阳中华职教社联合四川绵竹傅兴发年画有限公司三方合作共建，场地面积约300平方米，是一个可以沉浸式体验传统技艺、学习非遗文化创新创意转化的艺术实践场所，内设绵竹年画作品展区、刻版工坊、拓印施彩工坊、装裱工坊、文创工坊五个区域。工作坊设施设备齐全，配备有绵竹年画传统技艺研习所需的一应器材，以及激光雕刻机、热转印机、3D打印机、装裱机等各种创新创意转化设备，为学生学习、体验绵竹年画提供了完备的条件。绵竹年画工作坊不仅是传承与保护绵竹年画非遗文化的重要场所，也是学校开展传统文化育人实践的重要场所。

3. "智慧美育"线上平台

依托学校艺术学院网站搭建了"智慧美育"线上平台，内设"非遗进校园""美育助力乡村振兴"等栏目，为师生搭建了一个学习交流的线上平台，打破了传统教学的时空限制，让更多的人能随时随地参与到中华优秀传统文化的学习中来。

（三）构筑"特色课程＋特色活动"育人双轨道，探索多维交互教学模式

1. 特色课程建设

课程建设方面，主要围绕实施通识教育、普及教育、专业教育三个教育层次做了课程的开发与改造。

（1）开设通识类公共艺术选修课。根据文化传承规律和学生的实际情况，深入挖掘绵竹年画中的美育资源，找准地域性非遗项目与公共艺术教育的契合点，联合四川绵竹傅兴发年画有限公司总经理、清嘉庆年间王登章的第九代传人张琴，共同开发了面向全校的公共艺术选修课程"绵竹年画工艺"，让学生在这些课堂近距离感受地域性非遗绵竹年画的艺术魅力，同时还可以体验绵竹年画的传统制作技艺。

（2）开设非遗文化传承与体验专用周。非遗文化传承与体验专用周目前仅针对艺术学院学生开课。跟全校性通识类课程相比，专用周时间集中、开课规模较小。专用周期间，其他所有课程全部停课，学生可以在两周时间内沉浸式体验绵竹年画的各种制作技艺，进行针对性的研习实践，更深入地了解绵竹年画。

（3）在专业课程中融入传承项目的美育资源。在数字媒体艺术设计专业开设的专业课"文化创意设计"中，设置了"绵竹年画"主题文创产品设计单元，鼓励学生大胆创新，提升学生对传统文化的解构能力，加强学生对非遗元素的创新设计能力。在艺术设计专业开设的专业课"广告设计"中，设置了"绵竹年画"形象广告项目实操环节。在艺术设计与数字媒体艺术设计专业开设的专业平台课"设计手绘"中设计了数字手绘"迎春图"册页绘制项目。

2. 特色活动开展

绵竹年画传承基地常年开展有内容丰富、形式多样的活动，将平板式的第一课堂的学习延伸到沉浸式立体化的第二课堂。

（1）以传承为主导的传习、研学活动。基于传承项目成立的学生社团绵竹年画研习社，每周二、周四下午由非遗传承人与专业教师带领学生在非遗传承与创新中心绵竹年画工作坊开展社团日常技艺研习活动。

社团不定期开展"线上线下我们一起画年画"技艺传习活动，借助信息化手段让校内师生线下参与的同时，校外爱好者也可通过线上平台学习体验，远程感受地域性非遗的魅力。

定期开展非遗文化研学活动，近年来多次组织师生到绵竹市博物馆、绵竹年画博物馆、绵竹年画村、知名非遗传承人工作室做实地考察，通过观摩、调研、实践体验等方式，让学生加深对绵竹年画文化与艺术形式的理解。

（2）以传播与弘扬为重点的展示交流活动。依托学校"非遗文化进校园"等活动，把代表性传承人、知名文化学者请进来，举办了《绵竹年画传承与保护》《一路走来——绵竹年画的传承与创新之旅》等学术讲座，向全院师生普及本地非遗文化。绵竹年画研习社配合学术讲座，开展了一系列文化展示与技艺体验活动。

逢传统节日，绵竹年画研习社组织师生走出校园开展展示交流活动，如2023年农历新年期间开展的"绵竹年画上街头"、2024年元旦期间开展的"年画送福迎新年"、2024年农历新年期间年画节文创集市展卖等活动，向市民展示绵竹年画传统技艺、展卖师生设计开发的主题文创产品，同时还为其提供技艺体验机会。这些活动扩大了绵竹年画的传播面，很大程度提升了民众对地域性非遗绵竹年画的兴趣与关注度。

（3）以服务社会为导向的公益活动。近年来，学校依托绵竹年画传承基地建设，积极探索社会美育的实施路径，引导师生强化服务社会意识，提升社会服务能力，鼓励师生参与美育浸润行动、美育公益项目、志愿服务活动等社会实践活动，将所学的艺术技能和知识应用到社会实践中。

目前基地建有三大特色公益活动品牌，分别是依托乡村振兴、对口帮扶展开的"微星计划"乡村美育公益项目、"彩绘筑境"和美乡村墙绘项目，以及依托公益助残展开的"艺愈筑梦"美育助残公益项目。

"微星计划"乡村美育公益项目取意"微微晨光点亮世界，星星之火可以燎原"，旨在振兴乡村艺术教育赋能乡村振兴，探索乡村美育帮扶的多种实施路径。通过组织实践团队线上线下送课下乡、为对口乡村学校教师提供美育培训等方式，从而帮助对口学校进行美育教学改革。目前已组织多个实践团队前往若尔盖求吉乡甲吉村幼儿园开展线下美育实践活动。

"彩绘筑境"和美乡村墙绘项目，旨在因地制宜绘制墙绘，构筑乡村美境，助力"宜居宜业和美乡村"建设。目前该项目已参与完成绵竹年画村墙体彩绘、"红军过草地第一村"班佑村民居外观改造、中江南华镇墙体彩绘、天元镇社区墙体彩绘、若尔盖求吉乡甲吉村幼儿园环境创设等多个彩绘项目。其中甲吉村幼儿园环境创设项目还被若尔盖政府官方媒体报道，报道中称该幼儿园经改造后一跃成为求吉乡文化建设最好的标杆性幼儿园。"红军过草地第一村"班佑村民居外观改造项目成果作为班佑村"五美家园建设"成效中重要内容，登上了巴西镇人民政府印制的"班佑村五美家园建设成效"宣传页。

"艺愈筑梦"公益助残项目旨在响应党中央的助残号召，探索艺术疗愈、美育助残的新路径。将传承项目绵竹年画融入美育课程，引导残障儿童学习自己身边的优秀传统文化艺术，帮助他们用艺术的形式表达情感，达到用艺术滋养心灵的效果。该项目于每周四下午组织实践团队定期前往绵竹市残联为绵竹市特殊教育中心校的孩子们开展美育爱心活动。该公益项目启动以来广受好评，爱心课堂惠及残障儿童百余人次。

（4）以辐射带动为目的的进社区、进校园活动。基地不定期组织实践团队开展"绵竹年画进社区""绵竹年画进校园"活动。近年来在乔丹幼儿园、东汽小学紫荆幼儿园、松花江路社区等地多次开展绵竹年画普及教育活动，活动覆盖人数千余人次，扩大了绵竹年画在社会面的传播。

（5）以保护与发展为中心的科学研究活动。绵竹年画传承基地大力支持师生围绕绵竹年画进行主题研究，充分发挥高校科研职能，推动绵竹年画的研究与发展。

近三年，学校有来自艺术系、旅游系、外语系、宣传部、国际交流中心等多个系部参与绵竹年画的研究，涉及课题、论文、专著、专利等多个科研项目类别。围绕绵竹年画展开的科研成果已结题的有百余项，其中包括《绵竹年画旅游产品设计》《绵竹年画震后重建的研究》《基于德阳特色文化的城市公共家具设计研究——以绵竹年画元素应用为例》《绵竹年画元素在服装设计中的应用研究——以童装设计为例》等纵向课题，《绵竹年画产品开发设计》《绵竹年画文创产品开发设计》等对外横向技术服务，《地方非遗"活态传承"的实现路径探究——以高职艺术设计专业传承"绵竹年画"为例》《绵竹年画家王兴儒传承谱系及传统制作工艺》《从绵竹年画看川西文化》等学术论文，《绵竹年画美学特征研究》等专著，《书签（绵竹年画）》《陶瓶（年画）》等外观设计专利。

三、育人成效

根据教育部发布的建设任务与要求，学校在绵竹年画传承基地建设过程中，开设了特色化的课程、成立了专业化的社团、建设了规范化的设施场地、开展了多样化的活动，拓宽了绵竹年画的传播渠道、推动了绵竹年画的发展。同时，学校在探索与实践中形成了"1332"传统文化育人模式，该模式充分挖掘本土优秀传统文化资源，丰富文化育人的内涵和载体；通过多元化的育人团队的构建，充分整合了校内外师资力量；三维育人平台的开发延伸拓展了文化育人的空间；"课程+活动"育人双轨道的实施，实现了课堂显性教育、课外隐性教育的功效叠加。

"1332"文化育人模式有效增强了大学生的文化认同感，增强了民族自豪和文化自信，切实提高了学生人文素养和审美能力，塑造了学生的职业精神和职业品格[1]，实现了高校以文化人、以美育德的文化育人目标，形成了四川工程职业技术大学独有的文化育人特色。经过三年的实践探索，该模式的育人成效逐渐凸显，学生作品多次在省市级各类比赛中获奖，如作品《西川遗韵——绵竹年画传承与应用设计》在四川省委组织部、省教育厅等8个部门主办的2020年"挑战杯"四川省大学生创业计划竞赛中荣获银奖。作品《川韵

---

[1] 臧其林.文化自信背景下职业院校非遗课程思政体系的构建[J].职教通讯，2021（6）：89-94.

渝风》和《鸳鸯枕》在2021年省文旅厅、省教育厅与重庆文旅委主办的首届"新非遗　新故事"成渝双城经济圈高校大学生非遗数字文创设计大赛中获奖。另外，学校"乡村振兴·彩绘新农村"学生服务队获得团省委、省委宣传部等四个部门评选的"2022年四川省大中专学生志愿者暑期'三下乡'社会实践优秀团队"荣誉称号。学生实践团队核心成员所在的艺术系团支部获得"德阳市五四红旗团支部"荣誉称号。2023年8月，在四川省教育厅主办的四川省第十届大学生艺术展演活动中，学校报送的高校改革创新优秀美育案例《中华优秀传统文化传承基地建设助力高校美育改革的探索与实践》荣获二等奖；大学生艺术实践工作坊项目"绵竹年画艺术实践工作坊"从众多参赛项目中脱颖而出，获得现场展演资格，后经现场专家评审荣获一等奖，并被推荐作为四川省十所代表高校之一参加第七届全国大学生艺术展演活动。

四、经验总结

在四川工程职业技术大学依托中华优秀传统文化传承基地建设实施文化育人的实践过程中，我们发现能否取得良好育人效果的关键有两点。

（一）处理好传统文化的"原生态""本真性"保护原则与创造性转化、创新性发展之间的矛盾

在传承与保护传统文化的同时，学校积极创新传承内容与载体、形式与手段，从而取得了良好的传承效果与育人成果。实践证明，传统文化的传承与发展离不开不断地创新，创新是基地传承传统文化的必然趋势，也是高校文化育人的必要手段。高校要积极探索符合时代特征的创新与发展路径，如利用网络平台普及与传播、联合民间传承人推出原创作品及教材、组织传承项目的校园比赛等，都是非常值得尝试的方式。

（二）处理好传统文化与现代高校人才培养目标之间的矛盾，以及传统文化教学方式与高校现代教学模式之间的矛盾

不同于文学类传统文化，像绵竹年画这类美术类传统文化通常是在口传身教的模式下传承上千年的。口传身教的教学方式因为参加学习的人数很少，在传习过程中能很好地因材施教，但不利于文化的传播与弘扬。为了增加传

承项目的覆盖面与普及率，高校应支持传承基地将非遗项目的通识类课程建成在线开放课程。目前，学校正在积极推进公共艺术课程"绵竹年画工艺"的在线资源建设。预计2024年6月可以完成在线资源上线，开放校内选课；2024年9月面向社会开放选课。但是，学生要了解这些美术类传统文化的精髓，听得再多也不如亲身体验的认识深刻。所以线下一定要开设实践体验类课程，结合线上大规模的在线开放课程，为有意继续深入研习传承项目的学生提供实践体验的机会。

参考文献

［1］中共中央办公厅　国务院办公厅印发《国家"十三五"时期文化发展改革规划纲要》［EB/OL］.中国政府网，2017-05-17.

［2］中共中央办公厅　国务院办公厅印发《关于实施中华优秀传统文化传承发展工程的意见》［EB/OL］.中国政府网，2017-01-25.

［3］工骄.以文化人　以文育人：李平生谈推动中华优秀传统文化创造性转化、创新性发展［J］.山东教育，2021（48）.

［4］臧其林.文化自信背景下职业院校非遗课程思政体系的构建［J］.职教通讯，2021（6）.

作者简介

余婷（1987—），女，湖南人，文学硕士，四川工程职业技术大学艺术学院教师，副教授，研究方向：公共艺术教育。

在批判和反制历史虚无主义中深化高校"四史"教育

唐鹏

历史虚无主义是与马克思主义敌对的意识形态，是反社会主义的思潮，也是资产阶级所提出的对抗性主张和错误思想。其以"全盘西化论""革命虚无论""重新反思历史及领袖人物""资本主义优势论"等思想为主张，在政治层面煽动全盘西化，在阶级方面和人民群众对立。为维护国家安全稳定，反制历史虚无主义渗透的不利影响，党中央高度重视并出台系列举措进行批判反制。习近平总书记在2021年2月全国党史学习教育动员大会上提出："要旗帜鲜明反对历史虚无主义，加强思想引导和理论辨析，澄清对党史上一些重大历史问题的模糊认识和片面理解，更好正本清源、固本培元。"[1]因此，深入剖析历史虚无主义产生机理，总结其在当代中国的具体表现和主要特征，探究其错误实质及造成危害，找到在批判与反制历史虚无主义中加强"四史"教育的方法与对策，对于坚持和巩固马克思主义在意识形态领域的指导地位有重大的理论价值和实证意义。

一、历史虚无主义思潮的内涵释读

（一）历史虚无主义概念界定

历史虚无主义本质上是与唯物主义史观相对立、以唯心主义史观为理论基础的反动政治思潮。其目的在于否定马克思主义，通过否定党的领导与基本制度，否定人民主体地位，达成虚无历史的目标。其实质是资产阶级自由

---

[1] 习近平. 在党史学习教育动员大会上的讲话[EB/OL]. 中国政府网, 2021-03-31.

化思潮在社会意识领域的表达。一些所谓的专家学者假借着"学术自由"的外衣,来断章取义、歪曲事实、肆意否定以及丑化近代中国的发展进程,否定党百年发展的历史,否定新中国以及人民军队的历史,否定马克思主义对中国发展的巨大价值,否定党在中国的执政地位以及社会主义道路的历史必然性[①]。

(二)历史虚无主义重新泛起的产生机理

马克思主义认为,一定的社会意识是社会存在的反映。任何社会思潮的产生发展都有其"特定环境"。当前,中国处于改革发展攻坚期,社会结构的变迁、利益层级的更新导致思想观念的改变。某些错误思潮极易在国际国内找到滋生的温床并得到呼应。

1. 历史虚无主义思潮泛起的国际环境

从国际形势来看,社会主义和资本主义在全球既寻求合作又充满博弈,"和平演变"与反和平演变的斗争更加激烈。因此,反对马克思主义的思潮会长期存在。该思潮能再度泛起,核心原因有三。

一是世界范围内的社会主义低潮。以东欧剧变、苏联解体为标志,国际共产主义运动遭遇阻滞。一些人因社会主义遭受困难而理想信念动摇,妄图另寻他路。

二是西方强国奉行"和平演变"策略与"颜色革命"手段。反共势力对中国坚持"两手"打击计策。通过思想渗透、文化侵略,否定马克思主义指导地位,试图摧毁国民的政治信仰。

三是西方后现代主义史学思潮的渗透。后现代主义史学否定社会主义革命,以主观臆断取代对真实史实的研判,以主观意向为标尺肆意评判中国近现代史。

2. 历史虚无主义思潮泛起的国内因素

辩证唯物主义认为,世界发展充满矛盾。随着我国走向世界舞台,青年群体更易受西方文化影响。因此,作为历史虚无主义表征的"西化优势论"在社会意识面浅滋暗长。

---

① 谢韬. 民主社会主义模式与中国前途 [J]. 青年记者, 2007 (10): 33-34.

改革开放以来，国内外敌对势力趁机利用资本主义和封建主义腐朽的思想文化进行渗透，企图撼动国民对中国特色社会主义的理想信念。

二、历史虚无主义在高校的主要表现和重要特征

从本质上来看，历史虚无主义的内核是服务于资本主义的唯心史观。其主要思想即"西方的发展进程方才为正确的道路"的立足点，是将西方价值视为社会发展的"普世价值"，并试图在此基础上对我国高校"四史"教育的开展进行解构、重评与重构等颠覆性活动。

（一）用新历史主义和建构主义来解构"四史"

历史虚无主义惯用手法是通过运用新历史主义和解构主义，试图解构社会发展进程的"四史"。其认为，历史叙述有明显的主观性，同时提出历史事实单纯为深度认知主观构建的核心产物，更加注重历史所具备的相对性。认为中国人民选定社会主义道路并非必然的选择，而是各类偶然因素组合形成，认为党的诞生与发展都源于苏俄的影响和共产国际的资助。否认历史进程的必然性和规律性，妄图从根源上否认中国在党的领导下取得的成就，臆想中国"西化"的所谓现代化图景。

（二）宣扬"客观"主义史学来重评"四史"

在改革开放后，学术领域对先前"以论带史"的学风开展纠正与反思，转为"以小见大"的小叙事。此趋势下，相关理论分析呈现碎片化苗头。历史虚无主义主张"去政治化"。其所提出的相关虚无，实际上为部分虚无、部分不虚无的主张。特别是对"四史"相关历史的虚无，对中国的道路以及党的执政事实等进行质疑以及否定，针对史学分析中面临否定的人和事进行所谓的新评价。

（三）坚持"现代化范式"来重构"四史"

马克思主义史学，重点是参照"革命史范式"，提出反帝反封建为近代历史核心发展脉络，进而实现了民族独立与人民解放，是达成理想现代化发展的基础。而历史虚无者提出的"现代化范式"，将近代所有的历史都视为谋求现代化的进程，对各类事件、人物评价，都以现代化价值为基准。主张不做

任何抵抗，全方位复制西方即可达成现代化的目标。在历史虚无主义者眼中，中国近代史的核心脉络是在列强主导下对接西方，以为效法西方发展道路才是改革开放的价值目标，企图动摇我国"四史"的客观史实定性。

三、历史虚无主义对高校"四史"教育形成的危害与冲击

历史虚无主义假借"历史考证"之名，通过宣扬错误言论来颠覆人们的历史观、政治观和文化观，企图为推行资本主义道路寻找历史依据。对"四史"教育和立德树人的根本任务造成严重冲击。

（一）瓦解青年学生对党的信任

历史虚无主义妄图通过扭曲党在历史中的奋斗成就，进而否定青年群体的历史认知。其通过诋毁党的领导者，进而实现瓦解青年对党的信赖。

1. 否定党的历史成就，扭曲青年学生的历史认知

第一，对于革命史的歪曲。依靠多种描写方式，丑化党的形象，弱化青年对党的感情。

第二，诋毁党的建设历史。依靠放大党在探索时期的错误问题，进而将党的探索道路看作"阴谋史"。

第三，贬斥党领导的改革活动。为质疑党的能力，将改革开放以及市场经济的发展道路归入资本主义，视之为历史的倒退。

2. 诋毁党的领袖，淡化青年对党的情感

历史虚无主义通过错误评价历史人物来达到诋毁党的目的。其基于个人主义的视角进行评判，攻击党的历代领导核心。杜撰虚无故事，抹黑领袖形象，消解大学生对领袖的敬意，瓦解青年对党的信任。

（二）降低青年学生中国特色社会主义的道路自信

中国基于马克思主义的发展进程，践行全过程人民民主，需要公民坚持爱国爱党爱社会主义相统一。而历史虚无主义则通过质疑无产阶级专政来动摇大学生的共产主义信仰，影响其对中国特色社会主义的认同与坚守。

1. 曲解马克思主义理论，动摇青年学生的马克思主义信仰

历史虚无主义试图通过不良言论否认党身为马克思主义理论的掌握者以

及践行者,实质上是扭曲及否定马克思主义理论本身。其主张"历史终结论"等观点,本质即排斥中国和西方发展存在差异的道路,跨维度贬斥社会主义制度,鼓吹资本主义制度,危害国民的政治信仰。

2. 质疑人民民主专政制度,撼动青年学生的共产主义理想

历史虚无主义通过资本主义的制度体系诋毁中国所建立的民主制度。众所周知,民主存在着共性以及个性的两大维度。党的领导即人民为统治阶层,采取人民民主专政的措施,即契合中国客观实际的制度创新。而资产阶级所标榜的"一般民主"是超阶级的抽象民主,是其误导无产阶级的骗局。历史虚无主义通过多种媒介宣扬"专政论",提出社会主义"失败论",极易造成青年群体认知错误,对共产主义发展进程表现出虚无感与悲观情绪。

(三)弱化大学生维护国家统一和民族团结意识

历史虚无主义假借"现代化"虚名,"称颂"罪恶深重的殖民统治,打击青年群体的自尊与自豪。标榜"全球化"旗帜,宣扬"爱人类、爱世界",弱化青年群体保障国家安全、民族团结的信念。

1. 称颂殖民主义统治,伤害青年学生的民族自尊心

历史虚无主义认为中国在近代发展过程中,若并未积极抗争走独立自主的发展道路,而是在被殖民的情况下跟随列强发展资本主义,会取得更加辉煌的现代化建设成果,其事实上为罔顾事实的"称颂"与美化帝国主义的罪恶殖民行为。其通过媒体杜撰,企图为反革命者与侵略者"正名";贬斥民族英雄,指责中国人存有劣根性,从而实现打击民族自尊心的目的。历史虚无主义为侵略歌功颂德的论调严重危害青年保家卫国的共识。

2. 提倡所谓的"世界主义",降低大学生的民族自豪感

历史虚无主义认为中国如选择资本主义的发展道路,更易和世界各国交往融合,达成一体化目标,进一步发展为所谓的"世界主义"。历史虚无主义只谈发展而不论述民族独立,其目标即希望中国成为西方的附庸,"世界主义"最终目的是消解民族自豪感,进一步弱化民族团结的意识。

(四)削弱大学生对民族文化的认同感

历史虚无主义假借"戏说"臆撰"四史"故事,不仅破坏传统文化的精

神养分，也危害历史文化底蕴。鼓吹所谓"普世价值"，其与中国核心价值体系相对峙，削弱并颠覆大学生对民族文化的认知与自豪。

1. 以"戏说"为手段干扰大学生传承历史文化

世界各国历史发展进程因地缘政治等因素导致衍生出不同特质的文明与历史文化。中国有数千年的文明传承与文化结晶。某些传媒受资本诱导架空史实，将不同时代的元素进行拼凑，杜撰人物事件。历史虚无主义以"戏说"式的文艺编创为假面，实则包藏诬蔑英烈，混淆历史文化的祸心，对青年学习历史和传承文化造成危害。

2. 鼓吹"普世价值"，瓦解大学生的民族价值观

价值观是国家文化中最为牢固且集中凝练的意识表达。全球化环境下，西方依托传媒工具宣扬"政治正确"，并借助此类抽象的定义，进行对抗中国的行为；西方"普世价值"的思潮质疑中国的民主与自由，对青年思想造成冲击。历史虚无主义者通过操控资本等手段，在各类媒介中植入"普世价值观"，通过西式的人本主义、自由民主、拜金主义等价值观侵蚀青年的正确核心价值观。

四、目前高校对历史虚无主义的批判存在的不足之处

在高校"四史"相关学习教育中，唯物史观是抗击历史虚无主义负面影响的重要武器。在改革开放过程中，中国积累了丰富的理论成果，但是实际批判场景中也存在相关不足。

（一）批判零散，缺乏系统性

依靠对历史虚无主义的整体发展进程开展分析，可发现分析有着由外到内、由浅入深的趋势。但在某些程度上，仅为特定阶段对历史虚无主义开展分析，没有将该思潮视为史学现象开展纵向和深度的分析。

（二）批判方法缺乏多元化

对历史虚无主义进行强有力的批判，需要精准选择对症方式与正确视角在宏观与微观两个维度开展批驳。目前，对历史虚无主义所作出的论述，大部分为运用传统研究学，局限于运用相应的史料以及经典，进行理论层面的

概念分析。学界缺乏使用量化、质性等多元化方案进行研究，欠缺定量与定性的分析。分析手段未成体系，难以有效地进行相关批判。

（三）批判缺乏足够的实效性

改革开放之后，对于反制与消除历史虚无主义的负面影响，学界对此提出多种方案。整理相关分析可知，理论分析存在着浮于表面的问题，在生活过程中未能获得预期的关注与实践。从宏观对策看，我国主张推进唯物史观教育，增强党史以及国史教育，对有效施教方法等问题论述较少。高校反制策略没有得到足够的重视和实践，学生缺少对历史虚无主义的整体认识，部分师生存在认知困境及被其同化的风险。

五、在批判和反制历史虚无主义中深化高校"四史"教育

（一）拓展理论视野，广泛深入开展唯物史观教育

坚持马克思主义唯物史观，需将唯物主义的相关认知与方法论视为发展重点。坚持从结合客观事实着手，进而运用联系、发展与辩证的视角看待历史。"四史"教育要将眼光置于整体的历史逻辑与格局，避免出现虚无及片面化等问题，避免历史角色的隔离，抹杀人物在历史中的阶级归属，应将历史中的人与事件进行客观的评判。要以唯物史观与阶级分析为标尺和消解历史虚无主义的武器，在历史进程中发现并分析社会与事物发展规律，进行融通应用。应深入研究近现代各历史时期的核心矛盾与关键历史任务，确定"四史"发展的主线和本质。

（二）提高政治站位，深刻理解"四史"学习教育深远意义

关注理论和历史的学习，积极指引相关实践活动，这是党具备的鲜明特征与光荣传统。回顾建党100年来的光辉成果，有助于青年群体正确认知中国共产党的精神谱系，认知革命精神的内核。通过学习新中国史，感知社会主义发展的辉煌成果，更深刻地认知社会主义所具备的优势，明确社会主义道路是中国发展的必由之路。通过学习改革开放史，认识实现中国梦的丰富内涵，了解中国在经济、政治以及文化等领域的发展历史，增强自信心与自豪感。通过学习社会主义发展史，认识社会主义发展历程，了解中国对世界文

明进步的伟大贡献，不仅有助于大学生深化关于规律的认知，更有助于其感知中国特色社会主义的时代价值。

（三）科学合理安排，精准抓住"四史"学习教育重要环节

历史虚无主义究其本质，是依靠歪曲与否定"四史"中所涉及的事实以及结论，通过扭曲的历史观、错误分析法与惊悚言论危害民众的理想信念，对中国未来发展造成潜在威胁。运用科学方法与态度强化"四史"学习，是应对历史虚无主义负面影响的关键方式。

其一，在整体视角下学习"四史"，正确认知发展的主流和大势。将党领导的基本进程置于发展史、近现代史的视角开展分析，才能深刻认知中国共产党和社会主义道路是实现民族解放、国家富强的必然选择的历史逻辑。

其二，运用正确方法学习"四史"，运用实事求是的方法分析各类事件、人物。历史虚无主义擅长伪造"事实"，扭曲重点，进而提出不具价值的假设，建立有违逻辑的虚假关系来混淆视听。唯有真正掌握客观材料，通过实事求是的观点及缜密的逻辑进行系统的研判，才能避免历史虚无主义对社会意识及历史文化造成的负面渗透。

其三，运用理论学正确认知"四史"，更加灵活地应用历史唯物主义，才能获得正确的历史结论，提升应对负面思想影响的综合能力。唯有基于历史唯物主义的视角开展分析，才能实质认知群众的地位，深度研究党的领导对未来发展与改革工作的巨大价值，更加理性地感知爱国爱党爱社会主义相统一具备的主体效能。

（四）加强组织领导，有效推动"四史"学习教育持续深化

积极推进"四史"教育，关注其具备的政治性与针对性，在组织方面确认责任，强化各级别政府组织推进的领导与指导活动，实现分析的进一步深化。

其一，强化党的领导。党组织必须履行"四史"教育主体责任。党委需要尽可能发挥其相应政治作用，部署安排"四史"宣讲团，师生一体联动，占领新媒体阵地，通过线上线下多维融合渠道开展宣传教育，积极拓展并完善"四史"课程库。引导大学生培养爱党爱国思想，提升其政治、历史层面

的认同感。干部与教师群体,应将"四史"的学习融入教学与科研,基于历史的视角汲取精神力量与经验智慧。

其二,认真检查与指导。开展随堂、走访以及调研等方式,要求所有党员、教师与学生都主动开展"四史"学习,合理推进督促以及检查工作,创新学习方式方法。在工作中实践探究优势策略并推介分享经验,通过以点带面等方式,更扎实有效推进"四史"教育。

结语

历史虚无主义为反动思潮,习近平总书记指出,"历史虚无主义的要害,是从根本上否定马克思主义指导地位和中国走向社会主义的历史必然性,否定中国共产党的领导"[①]。从本质上看,历史虚无主义怀有阴险的政治图谋,否定党的领导和中国特色社会主义制度,对我国意识形态稳固发展构成严重威胁。当前,我们必须旗帜鲜明地坚持唯物史观的理论指导,同历史虚无主义进行坚决彻底的斗争,深刻揭露其错误和荒谬之处。

参考文献

[1]习近平在党史学习教育动员大会上强调 学党史悟思想办实事开新局 以优异成绩迎接建党一百周年[N].人民日报,2021-02-21(1).

[2]刘书林.历史虚无主义思潮的表现及其思维方法[J].思想理论教育,2014(11).

[3]江泽民文选:第1卷[M].北京:人民出版社,2006.

[4]俞吾金.自觉的当代意识是理解历史的钥匙[N].文汇报,2014-05-06(12).

[5]杨军,梅荣政.历史虚无主义批判:理论和方法[J].思想理论教育导刊,2015(1).

[6]龚书铎.历史虚无主义二题[J].高校理论战线,2005(5).

[7]张海鹏.20世纪中国近代史学科体系问题的探索[J].近代史研究,

---

① 中共中央党史研究室.历史是最好的教科书:学习习近平同志关于党的历史的重要论述[N].人民日报,2013-07-22(8).

2005（1）.

［9］郑师渠.当下历史虚无主义之我见［J］.历史研究，2015（3）.

［10］姜迎春.论历史虚无主义思潮的成因、表现及其危害［J］.南京政治学院学报，2014，30（5）.

作者简介

唐鹏（1982—），男，四川德阳人，本科，四川工程职业技术大学马克思主义学院"大思政课"教研室副主任，副教授，发表论文10篇，参与完成省级职业教育教改重大项目"'党建+'赋能课堂提质培优实践"，2023年获四川省教师教学能力大赛三等奖，教师作品《传火者》获2023年四川省中华优秀传统文化视听作品展播三等奖。指导学生作品《红星永耀若尔盖》获四川省2023年领航计划主题教育活动"我心中的思政课"大学生微电影一等奖。

"三全育人"视野下高职院校美育工作实践策略探究

张友

习近平总书记一直以来高度重视学校美育，多次强调要做好学校美育工作，坚持立德树人，以美育人、以文化人。2020年10月，中共中央办公厅、国务院办公厅共同印发了《关于全面加强和改进新时代学校美育工作的意见》，意见中明确了学校美育工作的指导思想、总目标、时间表和任务图。学校美育是德智体美劳"五育并举"不可缺少的组成部分，是立德树人的重要载体，对促进大学生全面发展，提高大学生综合素养，弘扬中华美育精神，培养大学生心灵美、行为美，推动社会主义精神文明建设具有独特的重要作用。

一、高职院校美育工作现状

随着我国社会主义建设事业进入新发展阶段，教育也同步迈入新发展阶段。德智体美劳"五育并举"人才培养理念突显了学校美育的重要地位，推动了高校美育蓬勃发展。高等职业教育在由应试教育转化为应用型技术技能人才培养的过程中，受到专业实用思想的一些影响，学校美育工作普遍存在一些不足。

（一）普及理念缺失

高等职业院校美育需要有机融入立德树人各环节，落实育人为本的教学理念，以全体学生为重点，满足大学生日益增长的对美和审美需求，开展普及性美育工作。但目前，高等职业院校美育主要还是围绕艺术类专业和小部分文管专业开展，部分院校把本来总量较小的美育资源全部用于艺术类院系或专业学生，学校美育课程和活动也主要趋向专业化和小众化。学校美育工作没有建立起普及全员的保障机制，存在机构不健全、投入不够、资源不足的窘迫状况，面向全体学生的普及性美育工作地位边缘、形式简单、模式固化、缺失内涵，部分学生因没有更多机会接受美育教育和美的熏陶，对美育缺乏正确认识和积极参与的热情。

（二）实施路径狭窄

全面加强和改进新时代学校美育工作，就是要把美育纳入学校专业人才培养方案，使其贯穿于人才培养全过程、各方面。美育不仅仅是为了获取某个二课堂素质活动积分，完成毕业要求的2个选修课学分而功利性开展，而是要将美育制度化、体系化、路径化设计，融合于多学科领域、各学习时段，贯通于人才培养全过程，实现对学生在校学习期间全方位育美。目前，部分高职院校对美育的教育理念认识比较片面、浅薄，教学设计趋于简单、空洞甚至当作点缀，实施策略上显现出比较零散、孤立甚至无人过问的状况，美育只是体现在选修某门艺术课程，或是由学生社团组织的一些校园文化活动代替，没有实现人才培养全过程覆盖。

（三）内涵建设滞后

高等职业院校加强美育工作，能够使学生在对美的认识、体验、欣赏、热爱和创造中培养健康情趣，提高综合素养，在培养学生专业知识、技能的同时，塑造优良的个人文化内涵和思想品格。浅尝辄止地学一门课、写写画画、唱唱跳跳不能准确体现美育的内涵，一件艺术作品、一首好歌、一部好电影，无不体现出深厚的文化内涵、精湛的艺术技巧和丰富的美学思想，是系统而立体的美的展现。目前，部分高职院校美育工作缺乏顶层设计，在美育学科创新发展、促进美育与其他学科融合，在美育师资队伍、课程设置、课程目标定位、教材建设、教学实践、质量评价等内涵建设方面缺乏系统深入研究和全面协调建设，尚未建立起全方位、多样化、时效强、高质量的学校美育工作体系。

二、美育在人才培养中的重要作用

美是纯洁道德、丰富精神的重要源泉。美育是审美教育、情操教育、心灵教育，也是丰富想象力和培养创新意识的教育，能提升审美素养、陶冶情操、温润心灵、激发创新创造活力。①因此，美育本质上是立德树人的教育。

（一）提高大学生的人文素养

美育与文明史相随相伴。中华优秀传统文化里蕴含着丰富的人文思想，延续着中华民族优秀的精神血脉，孕育了丰富的中华传统美育资源。美育和人文始终互相交融、不可分割。以诗歌为例，由于古时信息传递不方便，于是将诗编成歌，人们通过口头传唱的方式，在吟唱中既感受到了音律的美，又记住了诗并使其得以传承，后来诗歌更演变成为诗、歌与乐、舞结合在一起的最具文学特质的文学样式。又如，为庆祝中国共产党成立100周年，央视综合频道播出了《美术经典中的党史》百集特别节目，以画为体，以史为魂，用100件最具代表性的美术经典作品，融党史题材、内容和美术元素、艺术之美于一体，让我们不仅欣赏到了100件经典美术作品，而且系统学习和深刻理解了建党百年波澜壮阔的光辉历程。再如，学习和欣赏古代名家书法，既要花很长时间去揣摩、临习名家碑帖，掌握书法技法，又需要用大量时间去深入了解书家生平事迹和作品创作的文化背景，才能深刻理解、领悟名家书法艺术真谛……美育和人文的相互观照，交相辉映，既培养了大学生的审美情趣，又厚重了大学生的人文素养，丰富了大学生的精神世界。

（二）塑造大学生的高尚人格

美育本质上是育德。早在春秋时期，孔子对乐提出的最高理想就是"尽善尽美"。这里的"美"指艺术形式，即乐之文，"善"指政治内容，即乐之情；"尽善"就是要达到人性仁德之美，"尽美"就是要实现完美的艺术形式。孔子提倡"诗教"，并且认为，一个完人，应该在诗、礼、乐修身成性，提倡将艺术和自身的道德联系在一起，这对后世产生了深远的影响。直至今天，我们常常谈论文人风骨、议论书品画品，用"德艺双馨"来评价一位成功的艺术家。因此，美育教育不只是对艺术技能的培养，更是对一个人由内而外进

---

① 中共中央办公厅 国务院办公厅印发《关于全面加强和改进新时代学校体育工作的意见》和《关于全面加强和改进新时代学校美育工作的意见》[EB/OL].中华人民共和国教育部政府门户网站，2020-10-15.

行全面的人格塑造。大学生思想比较独立,思维活跃,在新时代互联网技术支持下,接触和面对的社会文化更加多元和复杂,应对的诱惑和挑战越来越多,加之大学生本身也会面临一些学习和生活上的压力,极易对大学生的心理、思想、行为造成冲击。学校通过创新性开展美育学习实践活动,引导大学生去体验美、发现美、创造美,不仅能丰富大学生的精神世界,陶冶道德情操,促进情感和心灵不断升华,而且能够抵制不良思潮,极大帮助他们树立正确的"三观",涵养高尚人格。

(三)培养大学生的创造精神

创造力是人类特有的一种本领,是否具有创造力是区分人才的标志之一。联合国教科文组织在《教育——财富蕴藏其中》提出:"教育的任务是毫无例外地使所有人的创造才能和创造潜力都能够结出丰硕的果实。"[①] 美育作为培养德智体美劳全面发展人才五环中的重要一环,在培养人的创新思维和创造能力方面有其独特价值。首先,创造力是一种复杂的心理过程,直觉、想象、灵感、创造幻想等非逻辑思维元素是其中的重要心理因素。脑科学研究揭示,人的右半脑主导创造性思维和创造能力发展,而美育是自由、非功利、以创造力为特征的情感教育,更加利于大脑右半球开发。其次,任何创造发明都是逻辑思维和形象思维的相互促进、相互作用的结果,在不同的活动中,人们的创造发明在形式上、方法上和内容上虽表现不同,但仍是相通的,很多实验和实践结果已证明,艺术学习机会多的人创意指数和创意能力明显高于艺术学习机会少的人,并且在各方面都表现得更加自信。最后,创造和发明不仅取决于知识和经验的积累,而且取决于丰富的想象力,审美教育和艺术欣赏往往带给人自由、深沉、广阔的遐想,能很好启发、丰富和发展一个人的想象力。爱因斯坦等不少的科学家、发明家就认为,真比之美,美更重要,因为美更富于想象力和创造性。事实上,人类历史上有很多创新理论和创造发明都结缘于通达大胆的想象(例如,苹果落地的灵感使牛顿找到了万有引力定律),人类现实生活中大量奇思妙想的发明创造更是不胜枚举。

[①] 李景华.美育在创造力培养中的作用[J].辽宁师专学报(社会科学版),2005(3):75-77.

三、"三全育人"视野下高职院校美育工作对策

高等职业教育当前和今后一个时期的重要任务之一就是要建立起系统观念，运用系统方法，精准施策，全面加强和改进学校美育工作，坚持以美育人，以美化人，培根铸魂，主动破解学校美育工作瓶颈，创新构建学校美育工作新格局。

（一）升华育人理念，促进全员育美

我国早期的美育教育实践是围绕艺术教育实施，重点是对艺术专业人才的培养，具有典型的专业性和学术性特色，是"小美育"概念。随着中国特色社会主义新时代的到来，我国教育事业进入了新发展阶段，在新时代"新文科、新工科、新医科、新农科"建设背景下，要建立起学科融合思想，使学校美育与德育、智育、体育、劳动互为条件、交相融合，实现美育理念的全学科观照、美育层次的精细化划分和多层次转型，立足学校特色构建新时代新发展阶段现代化的美育工作体系。在学校人才培养过程中，需要不断创新美育育人模式，既发挥好艺术教育作为美育主阵地的作用，又要推动不断将美育元素、美学原则、美的教育渗透到其他学科专业和课程教学中，带动各学科专业教师主动思考、研究和挖掘本学科专业课程中的美学元素，推动课程育美，形成全科思美、全员育美的"大美育"育人理念，实现既教会学生专业知识技能的"真"，也教会学生去发现、领悟专业中的"美"，从而增强学生的专业认同感、自豪感和创造力。

（二）规划育人路径，做好全程设计

1.建立"学校、院系、班级"三级组织体系。学校层面主要从制定工作规划、完善组织制度、统筹资源经费、建立考评体系等方面做好顶层设计；院系层面重点分解目标任务、编制人培方案、组织教学活动、细化评价考核等，落实各项具体任务；班级层面负责学生组织动员、开展学习交流、开展具体活动、收集反馈意见等，协助学习过程工作。

2.统筹第一、第二、第三课堂协同纵深发展。第一课堂重点组织实施人才培养方案中的美育课程教学任务；第二课堂重点是组织开展好丰富多彩的

校园文化艺术活动（如美育社团活动、文化艺术展演活动、文化艺术竞赛活动等）；第三课堂重点是利用社会公共美育资源拓展美育教育空间，升华美育理念、创造性开展社会化、项目化美育实践活动等。

3. 做好一、二、三年级阶段递进设计。大学一年级学生美育侧重于通识性美育基本理论、基本原则、基础知识学习，同时带动学生积极参与校园内外文化艺术社团学习活动，培育学生对美有清晰、成体系的实践体验和价值判断；大学二年级学生重点开设美育专项选修或辅修课程，指导学生广泛参与校园内外文化艺术活动，培养艺术爱好和特长，提升学生的审美理念和审美能力；大学三年级学生重点拓展美育学习实践空间，实现理论与实践相结合，引导学生在广泛的社会生活实践中升华对美的认知，在创造美、奉献美的实践中塑造人生"大美"观念。

（三）深化教学改革，全方位提升内涵

内涵建设是人才培养质量的关键。新发展阶段，高等职业院校美育工作必须全面加强内涵建设以适应育人之需。

（一）完善美育课程教学体系

首先，要立足学生需求和发展，以"通识课程和专业课程"互递进、"理论讲授与实践鉴赏"相结合的原则，以必修课、选修课、辅修课为类别，立体构建课程体系。其次，要制定课程标准，甄选合适的教材、编写校本特色教材或讲义，建设线上线下能融"视、听、感、触、做"等体验活动于一体的涵盖文字、图像、动画、视频、实物、实境的教学资源。再次，要针对艺术审美丰富多元，教学组织过程往往更加复杂的特点，既合理利用好的传统教学模式，又要充分运用好新媒体、富媒体、融媒体等现代技术，探索智能化教学模式。最后，要探索从"课堂知识技能+课外活动表现+日常美的行为+……"多个维度，综合授课老师考核评价与学生自评、同学互评、辅导员参评相结合的美育成绩考核评价办法。

（二）加强美育师资队伍建设

一要选聘好师资。首先，以学校艺术类学科专业或与艺术类相近、相关专业师资为基础，挖掘存量；其次，在与美育有高契合度的课程授课教师和有文化艺术爱好特长的教师中挖潜培养，激活增量；最后，将本土艺术馆、博物馆、剧社剧团、文艺团体、非遗传承工作室的艺术工作者、艺术家请进校园，不拘一格延揽人才，扩大增量。二要培训好师资。重点通过学习观摩、考察研讨、专项培训、高校进修、访问学者等方式，普遍提升美育教师的业务能力。同时，发挥好名师、名家、名工作室的传帮带作用，带好教学团队，指导青年教师不断成长。三要管理好师资。要完善美育教师考核激励办法，建立美育学科特色的美育教师职务职称评聘制度，为教师参赛参展、挂职锻炼、学习深造、转岗分流等创造有利条件，拓展美育教师职业发展空间。

（三）丰富校园文化育人内涵

一是支持学校美育社团的建设和发展，加强对社团的指导，以学生艺术团等艺术社团为骨干，开展好教学活动和成果展示，把社团建成学生课外活动的基础阵地。二是高质量办好校园文化艺术节活动，通过开展人文艺术专家系列讲座、文化艺术项目系列比赛展演和高雅艺术进校园等活动，打造校园文化艺术品牌。三是精心设计学校文化教育主题，扎根于时代，根植于民族，以中华优秀传统文化、社会主义先进文化和建党百年来的红色文化、革命文化（如红船精神、长征精神等）为魂，挖掘其中的美育素材，在深刻的主题教育中，引导学生领悟民族审美理念、精神气质和道德追求，弘扬中华美育精神。四是在校园环境中渗透美的教育，将园林、雕塑、书法、美术等人文艺术元素融入校园物态环境建设中，优化校园景点、建设自然景观、创设人文环境等，使大学生在校园里时时处处获得美的教育和美的熏陶。

（四）广拓美育实践交流平台

其一，建立激励机制，大力支持师生创作优秀文化艺术作品，参加国家、省、市文化教育等部门举办的大学生文化艺术节、经典文化传承展演和创新创业大赛等品牌活动，在高水平平台上交流互鉴，促进水平提升和成果转化应用。其二，加强校地协同，推动学校美育与本土民间艺术、非遗文化的学习交流，建设校园民间艺术工作坊、非遗工作室；加强与地方纪念馆、美术馆、博物馆的深度合作，建设校外美育学习实践基地，在历史文物、典籍、古迹等文化遗产的学习中，积累民族智慧，传承民族精神，增强文化自信。其三，联合地方文艺团体、艺术机构、美术馆等，走进社区、深入乡村，开展美育知识普及、环境美化、艺术展演、文艺扶贫等公共文化艺术服务项目，使学生在奉献社会的实践活动中升华对美的认知、感悟和创造，自觉涵养个人语言美、行为美和心灵美。

四、结语

"为党育人、为国育才"是党和国家赋予高校的崇高使命和重大责任，美育本质上是立德树人的教育。高等职业院校只有全面贯彻党的教育方针，落实立德树人根本任务，才能办好人民满意的现代职业教育。新时代加强和改进高等职业院校美育工作，就必须在全员、全过程和全方位育人实践中落实好新时代高校美育工作的目标要求，提升学校美育内涵质量，实现美育的育人价值，做到寓美于教、融美于学、以美育人，切实提高学校美育工作的时效性，才能为实现职业教育高质量发展、培养德智体美劳全面发展的高素质技术技能型人才做出新的更大的贡献。

参考文献

[1]中共中央办公厅 国务院办公厅印发《关于全面加强和改进新时代学校体育工作的意见》和《关于全面加强和改进新时代学校美育工作的意见》[EB/OL].中华人民共和国教育部政府门户网站，2020-10-15.

[2]李景华.美育在创造力培养中的作用[J].辽宁师专学报（社会科学版），2005（3）.

作者简介

张友（1971—），男，本科，电气工程学院党委书记，教授。

高职英语学科"以文化人,以文铸魂"育人研究与实践

陈静 朱英 苏玉仙

2017年《关于加强和改进新形势下高校思想政治工作的意见》的出台明确了"全员育人、全程育人、全方位育人"的重要性,而文化育人作为"三全育人"十大体系中的重要体系也成了不可或缺的部分。习近平总书记指出:"做好高校思想政治工作,要更加注重以文化人以文育人。"[1]由此可见,"以文化人、以文育人"已是中国特色职业教育的内在要求。

植根于立德树人的人才培养目标,通识教育在文化传承方面的使命不可忽视,因而文化育人在通识教育中的关键地位不言而喻。"文化育人"的核心内涵是以文化教育人,以文化影响人,从精神上塑造人,塑造有灵魂的人。[2]

高职公共英语课程是高职教育中涵盖面最广、受众最多的通识课程之一。加强高职英语学科"文化育人"的强度、广度和深度,不但能促成高职英语学科从"学科教学"到"学科育人"的转变,还能进一步推动与中华优秀传统文化传播的结合,培养出一批能"讲好中国故事、传播好中国声音,展现可信、可爱、可敬的中国形象"[3]的新时代高素质高技能人才。

一、高职英语学科文化育人的内涵和意义

(一)人文教育的核心功能

胡适指出:"中国学校教授西洋文字,应该用'一箭双雕'的方法,把'思

---

[1] 张晓君.探讨文化育人在高校语文教学的模式[J].传播力研究,2019,3(8):174.
[2] 赵崔莉.文化育人:通识教育的重要路径[EB/OL].中国社会科学网,2022-02-15.
[3] 习近平.高举中国特色社会主义伟大旗帜 为全面建设社会主义现代化国家而团结奋斗:在中国共产党第二十次全国代表大会上的报告[EB/OL].中国政府网,2022-10-25.

想'和'文字'并教。"①语言可阐释文化，因而在社会文化中意义重大，反之文化亦可制约语言。由此可知，英语学科绝不仅仅局限于语言教学，它必然要涉及文化问题。事实上，高职英语学科是展示异域文化的窗口，也是学生"通世界语、晓世界事、察世界情"的一扇窗口。它既可以培养学生的思辨能力，让学生认识到"外国的月亮并不一定圆""月是故乡明"，潜移默化地培养学生的四个自信，特别是文化自信，所以英语学科是文化育人的主阵地。

现阶段，我国对英语教育已提出"中国立场，国际视野，人类情怀"新要求。通过语言让学生先有"世界眼"，乐于去认知中外文化现象，理性地接受文化差异，具备国际视野；再引导学生探索不同思维意识和价值立场的渊源，通过文化对比，学会理解和尊重文化多样性，彰显人类情怀，体悟"中国情"；最后深化对中华传统文化的理解和认同，坚定中国立场，饱含"中国心"。由此可见，高职英语学科文化育人就是用英语为媒介，帮助学生在文化交流互鉴中，以开放、包容的心态了解世界、理解世界、接纳世界。同时，培养学生向世界传播中国文化，突显出中华文化的跨时代魅力，积极开拓新时代中国文化的创新发展，让世界更真实、客观和正确地了解中国。这是英语学科"文化育人"的核心育人功能。

（二）文化育人的价值本质

文化育人是基于文化传承与文化习得、文化理解与文化认同、文化反思与文化批判、文化觉醒与文化自信等学习活动内化文化的价值，发展学生的文化理解能力，使学生形成文化意识、人文情怀和文化实践素养的教育方式。②

英语学科的文化内涵丰富，语言文化材料涉及方方面面，文化多样性表现鲜明，本身就具备了"以文化人、以文铸魂"的独特价值，所以"文化育人"这一理念必将贯穿于教学过程的始终。高职英语的学科的最终目标就是提升学生文化素养，引导学生具备高尚的道德品质和向上向善的价值观念；帮助

---

① 于述胜，刘继青.中国现代课程改革的文化问题论纲[J].当代教育科学，2005（19）：15-19.
② 文伟.英语教学中如何让文化育人价值从"说教"走向"生成"：以在初中开展项目式教学实践为例[J].英语学习，2022（3）：13-18.

学生培养良好的人际沟通和社会生存能力，鼓励学生继承、创新和传播优秀文化，促进个人全面发展，使语言技能成为他们终身发展的重要动力。

二、高职英语教学文化育人现状

语言和文化双向并举是实现英语学科文化育人的关键。然而，目前高职英语教学"文化育人"的功能远远不能满足"立德树人"根本任务的要求，主要体现在如下三方面。

（一）价值导向错位，文化育人功能缺失

1. 社会导向功利性

在全球化高速发展的时代背景下，高职英语教学也陷入功利主义的怪圈。用人单位选聘人才过程中过分注重各类证书，比如，大学英语四、六级等英语等级证书，却忽视对选聘人才实际语言应用和跨文化交际能力的实质性考查。因此，学校和教师只关心英语等级考试过级率，学生只热衷于考证。如此功利的教学模态之下，文化育人功能荡然无存。

2. 办学理念物质化

社会导向的功利性直接影响了高职院校办学理念。目前不少高职院校，尤其是一些民办类高职院校只注重学校硬件设施建设和扩大招生规模等物质文化方面，自然而然就忽视了校园文化生活和学生的精神文化建设。对英语这类人文素质学科极不受重视。开课学期短，课时少，甚至认为思政课程、法制教育课可替代基础人文素质课。缺乏良性发展环境也导致了高职英语课程教学在文化育人阵地的缺失。

（二）教学理念偏颇，文化意识淡薄

1. 教学模式"重语轻文"

目前高职院校的英语教师大多数都是在国内接受英语语言教育，且出国进修学习的机会普遍较少。因此，教师自身对英美等国的文化认知和理解十分有限，跨文化交际的策略也大多来源于书本，存在局限性。绝大部分高职英语教师习惯传统的英语教学模式，多注重对语言文字的讲解，忽视语言背后折射出来的文化知识，难以激发学生探索文化的热情。其次，中小学应试教育下的学习内容和手段都枯燥单一，学生对中国文化都知之甚少，更没有兴趣去探索他国文化和思索文化差异。

2. 教学理念"厚外薄中"

"只强调对英语国家文化的介绍而完全忽视了作为交际主体一方的中国文化教学"[1] 这一现象在高职英语教学中相当普遍，这就是"中国文化失语症"。受制于教学设计、教材等因素，高职院校英语课程的文化学习中多以介绍和推广英语国家文化为主，极少涉及中国文化的英语表达，也几乎没有中西方文化的比较与影响。这样"厚外薄中"的倾向，让学生轻忽了母语中承载的博大精深的文化育人功能和中华优秀传统文化的精神引领，导致不少学生对异域文化不加辨别，盲目崇拜和学习，从而降低对培养个人文化素养的要求。

（三）教学实践屈从，文化育人功能游离

1. 职业教育的"应用性"实践淡化了人文素质的培养

实践表明，以就业为导向的人才培养目标从根本上束缚了职业教育"以文育人"的发展方向。以英语为代表的通识课程也只得屈从于此，课程体系的设计重应用轻素养，忽视了"文化育人"的概念，导致文化育人功能边缘化，彻底背离了职业教育"立德树人"根本任务和"为党育人，为国育才"的本质属性。

2. 教师引导缺位，育人形式僵化

在发挥高职英语学科的文化育人功能时，教师缺乏理论指引，不得其法。文化导向和价值引领常采用灌输式的"说教"，而不是通过"感化"和"熏陶"，在无形中促进学生人格发展和成长，往往收效不佳。教育主体的缺位和不足必然导致文化育人价值无法达到主动"生成"，形式发展逐渐僵化。

3. 学生参与感弱，人文素养迷失

和普通大学本科生相比，高职院校学生文化素养相对较低，文化底蕴单薄。英语等人文基础学科一直以来都是他们的"难题"。尤其当下就业形势日趋严峻，大多数学生更显得浮躁和功利，很多学生更愿意把时间和精力花在如何提升就业技能和怎样寻找一份收入更高的工作上，对于自身综合素质的

---

[1] 李科.浅析大学英语课程的文化育人功能[J].网友世界，2013（23）：150-151.

发展和人文素养的培养丢失了方向，表现冷漠。

三、"以文化人，以文铸魂"的高职英语学科文化育人实践策略

教育部《高等职业教育专科英语课程标准（2021年版）》提出："高等职业教育专科阶段的英语学科核心素养主要包括职场涉外沟通、多元文化交流、语言思维提升和自主学习完善四个方面。"[①]由此可见，新时期的英语课程育人提出了发展语言能力、培育文化意识、提升思维品质和提高学习能力的课程总目标。语言能力是基础要素，文化意识是价值要素，不可或缺。高职英语教师必须转变育人方式，以英语学科核心素养为目标，坚持同向循环，同力发展（如图1所示），引导学生逐步形成正确的世界观和价值观，坚定文化自信和中国立场，培养未来职业和社会所必备的和关键的能力，成长为具有使命担当意识和文化素养的人。

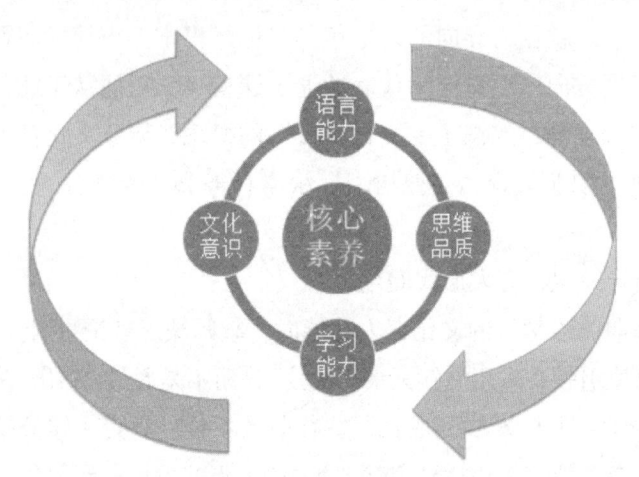

图1 学科核心素养四元素

（一）以社会主义核心价值观为引领，激发兴趣，树牢文化育人理念

语言学习过程中，历史和社会发展的变化必然导致传统与现代、东方与

---

① 高等职业教育专科英语课程标准（2021年版）[EB/OL]. 中华人民共和国教育部政府门户网站，2021-04-01.

西方的文化碰撞，乃至价值观的冲突和考验，高职学生必然会产生思想上的困惑。因此，教师在教学中必须弘扬社会主义核心价值观，培养学生的爱国主义精神和民族精神，努力提升自我及学生的思想境界。同时，在社会主义核心价值观引领下，引导学生学会以开放、包容的心态接纳不同国家和民族的价值观念，对多元文化兼收并蓄，坚信"各美其美，美人之美，美美与共，天下大同"，从而实现互补共赢。

对大多数高职院校学生而言，英语学科一直是薄弱学科。很大一部分学生不仅失去学习英语的信心，更缺乏了解其文化意义的动力和文化解析的可持续性。

高职阶段要实施英语学科文化育人，重塑学生学习英语的兴趣是首要任务。对学科之"爱"能打破学生已有的经验定式和畏难屏障，让他们愿意去突破自我，实现"从本我到自我再到超我"的根本性转变，从而逐渐实现英语学科的文化育人价值。

（二）挖掘学科人文内涵，以文化人，弥补"文化教育"缺失

英语学科具有文化育人功能得天独厚的优势，同时英语教学也必须遵循自身的特点、要求和内在规律。

1. 善用教材，利其器

英语学科语言材料丰富，包含了如历史和社会、文学与艺术、学习和生活等诸多话题。一方面，利用西方文化主题为突破口，"读懂西方"，引导学生形成跨文化意识，主动探索文化差异。

例如，《新一代大学英语》教材中主题为"Hospitality"的语篇教学，介绍美国人的待客之道。导入环节，教师给出填空题：Give the host _____ when you plan to pay a visit. 引导学生主动思考。这个题简单易懂，学生们参与度极高，给出了做客时可以带"一个小礼物""一些家乡特产"等答案。鲜活的生活话题既激发好奇心，也给学生自由思考的空间。最后教师引导学生阅读文本材料，找出正确答案：advance notice（事先通知）。这个答案让学生顺理成章地意识到文化见解的差异。教师活用教材、科学引导，使学生理解文化差异，实现了英语学科的"社会文化目标"。

另一方面，针对常见社会现象，顺势引导，在探索差异的同时彰显"中国风"，增强文化自信。

例如，《新技能英语》2册 Unit 4 "What do You Think of Fashion"主题。教师在讨论环节展示三张图片——李宁亮相巴黎时装周、老外穿着汉服和故宫博物院 IP，引导学生探讨对时尚的见解。教师立意明确，"国潮"的兴起展示了中国时尚的世界地位，无形中增强了中华文化对高职学生的吸引力和凝聚力。

通过梳理现有部分主流高职英语新教材，发现语篇内容中已大幅增加了中国文化的内容，下面以教育部职业教育"十四五"规划教材《职通英语 综合教程》第二册为例（如表1所示）。教师在实践教学中充分挖掘语篇材料中的人文元素，"润物无声"地帮助学生增强国家和民族的自豪感，坚定文化自信。

表1 彰显"家国情怀、文化自信"教材语篇人文元素梳理

单元主题	篇目	人文元素
Unit 1 New and Old	My Special Objects	话题探讨：特殊物件—纪念品—"红色宝贝"（从探寻家中的红色"记忆"，引导学生回望建党百年来波澜壮阔的伟大历程，汲取智慧力量，坚定前行信心）
Unit 2 Cars and Planes	High-speed Rail Changes Life	话题讨论：高铁改变生活—中国速度（从中国高铁的发展入手，引导学生认识这是一场意义深远的时空观念变革）
Unit 3 Hot and Cold	Chinese Food	话题探讨：中西美食差异—饮食文化（从中西方食物对比入手，引导学生探讨文化差异，感受中华美食的博大精深）
Unit 4 Art and Science	Gardens in Suzhou	话题探讨：建筑风格—文化传承（从苏州园林之美的赏析，引导学生保护文化遗产，珍惜文化传承）
Unit 5 Shops and Houses	Smart Home China	话题讨论：生活变化—科技进步—今日中国（从社会生活的进步入手，引导学生了解今日中国的发展目标：科技强国、制造强国、智能强国）
Unit 6 Right and Wrong	Mencius's Mother Moves Three Times	话题讨论：中国古代典故—教育观念—学无止境（从古代典故入手，引导学生树立正确的价值观，勤奋上进，敏而好学）

2. 活拓渠道，富其形

英语学科内容充满了人文智慧之光，英语教学必须重视人文精神的教育，把"文化教育"渗透到语言活动"听、说、读、写、译"的全过程中，实现人文性与工具性的有机融合。为此，我校做了如下四点。

第一，重构课标，融教学常态。结合新课标，把文化育人内容重构到课程标准中，融入教学设计中，语言知识和文化教育并行，"润物细无声"地培养学生中西跨文化意识，引导学生思辨跨文化现象，铸就学生跨文化交际能力。以下以我院英语课程标准中第一学期的教学内容设计为例（如表2所示）。

表2 "英语一"课程教学内容示例

序号	教学主题	教学内容	学时	知识内容	文化育人内容	技能训练
1	导语 新学期，新目标	课程认知	2	课程介绍 自我介绍	明确目标 规划人生	Self-introduction 口语对话
2	人文底蕴	Unit 1 New Start	4	大学生活的意义	责任担当 筑梦未来	话题讨论：My dream Listening practice
3		Unit 2 Aesthetics &Arts	4	文字的故事	汉字之美 文化传承	小组活动：Chinese gifts Writing practice
4		Unit 3 Hobbies &Interests	4	兴趣与爱好	完善自我 精益求精	英文辩论赛 口语训练
5		Unit 4 Chinese Virtue	4	雷锋的故事	薪火相传 历久弥新	故事复述：What is beauty?
6	文化交流	Unit 5 National Identity	4	节日和习俗	假日经济 中国制造	小组活动：The Traditional Festival
7		Unit 6 International Understanding	4	社交礼仪	中华礼仪 文明和谐	Writing: Thanks letter 写作训练
8		Unit 7 Career Culture	4	公司文化	自立自强 诚信友善	看图说话 听说训练

续表

序号	教学主题	教学内容	学时	知识内容	文化育人内容	技能训练
9	职业精神	Unit 8 Craftsmanship	4	工匠文化	工匠精神 卓越创新	主题讨论：Learn from the great craftsmen
10		Unit 9 Institutional Guarantees	4	制度文化	文化变迁 政治智慧	Writing: China in My Eyes 写作训练
11	总结	课程总结	2	自我反思、归纳总结		
12		课程展示	2	激发兴趣、训练思维、合作创新		

第二，利用新媒体，辟多元阵地。利用新媒体资源，开辟线上线下结合的文化育人资源，形成"以文育人、以文化人"教育阵地。我校现已建成"英语二"线上课程，该课程涉及"中国篇、文化篇、环境篇、交流篇"等八个章节，围绕"展示大国文化""助力现代生活""引领时尚未来"主线，将"文明交流互鉴"的理念、"人与自然和谐共生""科技创新、技能报国"精神等元素全过程自然融入教学内容。线上线下混合的教学方式也进一步融通自主学习和合作学习的渠道，提升文化育人的效果。

第三，依托微传播，创考核机制。传统的高职英语教学考核体系中缺乏对学生文化知识的考查，这也会直接影响学生的跨文化交际能力和持续学习语言的可能性。因此，考核中增加了"理解文化、解读文化和传播文化"的过程。从2021级开始，我校在期末测试中加入了以"宣扬传统文化，用英语讲好中国故事"为主题的学生微视频作品考查内容。学生们不仅学会了提炼中华文明的文化精髓和标志性成果，也增强了学生传播中国文化的信心。我校顾同学作品《传承千年的至味》获得了省级大学生"用外语讲好中国故事"短视频大赛二等奖和省教育厅"中华优秀传统文化微视频展播"二等奖。

第四，优化实践活动，促文化建设。古语有云，"大学之道，在明明德，在亲民，在止于至善"。大学文化不仅体现在教书育人，传道授业，更体现在以学校的文化氛围影响学生的思想道德修为、个人精神面貌和职业道德素养，进而影响整个社会的文化氛围。[①] 要做到以文化人，以文育人，不仅让学生在未来工作岗位上"下得去、留得住、干得好"，还能让学生"有文才、有情怀、有远方"。近年来，我校开展了英文经典文学作品朗读、英语书写比赛、中西文化专题讲座、中国传统故事英语演讲比赛、"用外语讲中国故事"英语短视频大赛等活动（如图2所示），实现学科知识传授与文化价值引导相统一。

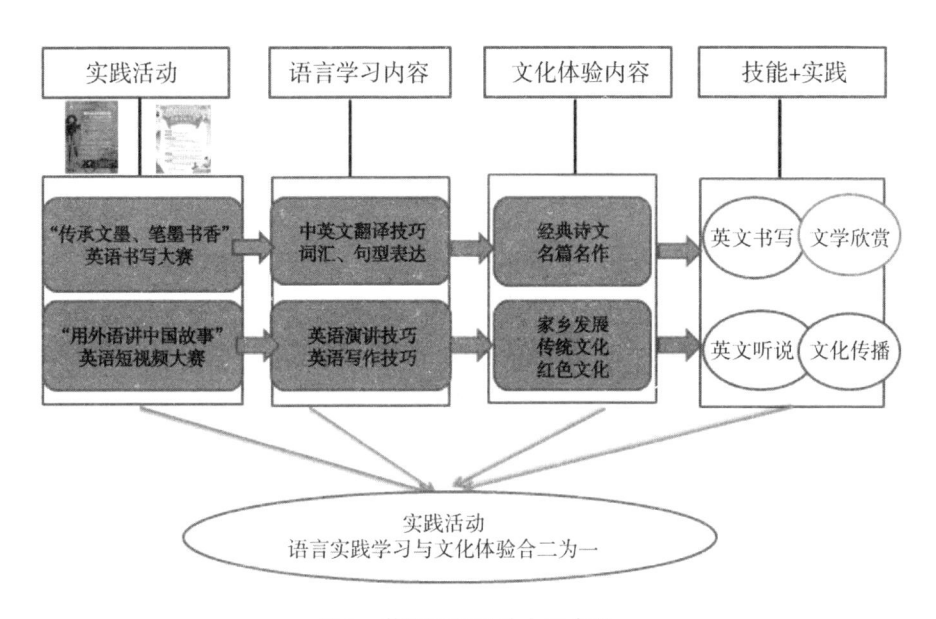

图2 英语实践活动人文内涵

（三）培养创新型思维品质，以文铸魂，促进文化育人功能最大化

英语学科核心素养体系中提到的语言能力、文化意识、思维品质和学习能力四个维度，基本涵盖了英语学科所体现出的知识性、工具性和人文性等本质属性。以往高校英语学科在进行语言技能的培养中，往往强调模仿记忆技能，却大多忽视了创新技能，学生缺乏问题的分析和提供独立见解的能力。因此，将语言技能学习和思维创新能力的养成相融合能极大地促进文化育人的功能。

[①] 任世雄.把握校园文化育人内涵增强校园文化育人实效性[J].思想教育研究，2015（4）：81–83.

大部分高职院校的学生人文底蕴较薄弱,缺乏对语言知识的质疑,语言学习中盲目追随西方文化,从而缺乏对异域文化的分析、判断。因此,教师应通过"文化铸魂",在教学的听、说、读、写和练的全过程中形成价值引领(如表3所示),引导学生养成探究型学习方法,面对新事物或不同观点时敢于通过观察和研究来表达个人观点,合理批判错误观点,又能吸收和借鉴有益之处,将"有语言"的知识变成"有文化"和"有逻辑"的辩证关系,与材料建立真实的、个人与整体之间的联系,从而更好地理解语言背后的道理,形成理性的逻辑思维能力,同时激发创新意识,使我们的学生既有"世界眼",也饱含"中国情",坚守"中国心",传承"中国魂"。

表3 文化育人学习单

序号	主题	听力	口语	阅读	写作	综合训练
Topic 1	My Special Objects	长征故事	话题讨论"红色宝贝"	语篇1 孤儿院的故事	词汇训练:"红色文化"重点短语	讲述一个关于红军的故事
Topic 2	Youth and Mission	五四青年节寄语	话题讨论"我的梦想"	语篇2 弗洛伦斯·南丁格尔	句型练习:"中国式现代化"关键表述	翻译 "自古英雄出少年" "长江后浪推前浪" "少年强则国强,少年进步则国进步"
Topic 3	Chinese and Global Community	丝绸之路的魅力	话题讨论:中国符号	语篇2《大学》	议论文: A Global Community of Shared Future	小组报告 介绍中国传统节日
Topic 4	Scientific Advance	神州十五号	话题讨论:中国制造	语篇1 中国古代造纸术	词汇训练:"工匠精神"重点短语	小组报告 介绍中国创造者的故事
Topic 5	Chinese Virtue	雷锋日记	话题讨论:真善美	语篇2 扶贫大学生书记	议论文: Social morality	翻译 传统美德的谚语
…						

今日世界之局势，恰逢百年大变之期，提升国家文化软实力已经成为各国发展战略的重中之重。只有推进文化强国建设，提升中国文化软实力，塑造中华文化形象，充分发挥中国文化的引领作用，才能进一步推动文明相通、文化相融，拉紧各国人民相互尊重、相互理解的精神纽带。高职英语学科作为一门兼具工具与人文的通识课程，更是使命在身，因此，深挖学科内外的文化育人元素，将"以文化人、以文铸魂"的育人实践策略融入教学实践中，从根本上提升学生的文化素养，厚植"观天下，怀中华"的爱国主义情怀是高职英语教学文化育人本质的最终体现，也是回应时代的召唤。

参考文献

[1] 张晓君.探讨文化育人在高校语文教学的模式[J].传播力研究，2019，3（8）.

[2] 赵崔莉.文化育人：通识教育的重要路径[EB/OL].中国社会科学网，2022-02-15.

[3] 于述胜，刘继青.中国现代课程改革的文化问题论纲[J].当代教育科学，2005（19）.

[4] 文伟.英语教学中如何让文化育人价值从"说教"走向"生成"：以在初中开展项目式教学实践为例[J].英语学习，2022（3）.

[5] 李科.浅析大学英语课程的文化育人功能[J].网友世界，2013（23）.

[6] 高等职业教育专科英语课程标准（2021年版）[EB/OL].中华人民共和国教育部政府门户网站，2021-04-01.

[7] 任世雄.把握校园文化育人内涵增强校园文化育人实效性[J].思想教育研究，2015（4）.

作者简介

陈静（1980—），女，文学硕士，教研室主任，副教授。主持校、市、省部级课题6项，主编和参编教材共10本（教育部推荐和规划教材5本），出版专著1本，发表学术论文15篇，获四川省职业院校教师教学能力比赛一等奖，外研社"教学之星"大赛（高职组）全国一等奖。

朱英（1981—），女，硕士研究生，教授，新加坡南洋理工大学（NTU）访问学者，四川省省级课程思政示范课负责人。曾获四川省职业院校教师教学能力比赛一等奖，四川省外语课程思政比赛特等奖，全国外语课程思政优秀案例交流活动一等奖。

苏玉仙（1966—），女，文学学士、教育学硕士，外国语学院教学顾问，教授。主持校、市、省部级课题8项，主编和参编教材共8本（教育部推荐和规划教材3本），发表学术论文近20篇。曾获得四川省高校教师"师德标兵"称号。

与时偕行 润物无声
——学校融媒体"一体三向"网络育人模式的探索与实践

何格 伍晓亮 唐劲松

党的二十大报告指出,要加强全媒体传播体系建设,塑造主流舆论新格局,巩固壮大奋进新时代的主流思想舆论。① 习近平总书记在全国宣传思想工作会议上的重要讲话,立足坚持和发展新时代中国特色社会主义战略全局,强调必须科学认识网络传播规律,提高用网治网水平,使互联网这个最大变量变成事业发展的最大增量。② 新时代高职院校宣传思想文化建设需要抓住网络新媒体这一关键阵地,因时而进、因势而新。本文通过梳理学校融媒体矩阵运营机制,探究高职院校网络育人的模式构建与路径建设,着力提高新时代高职院校网络育人的实效性。

一、模式构建

学校依托官网、微信公众号、微博、抖音等平台,经过近5年的实践探索,凝练出"一体三向"的网络育人模式:以"立德树人"为主体,围绕青少年群体成长规律和话语体系,坚持以"铸魂立心"为方向,树立品德、强化智识、提升心性,用主流价值培育时代新人,用贴近青年学生的话语体系开展政治引领工作,汇聚起推动时代发展的青年力量。

---

① 桂从路,邹翔. 守正创新,更好激扬新时代主流价值:2023党报评论融合发展论坛综述[N]. 人民日报,2023-09-27(11).

② 习近平出席全国宣传思想工作会议并发表重要讲话[EB/OL]. 新华网,2018-08-22.

(一)以"立德树人"为主体,推进价值观塑造

1. 坚持党对意识形态工作的领导,把握网络阵地管理

牢记初心使命。以党的政治建设为核心,把党的领导贯穿于教育教学和人才培养的全过程,不断加强党对学校工作的全面领导。[①]学校党委宣传部围绕重大要事、重要时间节点、社会热点难点问题,以及相关网络舆情,每年开展意识形态工作专题调研,对意识形态形势进行分析研判,加强专题研判主题引导。

把握网络阵地。学校党委宣传部、校团委严格控制新闻、活动类内容的发布,对所有信息的推送和发布实行"供稿人—院系部—党委宣传部"三级审核制度;认真落实网络宣传阵地管理主体责任,对照学校《关于进一步规范校园新媒体管理及自查整改工作的通知》,定期组织学校门户网站、官方新媒体等网络信息发布平台进行自查。

2. 加强网络队伍建设,打造有水平的融媒体矩阵

在新媒体环境下,网络为思想政治教育提供了新思路、新机遇。[②]学校党委宣传部和团委将原有新媒体组织整合,成立融媒体中心,在学校官方网站、微信公众号、微博和抖音等平台,本着"知行合一,精益求精"的服务宗旨,用贴近青年学生的话语体系开展政治引领工作,打造有温度、接地气、入人心的融媒体矩阵。

形成学校融媒体矩阵。整合党委宣传部指导的学生新闻中心与校团委指导的新媒体音视频制作部资源,培养锻炼学生队伍,推进"大思政课"建设,培育品牌——四川工程职业技术大学融媒体中心。融媒体中心业务指导部门为党委宣传部,校团委参与建设和管理。党委宣传部内部分工由副部长分管融媒体中心,校团委书记协助,具体部门指导老师由党委宣传部和团委相关老师担任,建立部门联席会协调机制,不改变既有教职工人员编制和设施设备归属。融媒体中心纳入学校大学生艺术团总体框架内运行,内设官网官微运营部、广播站、视频制作部和摄影部。面向全校师生征集思政育人作品,关注师生的切身利益,关注学生身边的热点事件,传递青春正能量,让广大

---

① 何惠.高校网络舆情引导的长效机制研究[J].文教资料,2015(11):80-84.
② 沈梁燕.高校网络意识形态阵地建设的现状分析与建设路径[J].高教论坛,2019(2):9-12.

师生用户既能够成为互联网思政的受教者，又能够成为互联网思政的参与者。

（二）以"铸魂立心"为方向，培育时代新人

1. 树立品德，打造特色主题教育

学校新媒体工作始终以塑造学生的理想信念为核心，始终坚持用习近平新时代中国特色社会主义思想铸魂育人，在我校青年学生心目中牢固树立中国特色社会主义共同理想，培养以爱国主义为核心的民族精神和以改革创新为核心的时代精神，把工匠精神、校史文化和专业建设结合起来，让青年学生传承艰苦奋斗、实事求是、甘于奉献的精神，把红色精神、"三线精神"和中华优秀传统文化注入青春的血液，融入青春的灵魂深处。

学校微信公众号设立"技能成才　强国有我""扎根西部　服务重装"特色板块，着力打造"职业榜样""校友风采　技能榜样""杰出校友（工院有人才）""最美教师（工院顶流）"等师生榜样，强化正面宣传引导，弘扬正能量事迹，为学生树立典范，心怀"国之大者"，打造技能强国"云阵地"；设计庆祝建党、建团百年特色活动，开设"奋斗百年路　启航新征程""青春百年　红心向党"特色板块，充分发挥网络主平台"影响力"，多层次开展理论学习，传承红色基因、赓续红色血脉；结合"五四青年节""国家安全日"等重要节点，开展学习贯彻习近平总书记回信精神、共聚"云"端联合团日活动等。学校微信公众号内容多次被教育部职教之音、中国高职高专教育网、四川职教发布、德阳教育等媒体转载报道。

2. 强化智识，打通知识获取渠道

设立"单招宝典""主任书记上直播"专项板块，邀请学校各专业优秀教师开设专题，在服务单独招生的同时，让学生更加深入地了解学校的教学科研情况，了解自己的专业选择，了解自己的职业生涯规划，在课堂外增进老师与学生的交流，全方位支持学生的培养；以学校承办"第四届全国智能制造应用技术技能大赛"为契机，开启"大赛进行时""国赛荣誉榜"系列活动，梳理学校优势专业，让学生、老师、工匠能手在"云端论剑"，及时深入了解全国行业职业技能竞赛；以学校60周年校庆为契机打造二级院系部"云巡展"，梳理学校历史沿革，展示办学成就，展现院系部价值导向和育人风采；每年定期开展"国家安全""信息安全"活动，联合学校信息中心、保卫处开

设专题普及国家安全、网络安全知识。

3. 提升心性，营造健康向上氛围

党委宣传部联合校学生处、校团委开展"多彩大学故事"系列活动，推出校园文化、寝室（宿舍）文化、社团文化、劳动教育、毕业季等多项主题活动，在学生中营造积极向上的活动氛围；以鼓励学生自主阅读、传播中华优秀传统文化为宗旨，开设"二十四节气"专栏，与学校图书馆联合，精选好书，推出"四季书单"；集合心理健康教育中心专业教师和各班心理委员的力量，积极探索网络心理育人新模式，开展"心理健康普查那些事儿"心理科普活动、"心理剧大赛"票选活动，以"解压美文""为你读诗""校园图集"为主要形式，开设"心晴家园"专栏，积极拓展网络心理健康教育形式，普及心理健康知识，引导学生关注自身心理健康。

二、路径建设

（一）强化思想引领，建设有信念的网络新媒体平台

加强思想引导。对习近平新时代中国特色社会主义思想和党的二十大精神，习近平总书记重要讲话、指示批示精神等内容，第一时间组织传达学习，把学习融入日常、抓在经常，引导师生忠诚核心、紧跟核心、拥戴核心、捍卫核心。[1]鼓励融媒体中心学生记者发现校园有价值的新闻，掌握新媒体宣传工作的方法和网络舆论传播的规律，坚持正确的舆论导向，坚持正面宣传为主，提高新媒体平台运营能力，在实践中打造有信念的新媒体平台和传播正能量的新媒体团队。

加强文明上网管理。建立网络实名制规范，规范网络用语，组织开展网络文明讨论宣讲，进一步发挥网络评议员作用，以提升师生网络道德素养为重点，自觉抵制歪风邪气，弘扬文明风尚，培育符合社会主义核心价值观的网络道德规范和行为规范[2]，营造风清气正的校园网络舆论环境。

---

[1] 本刊编辑部. 深刻领会习近平总书记新闻舆论工作论述核心内涵 [J]. 当代兵团，2016（8）：11-13.

[2] 本刊编辑部. 深刻领会习近平总书记新闻舆论工作论述核心内涵 [J]. 当代兵团，2016（8）：11-13.

（二）加强人才培养，培育健全的网络育人工作队伍

校园新媒体建设需要培养造就一批网络育人生力军。以青年教师和学生骨干为主体，组建指导教师队伍，开展网络思想价值引领和教育工作，传播社会正能量，促进思想政治工作与校园新媒体建设融合发展。

学校融媒体中心在大学生艺术团管理框架下，实施"三层对接"的管理机制：以学校党委宣传部对接指导教师，强化思想引领，加强网络新媒体宣传指导；以指导教师对接融媒体中心骨干成员，为新媒体人才培养提供技术技能支持，确保网络育人的效能最大化；以融媒体中心骨干成员对接低年级成员，负责"传帮带"，落实团队日常事务的管理和成员实际操作能力的培养。"三层对接"的管理机制，实现了学校新媒体宣传需求与人才供给有效对接，促进了融媒体中心不断优化人才培养方案。

（三）体现价值引导，推出有感染力的优秀文化作品

校园新媒体是学校思想文化的重要宣传阵地，必须高举中国特色社会主义伟大旗帜，以习近平新时代中国特色社会主义思想为指导，全面贯彻党和国家的教育方针，立足于教育事业及学校科学发展与学生健康成长。

加强网络作品创作培训，充分发挥新闻舆论工作教育人、引导人、影响人的作用，做好正面宣传，增强作品的吸引力和感染力，把打造网络新媒体舆论育人阵地作为运营目标。学校官微推文《工院！工院》《疫情下宅享多彩宿舍生活》《携笔从戎，卫国有我》，融媒体中心制作的《技能榜样 校友风采》《做核酸啦！》《上"新"了，工院！》等推文、《摘下口罩》《全国技能大赛作品展》《送兵入伍》等网络视频作品，既弘扬了主旋律，又充分发挥了新媒体的宣教功能，用优质的网络文化产品引领校园风尚。

三、成效与反思

（一）朋辈思政效力得到彰显

以学生自我教育为目标导向、以新媒体建设为突破口，推进网络平台建设，塑造了有活力、有生命的朋辈思政新格局。组织开展"习近平新时代中国特色社会主义思想大学习领航计划"主题教育，遴选出《小书包》《我们的

父辈》等优秀作品，并进一步精心打磨，推荐到省级展演。组建"传火者"理论宣讲队，录制"英模故事我来讲""未来工匠说""榜样我来说"等视频，学生队员录制了"职教生心中的二十大"5个视频在学校官微展播，师生录制的《未来关键词》等6个宣讲微视频，在"学习强国""川观新闻""四川观察"上展播；另有9个宣讲微视频在学校官微等平台展播；向省经信厅报送了5个音频，并在经信厅官网展播。

（二）走好网上群众路线

建立了一支包括分管思想政治工作、意识形态工作的党委副书记和各基层党组织书记在内的网评员队伍。目前，学校没有坚持错误思想的意见领袖等重点人物；无在公开场合发表同中央精神相违背的言论、非议党的理论和路线方针政策及重大决策部署、散布传播政治谣言的现象。书记、校长通过书记信箱、校长信箱坚持与学生沟通。注重线上线下联动，建立了舆情监测报告机制、舆情研判预警机制、舆情应急处置机制、舆情外联协调机制。

（三）学校影响力大幅提升

仅2022年，学校官方网站发布新闻617条，微信公众号发布111条，抖音发布作品48条，官方微信公众号用户数达4.69万，累计阅读量70万次，覆盖全校师生。

学校的社会影响力持续提升，外宣工作进一步加强。2022年，人民网、学习强国、教育部官方网站、现代高等职业技术教育网（中国高职高专网）、《四川日报》、四川省教育厅官网、《四川经济日报》、四川广播电视台的《四川新闻联播》和《四川观察》栏目等先后对学校进行了126次报道，中央广播电视总台《新闻联播》《新闻30分》等栏目大量采用了学校视频素材。2023年4月29日，中央广播电视总台《新闻联播》头条"新思想引领新征程"栏目以《发展现代职业教育 培养高素质技能人才》为题，对我国职业教育进一步深化产教融合，加快培养高素质技术技能人才，为高质量发展提供人才支撑的做法、成效进行了全面报道。四川工程职业技术学院与企业深化产教融合、加快培养高素质紧缺技术技能人才的做法作为其中的典型在报道中深度呈现。

（四）反思

目前，尽管学校在治网用网工作中做了大量细致的工作，取得了一定成绩，但也存在一些困难和问题。一是师生网络言行的监管和引导还是一个难点。客观上网络已深入大家工作生活的方方面面，"人人都有麦克风""人人都是自媒体"已成为一个不争的事实，对及时掌握师生网络思想动态这一难点问题还待解决。二是网络思想政治教育作品还不够丰富。使用网络创新开展工作的思路和举措还有待进一步优化，把网络意识形态工作抓在手上、抓出成效，需要不断创新思路举措，创作更多新的作品。三是使用网络开展意识形态工作的培训力度还不够。宣传工作队伍的力量还比较薄弱、整体水平有待进一步提升，宣传工作的方式方法还需创新，思想政治教育的渗透性、感染力还不够，对外宣传工作的联系和对接也还需进一步巩固。

四、结语

学校始终坚持以习近平新时代中国特色社会主义思想为指导，坚持为党育人、为国育才，深化全媒体平台融合发展，培育优秀网络文化作品，构建了积极向上、特色鲜明的校园网络文化。构建的"一体三向"网络育人模式，用主流价值培育时代新人，把握青年用网习惯，用贴近青年学生的话语体系开展政治引领工作，感召青年学子与党同心、与国同行，成为网络育人的"自育"力量。

参考文献

[1]桂从路，邹翔.守正创新，更好激扬新时代主流价值：2023党报评论融合发展论坛综述[N].人民日报，2023-09-27（11）.

[2]习近平出席全国宣传思想工作会议并发表重要讲话[EB/OL].新华网，2018-08-22.

[3]何惠.高校网络舆情引导的长效机制研究[J].文教资料,2015（11）.

[4]沈梁燕.高校网络意识形态阵地建设的现状分析与建设路径[J].高教论坛，2019（2）.

[5]深刻领会习近平总书记新闻舆论工作论述核心内涵[J].当代兵团,

2016（8）.

作者简介

何格（1991—），女，硕士研究生，四川工程职业技术大学教育学院，讲师。曾任学校融媒体中心指导老师。曾获全国职业院校技能大赛教学能力比赛三等奖、四川省职业院校教师教学能力大赛一等奖，参编"十三五"职业教育国家规划教材《口才与演讲训练教程》，参与四川省高校思政工作精品项目"'思政教育主题引导'式的《大学语文》阅读教学改革探索与实践"。

伍晓亮（1987—），女，硕士研究生，四川工程职业技术大学党委宣传部部长助理，讲师。学校融媒体中心指导老师。长期从事机械设计与制造、金属切削加工、图像处理等方向科研与教学。曾获四川省职业院校教师教学能力大赛二等奖、三等奖，全国机械职教政研会机械红色故事视频征集活动一等奖，第三届全国大学生创新方法应用大赛一等奖；指导学生参加"挑战杯""互联网+"等大学生创新创业大赛，获四川省特等奖1项、银奖2项、铜奖2项。

唐劲松（1979—），男，硕士研究生，四川工程职业技术大学校团委，一级消防工程师，一级建造师，讲师。学校融媒体中心指导老师。主要从事新闻传播研究、短视频创作。曾获中华职教社总社短视频比赛一等奖。

"大思政"背景下地方文化融入高职院校文化育人实践路径研究
——以四川工程职业技术大学为例

罗建芳　聂红　张熳铷

在构建高校思想政治工作"十大育人体系"下,"大思政"育人格局已成为高校育人的必然趋势。文化育人作为高职院校"十大育人体系"重要组成部分在为国为党培养高质量高素质技能型人才中发挥着举足轻重的作用,因此,高职院校应协同各方力量共同开发中华优秀文化的育人功能。四川地方文化历经千年的演变发展,孕育出了以三星堆、金沙为代表的古蜀文化,以绵竹年画、蜀绣为代表的非遗文化,以邓小平、陈毅、黄继光等为代表的革命文化及吃苦耐劳、无私奉献、团结奋进的三线建设精神,其中蕴藏的珍贵的人文精神价值为川内高职院校的文化育人建设提供了优质的育人资源。四川工程职业技术大学在依托院校的人才培养目标基础上,充分发掘四川地方文化的育人功能,在文化育人水平和质量方面有了显著的提升。

一、"大思政"高校思想政治工作格局的背景

2016年全国高校思想政治工作会议上,习近平总书记发表的重要讲话强调了高校思想政治工作在我国高等教育事业发展中的中心地位,也为高校思想政治工作指明了方向。2017年,教育部发布了《高校思想政治工作质量提升工程实施纲要》,引导高校积极探索建立大学生思想政治工作的"三全育人格局",充分发挥课程、科研、实践、文化、网络、心理、管理、服务、资助、组织等方面工作的育人功能,切实构建高校"十大育人体系"。"十大育人体系"的构建要求高职院校要高度认识育人工作"大思政"格局的意义,

要通过多方参与，实现协同推进，切实提升高职院校大学生育人工作的水平和质量。① "一体化领导、专业化运行、协同化育人"的思想政治工作理念和体制机制，是大思政的核心内涵。② 在全面立德树人理念下，建设"大思政"育人格局已经成为我国高职院校育人工作的行动指南。在"大思政"的背景下，高职院校深入开展中华优秀传统文化、革命文化、社会主义先进文化教育，通过"以文化人、以文育人"提升高职院校综合育人水平和质量，也成为高职院校深化内涵建设目标之一。

二、地方文化在高职院校文化育人中的意义和内涵

在2018年全国宣传思想工作会议上，习近平总书记强调了新形势下宣传思想工作的使命任务：举旗帜、聚民心、育新人、兴文化、展形象，要求"激发全民族文化创新创造活力，建设社会主义文化强国"③。在"大思政"高校思想政治工作格局背景下，高职院校的文化育人工作也应依据全面宣传思想工作的使命任务开展，重点挖掘中华优秀传统文化、革命文化、社会主义先进文化的育人元素，引导高职学生自觉学习、体验、认同中华优秀文化并坚定文化自信；鼓励高职学生主动保护、传承、传播中华优秀文化，担当建设社会主义文化强国的责任，强化高职学生的家国情怀和责任担当的意识，在国际交流中自信展示中国形象，讲好中国故事，传播中国理念。

地方文化作为历史悠久的中华文化的重要组成部分，包含了地域特色鲜明的传统文化、革命文化和社会主义先进文化等内容，其所蕴藏的人文思想、道德观念、精神追求等为区域内高职院校深入开展文化育人提供了丰富多彩的育人资源。四川工程职业技术大学地处四川盆地的成都平原，主要以历史悠久的蜀文化著称。其中包括闻名于世的以德阳三星堆、成都金沙遗址为代表的古蜀文化；以成都武侯祠、罗江白马关、南充阆中古城为主的三国文化；

---

① 杨欣森.形成职业院校学生管理矩阵联盟的路径研究：大思政育人格局下［J］.文存阅刊，2020（50）：46.

② 东北师范大学.构建"大思政"格局推进全员全程全方位育人：东北师范大学打造思想政治教育新高地的探索与实践［EB/OL］.共产党员网，2019-07-16.

③ 张洋.举旗帜聚民心育新人兴文化展形象 更好完成新形势下宣传思想工作使命任务［N］.人民日报，2018-08-23（01）.

以成都蜀绣、绵竹年画、德阳潮扇为主的非遗文化；以峨眉雪顶、川红工夫、蒙顶甘露为主的川茶文化；以峨眉山佛教、青城山道教为代表的宗教文化；以成都杜甫草堂、眉山三苏祠为代表的诗词文化；以广安邓小平故居、乐至陈毅故居、中江黄继光纪念馆、松潘红军长征纪念碑碑园为代表的红色革命文化；以德阳二重、东方电机、东方汽轮机等为代表的重装工业文化。还有四川地区的三线建设精神。川内高职院校应充分挖掘四川优秀地方文化资源，积极探索建立以优秀四川文化为主体的院校特色文化育人体系，充分利用具有四川地方特色的中华优秀传统文化、红色革命文化和社会主义现代化建设奋斗史等资源，通过线上线下四川特色地方文化课程、特色校园文化以及特色学生社团活动等全方位、多渠道拓展高职院校文化育人实践路径，把学文化和学做人结合起来，把"以文化人、以文育人"的文化育人工作落地生根、做实做细，提高高职学生对四川优秀地方文化的认知认同，在培养高职学生对优秀地方文化自信以及引导他们自觉传承创新弘扬的过程中，实现高职院校文化育人工作质的提升。

三、地方文化融入高职院校文化育人实践路径的创新与实践

（一）贯通课堂渠道，建设地方文化特色鲜明育人教学资源

高职院校文化育人工作首先要利用好课堂教学这个主渠道，要贯通专业课和选修课，线下课堂教学与线上自学平台，开发建设各种地方文化育人教学资源，满足高职院校通过课堂教学实现文化育人的需求。

1.对标专业核心素养，开发特色地方文化校本教材

川内高职院校应深挖四川优秀地方文化中的育人元素，结合高职院校的办学理念、专业人才培养目标编写适合不同专业大类的特色地方文化校本教材，将四川优秀地方文化中的价值观念、修养追求、民俗文化等精准推送给相关专业的学生。例如，高职院校中的艺术类专业可以编写以传承发扬四川非遗文化为核心的校本教材，机械制造大类可以编写以传承四川地区勇于拼搏的三线建设精神和重装工匠精神为核心的校本教材，旅游类专业可以编写以讲述四川历史文化故事、四川红色革命故事等为核心的校本教材，外语类专业可以编写双语版的四川特色地方文化校本教材，引导学生利用语言优势

助力四川地方文化的对外传播。校本教材可用于开设特色地方文化选修课使用。目前我校已经编写了适合各专业以及留学生使用的中英双语《四川文化概况》校本教材。

2. 立足共建共享，建设文化育人数字资源库

除了开设传承弘扬四川特色地方文化的选修课程外，将四川优秀地方文化有机融入各专业必修课程教学也是有效的文化育人途径。必修课程课时量大，教师可以积极挖掘四川优秀地方文化中的人文精神、奋斗精神、诚信友善忠孝等品质建设特色地方文化在线开放课程教学资源库、地方文化育人教学案例库等各类数字资源库，不同专业教师共建共享。例如，建设四川传统文化育人教学案例库、四川非遗文化传承人资源库、四川特色地方文化双语教学资源库、四川革命先烈资源库、四川重装工匠故事资源库、四川三线建设精神育人资源库等，实现多方位、多层次、多渠道的文化育人目标。

3. 善用社会资源，建设"文化大师进课堂"平台

为了加深川内高职院校学生对四川优秀地方文化的认知认同，引导学生主动担起保护传承弘扬地方文化的责任，特别是四川地区特有的非遗文化，高职院校可利用本地社会资源在校内搭建"文化大师进课堂"平台，聘请本地文化大师独立授课或与在校教师联合开设文化大师工作室，招募学生进入工作室，指导高职学生传承特色文化技艺等。我校艺术系开设了"绵竹年画艺术实践工作坊"，承办了"非遗文化进校园"绵竹年画专题系列活动，并邀请绵竹年画代表性传承人张琴开展题为《绵竹年画传承与保护》的专题讲座，多方位、多层次地讲述四川非遗文化的艺术价值和精神内涵，让高职学生沉浸式地感受绵竹年画的魅力。通过地方文化实践体验活动，高职学生从中汲取了地方文化优秀的精神内涵和价值意蕴，增强了文化自信，激发了学好专业知识、练好专业技能服务社会、传承优秀文化、讲好中国故事的热情，逐渐成为"有理想、敢担当、能吃苦、肯奋斗的新时代好青年"[①]。

（二）加强文化浸润，营造地方文化特色浓郁育人环境

文化育人的效果受到文化环境的影响，校园的文化育人环境对培养高职

---

① 贺军科.培养有理想敢担当能吃苦肯奋斗的新时代好青年（深入学习贯彻习近平新时代中国特色社会主义思想）[N].人民日报，2022-11-21（9）.

学生的良好的综合素质发挥着极其重要的作用，因此，高职院校特色校园文化和学生社团建设也是实现高校文化育人目标的重要途径之一。

1. 依托地方文化资源，形成"一校一品"特色校园文化

四川高职院校可以依托四川优秀地方文化资源，积极开展传承弘扬四川优秀地方文化的校园文化体验活动，形成具有地方特色文化的标志性校园文化，让大学生在轻松愉悦的校园文化氛围中领略四川优秀地方文化的魅力。我校"三节一广场"校园文化活动已形成校园品牌，在此基础上将四川优秀地方文化融入"三节一广场"校园文化活动，可丰富文化育人的形式。例如，在科技文化艺术节上开设"四川地方文化"单元，可组织"四川非遗文化""四川工匠大师""四川革命英烈故事""三国文化""古蜀文化"等主题系列讲座；开展四川传统文化展演展览活动，如川剧变脸、吐火等；举办四川优秀地方文化文创产品设计大赛、四川优秀地方文化故事短视频大赛等，激发学生传承、传播四川优秀地方文化的创新意识、提升学生的创新能力。目前我院已开展了"非遗文化进校园""三星堆文化进高校"系列活动、用英语讲述中国文化短视频竞赛活动。通过特色校园文化活动，学生一方面能够亲身感受四川优秀地方文化的独特魅力，另一方面也提升了文化自信自觉意识。

2. 发挥学生专业特长，创建"传承地方文化"特色学生社团

学生社团是学生开展特色校园文化的主体，在创建具有地方文化特色的校园文化过程中可以充分发挥学生社团的主体作用，高职学生可根据自身的专业特长创建以传承弘扬四川优秀地方文化为宗旨的新社团，如"绵竹年画文创社团""四川优秀地方文化宣讲社团"等；也可将传承传播四川优秀地方文化的功能加入原有社团中，例如，英语协会增加用英语讲好四川优秀地方文化故事的活动，动漫社加入三星堆文物漫画设计，汉服社加入孔庙祭祖活动，等等。用喜闻乐见的方式吸引高职学生加入传承传播四川优秀地方文化的队伍，让大学生在"做"中受到四川优秀地方文化的熏陶和感染，在潜移默化中实现以文育人的目标。

3. 汇聚多方力量，构建地方文化特色多元育人模式

多元合作育人既是高职院校文化育人建设的重要方向，也是实现高职院校文化育人的重要路径。

(1) 集合院系优势，共建校内文化育人资源共享平台

各高职院系可充分利用自身的学科优势、专业特点形成院系文化育人特色品牌，构建"特色文化育人院系品牌"，院系共同建设校内文化育人资源共享平台。例如，我校艺术系创建的"绵竹年画艺术实践工作坊"、马克思主义学院创建的"传火者"基层理论宣讲队等已经成为院系特色育人品牌。外语系可利用自身语言优势与艺术系联合打造"多语种绵竹年画国际传播平台"；与马院"传火者"宣讲队共建多语种红色文化育人数字资源，形成外语系的特色文化育人品牌。此外，不同院系教师可合作创建特色文化项目和特色文化宣讲团队，利用学科优势开展短期优秀地方文化研习班，共同助力学校的文化育人建设。目前我校艺术系"绵竹年画艺术实践工作坊"师生以及外语系师生共同合作完成绵竹年画"福"元素的文创产品的境外推广。多个院系组织学生参加暑期"三下乡"活动，利用学生的专业特长助力新农村建设和传统文化对外传播。通过这些文化实践活动，院系师生的专业能力和文化自豪感都得到了极大的提升，高职学生以技报国的热情也被点燃。

(2) 加强校地合作，构建"文化育人社会大课堂"

高职院校可利用自身专业优势、学科优势，加强与地方政府、地方文化机构的合作，三方合力构建"文化育人社会大课堂"。目前我校已与三星堆博物馆、德阳高槐村签约共建"大思政课"实践教学基地，举办了由四川省文物考古研究院、德阳市社科联指导，三星堆博物馆（三星堆古蜀文化普及基地）主办的"馆校携手·传承文明——三星堆文化进高校系列活动"启动仪式及首场活动。川内高职院校可联合本地文化机构合作建立地方文化研究机构，如"德阳德孝文化研究中心""绵竹年画研究中心"等，邀请本地文化机构共同参与地方特色文化育人课程开发建设、地方特色校园文化建设以及指导学生社团开展相关文化实践活动，聘请校外的地方文化专家、学者、企业家、政府官员等为高职学生开设相关创新创业讲座或创业培训，等等，吸引社会力量加入高职院校文化育人队伍中，形成校地文化育人合力。

(3) 开展校际交流，分享特色地方文化育人成效

高职院校的文化育人是高等职业教育的育人工作之一，不同院校的文化育人工作是同向同行的，院校之间可以在文化育人方面开展广泛的合作与交

流，特别是到文化育人成效明显的高职院校参观学习交流；定期举办高职院校文化育人交流专题研讨会，学习了解兄弟院校在文化育人建设方面的做法和成效；不同院校共同打造文化育人交流合作平台，共同探索高职院校文化育人建设方法和路径。高职院校间的文化育人交流学习，有利于推进具有职业教育特色的文化育人体系构建，提升高职院校的文化育人建设成效。

此外，国内的高职院校也越来越重视院校的国际化发展，越来越多的国内高职院校与其他国家职业类院校建立了合作办学、招收定向留学生、互派学生短期交流等项目。我校交通系新能源汽车技术专业招收了来自泰国、印度尼西亚的留学生；电子信息工程系与清迈技术学院等4所泰国技术学院合作开启中泰工业机器人技术专业联合培养项目；旅游管理系酒店管理招收了来自泰国的留学生，让留学生充分体验中国职业院校文化育人模式和成效。同时我校也举办了多次境外游学项目，如泰国职业院校暑期游学项目，在游学项目中我校学生展示四川特色地方文化。通过不同文化交流，高职学生的文化自信更加坚定了，讲好中国故事的能力也得到了锻炼，既培养了家国情怀又拥有了国际视野。

（三）用好新媒体，打造地方文化鲜活传播平台

随着5G通信技术的快速发展，网络新媒体成为一种受众最广的新兴的传播方式。00后高职大学生作为网络原住民，网络已经成为他们的生活必需品，因此，高职院校的文化育人工作也要与时俱进，充分利用互联网"及时性、虚拟性、包容性、互动性"的特点，打造地方文化鲜活传播平台。

利用学习通、超星、学银在线、MOOC等信息化教学平台建设高职院校地方文化校本教材教学资料库、四川地方文化育人数字资源库、文化大师专题讲座等形成文化育人立体线上资源。通过微信公众号、QQ动态、抖音、B站、快手等新媒体平台，全面宣传四川地方文化名人、红色革命文化、非遗文化、三线精神、古蜀文化等四川地方文化传承传播案例、文化育人案例成果。例如，在我校微信公众号上推送特色地方文化活动相关的文化背景知识以及活动新闻，定期转发四川官媒关于四川优秀地方文化中英双语介绍，主题可包含四川历史文化古迹、历史名人、非遗文化、戏曲文化、民俗文化、红色文化、四川工匠等；组建我校四川优秀地方文化宣传队；利用融媒体中心

拍摄地方文化微视频；展示学院组织的各类相关文化展播、科技文化艺术节竞赛获奖作品等，如我校举办用外语讲中国故事——英语短视频大赛、英语书写大赛、双创比赛等中的获奖作品。

通过新媒体平台，学生可生动地了解院校文化育人资源、活动、成果等，也可以自主选择适合自己的学习内容和方式，从而在愉悦轻松的氛围中达到"以文育人、以文化人"的效果。

四、结语

文化育人工作是高职院校构建"十大育人体系"的重要一环，也是实现"大思政"育人格局的重要组成部分，其中的重要性和必要性是不言而喻的。四川地区集合了历史悠久古蜀文化、技艺精湛的传统文化、艰苦卓绝的革命精神、催人奋进的三线建设精神以及精益求精的现代工匠精神，是川内高职院校重要的文化育人资源。在开发建设文化育人教学资源、营造校园文化育人氛围、构建多元文化育人合作模式、打造文化育人新媒体平台方面，高职院校应加强校内外合作，不断创新文化育人的方法和途径，用四川优秀地方文化魅力激发高职学生的文化自信和以技报国的意识，不断提升高职院校育人的水平和质量。

参考文献

[1]杨欣淼.形成职业院校学生管理矩阵联盟的路径研究：大思政育人格局下[J].文存阅刊，2020，50.

[2]吴颖."大思政"背景下高职传统文化课程构建协同育人路径探索[J].宁波教育学院学报，2021，23（4）.

[3]曹晓莉，张意薇.基于地方特色优秀传统文化推进高校育人的路径探究[J].湖北开放职业学院学报，2023，36（5）.

[4]陈雪华.地方文化传承视域下高职院校文化育人策略研究[J].太原城市职业技术学院学报，2019（11）.

[5]李晶蕊."大思政"视域下地方红色文化在高职院校思想政治教育中的运用探究[J].湖北开放职业学院学报，2023，36（3）.

［6］举旗帜聚民心育新人兴文化展形象　更好完成新形势下宣传思想工作使命任务［N］.人民日报，2018-08-23（1）.

［7］贺军科.培养有理想敢担当能吃苦肯奋斗的新时代好青年（深入学习贯彻习近平新时代中国特色社会主义思想）［N］.人民日报，2022-11-21（9）.

［8］构建"大思政"格局推进全员全程全方位育人：东北师范大学打造思想政治教育新高地的探索与实践［EB/OL］.共产党员网，2019-07-16.

作者简介

罗建芳（1979—），女，硕士，副教授，四川工程职业技术大学外国语学院专任教师，研究方向：高职英语教学、跨文化交流等。曾多次荣获校级"优秀教师"荣誉称号。获四川省职业院校教师教学能力大赛二等奖。

聂红（1972—），女，硕士，教授，四川工程职业技术大学外国语学院专任教师，研究方向：大学英语教学、中西文化对比、中国传统文化对外传播等。获四川省职业院校教师教学能力大赛一等奖2项，教育教学研究论文获省市一等奖2项、市哲学社科研究三级成果奖2项，省社科联规划项目2项，获民进德阳市委会"建功立业"先进个人称号，多次荣获学校"优秀教师"荣誉称号。

张熳铷（1991—），女，硕士，讲师，四川工程职业技术大学外国语学院专职教师，研究方向：英语语言学、英语教育等。曾多次荣获校级"优秀教师"和"优秀辅导员"荣誉称号。获四川省职业院校教师教学能力大赛一等奖2项。

基金项目

2022年院级教育教学重点课题"巴蜀文化融入高职英语第二课堂路径研究"（GG202266602）。

四川省教育厅2022—2024年职业教育人才培养和教育教学改革研究课题"高职商务英语专业课程群'六个一'改革创新路径探索与实践"（GZJG2022-377）。

网络育人视域下高职学生思想政治现状和辅导员实践对策探索
——以四川工程职业技术大学为例

陈盈娇　黄珊　申子辰

党的二十大报告提出："加强全媒体传播体系建设，塑造主流舆论新格局。健全网络综合治理体系，推动形成良好网络生态。"[①]习近平总书记在全国高校思政工作会上强调："做好高校思想政治工作，要因事而化、因时而进、因势而新。"[②]此前，《高校思想政治工作质量提升工程实施纲要》将网络育人作为"十大育人"体系的重要组成部分。《普通高等学校辅导员队伍建设规定》[③]确定了辅导员的九大职责任务，其中第六条就是要求辅导员灵活运用网络进行思政教育。由此可见，新时代的辅导员网络育人工作任重道远，顺应新时代的发展趋势，在融媒体背景下如何有效开展思想政治教育，成了当代辅导员亟待思考和解决的问题。

"互联网+"时代，给高校思政教育工作带来了便捷和自由，也暗藏着机遇与挑战。00后高职大学生大多喜欢"网上冲浪"，网络在其学习生活中占了一席之地，他们酷爱上网的同时，往往缺乏明辨是非、甄别信息的能力，所以高校辅导员必须紧跟时代潮流，扎实推进网络育人、构筑育人渠道，将传统思政工作与现代化信息技术深度融合，主动抢占网络宣传思想工作平台，使高职大学生成为网络正能量的传递者、文化的发扬者。

---

① 习近平.高举中国特色社会主义伟大旗帜　为全面建设社会主义现代化国家而团结奋斗：在中国共产党第二十次全国代表大会上的报告［EB/OL］.中国政府网，2022-10-25.
② 吴晶，胡浩.把思想政治工作贯穿教育教学全过程　开创我国高等教育事业发展新局面［N］.人民日报，2016-12-09（1）.
③ 普通高等学校辅导员队伍建设规定［J］.中华人民共和国国务院公报，2007（4）：36-38，35.

一、自媒体时代下高职院校网络思政的现状

2023年8月28日，据中国互联网络信息中心（CNNIC）第52次《中国互联网络发展状况统计报告》[①]，截至2023年6月，我国总网民数量达10.79亿，较2022年12月增长1109万，互联网普及率高达76.4%，在我国网民群体中，学生网民的比重依旧是中国网民中最大的。互联网5G技术飞速普及，网络已成为当代大学生上课、休闲、交往的重要工具，足不出户就能获取知识、放松身心、探索世界，学生对网络的依赖性不断增加。四川工程职业技术大学目前使用的网络平台主要有学校官网、官方微博、官方微信公众号、抖音号、学校B站、易班、学习通、i工大、智慧职教云、百度贴吧等。其中，i工大作为校内网络平台，促进教学管理、学工管理朝着智能化、信息化方向发展，i工大的校长信箱是学生表达诉求最常用的平台；学习通是近两年来教师使用最多的辅助教学工具，学生主要通过该平台完成出勤、作业、考试、学术交流。通过调查不难发现，随着自媒体的蓬勃发展，曾经80%的学生使用的校园百度贴吧在慢慢没落，校园百度贴吧虽然还在运行，但浏览量极少，近几年的帖子质量和关注度远不如十年前的帖子。随着智能手机的普及，曾经风靡一时的博客、论坛、人人网现如今鲜有人使用，取而代之的是微博、抖音、微信公众号、QQ空间、小红书，新媒体以其丰富的资源供给、快速的共享传播、强大的交互功能等优势，成为大学生获取知识、信息传播、社交娱乐的主要载体，各类社会思潮通过新媒体平台对大学生的思想观念产生越来越大的影响，这些新兴网络媒体工具客观上给高校网络思政教育提供了崭新的平台。由此可见，一方面，网络思政形式初见规模，高职院校网络思政工作正在稳步推进，相对于传统育人方式，网络思政具有整合各方资源、提高学生的学习热情、帮助老师更好地进行教育教学活动等种种优势。另一方面，网络思政的深度与广度有待提升，目前仍存在网络思政教育平台建设不完善、教育认知存在差异等现实问题，也存在如对网络思政的重视和投入有待加强、对网络思政外部环境的利用不足、网络利用中育人能力不足等一些亟待解决

---

① 中国互联网络信息中心.第52次中国互联网络发展状况统计报告［R/OL］.中国互联网络信息中心，2023-08-28.

的难题。以上现实状况客观上给高职院校网络思政工作带来了新的机遇和挑战。

二、自媒体时代下高职大学生的思想行为特征

为了解高职大学生对网络思想教育的看法和观点，我们对四川工程职业技术学校在校学生进行了问卷调查。调研样本中男生占55%，女生占45%，其中文管类专业占17%，理工类专业占83%。他们每天上网时长在1小时以内的仅占8%，而上网时长5小时以上的占33%。75%的同学在其手机或电脑上安装了APP或教学客户端进行思政学习，其中71%的同学都安装了中国大学MOOC、60%的同学安装了学习强国。63%的同学认为网络对大学生思想政治方面的影响是利大于弊，34%的同学认为很难判断出网络对大学生思想政治方面的影响好坏。调查显示，仅8%的同学从未浏览过学校相关网络平台。高达85%的同学认为"互联网+"时代高校需要设立专门的网络思政工作平台。主观问卷题中问到学生对当前高校网络思想政治工作现状有何意见和建议，有同学表示"网络活动可以有奖竞答竞猜，增加活动趣味性，让学生更想去了解"，有同学表示"减少形式主义"，有同学建议"用直播方式"，有同学建议"少点灌输性的教育，多点生动活泼的活动"。从问卷结果来看，当前高职学生上网时间都比较长，大多数同学对本校同学的网络文明素质予以肯定，乐于接受网络思政教育且认为应该建立网络思政教育工作平台，只是网络思政的方式应有所创新。由此可见，网络思政应尽量避免传统灌输式的学习、照本宣科的说教，要用学生喜闻乐见的方式进行思政教育。据此，我们归纳出高职大学生的思想特点，主要有以下几方面。

（一）渴望得到平等尊重，注重自身权利维护

新时代下，互联网开放、共享、包容的特点，给予了网民全新的平台，在法律允许的范围之内，每一位用户都能在自己的专属天地中畅所欲言、碰撞思想，甚至宣泄情绪。不管是虚拟世界还是现实社会，大学生都渴望得到尊重、认同与肯定，而与本科生相比，高职大学生在网络世界的诉求会更为强烈。网络成了大学生传播舆情的主要渠道，多数时间学生上网的目的比较

健康，部分同学善于利用网络工具来表达自己的诉求。例如，学校的一些政策下达给学生时，一些学生的维权意识极强，一旦他们认为学校的相关政策触及了自己的切身利益时，他们会第一时间通过网络表达自己的诉求。据调查，大部分学生都会选择微博来阐述观点、表达不满，也有部分同学会通过学校官网的院长信箱、"i工大"的院长信箱进行投诉，由于网络平台的便捷性与虚拟性，部分言论言辞激烈、话语愤懑、不计后果，考虑的角度不全面也不长远。学生维权意识极强的同时，对学校的决策缺乏理解与支持，这给舆情公关工作带来一定挑战。

（二）观点感性大于理性，知识储备亟待加强

多数学生对网络有积极的认知，但在真正使用网络时避免不了盲从和迷惘。学生们正处于精力旺盛、想施展拳脚、积极进取、又拥有强烈求知欲的人生阶段，他们好奇纷繁复杂、千变万化、铺天盖地的网络信息，也善于捕捉校内外的八卦新闻。高职大学生理论知识较薄弱、思想更活跃积极、更加崇尚自我个性张扬，"路见不平拔刀相助"，面对一些网络事件轻易下定论、站队，有情绪化倾向，网络上各抒己见、随意交谈，甚至人身攻击。一些学生社会阅历较少、思想片面而单薄、信息筛选能力弱、对事物缺乏理性的思考，加之互联网族群化与"乌合之众"的倾向，很容易走向思想的误区。[①] 大学时期正是一个人三观塑成的敏感而重要的时期，更应在这个关键时间点提高其信息甄别能力，培养其责任感和网络道德意识。

（三）多元化发展价值导向，思想观念易被渗透

高校是传播社会意识形态、思想价值观的主阵地之一，而大学生是各方势力的主要对象，都是网民（极少量不上网的可以忽略不计）且是网民中占比最大的群体，面对千变万化、众说纷纭的网络信息易被诱导和同化。第一，多元化的网络文化对大学生有潜移默化的浸染作用，西方国家在网络上利用影视、动漫、游戏、小说等进行网络文化输出，进行了一定西方价值观和思

[①] 赵璐.融媒体背景下辅导员网络思政育人模式的分析研究[J].职业教育，2022，21（23）：17-19.

想的输出，各类影视作品等带给学生们吸引力和感染力，冒险刺激的网络游戏也不断刷新学生的认知、让学生沉溺其中；第二，网络也是舆论斗争的主战场，所谓的"政治正确""颜色革命"一定程度上迷惑高职大学生，而高职大学生缺乏定力和强有力的甄别能力，易淡化政治观念、弱化道德意识；第三，网络社交用户在众多社交媒体平台中信息迷失，五花八门的应用见缝插针地抢占电子屏幕，高职大学生缺乏自律性和约束力，会出现个性主义膨胀、人格双重化的现象。

三、高职院校辅导员在网络思想政治教育中的重要作用

（一）在网络中围绕学工、引领思想、助力发展

辅导员始终在学生工作队伍的第一线，是最贴近学生心声、最了解学生日常的思政教育者，对大学生的健康成长起着重要作用[1]；辅导工作平台也是青年教师锻炼的岗位，该队伍大多高学历、政治素养高、年轻化，具有思政相关的宽口径知识储备、热爱大学生的思想政治教育事业，该队伍也是高校栽培高素质人才、汇集人才的平台；职业教育的高质量发展、职业本科院校的建设与改革也离不开一线队伍——辅导员的蓄力储能，正是辅导员关键时刻进行思想引领、冲锋陷阵，才可以使一些不稳定因素被化解在萌芽状态中。

（二）在网络中贴近实际、贴近生活、贴近学生

辅导员作为一支年轻化的思政队伍，与学生思维方式相近、代沟较小，更善于与学生交心、懂得换位思考，能够站在学生的角度分析问题，更能紧随时代潮流善用网络工具，把握学生思想动态、贴近学生生活实际。通过前期调查不难发现，大学生是对新媒体敏感度很高的群体，愿意利用碎片时间接受新媒体所传播的信息。辅导员往往可以借助朋辈者的身份走进网络世界，熟悉热门话题，通过喜闻乐见、耳熟能详的生活语言拉近与学生的距离，在学生迷茫困惑时排忧解难，学生也愿意与辅导员主动分享自己生活的点点滴滴。

---

[1] 张策，白云利，王梅姣. 高校网络辅导员思想政治育人工作策略探索[J]. 产业与科技论坛，2020，19（1）：175-176.

（三）在网络中建设队伍、搭建平台、把握规律

作为与大学生联系最密切的工作群体，辅导员可以组建成一支强大的网络思政队伍，打造思想舆论引导平台和教育资源共享平台，充分整合利用学校学工部、宣传部、信息中心和马克思主义学院的力量，增强协调网络思想政治宣传，同时，注重学生干部职业化培训、重视大学生网络素养教育、促进网络舆情引导和信息沟通交流。

四、高职院校辅导员开展网络思想政治教育的工作法

面对时代赋予的责任和使命，从学理层面和现实层面寻找互联网与思政工作天然的时代血源性和现实耦合性，从理论教育、实践教育、隐性教育、协调育人等方面为当前网络育人融入高校思想政治教育建立长效育人机制，在实践中探索出网络思政育人的"四面工作法"。

（一）跟紧"上面"，搭建新型教育平台，占领网络思政阵地

当代高职大学生对网络的参与性和依赖性越来越高，辅导员要善于利用网络媒介[①]，使用新媒体技术使思想教育工作活起来，利用"两微一端""抖音号""头条号"等新媒体工具传播马克思主义理论以及社会主义核心价值观，创新工作思路与工作方法，经常向学生传递积极健康的思想，必要时予以正确引导，使学生在使用网络的同时潜移默化地接受思政教育。近年来学校开展了一些网络育人活动，比如，组织收看"大学生同上一堂思政课"，辅导员以班级为单位，让每位同学积极参与，观看直播视频、同学间相互交流、撰写感悟。利用网络加强品德和心理健康教育，比如，开展线上心理知识培训、心理知识有奖问答。利用网络开展科技文娱活动，比如，"聚力反邪教""读懂中国""习近平新时代中国特色社会主义思想大学习领航计划主题活动""普法知识线上知识竞赛""'互联网+'创新创业大赛""大学生职业规划大赛"等，引导学生参与网络文化活动、创作网络文化作品，将日常学习生活实践

---

① 徐晓雪，贤冰冰．新媒体时代辅导员开展网络育人工作方法研究［J］．科技视界，2020（33）：74-75．

与虚拟世界有机结合,通过微电影、文字、图片、剧本、线上答题、线上思政课等形式让学生融入其中。

(二)警惕"外面",占领意识形态领域,引导相关网络动态

作为高校思想政治教育的骨干力量,辅导员要积极地在意识形态领域进行有效监督与正确引导。开展相关文明上网的主题班会、主题教育、谈心谈话,针对网络上西方国家诱导学生的错误舆论,辅导员要做正确指引,更好地激发网络舆论正能量,建设和谐双高院校。还要主动掌控话语权,利用重大事件做意识形态引导宣传。比如,2023年五一期间,"新思想引领新征程"央视报道中,学校登上了新闻联播头条;2023年国家级"职业教育活动周",央视《朝闻天下》也报道了学校"校企一体共同探索现场工程师培养模式"。辅导员利用微信公众号、官方微博等平台,及时做好传播宣传,引导学生增强对学校的集体荣誉感、对现代职业教育的认同感、对国家的归属感。学生张可轩荣获中华职业教育社第三届"最美职校生",充分展现了我校学生的精神风貌和时代风采。辅导员抓住契机,通过社交媒体平台积极分享,大力弘扬工匠兴国、技能报国风尚,为学生营造出人人努力成才、人人皆可成才的良好社会氛围。① 积极开展"建设法治四川青春奋斗有我"青年普法志愿者线上活动、国家网络安全宣传活动,利用"川观新闻""青年大学习""学习强国"等巩固网络主流价值,凝聚网络共识。引导高职大学生自我觉醒,弘扬主旋律,形成正能量感召。

(三)走在"前面",加强网络舆情管理,深化网络风险意识

移动互联网时代的到来,网络成了大学生公共信息聚集地的主要载体,学生们表达意见、诉求、情绪、态度的综合体现就是校园网络舆情,高职大学生在网络上的特点是好奇心重、维权意识极强、富有个性、参与意识强,再加上这个年龄段的敏感性和特定知识层次,辅导员如何加强高校网络舆情管理工作已是迫在眉睫。辅导员利用微博、微信公众号、QQ等平台,了解学

---

① 肖静.面向2030职业教育发展中的挑战与应对[J].教育与职业,2018(1):10-16.

生的兴趣点和思想动态[1]，借助媒体与学生像朋友一样交流，必要时针对一些苗头性、倾向性的问题加以引导。比如，一些学生认为学校的一些政策触及了自己的利益，会第一时间在网络平台上发布相关内容，甚至是一些夸大事实的负面信息，造成学生情绪激动，可能破坏正常的校园运转。辅导员可以借助媒体，有针对性地疏导与劝诫，必要时面对面敞开心扉谈心谈话，避免事态进一步扩大；同时，对有积极认知、思想进步的学生干部进行一定职业化培养，发挥朋辈作用，让他们在网络舆论危机中发出主流言论。辅导员和学生干部团队共同助力学生心理疏导工作，对学生提出的有关学习和生活的各种"疑难杂症"，要予以耐心、细心、爱心，进行相关解答和心理疏导。敞开学生的胸怀、开阔学生的眼界，引导学生更加注重提升学习技能、科技文娱大赛、学校发展、职教建设等，而不是局促地纠结于校园琐事、矛盾纠纷、八卦新闻。

（四）服务"里面"，以文化人以文育人，滋养网络文明空间

网络育人体系构建的关键在于文化。辅导员依托学校到梦空间第二课堂、易班、职教云，推送科技文化活动、思想政治教育活动、心理健康教育活动等。应注重与院团委、融媒体中心老师的合作，引领党员、积极分子、学生干部加入并宣传校园网络文化的建设，在各班设定报名指标要求，动员班级成员广泛参与进网络文化活动的建设中，学生与指导老师"自创、自编、自导、自演"孵化催生出好的作品[2]，身临其境感受中国青年好网民的魅力，打造有"温暖、阳光、正能量、青春主旋律"的网络文化作品。例如，组织学生参加"大学生领航计划"主题教育活动、"读懂中国"活动、成渝地区双城经济圈"全民美拍"活动、"校园文创产品设计大赛"、川渝高校反邪教警示宣传教育暨科普知识网络有奖竞答活动。推动学校文化、地域文化与网络文化的融合，形成具有川渝特色的品牌文化。学校的官方微信公众号贴近学生生活、宣传了相关网络活动，同时结合学校自身发展状况。高职辅导员应积极转发微信公众号的相关推文，以品牌吸引学生，让学生在繁重的学业中得

---

[1] 黄卓晔. 新常态下高校大学生网络舆情引导对策研究[J]. 中国报业，2019（2）：103-104.
[2] 戴和圣. 高校辅导员在网络育人工作中的角色参与[J]. 教育观察，2021，10（9）：5-8.

到更好的阅读推荐，进而更好地提升学生的文化素养，让文化自信具有更坚实的基础。

五、结语

随着新媒体时代的到来，高职大学生的象牙塔生活发生了显著变化，也给了当代辅导员全新的挑战和机遇。辅导员要肩负网络育人的角色任务，准确把握在校高职大学生的网络思想行为特征，在思想政治教育中积极主动借用新媒体技术，丰富拓展育人空间渠道，为培养新时代新思想的青年大学生助力护航。

参考文献

［1］普通高等学校辅导员队伍建设规定［J］.中华人民共和国国务院公报，2007（4）.

［2］中国互联网络信息中心.第52次中国互联网络发展状况统计报告［R/OL］.中国互联网络信息中心，2023-08-28.

［3］赵璐.融媒体背景下辅导员网络思政育人模式的分析研究［J］.职业教育，2022，21（23）.

［4］张策，白云利，王梅姣.高校网络辅导员思想政治育人工作策略探索［J］.产业与科技论坛，2020，19（1）.

［5］徐晓雪，贤冰冰.新媒体时代辅导员开展网络育人工作方法研究［J］.科技视界，2020（33）.

［6］肖静.面向2030职业教育发展中的挑战与应对［J］.教育与职业，2018（1）.

［7］黄卓晔.新常态下高校大学生网络舆情引导对策研究［J］.中国报业，2019（2）.

［8］戴和圣.高校辅导员在网络育人工作中的角色参与［J］.教育观察，2021，10（9）.

作者简介

陈盈娇（1996—），女，四川工程职业技术大学建筑工程学院，助教，研究方向：思想政治教育、园林专业课程思政。

黄珊（1982—），女，四川工程职业技术大学建筑工程学院学工组长、专职组织员，讲师，研究方向：思想政治教育。

申子辰（1988—），女，四川工程职业技术大学建筑工程学院，讲师，研究方向：思想政治教育、园林专业课程思政。

03

第三篇

| 实践育人 心理育人 |

基于积极心理学的高职院校心理育人质量提升路径探究

谢阳熙　蒋显伦

心理育人作为"高校思想政治工作质量提升工程"的十大育人体系之一，在高校立德树人体系中占据着重要的地位，是党中央将心理健康教育纳入国家顶层设计的重要举措。在教育部印发的《高校思想政治工作质量提升工程实施纲要》中明确提出要发挥心理育人功能，"培育师生理性平和、积极向上的健康心态，促进师生心理健康素质与思想道德素质、科学文化素质协调发展"[1]。心理育人通过心理健康教育的方式来实现育人目的，在新时代高校思想政治教育工作中，加强学生心理素质的教育对提高学生思想政治素质有着至关重要的作用。[2]近年来，随着高职大学生入学规模扩大，国家对职业教育培养的人才要求进一步提高，高职大学生面临着更多更复杂的压力。过度的压力会导致高职大学生心理健康问题超出学校心理育人的现实承载能力，容易出现焦虑抑郁、价值观扭曲、沮丧绝望甚至自杀的风险，这不仅对高职学生的个人成长发展是极为不利的，也与国家对现代职业教育培养人才标准的内在要求是矛盾的。职业教育是我国国民教育的中坚力量，肩负着为我国高质量发展输送高素质高技能人才的重要任务。挖掘积极心理品质和能量，提升高职院校心理育人质量有助于通过改善学生心理素质进而促进个人综合素质的全面发展，这既是高职大学生个人成长成才的现实需要，也是高职院校顺应时代发展和适应人才强国战略的需要。

---

[1] 王晴.高校研究生心理育人实效性研究[D].西安：西安建筑科技大学，2022.
[2] 中共教育部党组关于印发《高校思想政治工作质量提升工程实施纲要》的通知[EB/OL].中华人民共和国教育部政府门户网站，2017-12-05.

一、高职院校心理育人的现状审视

在党中央的高度重视和大力推动下,高职院校心理育人的发展取得了一定的成绩,然而,当下我国正面临着"百年未有之大变局"的国内国际形势,发展的机遇与挑战并存,社会思潮的碰撞异常激烈,这些都对当代高职大学生的思想、心理和行为有着不同程度的影响,高职院校心理育人价值实现面临着种种现实困境。

(一)心理育人意识转变滞后

高职院校早期开展心理健康教育工作受到国外心理卫生运动的影响,表现出一定程度的医学价值取向,加之许多高职院校教育者对学生心理问题和心理发展的认识存在着一定的偏差,心理健康教育的工作重点始终摆脱不了"重异常轻正常、重少数轻多数、重疗愈轻发展"的倾向。有研究者通过访谈发现,一些教育者对心理育人的认识还停留在对学生心理问题的监控上,以预防和制止学生因心理问题导致恶性心理危机事件为最终目标。[①]而笔者也曾以四川工程职业技术大学专兼职从事心理育人相关工作的教育者为研究对象,通过问卷调查的方式进行了关于开展心理育人的专业心理知识需求的实证研究,在回收的258份有效问卷中发现,受测对象对"学生常见心理问题的调适""学生心理应激的应对和处理""学生心理问题的原因分析及预防措施"以及"班上严重心理问题学生的应对和管理"等表现出比较集中的兴趣,分别占比76.7%、62.4%、51.2%以及41.9%,不难发现,大家对专业心理知识的需求指向便是希望用于解决学生心理危机和处置异常心理这类问题上(如图1所示)。

[①] 陈虹. 新时代高校心理育人价值实现研究 [D]. 福州:福建师范大学,2021.

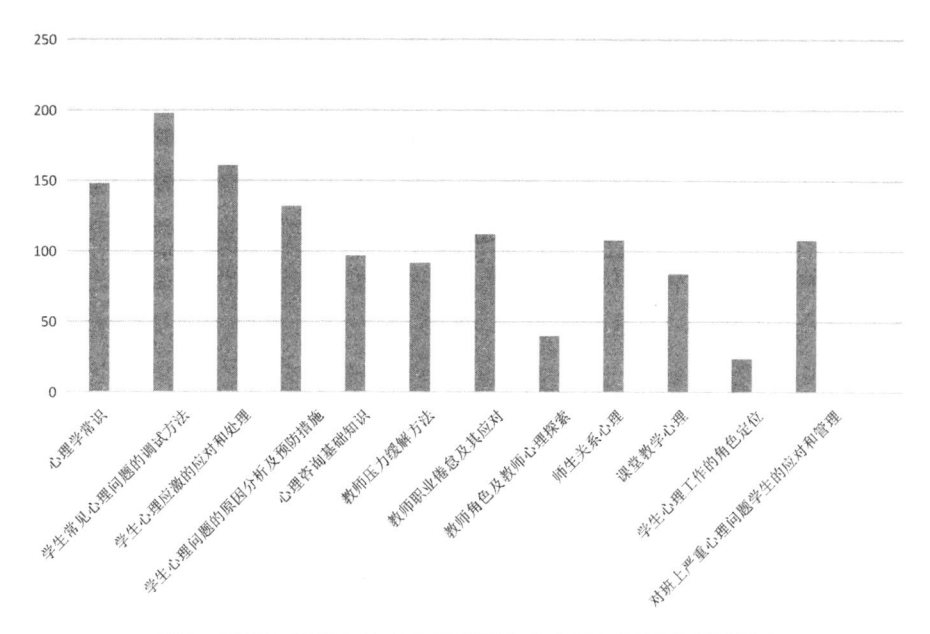

图1 四川工程职业技术大学教师专业心理知识需求情况调查

综上所述，我们可以看出，心理育人理念尚未实现在教育者教育观念中的有效接纳，不少教育者在开展心理育人工作中仍然没有转变过去传统的心理健康教育观念，没有真正认同心理育人对学生的综合素质全面成长和自我成长发展的价值实现。

（二）心理育人内容窄化

心理育人的丰富内涵可以帮助学生在自我认识、人际关系、情绪情感、行为习惯、意志品质、人格健全等方面展开发展性探索，树立良好的人生价值，形成积极心理品质，养成一种习得性乐观的心态。[①]然而，受客观因素的制约，高职院校心理育人主要是围绕心理咨询、心理问题筛查、危机干预等传统心理健康教育内容来开展工作的，这些工作主要集中于部分出现消极和异常心理学生的应对，忽视了面向全体学生的积极心理品质的培养，没有将心理育人应有的功能和价值有效地发挥出来。不仅如此，窄化心理育人的内

---

① 邹婷.基于微观层面的心理育人实践模式创新探索［J］.创新创业理论研究与实践,2020,3(2):91-93.

容使得在学生群体中容易产生对心理育人的认知偏差,强化心理育人的消极心理暗示作用,让学生错误地认为"心理有问题的人才需要接受心理育人",这不仅降低了学生对心理育人的接受度,削弱了心理育人的适用范围和作用,更是滋养了精神和心理问题耻感的社会土壤,严重影响了心理育人质量。因此,心理育人不能被心理学科的内容局限,要立足于立德树人根本目标,结合学生个性化需求,帮助学生全方位地锻炼面对世界的积极心态,开发学生积极心理品质的潜能,持续提升学生幸福感。

(三)多元协同心理育人优势没有发挥

当前高职院校心理育人工作缺乏协同育人机制,多元协同育人的优势难以发挥。不少高职院校的心理育人工作就只是依靠学校的心理健康教育中心负责开展,其他部门和相关人员的配合参与有限,表现在辅导员岗位职责模糊,管理服务人员心理育人功能薄弱,科任老师参与心理育人意识欠缺[1],他们没有有效融入心理育人队伍建设中,专业知识储备不足,更忽视了心理育人的思想道德方面的培养,没有发挥出他们在各个方面对学生心理产生积极影响的作用,心理育人在全员育人要求方面存在着较大差距。不仅如此,开展心理育人的几大重要力量——社会、学校、家庭等都处于割裂状态,然而,心理育人过程需要得到多方力量的支持与合作,建构从学校向社会过渡的积极环境[2],外在力量的缺失和断层使得高职院校独自开展心理育人工作往往很容易陷入困境。

(四)心理育人实践平台形式化

尽管当前各大高职院校也都在尝试利用多种载体和手段搭建更加丰富多彩心理育人的实践平台,增强心理育人对学生的吸引力和接受度,心理育人已经基本脱离了以必修课、选修课和心理讲座为核心的理论讲授形式,形成了以第二课堂为主要形式、"3·25""5·25""11·25"等主题心理育人活动为载体的体验实践形式,但是比较普遍的问题是这些实践活动往往只注重形式上热闹而忽视了活动内容是否契合当下学生的心理需求,学生有意义的参

---

[1] 霍胤睿. "三全育人"视域下高校心理健康教育路径研究[D]. 杭州:浙江工商大学,2022.
[2] 邵烨波. 突发性公共卫生事件中高职院校心理育人优化路径探究:基于积极心理学视角[J]. 中国多媒体与网络教学学报(中旬刊),2023(1):136-139.

与程度其实并不高,很多时候成了高职院校心理育人工作的一厢情愿,难以产生有效的心理育人影响,心理育人的最终效果也并不理想。

二、积极心理学与高职院校心理育人的契合

积极心理学是一门揭示人类优势和促进其积极潜能的心理科学[1],每个个体都蕴藏着积极的人格潜质,因此,积极心理学主张以积极的方式唤醒个体内在的正面力量,从乐观积极的角度去应对当前面临的困难,进而帮助个体更好地适应环境变化带来的压力。正是因为积极心理学与主张研究大多数的正常人心理机能相契合,因此积极心理学受到越来越多的关注,成为心理学的全新发展方向。不难看出,积极心理学与高职院校心理育人的内在要求是具有一致性的,二者都强调健康的心理,注重学生成长成才,而心理育人对德育的要求又契合了积极心理学对塑造个体积极品质的思想。因此,以积极心理学为切入点尝试破解当前高职院校心理育人的困境很有必要。

第一,心理育人作为思想政治教育的重要组成部分,其目的之一便是要培养大学生积极向上、勇于拼搏的优秀品质,而这正是蕴含于积极心理学中的积极特质的内容,要充分运用积极心理学丰富的积极内涵来强化心理育人的实效性,努力探索积极心理学与心理育人的内在联系,更好地挖掘和利用积极心理学的丰富研究资源,拓宽高职院校心理育人工作的途径。

第二,当前许多高职院校开展心理育人的工作法诸如讲授法、心理咨询、说理教育等,其特点都是以"发现缺点"为出发点,以教育者为主导对学生身上存在的问题进行纠正,这自然会造成学生与教育者的对立,更重要的是,在这种"非合作"的关系模式中,学生内心也会受到影响,认为自己是"不好的"和"需要被教育的",这不利于学生在未来形成乐观积极的归因风格,甚至可能埋下自暴自弃的心理隐患。而积极心理学侧重于以"发现优点"为出发点,是以学生为主体的,帮助学生寻找和发现自己身上潜在的积极力量并将其激发出来,学生在这一过程能够学会如何培养自我发展的能力,其内在自我也会被激发出一种积极向上的势能,帮助他们在未来遇到逆境和困难

---

[1] 李婧月.积极心理学视域下大学生思想政治教育工作创新的路径研究[D].株洲:湖南工业大学,2022.

的时候能够坚持不懈，迎难而上。由此可见，积极心理学能够真正地发挥出心理育人应有的功能和价值。

第三，从当下心理育人的主客体关系构建来看，作为受教育者的学生由于缺乏自我发展能力，缺失培养积极个性品质的主体意识，并没有充分地发挥出主观能动性，难以在对教育者与被教育者间形成双向互动关系中做出贡献，作为教育者的教师仅能单向地作用于教育客体（学生），这种缺乏反馈机制的主客体关系必然制约着心理育人的成效。积极心理学有助于引导学生对自己进行积极的价值认知，充分肯定学生自我发展能力，帮助学生从客体身份向主体身份转化，进而具备发挥主观能动性的自我教育意识，在主动学习中积极反馈，有利于构建主客体都充分发挥主体作用的双向心理育人新型关系。

三、积极心理学视角下心理育人质量提升对策

（一）培养积极人格品质

从受教育者视角出发，高职大学生作为一个具有发展潜能的个体，其内心具有积极力量和心理成长空间，心理育人的价值体现便是要回归受教育者主体，努力唤醒学生内在的发展潜能，塑造积极人格品质。首先，通过兴趣培养让学生体验成就，塑造自我效能感。学生在自己感兴趣的领域往往能获得积极的成就体验，兴趣是最好的老师，它能够直接引发学生的内在动力，帮助其在无外在压力驱使的情况下自发地全身心投入，感受对正在做的事情的控制感，并在自我成就中不断提升自我能力的评估，进而提升自我效能感。其次，通过预设合理的小目标正确认识自我并接纳自我。不正确的自我认识往往是高职大学生自我怀疑、自我否定的根源，他们通常会给自己预设一些超越自我能力范畴的"大"目标，这不仅会让他们在前进过程中遭受焦虑等负面情绪的干扰，更会使他们在预期结果没有达成时转而向内攻击自我。心理育人要帮助学生根据自我实际设置合理的"小"目标，以希望感和理想这类积极品质唤醒学生内在的自我成长动力，在小步子的目标实现中逐步清晰地认识自我，接纳自我。再次，通过辩证对待情绪体验建立积极认知图示。心理育人要帮助学生辩证地看待情绪，肯定消极情绪和积极情绪的共生关系，既要帮助学生正确认识消极情绪，避免情绪的平衡关系被负性化思维打破，

也要强化正向性情绪，引导学生身上积极力量的增长，促使学生认知的升华，建立对外界变化的积极认知图示。最后，通过预设积极结果，增强心理韧性。对结果的积极解释和成功的预知会带来积极的情绪，反之亦然，因此，要帮助学生培养从积极解释方式和成功预知角度这两方面进行积极结果的预设，以达成目标为前提，随时调整路径规避困难，不畏惧可能的障碍和困难，增强应对挫折的心理韧性。

（二）实施积极心理育人

从教育者视角出发，要主动转变教育观念，树立积极心理育人的教育理念。教育者对受教育者要充满信心，充分地认识到学生身上存在着待发掘的优秀品质，认识到学生自身所具有的向上追求的期待并相信他们有这种能力，把学生摆在教育的中心地位。在教育中，应避免从教师本位以一种自上而下的纠错眼光去看待自己的学生，要学会以平等尊重的角度去理解学生，在学生身上发掘闪光点，进而以一种欣赏和肯定的态度对待他们。特别是对高职大学生而言，他们中不少人都不是传统教育观念下的"乖孩子"，他们身上似乎总是带着一些错误和问题，这使得许多高职院校教育者总是将关注点集中在问题面的纠正上，以"堵"的方式应对形形色色的学生和学生的心理问题，造成了心理育人资源的低效率使用，削弱了心理育人的价值和功能。因此，高职院校教育者更应该将目光转向普通学生，在开展心理育人工作时充分挖掘学生身上的乐观、勇敢、创造力、爱等积极品质，在面对学生出现的问题时，以鼓励、理解、接纳的方式激发学生自我调节的能力，以促进学生用积极因素抵抗消极因素，实现积极心理育人的先治"未病"的心理预防功能。

（三）构建积极育人关系

从育人关系视角出发，尽管教育者作为教育主体对学生施加影响，但教育者不能把自己作为教育的主角来决定学生需要改变什么不需要改变什么，而是要顺应学生自我发展和自我整合的需要，在开展心理育人实践活动中构建起积极育人关系。良好的育人关系是主导性和主体性的统一，是教育主客体之间积极的情感链接和平等和谐的关系。这种以情感联系为基础的平等关系能营造一种轻松愉快的积极氛围，在这样的关系氛围中，教育者的主导作用和学生的主体作用都能得以发挥。首先，高职大学生个性化的内在自我发展需求得到满足，他们的自尊、自我效能感等优秀品质也在这一过程中逐渐形成，能够形成良好的自我约束和自我监督，在审视自我发展的基础上自主选择学习的内容和方法，充分体现其主体作用。此外，教育者不再以"问题"为导向决定受教育者应该"被怎样教育"，而是通过开放接纳的态度提供学生自我展示的平台，进而加强师生双向互动，增强心理育人对学生的向心力和吸引力，在这一过程中，教育者的主导作用不仅没有被削弱，反而能更好地体现教育者主导意志，也让心理育人实践活动真正实现价值回归。

（四）形成积极协同环境

从育人环境视角出发，通过形成积极协同的多元教育环境，合力构建基于积极心理学的教育环境。首先，在"三全育人"理念下，搭建全员参与联动机制，进一步落实教师队伍开展心理的主体责任，激活全体教师心理育人意识，从方方面面对学生有目的地施加心理育人教育影响。其次，充分重视家庭关系和社会环境在心理育人中起到的作用。积极的家庭关系，父母、孩子的平等尊重和爱，都能够帮助孩子感受正向的情绪体验进而逐步形成良好的积极品质，因此要以建设性沟通方式与家庭建立心理育人的积极互动机制，学校通过制作"致家长的一封信"、学生学期成长报告等方式增强父母对孩子的正向关注，促进家庭关系的和谐。此外，社会环境对校园内学生的表达和诉求积极的回应，社会环境和谐向上的积极氛围以及社会的包容和积极关注，这些都能够帮助学生形成积极的社会认知，有助于他们树立远大理想。再次，营造富有积极向上元素的校园文化环境。在校园文化建设中，充分融入积极心理学提倡的正向性观念，充分挖掘全校师生身上涌现的优秀精神品质和先进事迹，加强积极性宣传，形成积极校园文化氛围。最后，充分重视积极朋辈群体产生心理育人效果。引导学生建立积极朋辈团体，例如，朋辈心理倾听团体。积极朋辈团体不仅能够通过朋辈教育和互助的方式实现双向的心理成熟和成长，更能够在学生群体中改善过去心理育人的消极印象，树立积极的心理育人新形象。

四、结语

积极心理学改变了心理学过往对人的消极面的关注，转而投向人的积极面，这在心理学中是一场转折性的巨变，也受到了越来越多人的认可。高职院校从早期心理健康教育关注少数学生的异常心理，向如今心理育人面向全体学生的全面发展，顺应了时代的要求，是对思想政治教育创新探索的成就。充分注重心理育人在立德树人上的独特优势，把积极心理学的理论和研究运用于心理育人的开展，创新心理育人的发展路径，进一步提升高职院校心理育人质量。

参考文献

［1］王晴.高校研究生心理育人实效性研究［D］.西安：西安建筑科技大学，2022.

［2］中共教育部党组关于印发《高校思想政治工作质量提升工程实施纲要》的通知［EB/OL］.中华人民共和国教育部政府门户网站，2017-12-05.

［3］陈虹.新时代高校心理育人价值实现研究［D］.福州：福建师范大学，2021.

［4］邹婷.基于微观层面的心理育人实践模式创新探索［J］.创新创业理论研究与实践，2020，3（2）.

［5］霍胤睿."三全育人"视域下高校心理健康教育路径研究［D］.杭州：浙江工商大学，2022.

［6］邵烨波.突发性公共卫生事件中高职院校心理育人优化路径探究：基于积极心理学视角［J］.中国多媒体与网络教学学报（中旬刊），2023（1）.

［7］李婧月.积极心理学视域下大学生思想政治教育工作创新的路径研究［D］.株洲：湖南工业大学，2022.

作者简介

谢阳熙（1988—），男，汉族，四川什邡人，硕士研究生，四川工程职业技术大学教师，讲师，研究方向：心理健康教育。

蒋显伦（1973—），男，汉族，四川中江人，本科，四川工程职业技术大学教师，教授，研究方向：英语语言文学、应用语言学。

基于效用理论的大学生利他行为形成机制研究

周长秋 黄毓

大学生是中国社会发展与民族复兴的未来和希望。尽管大学生教育在当前我国的改革发展与社会进步中已见卓效,但社会上仍存在大学生德育水平低、教育异化等种种指责。[1]这种指责对大学生在日常学习与工作能力培养过程中,造成各类困难与压力,导致严重的心理问题。大学教育环境中,和谐缺失与片面滋长,也使得大学生教育陷入应然与实然矛盾冲突的尴尬境地。[2]因此,重视大学生行为教育势在必行。利他行为的研究始于法国"社会学之父"奥古斯特·孔德(Isidore Marie Auguste François Xavier Comte),其认为个体既是利他的,也是利己的,个体所面临的主要问题是通过利他行为的发扬以克服利己行为。[3]之后的研究逐步划分为三个方向,分别是利他行为的意向主义、结果主义和社会主义。[4]个体利他行为的产生不是单一因素的结果,所涉及的科学领域也种类繁多。[5]生物学和社会学注重利他行为所产生的结果。[6]这一类研究结果主要应用在经济方面。王玉珍将利他行为分为亲缘型和互惠型,认为利他行为具有组织和自组织两种功能,其功能主要体现在人类的利他本性和利他行为。[7]姜吉坤等对不同市场参数和利

---

[1] 冯惠敏. 教育焦虑:别让教育异化为负担[J]. 教育家, 2019(46):1.
[2] 徐绍华. 大学生个体和谐发展论[D]. 昆明:云南大学, 2013.
[3] 吴越. 走进社会学[M]. 北京:西苑出版社, 2018.
[4] PICCININI G, SCHULZ A W. The Ways of Altruism[J]. Evolutionary Psychological Science, 2018, 5: 58–70.
[5] HOFFMAN M L. Is altruism part of human nature?[J]. Journal of Personality & Social Psychology, 1981, 40(1):121–137.
[6] 周纯. 利他态度与行为的影响因素分析[M]. 合肥:中国科学技术大学出版社, 2019.
[7] 王玉珍. 道德秩序的经济学分析:对利他行为的一个分析角度[D]. 西安:西北大学, 2004.

他偏好参数进行分析,探究了利他行为对动态供应链服务和定价决策的影响。[①] 相比于结果主义,在人类心理学的研究范畴内,则更注重利他行为产生的具体动机。宋琳婷在对利他行为的研究中,定义利他行为是一种自发形成的把帮助别人当作唯一目的,且不期望任何外在酬赏的社会行为。[②] 对于中国的大学生,利他行为的培养和形成,是当今中国社会对人才需求的期望。

一、理论模型与基本假定

（一）效用模型建立

1. 基本共情

共情（移情）,亦可理解为通情、共感、同理心、同感等,是自我的客观化。[③] 共情理论把共情分为认知共情和情绪共情,即是否理解对别人的观点,以及是否感知别人的情绪。[④] 认知共情的主要表征形式为个体对他人的行为、思想、观点等的理解。情绪共情的主要表征形式为个体对他人情绪处境的体验,是一种替代性的情感共享。认知共情与情绪共情之间存在高度的统一关系,促使人类个体的共情体验呈现出因人而异的不尽相同态势。同时共情也是一种能力,是个体对他人情绪状态的辨识和区分。[⑤] 这种基本共情能力的强弱,与利他行为产生密不可分。

2. 效用损失与精神损失

效用理论（utility theory）是一种用于分析决策者对待风险所持态度的理

---

① 姜吉坤,李宇,王威昊. 利他行为对动态供应链服务和定价决策的影响[J].山东大学学报（理学版）,2022,57（5）:97-110.

② 宋琳婷. 大学生移情、社会责任心与内隐、外显利他行为的关系[D].哈尔滨:哈尔滨师范大学,2012.

③ 郑颖. 社会经济地位对认知共情、情绪共情的影响[D].开封:河南大学,2021.

④ 陈峥,卜凡燕,禹双文. 从共情走向领悟:概念辨析、心理机制与课堂实践[J].基础教育课程,2023（7）:59-64.

⑤ 潘孝富,孔康,赵斌强,等. 大学生共情能力结构及其问卷编制[J].心理研究,2010,3（5）:73-78.

论。效用是指商品是否能够满足人类经济行为中欲望的能力。[①] 对于不同利他行为或同一利他行为在不同实施条件下，利他者所感受到的效用是不同的。[②] 效用理论用于大学生个体利他行为的研究，可以从研究主体和客体两方面进行讨论。本研究将基本共情引导利他行为过程中发生的效用变化分为两种，即效用损失和精神损失。同时利用效用最大化原则，分析大学生利他行为可实施范围内的决策形式。

3. 效用模型与假定

根据效用理论提出以下基本假定：

（1）U_e 为个体从一次利他行为成功时所获得的净效用。

（2）P 为利他的成功率。

（3）C_t 为个体从一次利他行为失败时所损失的净效用，此效用包含因利他行为付出物质或金钱而减少的物质效用和精神效用。

（4）C_m 和 C_s 分别为物质的效用损失和心理的精神损失。

$$C_t = C_m + C_s \qquad (1)$$

（5）U_i 为个体一次利他行为的期望效用，$(1-P)$ 为利他行为不成功的概率，则有

$$U_i = P \times U_e + (1-P) \times C_t = P \times U_e + (1-P) \times (C_m + C_s) \qquad (2)$$

（二）结构方程模型建立

1. 相关性假设

结构方程模型（structural equation modeling，SEM），亦称为协方差结构分析，是一种将变量之间的关系以变量的协方差矩阵来进行分析的方法。[③]

基本共情、效用损失和精神损失在利他行为的影响中，都具有链式中介效应，因此，如表1所示，本研究提出以下假设。

[①] 王升. 基于人本效用理论的交通资源配置研究［D］. 西安：长安大学，2008.

[②] 刘永存，吴贤华，张和平，等. 社会支持对大学生利他行为的影响：自我效能感的中介作用［J］. 中国特殊教育，2021（3）：78-83.

[③] 吴明隆. 结构方程模型：AMOS 的操作与应用［M］. 重庆：重庆大学出版社，2010.

表1 SEM模型相关性假设

名称	假设
H1	基本共情对利他行为产生正向影响
H2	效用损失对利他行为产生负向影响
H3	精神损失对利他行为产生负向影响
H4	基本共情对效用损失产生正向影响
H5	基本共情对精神损失产生正向影响
H6	效用损失对精神损失产生正向影响

2.基本共情对利他行为影响机理的假设模型

依据假设H1~H6，如图1所示，本研究利用AMOS软件构建了大学生基本共情对利他行为的影响路径假设模型，其中效用损失和精神损失是模型中的中介因子。

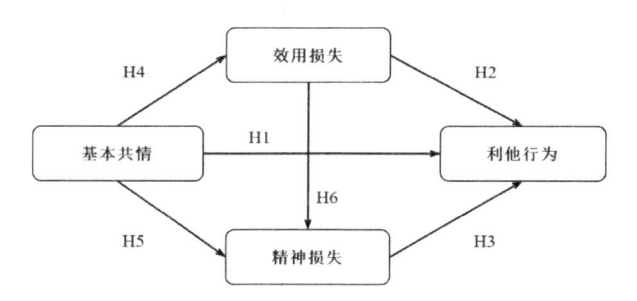

图1 基本共情对利他行为的影响路径假设模型

二、调研方法及量表检验

（一）量表设计

问卷的编制以个体利他行为效用分析模型为基础，分为五部分：被试者个人信息的采集与认知偏好、基本共情、效用损失、精神损失和利他行为。认知偏好将个体划分成质疑型、中性型和认同型三种类型。基本共情能力测试的编制参考了国际广泛应用的个体共情能力量表，以及张凤凤等人翻译的中文版共情能力量表。[①] 基本共情分为四个维度，分别为观点采择、想象力、共情关注和个人伤感。第二部分为效用损失，参考了郑克中等人的经济学效用价值论。[②] 精神损失主要测量个体在做出利他行为前后的内心感受，如烦躁感、徒劳无功感、愤怒感等。利他行为分为利他关注度、自我关注度、社会责任心、行为表现以及利己观念五个维度，问卷的编制参考了李艳芳[③]、马娇[④]、常洪铭[⑤]等人对利他行为的研究。

（二）数据收集及样本分析

随机选取了某高职院校在校大一至大三学生进行问卷调研，问卷共发放500份，回收469份，回收率93.8%。统计所有有效问卷，获得被试者的个人信息如下：被试者男性307人，人数多于女性162人，男性占比达到65.5%。被试者在年级上分布较均衡。在专业分布上，艺术专业的学生较少，自然科学与人文社会科学占比相同。469名被试者中有36.5%为学生干部，党员在所有被试者中的占比为5.8%。

（三）量表信度与效度检验

信度检验采用IBM SPSS22.0软件分析量表的可靠性。如表2所示，个体利他行为效用问卷整体的Cronbach α系数为0.947。各个维度的分析结果如下：基本共情的Cronbach α系数为0.912，效用损失的Cronbach α系数为0.845，精神损失的Cronbach α系数为0.787，利他行为的Cronbach α系数为0.837。结果表明该量表各方面信度均处于很可信，总体信度处于非常可信。采用效度指数法（I-CVI）与KMO检验对量表测定，结果表明量表效度值分别为0.780和0.936，均大于0.740，满足心理测量相关要求与标准。

---

① 张凤凤，董毅，汪凯，等. 中文版人际反应指针量表（IRI-C）的信度及效度研究[J]. 中国临床心理学杂志，2010，18（2）：155-157.
② 郑克中. 客观效用价值论：重构政治经济学的微观基础[M]. 济南：山东人民出版社，2003.
③ 李艳芳. 大学生道德价值观、自我概念与利他行为关系研究[D]. 武汉：华中科技大学，2008.
④ 马娇. 抗击新冠肺炎疫情背景下大学生利他行为研究[D]. 昆明：昆明理工大学，2021.
⑤ 常洪铭，严万森. 家庭教养方式对大学生利他行为的影响：多重中介模型[J]. 中国健康心理学杂志，2022，30（6）：939-944.

表2 量表观测变量信度分析结果及评价表

量表	名称	Cronbach's Alpha if Item Deleted	Cronbach α 系数	信度评价	KMO
基本共情	观点采择	0.805	0.912	非常可信	0.936
	想象力	0.823			
	共情关注	0.810			
	个人伤感	0.823			
效用损失			0.845	很可信	
精神损失			0.787	可信	
利他行为	利他关注度	0.788	0.837	很可信	
	自我关注度	0.790			
	社会责任心	0.780			
	行为表现	0.721			
	利己观念	0.747			
	总计		0.947	非常可信	0.936

利用皮尔逊积差对量表进行结构效度分析，如表3所示，问卷的各个维度之间的相关系数均在0.388~0.770之间，显著相关，也就是说，针对大学生个体利他行为展开的调查所形成的问卷拥有优质的结构效度。

表3 皮尔逊积差相关性分析结果表

	基本共情	效用损失	精神损失	利他行为
基本共情	1	0.578**	0.645**	0.770**
效用损失	0.578**	1	0.388**	0.647**
精神损失	0.645**	0.388**	1	0.589**
利他行为	0.770**	0.647**	0.589**	1

注："**"表示在1%的统计显著性水平上显著（双尾）。

三、效用模型分析

（一）质疑型

质疑型个体大都是"自我敏感者"，看重求助者的现实困难，会通过质疑和求证求助动机来决定是否做出利他行为。对他们而言，因利他行为的成功而产生的净效用小于其行为失败所受的效用损失。如图2所示，A位置为利他行为临界点。存在

$$P \times U_e = -(1-P) \times C_t = -(1-P) \times (C_m + C_s) \quad (3)$$

表明 U_i 等于零，利他者的净效用为零。质疑式个体，其效用期望曲线是以缓慢递增的形式上升的，这也表明了伴随着利他行为的深入，利他行为给他人所形成的效用期望呈缓慢下降趋势，这和经济理论里的边际效益递减论点一致。当利他主体的净效用大于零，利他主体会选择实施利他行为。

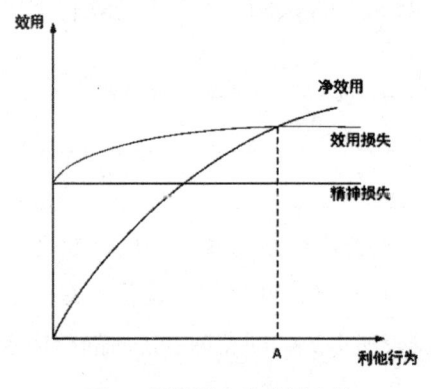

图2 质疑型个体效用变化

（二）中性型

如图3所示，利他人群的效用总值和其利他性大致呈现出线性关联性，伴随着利他性的深入而增长。如果用物质和时间付出表示利他度的大小，则利他者的效用所得将按一定比例（直线斜率 k）伴随着付出的上升而相应增强。对于中性型个体，利他行为的认同感和成功的期望趋于中性。

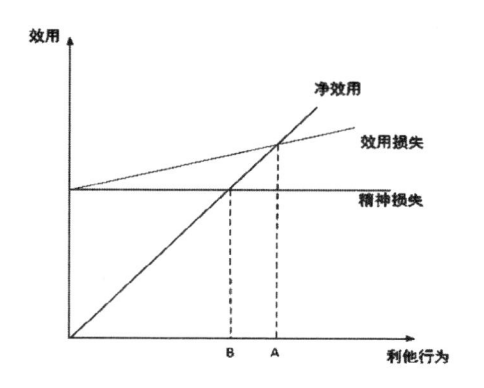

图3 中性型个体效用变化

（三）认同型

认同型利他个体更看重对他人的帮助和精神效用。如图4所示，临界点 A 位置的左边，净效用小于零，利他主体选择观望。在 A 位置的右边，净效用总值比零大，利他主体选择实施利他行为，且距离 A 点越远其认同感越大，越倾向于实施利他行为。这是因为，利他者因为成功的利他活动使他在相对层次的效用实现满足，从而形成了更大等级的效用需求，推动意愿持续性地承担更多物质效用损失。

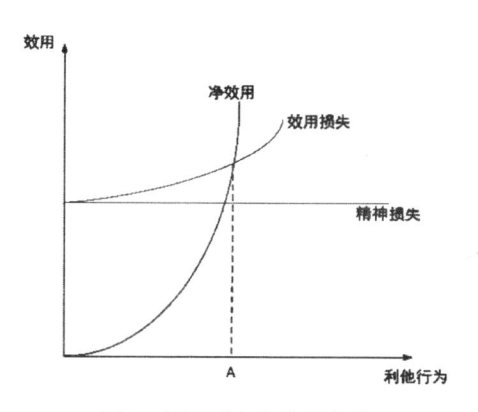

图4 认同型个体效用变化

（四）类型对比

不论个体是质疑型、中性型还是认同型，都存在一个利他临界点 A，且满足公式3。对于既定的利他者，C_s 是固定的。因此，改变 P、C_m、U_e 的值会使利他临界点发生移动。保持 C_s 不变，增大 C_m、减小 P 会使利他临界点向右移动，利他行为将在较低程度上发生。当 P 趋于无穷小，即利他的成功率趋于零时，$(1-P)$ 将趋于无穷大，利他临界点趋向无穷远，利他行为发生的可能性趋于零。相反，保持 C_s 不变，减小 C_m、增大 P，会使利他临界点向左移动，利他行为将会在较高程度上发生。当 P 趋于1，U_e 将趋于无穷小，利他临界点无穷趋近于原点，利他行为发生的可能性趋于无穷大。也就是说利他会在任何程度上发生，只要有帮助他人的机会，利他就会发生。不同类型的临界点 A，其 P 和 C_s 是不同的，根据这种差异绘制了图5。如图5所示，认同型个体出现利他行为的可能性最高，质疑型最低。如果增强质疑型个体心理效用，可以使利他指数左移，从而提高利他行为发生的可能性。同样的在大学生的教育中，思想道德教育能提升大学生个体利他行为的 C_s 值，从而促进利他行为的发生[①]；惩罚机制是增加大学生个体利他行为成效预期的有效措施，同时减小其利他的期望总效用；公共宣传能通过提高虚假求助行为、恶意行骗的处理概率等措施，减小大学生个体利他行为效用模型中的 U_e 和 P 值，以增加利他行为所带来的净效用。

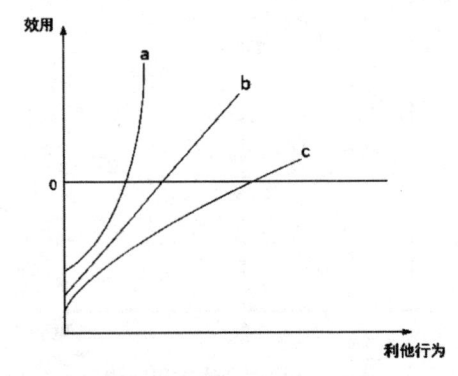

图5 三类型个体利他可能性（a 质疑型、b 中性型、c 认同型）

[①] 李佩轩. 大学生共情对网络利他行为的影响：道德认同的中介作用[D]. 长春：吉林大学，2020.

四、基于 SEM 模型的讨论

（一）SEM 模型建立

研究搭建了作用的影响路径结构方程模型。前期验证中个人伤感、自我关注度和利己观念因子载荷不满足 SEM 模型判定标准，进行删除。修改后的模型如图6所示，路径系数均来自因子载荷，其中 EM 表示基本共情，AL 表示利他行为。UL 指代效用损失，SL 指代精神损失。下一级影响因子中 PE、IM、EC 表示观点采择、想象力、共情关注。SR、AC、BE 代表社会责任心、利他关注度和行为表现。修正后的模型拟合指标 $-\chi^2/df$、GFI、AGFI、CFI、IFI、NFI 分别为 2.213、0.921、0.830、0.957、0.939、0.930、0.051、0.076，均满足标准，表明拟合结果表现良好。

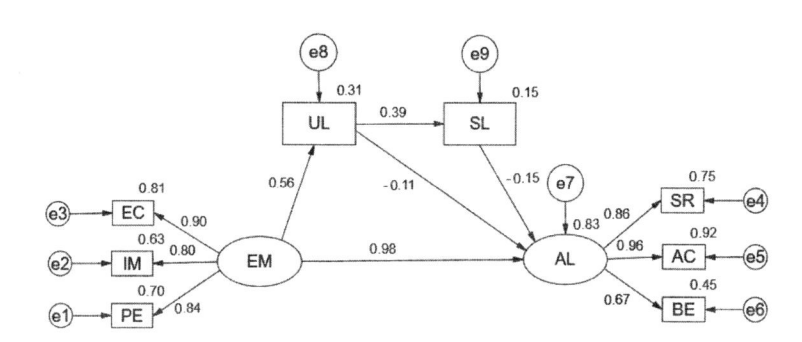

图6 基本共情对利他行为的影响路径结构方程模型

如表4所示，模型的路径回归系数中删去路径 EM → SL（假设 H5：基本共情对精神损失产生正向影响）后，所有路径的显著性检验均满足 $P < 0.05$ 的要求，表示假设 H1、H2、H3、H4、H6 均得到了支持，假设 H5 不成立。

表4 模型的路径回归系数及其显著性检验结果

路径	非标准化系数	S.E.	C.R.	P	标准化系数
EM → UL	0.603	0.047	12.892	***	0.557
UL → SL	0.437	0.048	9.087	***	0.388

续表

路径	非标准化系数	S.E.	C.R.	P	标准化系数
UL → AL	−0.118	0.039	−3.037	0.002	−0.111
EM → AL	1.132	0.057	19.78	***	0.985
SL → AL	−0.146	0.028	−5.267	***	−0.155
EM → PE	0.999	0.040	24.697	***	0.837
EM → IM	0.944	0.042	22.449	***	0.796
EM → EC	1.0				0.900
AL → SR	1.0				0.864
AL → AC	1.103	0.038	29.234	***	0.957
AL → BE	0.760	0.045	16.789	***	0.673

注："***"代表 $P < 0.001$。

（二）效用损失与精神损失的中介作用

为进一步验证效用损失和精神损失在模型中的中介作用，采用 boot-strap procedures 进行中介效应检验。SEM 包含了两条影响路径，分别为 Path 1（P1）基本共情→效用损失→精神损失→利他行为；Path 2（P2）基本共情→效用损失→利他行为。

如表5所示，路径1中，基本共情先影响效用损失，再由效用损失影响精神损失，最后由精神损失影响利他行为，该路径的效应点估计值 $γ=-0.033$，$p<0.001$，故在该路径中效用损失和精神损失的中介效应得到支持。路径2中，基本共情通过效用损失间接影响利他行为，该路径的效应点估计值 $γ=-0.062$，$p=0.004<0.05$，故效用损失的中介作用得到支持。通过两条路径的中介效应点估计值还能发现，路径2的影响系数较高，表示路径2是基本共情对利他行为影响的重要路径。

表5 效用损失和精神损失的中介作用检验结果

路径	效应点估计值	P	Percentile 95% CI Lower	Percentile 95% CI Upper	BC 95% CI Lower	BC 95% CI Upper
P1	−0..033	***	−0..058	−0.014	−0.061	−0.016
P2	−0..062	0.004	−0..109	−0.020	−0.111	−0.022
总计	−0..095	***	−0..154	−0.045	−0.157	−0.047

注：*** $p < 0.001$。

（三）模型效应分析

如表6所示，从总效应、直接效应和间接效应三方面对模型进行分析。从总效应来看，基本共情对利他行为有着极强的效应影响，其数值达到了0.889，而效用损失和精神损失对利他行为的影响较弱，分别为−0.171与−0.155。由此可见，大学生基本共情对利他行为的发生有强烈的促进作用，效用损失和精神损失对利他行为的影响强度虽然不高，但会产生负向影响。

从直接效用来看，直接效应的数值是标准化路径系数的数值。基本共情对利他行为有着极度强烈的直接效应，其值达到了0.985，而效用损失和精神损失对利他行为有负向的直接效应，其系数值分别为−0.111和−0.155，这也再次证明要增加大学生的利他行为需促进其基本共情的发生，抑制效用损失和精神损失的产生。

从间接效应来看，基本共情和效用损失对利他行为有强度分别为−0.095和−0.062的微弱的影响效度，其中基本共情的负向影响效应是由于效用损失和精神损失两个变量的中介作用而产生的。

表6 模型的标准化效应分析结果

		EM	UL	SL
总效应	UL	0.557		
	SL	0.216	0.388	
	AL	0.889	−0.171	−0.155

续表

		EM	UL	SL
直接效应	UL	0.557		
	SL		0.388	
	AL	0.985	−0.111	−0.155
间接效应	UL			
	SL	0.216		
	AL	−0.095	−0.062	

注：为使结果直观，表格中无效应关系的潜变量之间对应的表格内容为空格

五、结论

本研究基于效用理论，结合 SEM 模型、问卷调查的方式，探究了大学生个体利他行为的形成机制，主要结论如下：

（1）思想道德教育能提升大学生个体利他行为的 Cs 值，从而促进利他行为的发生；惩罚机制是增加大学生个体利他行为成效预期的有效措施，同时减小其利他的期望总效用；公共宣传能通过提高虚假求助行为、恶意行骗的处理概率等措施，减小大学生个体利他行为效用模型中的 Ue 和 P 值，以增加利他行为所带来的净效用。

（2）大学生个体利他行为在是否为学生干部上的差异，在利他行为中的利他关注度、自我关注度、社会责任心、行为表现、利己观念五个维度上的 P 值分别为 0.009、0.882、0.022、0.475 和 0.475，表明在利他关注度和社会责任心方面，存在显著性差异。

（3）大学生在生活中以及在学校环境中都有能独立完成任务的能力及自信心，自我效能感越高，利他行为的频率就越高；效用损失、精神损失低的个体在学习与生活中，会产生积极的心理暗示，增强做某件事的动机，积极帮助别人从困境中解脱，从而增加产生利他行为的频率；从效用损失的角度来看，在现实中基本共情能力越强的个体，越能够产生更强烈的做事动机，从而可能会有更少的效用损失。

参考文献

[1] 冯惠敏. 教育焦虑：别让教育异化为负担[J]. 教育家, 2019（46）.

[2] 徐绍华. 大学生个体和谐发展论[D]. 昆明：云南大学, 2013.

[3] 吴越. 走进社会学[M]. 北京：西苑出版社, 2018.

[4] PICCININI G, SCHULZ A W. The Ways of Altruism[J]. Evolutionary Psychological Science, 2018, 5.

[5] HOFFMAN M L. Is altruism part of human nature?[J]. Journal of Personality & Social Psychology, 1981, 40（1）.

[6] 周纯. 利他态度与行为的影响因素分析[M]. 合肥：中国科学技术大学出版社, 2019.

[7] 王玉珍. 道德秩序的经济学分析：对利他行为的一个分析角度[D]. 西安：西北大学, 2004.

[8] 姜吉坤, 李宇, 王威昊. 利他行为对动态供应链服务和定价决策的影响[J]. 山东大学学报（理学版）, 2022, 57（5）.

[9] 宋琳婷. 大学生移情、社会责任心与内隐、外显利他行为的关系[D]. 哈尔滨：哈尔滨师范大学, 2012.

[10] 郑颖. 社会经济地位对认知共情、情绪共情的影响[D]. 开封：河南大学, 2021.

[11] 陈峥, 卜凡燕, 禹双文. 从共情走向领悟：概念辨析、心理机制与课堂实践[J]. 基础教育课程, 2023（7）.

[12] 潘孝富, 孔康, 赵斌强, 等. 大学生共情能力结构及其问卷编制[J]. 心理研究, 2010, 3（5）.

[13] 王升. 基于人本效用理论的交通资源配置研究[D]. 西安：长安大学, 2008.

[14] 刘永存, 吴贤华, 张和平, 等. 社会支持对大学生利他行为的影响：自我效能感的中介作用[J]. 中国特殊教育, 2021（3）.

[15] 吴明隆. 结构方程模型：AMOS的操作与应用[M]. 重庆：重庆大学出版社, 2010.

[16] 张凤凤, 董毅, 汪凯, 等. 中文版人际反应指针量表（IRI-C）的信度及效度研究[J]. 中国临床心理学杂志, 2010, 18（2）.

[17] 李艳芳. 大学生道德价值观、自我概念与利他行为关系研究[D]. 武汉: 华中科技大学, 2008.

[18] 马娇. 抗击新冠肺炎疫情背景下大学生利他行为研究[D]. 昆明: 昆明理工大学, 2021.

[19] 常洪铭, 严万森. 家庭教养方式对大学生利他行为的影响: 多重中介模型[J]. 中国健康心理学杂志, 2022, 30（6）.

[20] 李佩轩. 大学生共情对网络利他行为的影响: 道德认同的中介作用[D]. 长春: 吉林大学, 2020.

作者简介

周长秋（1982—），女，工学硕士，四川工程职业技术大学建筑工程学院专任教师，讲师，主持和参与多项课题，发表论文4篇。

黄毓（1989—），男，北京大学金融学硕士研究生。

附录

大学生个体利他行为效用调查问卷

指导语：下面的问卷主要是为了帮助我们更好地了解大学生在个体利他行为中遇到的各种各样的情况。请仔细阅读下面每一道题，根据您的实际情况判断该描述与您的符合程度。

请从选项中选择一个与您情况相符的数字，并在适合的数字上打上"√"。您的回答仅供研究所用，不涉及任何个人评价，请放心作答，谢谢合作！

一、个人信息

　　1. 您的性别：□男　　　　□女

　　2. 您的专业：□自然科学　□人文社会科学　□艺术

　　3. 您的年级：□一年级　　□二年级　　□三年级

　　4. 是否为党员：　　　　　□是　　　　□否

　　5. 是否为学生干部：　　　□是　　　　□否

二、共情水平（请根据您的实际情况进行选择，1很不赞同、2较不赞同、3一般、4较赞同、5很赞同）

1. 对那些比我不幸的人，我经常有心软和关怀的感觉。

　　□1　□2　□3　□4　□5

2. 有时候当其他人有困难或问题时，我会为他们感到很难过。

　　□1　□2　□3　□4　□5

3. 我确实会参与进小说人物的感情世界。

　　□1　□2　□3　□4　□5

4. 在紧急状况中，我感到担忧、害怕而难以平静。

　　□1　□2　□3　□4　□5

5. 看电影或看戏时，我通常会全身心投入。

　　□1　□2　□3　□4　□5

6. 我会在做出某个决定之前，尝试从争论中看待所有人的立场。

　　□1　□2　□3　□4　□5

7. 当我看到有人被别人利用时，我有点感到想要保护他们。
　　□1　　□2　　□3　　□4　　□5

8. 当我处在一个情绪非常激动的情况中时，我往往会感到无依无靠，不知如何是好。
　　□1　　□2　　□3　　□4　　□5

9. 我有时想象着从朋友的观点看待事情的样子，从而更好地了解他们。
　　□1　　□2　　□3　　□4　　□5

10. 我常常全身心投入一本好书或者是一部好电影。
　　□1　　□2　　□3　　□4　　□5

11. 其他人的不幸有时会带给我很大的烦忧。
　　□1　　□2　　□3　　□4　　□5

12. 我会觉得自己像是一部剧里的角色，在我看完电影或戏剧之后。
　　□1　　□2　　□3　　□4　　□5

13. 处在紧张情绪的状况中，我会惊慌害怕。
　　□1　　□2　　□3　　□4　　□5

14. 当我看到有人受到不公平的对待时，我有时会非常同情他们。
　　□1　　□2　　□3　　□4　　□5

15. 我时常从不同的观点来看待问题，因为我觉得每个问题都有两面性。
　　□1　　□2　　□3　　□4　　□5

16. 我认为自己是一个相当软心肠的人。
　　□1　　□2　　□3　　□4　　□5

17. 当我观赏一部好电影时，我很容易站在某个主角的立场去感受他的心情。
　　□1　　□2　　□3　　□4　　□5

18. 在紧急状况中，我紧张得几乎无法控制自己。
　　□1　　□2　　□3　　□4　　□5

19. 我通常会尝试想一下他人的立场，当我对他很生气的时候。
　　□1　　□2　　□3　　□4　　□5

20. 我会想象阅读过的故事或小说中的事件发生在自己身上，自己会有怎样的感觉。

□1　　□2　　□3　　□4　　□5

21. 当我看到有人发生意外而急需帮助的时候，我紧张得几乎精神崩溃。

□1　　□2　　□3　　□4　　□5

22. 在批评或指责某人前，我会尝试想象一下，如果我处在他的情境下，会是什么感受。

□1　　□2　　□3　　□4　　□5

23. 当别人需要帮助时，我总是先怀疑事情的真实性。

□1　　□2　　□3　　□4　　□5

24. 我总是思考全面，才会付诸行动。

□1　　□2　　□3　　□4　　□5

25. 我认为自己是个理性的人。

□1　　□2　　□3　　□4　　□5

三、效用损失（请根据您的实际情况进行选择，1几乎不花、2少量、3适量、4较多量、5大量）

1. 我会为了帮别人的忙而花费的金钱量。

□1　　□2　　□3　　□4　　□5

2. 为了帮助别人我愿意消耗的时间量。

□1　　□2　　□3　　□4　　□5

3. 当帮助别人时我愿意消耗的物资数量。

□1　　□2　　□3　　□4　　□5

4. 在帮助别人时关于自己的精力我愿意消耗。

□1　　□2　　□3　　□4　　□5

5. 帮助别人时我在钱财上的花销会倾向于。

□1　　□2　　□3　　□4　　□5

四、精神效用（请根据您的实际情况进行选择，1很不赞同、2较不赞同、3一般、4较赞同、5很赞同）

1. 当帮别人的忙让我休息时间大大减少时我会感到烦躁。
   □1　□2　□3　□4　□5

2. 当帮了别人的忙别人却并不在意时我会感到难受。
   □1　□2　□3　□4　□5

3. 有的忙帮了但发现意义不大时我会觉得白做功。
   □1　□2　□3　□4　□5

4. 有的忙并不想帮但又不得不帮时我会感到无奈。
   □1　□2　□3　□4　□5

5. 当被帮忙的对象不配合不以为然时我会有愤怒感。
   □1　□2　□3　□4　□5

五、利他行为（请根据您的实际情况进行选择，1非常不符合、2较不符合、3一般、4较符合、5非常符合）

1. 我认为真诚对待每个人很重要。
   □1　□2　□3　□4　□5

2. 我认为无论任何情况下都要勇敢承担责任。
   □1　□2　□3　□4　□5

3. 我认为社会应该多关注和帮助弱势群体。
   □1　□2　□3　□4　□5

4. 考虑问题时，我会站在他人的角度。
   □1　□2　□3　□4　□5

5. 我会尽量关心身边的人。
   □1　□2　□3　□4　□5

6. 在他人需要帮助时我会尽力而为。
   □1　□2　□3　□4　□5

7. 我按照自己想法做事，不会考虑对他人的影响。
   □1　□2　□3　□4　□5

8. 我认为每个人只需要做好自己的事情就好了。
   □1　□2　□3　□4　□5

9. 我通常只从自己的角度去思考问题。
   □1　□2　□3　□4　□5

10. 我帮助他人不会在乎利益的得失。
    □1　□2　□3　□4　□5

11. 我经常会参加志愿者、献血等公益事业。
    □1　□2　□3　□4　□5

12. 在学校号召捐款时，我通常不会犹豫捐出零花钱。
    □1　□2　□3　□4　□5

13. 偶尔占一点小便宜我会感到高兴。
    □1　□2　□3　□4　□5

14. 遇到不顺的事情我会发牢骚甚至是发脾气。
    □1　□2　□3　□4　□5

15. 我认为做事要优先考虑自己的利益，不能吃亏。
    □1　□2　□3　□4　□5

"三线精神"融入大学生志愿服务的精神培育和实践研究

孙立力

2018年10月,"三线精神"由中宣部发文列为新时代大力弘扬的民族精神、奋斗精神。在20世纪60年代内忧外患的形势下,根据中共中央和毛泽东同志关于加强战备、巩固国防的战略部署,在我国中西部地区开展了国防科技工业、机械与能源工业、原材料工业以及交通设施为重点的大规模经济建设运动的三线建设,孕育形成了伟大的"三线精神",其内涵为"艰苦创业、无私奉献、团结协作、勇于创新"。

四川工程职业技术大学始建于1959年,位于四川省德阳市。1964年,党中央做出了三线建设的战略决策,德阳作为重点地区之一,相继建成以第二重型机器厂、东方电机厂、东方汽轮机厂等为代表的骨干企业。学校与当时新建的企业合作紧密,多年来,与本地发展起来的重装企业形成战略合作伙伴关系,输送了大量制造类人才。学校的发展深受"三线精神"的浸润和滋养,这样深厚的渊源和天然的联系,让广大青年学生在秉承"奉献、友爱、互助、进步"志愿精神,广泛开展志愿服务和各类实践活动的同时,增添了一份厚重感和使命感,激发了学生自身的内驱力和能动性。

一、"三线精神"在新时代育人价值的彰显

(一)"三线精神"为立德树人提供精神力量

教育是国之大计、党之大计,教育的发展决定着祖国的未来。高校以立德树人为根本任务,以努力培养堪当民族复兴重任的时代新人为重要使命。回望三线岁月,"三线精神"是对20世纪60年代至80年代那段特殊奋斗的时

期里，三线建设者们舍小我为大我，为祖国无私奉献的小缩影和大壮举的凝练，彰显着中华儿女祖祖辈辈流传下来的难能可贵的精神品质。这份民族精神、奋斗精神为广大青年树立人民有信仰、国家有力量、民族有希望的理想信念提供了强大的精神支持，具有十分重要的时代价值，它在时代的变迁中历久弥新，彰显着强大的生命力和感召力。

（二）"三线精神"为文化自信提供精神动力

党的二十大报告提出："坚守中华文化立场，提炼展示中华文明的精神标识和文化精髓。"[①]青年学子要坚定文化自信，就要从过去的历史中汲取精神动力，激励自身奋斗前行。弘扬"三线精神"，是对中华优秀传统文化、革命文化的继承和发扬，更是弘扬社会主义先进文化的重要内容。当年，全国各地400多万名科技人员、知识分子、工人离开原有的工作岗位，从四面八方汇聚到祖国西北戈壁荒原和西南深山峡谷，不惧艰难困苦，用生命和血汗、靠双手和智慧，为祖国的国防科技和工业建设抛洒青春和热血。虽然时过境迁，但是这份民族精神是我们宝贵的精神财富，这份奋斗精神和爱国情怀永远不会褪色。

（三）"三线精神"为培育新时代建设者输送精神营养

职业院校为国家培养符合经济社会发展需要的复合型高素质技术技能人才，就是要培养在时代浪潮中能吃苦、肯奋斗、能扎根、留得住、用得上的人。当年，党中央提出了"备战备荒为人民"的响亮口号，形成了"好人好马上三线"的时代热潮，老一辈拓荒者、建设者、奋斗者大公无私的事迹深深影响着后来者和一代又一代年轻人。高校以"三线精神"为教育载体，可以促进广大青年学生的思想政治引领和职业素养提升。青年学子应将"三线精神"融入学习、生活、实践和就业中，身体力行地去感知和践行"艰苦创业、无私奉献、团结协作、勇于创新"的精神，汲取前行的动力，坚定社会主义理想信念，为祖国的发展建设添砖加瓦。

---

① 习近平. 高举中国特色社会主义伟大旗帜　为全面建设社会主义现代化国家而团结奋斗：在中国共产党第二十次全国代表大会上的报告［N］.人民日报，2022-10-26（1）.

二、"三线精神"深化高校志愿服务的育人功能

2019年10月,中共中央、国务院印发《新时代公民道德建设实施纲要》指出:"要弘扬奉献、友爱、互助、进步的志愿精神,广泛发动社会志愿者活动,实现'我为人人、人人为我'的良好氛围。"[①]

(一)志愿服务有利于增强大学生的社会责任感

高校是年轻人的聚集地,是青年人思想最活跃的地方,应牢牢抓住这一育人主阵地。学校对大学生进行思想政治教育的方式方法有很多种,积极倡导和开展志愿服务和实践活动,能够避免与社会实际相脱节。青年大学生不仅要在理论学习中提升自己的知识水平和文化素养,更要积极参与志愿服务,在各类实践活动中,进一步丰富自己的精神世界,强化个人的思想意识,使自身的人生价值得到升华。

开展志愿服务,是将各类社会需求与人们力所能及的能力和力量结合起来。志愿服务是大学生作为社会的一分子参与社会生活、服务社会发展的重要形式,是社会文明进步的重要标志,是广大志愿者奉献爱心的重要渠道,也是增强社会责任感的重要体现。志愿服务具有育人功能,它将育人阵地从课堂内延伸到课堂外,从校园迈向社会,从理论迈向实践,是践行社会主义核心价值观、弘扬中华优秀传统文化、培养社会主义建设者的重要途径。

(二)弘扬"三线精神"有利于促进志愿服务焕发生机

"献了青春献终身,献了终身献子孙",这一真实写照体现在无数老一辈三线建设者们的身上。如今,广大青年学生在校内校外开展志愿服务和实践活动,发扬"奉献、友爱、互助、进步"的志愿精神,是对"三线精神"在新时代的阐释和延续。高校积极发挥组织引领作用,助力广泛开展志愿服务,使大学生在体悟中国特色社会主义新时代志愿服务精神的同时,能够弘扬和传承"三线精神",展现青春风采,坚定理想信念,投身祖国发展建设。

马克思在《德意志意识形态》中提出:"人创造环境,同样,环境也创造

---

① 中共中央 国务院印发《新时代公民道德建设实施纲要》[EB/OL].新华网,2019-10-27.

人。"[1]广大青年学生志愿服务和实践活动的开展也深受学校环境和社会环境的影响,而四川工程职业技术大学正因为与三线建设有深厚的渊源,更能在内部驱动中提供精神沃土和力量源泉,将"三线精神"作为大学生以实际行动践行志愿精神的助推剂,使青年大学生的志愿服务活动焕发生机和活力。志愿服务工作是一个传递真善美、弘扬正能量的过程,高校志愿者们走出学校,用团结友爱、助人为乐、无私奉献的精神回馈社会,用热情的态度、真诚的微笑和出色的服务,展示青年大学生的风采。

三、"三线精神"浸润下的大学生志愿服务探索

（一）以"2+1+N"模式加强志愿服务精神培育,入脑入心

四川工程职业技术大学拥有先天的区位优势,学校所在的城市因三线建设而兴起,其发展深受"三线精神"的浸润和滋养。探索以"2+1+N"模式加强志愿服务精神培育,即以校史、地方史为依托,以中国三线建设研究会德阳研究基地为沉浸式主题教育基地,以德阳市档案馆、建川博物馆、攀枝花中国三线建设博物馆等多个展馆、博物馆为学习实践平台,回望三线岁月、重温三线建设,传承三线精神,使团结奋斗、无私奉献的精神入脑入心,助力志愿服务扎实开展。综合学校、地方、社会等各方面的资源优势开展服务实践,进一步培育志愿服务精神,全面提升大学生志愿服务水平。

1. "2"个依托

校史和地方史是学习和传承"三线精神"的主要源头和重要支撑。四川省德阳市地处我国中西部地区,是一座因国家大工业建设而崛起的城市。在20世纪60年代初,在一片不毛之地荒野废地上,各地专业科技人员和有志青年汇聚德阳,开展了轰轰烈烈的三线建设,一批配套单位建设形成。"先生产后生活""先厂房后宿舍",抱着"工业强国"的信念,建设者们投身到半个多世纪的艰苦创业中,团结协作、无私奉献。第一机械工业部德阳重型机器制造学校,是四川工程职业技术大学的前身,那时条件艰苦,师生自力更生、

---

[1] 中共中央马克思恩格斯列宁斯大林著作编译局. 马克思恩格斯文集：第1卷[M].北京：人民出版社, 2009：545.

艰苦奋斗，开荒种地、生产粮食、自建校舍，搬砖抬梁兴建教学楼，靠双手、信念、智慧和胸怀创造了一片学习、教育、生产和建设天地。

2. "1"个沉浸式主题教育基地

中国三线建设研究会德阳研究基地以四川金鑫股份有限公司为缩影和标本，保留了当年建设时期老工厂的工业遗迹，那些高大的厂房和年代久远的机床设备是有温度的工业风景，它们就是立体的教材，具有无声胜有声的教育能量。将学生置身于工业生产的场景中，开展沉浸式主题教育，更能产生震撼人心的力量。学习体悟"三线精神"不仅要走入课堂，也要走向社会。"三线建设"留下宝贵的工业遗产资源和文化资源，这些资源蕴含着思政育人的作用，因此要珍惜这类与时代同行的育人阵地，让它们更加鲜活地出现在学生的视野中。

3. "N"个学习实践平台

积极组织学生到博物馆、展览馆、工业遗址、文创园区，如德阳市档案馆、建川博物馆、攀枝花中国三线建设博物馆、广安三线工业遗产陈列馆、遂宁射洪市3536军工厂旧址参观学习。让学生走出学校，在可听、可视、可感的立体氛围中体验关于三线建设的亲身实践，实现课内到课外、理论到实践、价值到信仰的转变，让"三线精神"真正融入学生的内心，成为支撑开展学习、工作和实践的精神动力，更好地以积极主动、自觉自愿的内心驱动和不怕苦不怕累、乐于奉献的精神面貌开展志愿服务。

（二）以"团队+宣传"模式丰富志愿服务实践形式，见行见效

青年大学生开展志愿服务以学校为主要阵地，高校在大学生志愿服务中发挥组织引领作用，其支持力度是影响大学生志愿服务发展、进步、创新的至关重要的因素，因此，学校要为大学生志愿服务积极助力，指导志愿服务队伍建设，搭建志愿服务平台，丰富志愿服务形式，加大志愿服务宣传力度。

1. 成立志愿服务团队

志愿服务离不开个体的积极主动，更离不开团队的组织引领，个体与团队相辅相成、相互促进、不可分割。在学校和老师的带领下，可以成立各类志愿服务团队如"文明实践志愿服务团""关爱一老一小志愿服务团""三下

乡社会实践团""志愿宣讲团"等,更好地发挥大学生志愿服务在社会发展与进步中的积极作用。

团队定期到街道、社区、福利院、敬老院、特殊教育学校等开展志愿服务活动,助力城市文明建设,关爱老人、小孩和弱势群体;走进乡村、田间地头,开展大学生暑期"三下乡"社会实践活动,送知识、送技术、送文化、送卫生;积极服务学校承办的省级、国家级技术技能赛事,以青春的力量服务师生、服务学校、服务社会;对接中国三线建设研究会德阳研究基地,积极服务德阳第一代三线人"五个一"工程,聆听老一辈建设者亲身讲述,协助纪录信息资料入库;发挥宣讲团作用,以赤诚之心讲好党的故事、理论和政策,以匠人之心讲述和展现职校生的风采。

通过一系列活动和举措,发挥团队力量,使青年志愿者在知识水平、政治理论、实践能力等方面能够获得全面提升,志愿服务精神也从入脑、入心走向入行,使志愿服务的开展落到实处,以小行动见大情怀。

2. 开展"线上+线下"宣传

广泛开展志愿服务的宣传活动,采用"线上+线下"的形式,充分利用宣讲团队、传统媒体和新媒体,对志愿服务项目、志愿服务成果、优秀志愿者事迹等进行宣传,有效扩大志愿服务的影响力,不断增强志愿服务精神的文化积淀,使其注入新内涵、焕发新活力,形成内化于心外化于行的积极力量。

以互联网为主的现代信息技术改变着人们的认知方式和学习方式,在教育领域中也日益应用广泛,新媒体是同学们日常生活中聚集、关注、交流的重要平台与途径,同时也是新时代高校育人工作全新的载体和抓手。

首先,采用传统媒介形式,定期编写大学生志愿服务活动简报,聚焦团队志愿服务,总结活动开展成效,以展板张贴和在班级中发放简报的形式,让志愿服务的精神力量辐射到更为广大的学生群体当中。其次,利用新媒体不受时间、空间限制的优势,充分利用QQ、微信、公众号、视频号等网络媒介,做好宣传推广,彰显实际行动,助推思想引领。最后,发挥"志愿宣讲团"的作用,走进课堂、走进班级发挥朋辈的引领和号召作用,同时,走出校园、走向社区开展宣讲,宣扬红色文化,传播文明力量,展现职校生的风采。线上线下宣传相结合，利用媒体全方位记录学生在志愿服务过程中的真实表现，并积极通过心得分享、主题座谈、成果展示等多种形式，真正使大学生在志愿服务过程中有所思、有所悟、有所为，增强参与感和获得感。

四、走好探索之路，抓好育人阵地

马斯洛需求层次理论认为，当人满足生理需求、安全需求、社交需求、尊重需求之后，就要实现自我实现的需求。正因为这样，当广大青年大学生在低层次的需求上已经得到基本的满足后，就会有更高层次的精神需求以实现个人价值，这也是越来越多的大学生和青年人愿意参与志愿服务的原因。

时代在发展和进步，与时俱进的公益思想冲击着青年大学生的思想行为，这让更多的大学生利用课余时间参与到社会公益事业中，贡献自己的一份力量。大学生的奉献意识和社会责任感不断提升，进而能够促进他们坚持参与社会公益服务。同样，大学生的接受能力与理解能力得到了提升，实现了由内心的接受到实际的践行，并不断提升自己的综合能力。

志愿服务是高校大学生走向社会、服务社会的重要途径，是从理论走向实践最直接的体现，高校抓好大学生志愿服务，就抓好了实践育人的重要阵地。"二线精神"作为新时代伟大的民族精神和奋斗精神，它"艰苦创业、无私奉献、团结协作、勇于创新"的精神内涵，是高校大学生践行"奉献、友爱、互助、进步"志愿精神的精神沃土和力量源泉。

作为与三线建设具有深厚渊源和天然联系的高校，积极探索"三线精神"浸润下的大学生志愿服务，以校史、地方史为依托，用好沉浸式主题教育基地，以多个展馆、博物馆为学习实践平台的"2+1+N"模式加强志愿服务精神培育；成立各类志愿服务团队，充分开展线上线下宣传，以扩大影响力焕发新活力的"团队+宣传"模式丰富志愿服务实践形式，通过多措并举，达到使志愿精神入脑入心，使志愿服务见行见效的良好效果。

参考文献

[1]蔡芳芳.新时代大学生志愿服务工作育人机制与方法创新研究[J].科学咨询（科技·管理），2022（12）.

［2］王万奇，陶光均.新时代大学生志愿服务发展路径探究［J］.社会科学家，2022（12）.

［3］王玉玲，黄新辉，彭永宏，等."三全育人"背景下大学生志愿服务现状及实践路径探析［J］.品位·经典，2022（21）.

［4］万华颖.弘扬"三线精神"的时代价值与实践路径［J］.西南科技大学学报（哲学社会科学版），2021，38（6）.

［5］李睿，张倩.论三线精神的时代价值及其弘扬路径［J］.湖北工业大学学报，2021，36（6）.

作者简介

孙立力（1988—），女，四川绵竹人，硕士，四川工程职业技术大学机械工程学院团总支书记，讲师，研究方向：大学生思想政治教育、学生管理工作、汉语言文学。曾获四川省职业院校教师教学能力大赛一等奖，参编"十三五"职业教育国家规划教材《口才与演讲训练教程》。

双创视域下高职院校文化创意产品设计研究
——以四川双语手绘旅游地图为例

蒋显伦

目前，文化创意产品设计和生产同质性特征明显，设计创意明显萎缩、地域特色逐步消失、机械化量产大行其道。高职院校培养的人才动手能力强、创新意识好，如何在人才培养过程中，发挥各学科和专业之间的深度融合，推动高职院校学生走进市场，实现体验式学习，实现协同育人和实践育人双结合，提升高职院校文化创意产品设计研究水平，加强高职院校学生积极投身于双创浪潮，值得学界深思。因此，高职院校文化创意产品设计研究，更需要深度研究消费者的物质文化和精神文化需求，结合现代物化文化思维，着力提升文化创意产品设计者的人文情怀。构建双创视域下以"语言为工具，艺术为桥梁，产品为载体"的新型个性化文化创意产品设计研究模式是高职院校文化创意产品设计研究、实现实践育人的必然要求。

一、高职院校加强双创视域下文化创意产品设计研究的重要性

（一）深刻理解"大众创业，万众创新"内涵，助力文创产品设计创意

2017年8月15日，习近平总书记在给第三届中国"互联网+"大学生创新创业大赛"青年红色筑梦之旅"的大学生的回信里指出，"希望你们扎根中国大地了解国情民情，在创新创业中增长智慧才干，在艰苦奋斗中锤炼意志品质，在亿万人民为实现中国梦而进行的伟大奋斗中实现人生价值，用青春书写无愧于时代、无愧于历史的华彩篇章"[①]。习近平总书记的回信对于高职院

---

① 习近平总书记给第三届中国"互联网+"大学生创新创业大赛"青年红色筑梦之旅"的大学生的回信［N］.人民日报，2017-08-16（1）.

校开展文化创意产品设计研究、开展大学生创新创业实践和激发青年创新创业热情指明了方向和道路。一直关注中国"大众创业、万众创新"的诺贝尔经济学奖得主埃德蒙德·菲尔普斯（Edmund S. Phelps）专门提到中国经济新引擎将带来的"非物质性好处"。菲尔普斯指出："如果大多数中国人，因为从事挑战性工作和创新事业获得成就感，而不是通过消费得到满足的话，结果一定会非常美好。"[①] 这就为高职院校教师和学生从事文化创意产品设计工作打下了坚实基础。

高职院校加强双创视域下文化创意产品设计研究就要做到创新立意，为高职院校学生创新创业提供实际操作和团队锻炼的实战机会。双创和高职紧密结合是高职院校培养学生成长成才的重要手段。在国家大力倡导双创工作的时代背景下，各高职院校要从双创的角度考虑文化创意产品设计研究，助力推动高职学生树立艰苦创业的思想和脚踏实地的工作作风，从小事做起，积极勇敢地投身到创新创业大潮中去，从事文化创意产品设计应用研究，融入政产学研用工作，在实践中积极锻炼，提升就业抗风险能力。

（二）强化创意在文创设计研发中的重要性

创意是一种工具，利用好创意就能在更大程度上创造价值。文化创意就是力求做到元素融合多元文化，利用不同载体而构建的再造与创新的一种文化现象。文化创意的核心体现在最大限度地发挥人的创造力。高职院校利用文化创意产品设计研究能最大限度地发挥教师、学生和资源的有效配置。在产品研发、市场调研、产品打磨、市场反馈等方面，为文化创意产品设计研究以及实践提供场所和舞台。

培养具有金点子的应用型技术技能人才是高职院校语言类和艺术类专业发展的重要保障，其中文化创意有思路、双创实干有举措的大学生深受市场欢迎。在此背景下，高职院校加强文化创意课程设置，强化文化创意产品设计，锻炼学生实际动手能力，磨合团队意识，培养工匠精神，实现实践育人，尤显重要。

---

① 张国，刘世昕. 新引擎释放新动力：大众创业 万众创新 [N]. 中国青年报，2015-03-06（1）.

二、高职院校加强双创视域下文化创意产品设计研究案例分析

（一）四川双语手绘旅游地图市场调研

1. 手绘旅游地图以其直观、实用、趣味区别于传统旅游地图

四川工程职业技术大学双创项目——四川双语手绘旅游地图既可以展示地图与绘画相结合的魅力，还用立体的绘画、鲜艳的色彩、形象逼真的标识、方便实用的提示再现锦绣四川的自然画卷。因此，本项目产品既是科普作品，又是有一定收藏价值的绘画艺术品。团队经过调研认为该项目产品必将越来越受到市场的重视，必将在语言类和艺术类人才培养中得到更广泛的应用。

2. 四川双语手绘旅游地图创意有突破、凸显国际化特征

自2005年以来，手绘地图逐渐成为旅游新宠，这种将文化创意融入产品设计的思路，符合大众化、普遍化的特质，更容易被消费者接纳。经过市场调研，充分调动了参与项目同学们的学习热情和工作兴趣。通过参与四川双语手绘旅游地图的市场调研和策划等工作，四川双语手绘旅游地图团队的设计思路更加明确，那就是通过团队努力，开发一款面向国内外市场的四川省内第一份双语手绘旅游地图，以及开展后续产品的设计和研发工作。

（二）四川双语手绘旅游地图产品设计思路遵循的原则

1. 本项目产品设计重心定位于契合市场需求

四川双语手绘旅游地图项目结合学校外语系、艺术系和经管系学生所学专业而开展，实现了教学和实践两不误、共发展。一直以来，设计是人类改造自然的基本活动之一。自从人类以制造工具而区别于其他动物时，人类就开始了设计。美国麻省理工学院一学者认为设计是我们要达到什么和我们如何达到它之间的互动。本项目在设计过程中将重心定位于契合市场，解决市场需求，同时借助设计的正确活动程序而完成相应的设计步骤。基于市场调研，四川双语手绘旅游地图项目的设计者需要的信息要素齐全完整，设计思路清晰。

2. 本项目产品设计落脚于契合消费者体验

消费者的诉求总是随着社会经济形势的发展而不断地发生着变化。四川

双语手绘旅游地图项目在产品市场调研和产品设计时力求将消费者体验融入设计中，就是要把服务作为舞台，产品作为道具，让本项目产品的消费者在购买和使用过程中感受到一种前所未有的美好的体验过程。本项目从产品架构、色彩搭配、材质选择到功能定位、产品布局、别样体验、操作指南等，无不充分考虑到消费者体验。

（三）四川双语手绘旅游地图精心选择适用的营销策略

四川双语手绘旅游地图项目充分运用了营销策划和营销策略来提升高职院校文化创意产品设计。通过本项目的成功实施，参与本项目的团队成员，无论是指导老师，还是团队学员，都感受到了实践出真知的道理，以及文创产品的创业不易的感叹，选择适用的营销策略在本项目的运作过程中起到了不可替代的作用。这种"干中学"重能力培养的体验式学习对于参与双创的高职大学生而言，尤显重要。他们在参与本项目时需要积极投身市场，需要亲历市场检阅。事实证明，本项目运用的营销策略得当，取得了积极的市场反馈。我们的四川双语手绘旅游地图在2018年正式面世后获得了市场的认可，也获得了德阳电视台、《德阳日报》等各级媒体的报道和鼓励。

（四）四川双语手绘旅游地图项目在实施过程中特别注重产品设计和科研并举

在本项目实施和推进过程中，团队整合资源积极申报四川省级大学生创新创业课题，提升团队师生的教研科研意识。项目实现了教师和学生"干中学"和"学中干"，参与该项目和课题申报的高职院校学生体验到了"问题变课题"的华丽转身。四川双语手绘旅游地图课题组成员结构合理，由语言类专家和艺术设计专家牵头负责并给予学生适时和恰当的指导。特别强调课题申报书撰写的规范性，突出课题的创新性和产品的新颖性。督导课题负责同学在以往该类型课题的参与评审关键点上发力，比如，评审专家主要看团队已经取得的相关研究成果是否多，完成课题的可信度是否高，市场可行性是否好。通过团队成员的共同努力，本项目在2016年省级大学生创新创业训练计划项目立项成功，课题编号为201612763010（川教函〔2016〕306号）。

（五）四川双语手绘旅游地图项目举一反三，不断推广创新方法

四川双语手绘旅游地图项目应用推广重在通过项目实施，着力推广创新方法。高职院校应用推广创新方法的优势首先在于它的受众密度大。因此，在高职院校实施创新方法推广，其鲜明特质就是效率高、影响大。四川双语手绘旅游地图项目团队在综合平衡项目实力和全面考察市场容量后，积极探索符合高职院校应用推广创新方法。基于项目前期成果《手绘德阳》地图的成功推出和出版后受到社会各界的广泛关注，项目团队顺应这个潮流，适时推出推广创新，设计新颖的文化创意产品《四川双语手绘旅游地图》。

四川双语手绘旅游地图项目通过前期调研，精心设计，产品架构等一系列措施，应用推广的实际效果得到显现。本项目立项以来，在语言类和艺术类老师的指导下，在团队同学们的积极参与和实践锻炼下，取得一系列成果，应用和推广效果突出，实践育人的效果得以实实在在体现。一是在2016年7月和9月，项目组参加由人力资源和社会保障部举办的第二届"中国创翼"青年创业创新大赛，获得四川省赛"创意之星"称号，并晋级国赛，在浙江义乌举行的国赛中荣获"银翼"奖，学校官网及多家新闻网站对项目团队和产品进行了专题报道。二是在2016年10月，项目组参加德阳市就业局双创路演比赛，本项目获得评审专家高度认可并获得德阳市就业局创新创业资助人民币现金10 000元整。三是在2016年11月4日，项目组参加由四川省教育厅、四川省人力资源和社会保障厅、共青团四川省委指导的第十六届中国西部博览会主题活动"2016四川职业教育创新创业论坛"并作了交流发言，获得与会的国内外专家和参会人员的高度好评，为我们的产品走向世界并传播巴蜀文化奠定了基础。四是本项目的最终成果《锦绣四川——四川双语手绘旅游地图》已经在2018年6月由成都地图出版社正式出版发行，该产品在市场上获得了消费者的好评，该产品的成功出版和销售激励着团队成员更要坚持在文化创意的路上坚定不移地走下去。该案例证明了高职院校文化创意设计研究要着力构建以"语言为工具，艺术为桥梁，产品为载体"的新型个性化文化创意产品设计研究模式是成功的，该案例表明在高职院校人文社科类专业实现跨学科跨专业培养人才、实践育人是可行的。

三、项目实施对高职院校加强双创视域下文化创意产品设计研究的启示

（一）着力培养高职院校学生团队精神

四川双语手绘旅游地图项目实施，对于着力强化高职院校双创工作和优化人才培养方案有着重要的影响。四川双语手绘旅游地图项目在实施过程中的重大问题的解决取决于跨学科的团队合作与交流状态，明确要求团队成员除了个人的努力和奋斗之外，还必须具有团队精神和协同创新的气度，更要善于听取不同意见，尊重合作者的劳动和贡献，也要正确处理个人与集体的关系，逐步形成尊重个人创造与团队创新的机制。通过团队逐步磨合和实施，让项目的每个成员都体验到了很强的归属感和成就感，团队的凝聚力、向心力增强，为高职院校文创类产品项目培养学生团队精神同时实现实践育人做出了一定的贡献。

（二）着力培养高职院校学生实干加巧干的工作作风

真抓实干、科学巧干的工作作风，一直是四川双语手绘旅游地图项目团队重点培养的又一项核心内容。真抓实干、科学巧干的前提是基于对双语手绘旅游地图项目的深刻认识和把握，运用改革的思路、创新的办法去破解文化创意设计难题，找准市场的突破口。在四川双语手绘旅游地图项目实施过程中，团队指导老师和学生在工作实践中充分展示了平时锻炼的技能和能力。有助于高职院校深度融合专业，探索人文社科专业学科建设、课程建设、课程改革，面向就业市场，提升跨学科融合力度。

（三）突出实战能力培养，助推高职院校学生双创工作出成绩

依托四川双语手绘旅游地图项目，团队的教师和学生既要解决市场需求问题，也要解决理论和实践相结合的实战问题。这就需要我们的指导教师通过项目进入平台，学生进入项目，师生共同进入工作现场，将工学结合、知行合一落脚到项目的各个阶段，突出对同学们的实践动手能力和实战能力培养。正是得益于这一机制，四川双语手绘旅游地图项目成功进入学校外语系和艺术系的产学研平台，着力培养实战能力，同时参加了一系列大学生双创比赛，通过以

赛代训等模式，不断细化产品工艺，教师的社会实践能力得以提升，助力构建以项目和产品为载体的人文社科类人才培养体系以及相应的课程建设和课堂革命，创新实践产教融合的人才培养方案，促进人文社科类院系实践能力突出的技术技能型人才培养工作，彰显实践育人功能。

四、高职院校加强双创视域下文化创意产品设计研究的建议

（一）高职院校着力提升双创大环境建设

鉴于高职院校人文社科类师生参与双创实践的活力和动力实际，建议高职院校可通过让学生参与项目，以项目带动、锻炼高职学生职业技能和动手能力，实现以项目推动院系双创活动开展的新模式。高职院校积极探索教师进平台、学生进项目和教学进现场的新模式机制，着力破解一些阻碍高职院校人文社科类专业师生文化创意产品设计研究机制瓶颈问题，从机制和制度层面上激励教师和学生积极加入文创项目，着力提升高职院校师生参与双创大环境建设动力。

（二）构建文化创意虚拟教研室提升文创项目课程思政水平

对文创项目指导教师而言，依托虚拟教研室是指以项目课程思政为主题，基于信息技术，了解跨系跨专业跨部门的虚拟教研室的特征，通过双创项目遴选不同专业的教师和学生组成项目团队，在开展市场调研、产品设计、语言应用、文化推广的过程中着力通过实践来提升实践育人，实现润物细无声式的课程思政。构建文化创意产品设计虚拟教研室，就是以提升高职院校双创项目课程思政育人水平为目标。刘雨[1]指出，依托智能时代跨越时空的5G、区块链、人工智能等信息技术，文化创意虚拟教研室这一新型基层教学组织能够更好地为高职院校双创项目课程思政教师的职业发展助力，更好地提升实践育人和课程思政育人效果。

（三）文化创意产品设计研究着力培养敬业精神

敬业就是专心致志以事其业，这是当下任何职业种类所要求的职业道德

---

[1] 刘雨.高校"课程思政"虚拟教研室的内涵、特征与进路[J].辽宁科技学院学报，2022，24（4）：43-46.

共性。在文化创意类产品设计和研究过程中，项目要通过真做事来教会学生扎实的专业理论知识和较高的职业技能外，还必须不遗余力培养高职院校学生的敬业精神。唯有这样，才能使高职院校培养出来的高素质技术技能毕业生在严峻的就业竞争中拔得头筹，为社会主义建设事业添砖加瓦、多做贡献。

当下，高职院校非常重视人文社科类专业与市场的紧密结合，其中文化创意产品设计研究就是一个很好的实践育人载体。在该类文创项目的设计和研究实践中，如何规避同质化、凸显个性，如何彰显地域特色同时又具有明显的国际化特征，这些都是未来高职院校人文社科类专业人才培养回避不了的重大课题，值得学界深思。高职院校也要积极探索在人才培养过程中，如何更好发挥跨学科跨专业整合优势，着力提升高职院校文化创意产品设计研究水平，更好地实现实践育人功能和提升项目课程思政水平，激励更多的高职院校学生以兴趣为舵、以实践为桨、以能力为帆，踊跃投身于双创浪潮。着力构建以"语言为工具，艺术为桥梁，产品为载体"的新型个性化文化创意产品设计研究模式将是高职院校人文社科类专业文化创意研究实现实践育人的必由之路。

参考文献

［1］李彬彬.设计心理学［M］.北京：中国轻工业出版社，2012.

［2］刘国余.产品设计［M］.上海：上海交通大学出版社，2000.

［3］孙启明，郭玉锦，刘宇，等.文化创意产业前沿——希望：新媒体崛起［M］.北京：中国传媒大学出版社，2008.

［4］孙亮.文化艺术市场营销［M］.北京：文化艺术出版社，2008.

［5］文健，周启凤，胡娉.手绘效果图表现技法［M］.北京：清华大学出版社，2005.

［6］杨明刚.营销策划创意与案例解读［M］.上海：上海人民出版社，2008.

［7］陈少峰，张立波.文化产业商业模式［M］.北京：北京大学出版社，2011.

［8］绵阳市文物管理局，绵阳博物馆.涪江遗韵：绵阳不可移动文物［M］.

北京：科学出版社，2014.

［9］潘月洲.旅游地图中的翻译失误研究与实例剖析［J］.江苏经贸职业技术学院学报，2009（5）.

［10］童杉姗，庞小平，张璐璐.双语地图中地图注记的设计［J］.地理空间信息，2010，8（2）.

［11］姚友本.从旅游地图的翻译原则来解析各类翻译错误的原因［J］.南京工业职业技术学院学报，2008，8（3）.

［12］王炳君.关于校园文化建设的研究［J］.中州大学学报，2007（4）.

［13］陈瑾瑜，张译文，袁神.我国文化产品产业化发展的困境与突破［J］.学术论坛，2012，35（8）.

［14］严红梅.我国文化创意产业国际竞争力探析［J］.特区实践与理论，2011（6）.

［15］陈姗.探究高校校园文化产品的设计与推广：以湖北经济学院校园文化产品的在校应用为例［J］.戏剧之家，2015（5）.

［16］吕文娟.基于高校校园文化的手绘创意产品开发［J］.产业与科技论坛，2014，13（17）.

［17］张德群，黄萍，石莹.高校创意纪念品设计项目研究［J］.科教文汇（中旬刊），2013（8）.

［18］刘雨.高校"课程思政"虚拟教研室的内涵、特征与进路［J］.辽宁科技学院学报，2022，24（4）.

［19］卢锦玲.地图英文译名应注意的几个问题［J］.测绘标准化，2001，17（3）.

作者简介

蒋显伦（1973—），男，汉族，四川中江人，本科，四川工程职业技术大学教师，教授，研究方向：英语语言文学、应用语言学。

基金项目

本文是2016年四川省省级大学生创新创业训练计划项目"锦绣四川——四川双语手绘旅游地图"的成果之一，项目批准号：川教函〔2016〕306号。

儿童福利院志愿服务育人路径研究
——基于四川工程职业技术大学学前教育专业的实践分析

赵铁柱

习近平总书记2014年1月到呼和浩特市儿童福利院看望那里的儿童时指出，全社会都要关爱孤儿和残疾儿童，共同努力保障他们健康成长，使他们感受到社会主义大家庭的温暖。总书记2019年1月视察天津和平区朝阳里社区时，也曾称赞志愿者们是为社会做出贡献的前行者、引领者。四川工程职业技术大学学前教育专业学生长期定点到德阳市Y儿童福利院开展志愿服务活动，捐书捐物，跟福利院的孤残儿童一起玩游戏，陪伴他们快乐成长。然而，福利院孤残儿童的特殊情况和困难处境令人忧虑。

从优势理论的视角看，学前教育专业的学生阳光乐观、活泼开朗、细心热情，对孩子有爱心，懂得教育学、心理学、卫生学知识，拥有唱歌、跳舞、画画、讲故事、组织游戏等专业技能，他们可以在儿童福利院志愿服务中充分发挥专业优势，为孩子们的健康成长提供更多支持，还能在实践中切实体会到专业知识的价值及专业服务带来的能力感和满足感，这或许能驱使他们改善对待专业的态度并致力于专业学习。笔者拟以此为出发点，结合四川工程职业技术大学学前教育专业的志愿服务实践，优化探索高职学前教育专业儿童福利院志愿服务"三位一体"的育人路径，以充分发挥儿童福利院志愿服务的育人功能。

一、现实困境：福利院孤残儿童养育与高职学前教育专业人才培养存在短板

（一）福利院孤残儿童健康成长保障不足

近年来，在党和国家的关怀与重视下，福利院儿童的基本生活、康复教育等保障制度不断完善。例如，《儿童福利机构基本规范》规定：机构应根据儿童生长发育规律，开展早期教育、学前教育、义务教育和特殊教育。《儿童福利机构管理办法》规定：应当坚持儿童利益最大化，依法保障儿童的生存权、发展权、受教育权等权利，不断提高儿童生活、医疗、康复和教育水平。但是，有关调查研究显示：各地儿童福利院注重对儿童的基本生活照料，普遍存在教育工作薄弱、专业性服务不足、对儿童的需要缺乏认知、专业人员相对缺乏等问题。[1]

儿童福利院的孤残儿童本就脱离家庭和社会，缺少父母的陪伴和教养，缺少与外界的正常交流，健康成长更需要充分的保障与支持。然而，福利机构儿童养育中普遍重"养"轻"教"，又缺少社会辅助力量的支持，孤残儿童合法权益和正当需求未得到充分保障和满足，在日常生活和学习中常表现得孤独、沉默、怪癖、自私和神经质。施皮茨（René Spitz）把儿童在福利院接受照顾一定期限而出现的各种不良反应称为"住院综合征"[2]。英国社会学家斯宾塞（Herbert Spencer）在《斯宾塞的快乐教育法》一书中也提到过孤儿院孩子的类似反应——目光呆滞，食欲缺乏，不愿意和其他人交流，不愿意参加活动，他把这种反应称为"皮肤饥饿"。

（二）高职学前教育专业学生专业认同不够

笔者通过调查所在学校学前教育专业近三年的就业数据发现，初次就业选择从事幼儿园教师职业的学生约占比32.9%，这意味着学前教育专业学生从事幼师职业的意愿不强，只有少数学生毕业后选择当幼儿园老师。通过调

---

[1] 万国威，马杨卿.中国儿童福利机构的实践困境与建设方向[J].社会福利（理论版），2019（3）：12-18.

[2] 刘继同.院舍照顾到社区照顾：中国孤残儿童养护模式的战略转变[J].社会福利，2003（10）：46-48.

查本校学前教育专业大二学生发现，近20%的学生对待专业及专业学习不感兴趣，超过30%的学生表示仅有一点兴趣。另有调查表明：学生对从事幼儿园教师职业信念不是很坚定，普遍处于一种摇摆不定的状态。如面对"如果毕业后有机会转行"的问题，63.69%的学生表示一定会转行或可能会转行。[1]仅6%的学生对"毕业后若有其他择业机会，我还是会选择做教师"的问题表示同意。[2]

高职学前教育专业学生专业认同感不强，有多方面原因。比如，学生对专业缺少深入了解，幼儿教师行业薪酬待遇偏低、缺编严重、工作压力大，等等。目前我国幼儿教师队伍缺口仍然较大，高职学前教育专业承担着为社会培养幼儿教师的重要责任，应该同时考虑另外一个不容忽视的原因——学生的专业价值感和职业荣誉感未被充分唤起。

相对于专业课堂教学和幼儿园实践，儿童福利院志愿服务实践可以让他们充分体会到专业价值感和职业荣誉感。一是由于儿童福利院孤残儿童处境不利，对专业化的志愿服务有着更迫切的需求，孩子们真实而及时的回馈让学生在志愿服务过程中体会到专业知识技能的价值以及专业化志愿服务的价值；二是由于志愿服务活动中学生在专业知识技能应用上有更大的空间和自主性，这可以让他们充分体验专业知识技能的价值；三是专业化的志愿服务行动能让他们获得来自儿童福利院人员、老师及同学多方面的关注和肯定，从而进一步体验专业价值感和职业荣誉感。

二、成效预期：高职学前教育专业儿童福利院志愿服务育人功能体现

志愿服务作为实践育人的一种基本形式，其育人功能本就有着诸多方面的体现，比如，塑造健全人格、提升道德品质、培养劳动能力、实现自我等。立足现实困境，积极开展儿童福利院志愿服务育人路径的优化探索，对于高

---

[1] 李德菊.高职学前教育专业学生专业认同感调查研究：以阜阳职业技术学院为例[J].阜阳职业技术学院学报，2021，32（2）：29-31.

[2] 漆凡.高职学前教育专业学生专业认同现状调查及对策研究：以宜春职业技术学院为例[J].人才资源开发，2015（20）：182-183.

职学前教育专业学生来说，还能实现以下育人功能。

（一）增强社会责任感

社会责任感是在一定社会历史条件下所形成的为了建立美好和谐社会而应承担的对自己、对家庭、对他人、对集体、对国家和民族、对环境、对人类的责任，是履行社会责任义务的自觉态度和人格素质。[1]志愿服务是任何人自愿贡献个人时间和精力，在不为物质报酬的前提下，为推动人类发展、社会进步和社会福利事业而提供的服务。[2]从现实来看，很多大学生带着帮助他人、奉献社会的热情和初心积极投身于志愿服务，体现出了较高的社会责任感。但也有部分大学生过于看重金钱和个人理想，个人主义和功利思想严重，社会责任意识不强。

学前教育专业的学生通过深入儿童福利院，接触到孤残儿童这一社会弱势群体，对社会有了更深刻的认识和理解，可以增进社会责任认知。通过关爱孤残儿童并运用所学知识技能帮助他们健康成长，则是在以实际行动承担社会责任。在承担责任的实践中，学生们因能给处境不利的孤残儿童带去温暖和帮助感到快乐和满足，切身的社会责任情感体验会促使他们致力于寻求承担责任的办法并积极行动，比如，思考怎样给孩子们带去更多的支持和帮助，还会促使他们学会承担更多的社会责任，比如，做一个有优良品质的幼儿教师，守护孩子的快乐童年。

（二）强化专业价值认同

"学前教育极具社会价值，是为国家积累财富"是世界首届学前教育大会达成的共识，具体体现在"学龄前期是为儿童设定正确发展轨道的最关键时期""儿童的早期经历会影响他们的全面发展和后继学习"等方面。专业价值认同高的学生，懂得专业价值所在，理解专业对学龄前儿童的学习与发展会有什么样的影响，并致力于自己的专业学习。学前教育专业的学生对专业价值有一定了解，但更多的是基于理论知识的学习，由于社会实践机会少、时

---

[1] 杨晓华.大学生社会责任感培育路径研究［M］.上海：上海交通大学出版社，2022.

[2] 丁元竹，江汛清.志愿活动研究：类型、评价与管理［M］.天津：天津人民出版社，2001.

间短、幼儿教师职业劳动周期长等原因，他们对专业价值缺少深层体验，未形成对专业价值的情感认同。

专业化的儿童福利院志愿服务活动，为学生提供了将所学专业理论应用于社会实践的机会。服务对象是孤残儿童这一特殊群体，他们有着更强烈的被爱、被关注、被接纳、被肯定的内心需要，学习与发展更需要外界的支持和帮助。当学生在志愿服务过程中关爱、尊重孤残儿童，以仁爱之心和责任心去对待他们，运用专业知识技能教他们唱歌、画画，组织他们开展各种游戏活动，会切实体验到自己所学专业知识技能的价值所在，进而从情感上认同专业价值并落实到专业学习行动。

（三）提升教师职业能力

有调查显示，大学生参与过的志愿活动较少属于"无偿专业服务或咨询"，即很少能够有意识地把志愿行动与专业知识结合起来。[1] 而高职学前教育专业儿童福利院志愿服务育人新路径可以实现志愿服务与专业知识技能的有效融合，进而提升学生的教师职业能力。

在儿童福利院志愿服务实践中，学生志愿者结合孩子们的具体情况，组织他们开展音乐、绘画、手工、舞蹈、故事以及各种类型游戏等多样化的活动并致力于儿童福利院的环境创设。通过将理论知识应用于志愿服务实践，可以在实践中巩固、深化专业知识技能的学习。孩子们在活动中的反应、学生在组织活动时碰到的困难以及活动的效果，会驱动学生们更主动地去反思和学习，在"实践—反思"的循环过程中不断提升专业能力。

儿童福利院志愿服务实践也让学前教育专业的学生有了更多践行师德的机会。学生们尝试公正平等地对待有着各种特殊情况的孤残儿童，身体力行尊重孩子们的人格尊严和权利需求，还会在实践中学习并体会"敬业乐教、热爱教育事业"的价值和意义，带着教育热情认真工作，进而提高师德践行能力。

---

[1] 郑朝静.大学生志愿精神培育［M］.北京：社会科学文献出版社，2013.

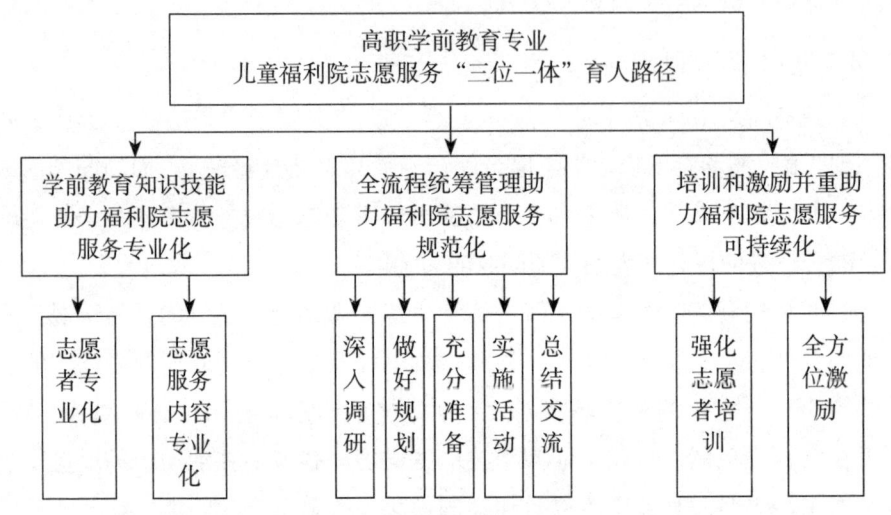

三、优化探索：高职学前教育专业儿童福利院志愿服务"三位一体"育人路径

基于四川工程职业技术大学学前教育专业志愿服务实践的儿童福利院志愿服务"三位一体"育人路径，即学前教育知识技能助力儿童福利院志愿服务专业化，全流程统筹管理助力儿童福利院志愿服务规范化，培训和激励并重助力儿童福利院志愿服务可持续化（如图1所示）。通过儿童福利院志愿服务"三位一体"的育人路径，为儿童福利院孩子们的健康成长提供更好保障，为高职学前教育专业学生提供学以致用、实践锻炼的平台，着力提升育人成效。

图1 高职学前教育专业儿童福利院志愿服务"三位一体"育人路径

（一）学前教育知识技能助力儿童福利院志愿服务专业化

高职学前教育专业应当立足专业优势，积极推进志愿服务活动的专业化，主动服务于地方社会发展需要。学前教育知识技能助力儿童福利院志愿服务专业化，就是将学前教育专业知识技能与儿童福利院志愿服务活动结合起来，充分发挥专业优势，向儿童福利院提供体现学前教育专业特点的专业化志愿服务。

学前教育知识技能助力儿童福利院志愿服务专业化主要体现在两方面。一是志愿者的专业化。志愿服务项目要求志愿者是学前教育专业的学生，他们具备基本的师德理念、专业知识和专业技能，能够胜任面向儿童福利院儿童开展活动的工作任务，适应于服务内容的要求。另外，志愿者在专业知识技能方面也会有各自的兴趣和专长，志愿者团队成员结合兴趣专长协同开展活动，有利于他们充分发挥个人特长优势。二是志愿服务内容的专业化。学前教育专业儿童福利院志愿服务的内容主要包括两部分：活动组织和环境创设。活动组织主要是面向儿童福利院儿童尤其是学龄前儿童开展教育活动和游戏活动，教育活动涵盖身心健康、语言表达、人际交往、科学探究、艺术表现等内容，游戏活动涵盖创造性游戏（如角色游戏、结构游戏）和规则性游戏（如运动游戏、听说游戏、益智游戏和音乐游戏）；环境创设是志愿者运用手工与环创知识技能对儿童福利院室内和户外环境进行创设。

学前教育知识技能助力儿童福利院志愿服务专业化，可以弥补儿童福利院低年龄段儿童教育尤其是学龄前儿童教育的短板，从育人角度则能够满足学生在实践中应用所学知识技能的需求，从而提升其专业价值感及教育活动计划与实施、环境创设等教师职业能力。

（二）全流程统筹管理助力儿童福利院志愿服务规范化

专业化的志愿服务预期成效的取得，有赖于志愿者招募、志愿工时登记等方面的规范管理，更需要着力加强儿童福利院志愿服务全流程的规范操作，具体包括以下五方面内容。

一是深入调研。儿童福利院孤残儿童情况往往比较复杂，需要精准化乃至个性化的专业服务。他们的年龄特点、身心发展状况、兴趣爱好、生活经验、特殊需要等是专业化志愿活动开展的起点，故而需要在一开始就深入儿童福利院进行充分的调研，详细了解孩子们的具体情况和基本需求，确保提供适宜的服务。

二是做好规划。一方面，根据具体情况规划好志愿服务活动具体安排，如志愿活动分几个阶段，各阶段开展哪些服务内容，每个阶段持续多长时间，每周几次，每次多长时间；另一方面，做好任务的分配，可以是个人任务或小组任务。

三是充分准备。在掌握了孩子的具体情况之后，需要为有计划地、针对性地组织开展活动以及环境创设做好充分的前期准备。一是制订阶段性的目标和计划，二是设计具体活动方案，准备活动所需的教具等材料。在这个过程中专业教师及时介入提供指导，确保准备顺利进行及活动方案的适宜性。

四是实施活动。这是专业化志愿服务的核心环节。根据时间安排，按照计划灵活运用不同的组织形式实施每一次的教育活动和游戏活动，活动过程中及时关注孩子的表现，根据其表现和需要调整活动，并对孩子进行适当的指导。

五是总结交流。组织志愿者定期开展总结交流，志愿者之间结合个人的活动实施情况、反思体会以及福利院的反馈意见开展交流分享，互相借鉴有益的经验，集思广益，一起解决志愿者在活动开展过程中碰到的各种问题，同时对大家活动中的辛苦付出给予及时的肯定和鼓励，不断提升服务水平。

通过"调研—规划—准备—实施—总结"全流程统筹管理助力儿童福利院志愿服务规范化，旨在保障专业知识技能与志愿服务相结合的专业化行动能落到实处，确保学生教师职业能力得到提升的同时，在规范化志愿服务实践中提升责任担当、团队意识、互助精神、反思自省、问题解决等核心素养。

（三）培训和激励并重助力儿童福利院志愿服务可持续化

通过专业化的志愿服务保障儿童福利院孤残儿童的健康成长是一件久久为功的事情，必须采取有力措施保障儿童福利院志愿服务的可持续化。

一是强化志愿者培训。志愿者具有志愿服务的相关知识技能，才能胜任岗位工作，顺利完成任务，保持参与的热情和信心。所以，要定期对志愿者开展一般培训和专业培训。一般培训主要涵盖志愿者角色和责任、志愿精神与社会责任、志愿者权利义务等基本内容；专业培训主要包括行为观察、教育活动和游戏活动的设计、组织与指导以及环境创设等专业知识技能。

二是全方位激励。表彰和激励可以激发志愿者的服务热情，提升对自我的认同感。对志愿者的激励以精神激励为主，具体可采取以下做法。第一，通过加强宣传的方式进行激励，如在院系网站、宣传栏、微信公众号、视频号等信息平台进行宣传。第二，通过关注和肯定的方式激励，如院系领导或老师到儿童福利院现场慰问、看望、鼓励志愿者等。第三，通过强化组织归属感的方式激励，比如向志愿者配发团队专属的统一的队服、队旗、胸卡等。第四，通过颁发荣誉的方式激励，如评选志愿者优秀个人、志愿服务标兵等荣誉称号并向志愿者颁发奖状、奖章。第五，通过制定倾斜性政策的方式激励，如将志愿者志愿服务的效果与院系评奖评优挂钩，同等条件下志愿服务有贡献者优先评。

儿童福利院志愿服务可持续化，保障孤残儿童健康成长的同时，也能保障儿童福利院志愿服务持续发挥育人功能。在持续化的儿童福利院志愿服务过程中，学生的仁爱之心和奉献精神将会不断得到强化乃至形成一种习惯，在持久的服务他人和奉献社会中，学生们涵养爱国情怀、自觉承担社会责任、积极践行社会主义核心价值观，在"育人"的过程中实现"育己"。

参考文献

［1］万国威，马杨卿.中国儿童福利机构的实践困境与建设方向［J］.社会福利（理论版），2019（3）.

［2］刘继同.院舍照顾到社区照顾：中国孤残儿童养护模式的战略转变［J］.社会福利，2003（10）.

［3］李德菊.高职学前教育专业学生专业认同感调查研究：以阜阳职业技术学院为例［J］.阜阳职业技术学院学报，2021，32（2）.

［4］漆凡.高职学前教育专业学生专业认同现状调查及对策研究：以宜春职业技术学院为例［J］.人才资源开发，2015（20）.

［5］杨晓华.大学生社会责任感培育路径研究［M］.上海：上海交通大学出版社，2022.

［6］丁元竹，江汛清.志愿活动研究：类型、评价与管理［M］.天津：天津人民出版社，2001.

［7］郑朝静.大学生志愿精神培育［M］.北京：社会科学文献出版社，2013.

作者简介

赵铁柱（1987—），男，硕士研究生，教育学院主任助理，讲师，公开发表《高职院校课堂纪律问题探析》等5篇论文，作为主要成员参与完成《幼儿园教育活动指导》校级精品课程、"幼儿园教育活动案例库"、"课程思政"示范课程等项目，指导学生参加"四川省高职院校大学生学前教育专业教育技能大赛"获二等奖1项、三等奖2项。

"艺"心绘梦，绘就乡村振兴新祈愿
——乡村振兴战略视域下"'艺'心绘梦"服务队的实践育人路径

李静　杨晓蕾

实施乡村振兴战略，是党的十九大以来的重要决策部署，是当今全面建成小康社会的重要任务[①]，也是"以人民为中心"的发展理念的生动实践，而引领青年以实际行动助力乡村发展、在实践中将个人价值实现与社会价值相结合，让青年在助力乡村振兴中实现自我提升，为培养出担当民族复兴大任的时代新人提供了实践平台。实践出真知，实践长才干，实践育人是高校思想政治教育课程改革的重要原则，适应时代发展的需要，其改变了传统教育中存在的宏观理论思想只存在于书本上的困境，以学生亲身参与、实践中探索求真知，在"无意识"中增加教育者"有意识"的引导，让学生在实践中学、在做中感悟，从而主动接受教育的影响，实现自我人格的塑造和价值的提升，有效实现高校思政教育育人目标。[②] 2022年3月，学校艺术系团总支依托本系党总支"'艺'心向党"党建品牌，遴选了一批兼具艺术功底和奉献精神的优秀学生代表，组建了一支年轻有朝气的青年志愿服务队——"艺"心绘梦服务队。"艺"心绘梦服务队师生齐心帮扶乡村文化振兴，是高校思想政治教育工作与专业联动探索出的实践育人新路径。

---

① 中共中央　国务院关于实施乡村振兴战略的意见［EB/OL］.中国政府网，2018-01-02.
② 王忠.大学生思想政治教育实践育人机制创新研究［D］.长春：东北师范大学，2016：137.

一、乡村振兴战略视域下"'艺'心绘梦"服务队的实践育人初心

（一）旨在贯彻落实乡村振兴战略总体要求和习近平总书记对青年的嘱托

首先，进一步巩固脱贫攻坚成果，持续推动脱贫地区发展和乡村全面振兴是中共中央、国务院关于进一步推动乡村振兴战略的重要指示[1]。乡村振兴中落实乡风文明是关键，以社会主义核心价值观为引领，升级乡村基础设施建设的同时提高农村精神文明建设，坚持物质和精神文明一起抓，加强农村思想道德建设，深入贯彻乡村振兴总体要求。其次，为深入学习宣传贯彻习近平新时代中国特色社会主义思想，贯彻落实党中央关于青年工作的重要指示，深入学习习近平总书记在党的二十大报告中对青年的殷殷寄语，引导和帮助广大青年学生上好与现实相结合的"大思政课"，提升学生的专业水平和实践能力、增强学生以专业回馈社会的担当和使命，在社会实践的课堂中"受教育、长才干、做贡献，让青春在全面建设社会主义现代化国家的火热实践中绽放绚丽之花"。

（二）旨在践行高校"立德树人"根本任务

习近平总书记多次指出，"高校立身之本在于立德树人"。高校与社会的连接为学生实践育人提供了平台，学生将理论运用于实践，在实践中得到启发和成长。实践育人是高校"三全育人"新形势的重要导向，也是实现"立德树人"的必要途径，更是高校人才培养的重要环节，能够有效促进全方位、全过程、全员育人工作的质量提升。在乡村全面振兴的历史潮流中，广大青年学生走进社区、走进乡村等地，了解国情，拓宽视野，丰富阅历、增长才干，利用学生实践活动发挥好思想引领作用，具有重要的思想政治育人功能。通过实践育人落实立德树人根本任务，帮助学生提高社会化能力。

坚持实践育人是高校落实"三全育人"课程改革的伟大工程，也是马克思主义实践价值观在高校育人模式革新的创新与体现。以乡村全面振兴为载体的社会实践旨在以学生"做"为中心，以专业所学助力农村基础建设，在真实情境下探究、体验，推动高校学习方式的深度变革。充分结合新时代青

---

[1] 中青社. 关于进一步加强和改进大学生社会实践的意见[EB/OL].新华网，2004-10-14.

年学生的成长规律，挖掘乡村振兴中丰富的育人内涵，思想引领，专业加持，将高校育人愿景转化为切实可行的育人实践，进一步让立德树人根本任务真正在实际教学中落地生花。从而引领广大青年学子在实践中不断修正和提升个人思想理论，树立正确的三观，努力成长为能担当民族复兴大任的时代新人。

（三）旨在推动青年学生在实践中感知乡村振兴成果

2022—2023年是积极助力巩固拓展脱贫攻坚成果同乡村振兴有效衔接的时期，恰逢党的二十大的胜利召开，以社会实践引导广大青年大学生深入乡村，感知乡村振兴新面貌，着眼帮助和引导青年学生紧紧围绕"国之大者"，深刻领会"马克思主义为什么行，中国共产党为什么能，中国特色社会主义为什么好"等重大理论和实践问题。服务队旨在发动青年学生了解认知乡村，参与乡风文明的实践活动，在实践中感知乡村振兴成果，在实践中深刻领会"以人民为中心"的发展理念和背后蕴含着的我们党为国为民的初心。

乡村振兴战略与高校实践育人互为融通、相互促进，乡村振兴战略为高校实践育人指引了社会实践的方向，助力育人模式革新；高校实践育人为乡村全面振兴的实施提供了舞台和专业技术支持[1]，为乡村振兴注入青春血脉。

二、乡村振兴战略视域下"'艺'心绘梦"服务队的实践育人具体做法

（一）奔赴区县"送爱心"，以社会实践活动献礼党的二十大

2022年6月，适逢党的二十大召开在即，结合暑期"三下乡"项目，"艺"心绘梦服务队派出由1名指导教师和16名大学生团员组成的"乡村振兴·彩绘新农村"服务队，奔赴罗江和中江等地，以"献礼党的二十大"为主旨，用专业为童心织梦、为乡村治理出力，用美好图景引导乡村青少年和老百姓积极响应党的号召、坚定不移跟党走。

---

[1] 董丽莹. 乡村振兴战略视域下高校实践育人探究[J]. 农村经济与科技，2019，30（16）：206，239.

图1 "'艺'心绘梦"服务队社会实践足迹

服务队在中江县青少年宫开展"童心向党，喜迎党的二十大"主题墙绘活动，大家精心设计，勾勒出"童心向党""强国有我"等主题突出且色彩明快、充满童趣的墙绘作品，饱含了青少年对党的热爱和铮铮誓言，为党献上了一份最诚挚的祝福。在罗江区，同学们拿起画笔，第一次让"社会主义核心价值观"出现在乡村街道井盖上，把井盖彩绘成美丽的艺术品，为平凡的乡村街道增添了一抹亮丽的风景线，扮靓新农村，也让普通的井盖具有了时代"烙印"和思想内涵，成为"社会主义核心价值观"的无声传播机。

核心价值观进乡村，创意彩绘润童心。青年大学生走进乡村街道感受到了新农村的变化，亲眼见证了伟大祖国乡村振兴事业的蓬勃发展，也用专业所学助力新农村环境建设，以青春之力献礼党的二十大。2022年9月，"乡村振兴·彩绘新农村"服务队被团省委、省委宣传部、省文明办、教育厅、省学联评为"2022年四川省暑期'三下乡'社会实践优秀团队"。此殊荣进一步肯定了服务队坚持"奉献自我，反哺社会，以专业之长助力乡村文化振兴"的行动指南。

（二）情暖藏区"送文化"，助力打造宜居宜业和美乡村

若尔盖县是德阳市长期对口帮扶的地区，若尔盖县求吉乡也是学院乡村振兴重点帮扶单位。依托乡村振兴帮扶项目，"'艺'心绘梦"服务队义不容辞，立足当地发展红色旅游产业的需要，对阿西茸牙弄寨周恩来旧居进行墙绘设计，把红军长征的足迹、少数民族的生活勾勒到墙上，描绘出民族团结美好新画卷，积极为当地发展乡村旅游、宣传红色文化、维护民族团结助力，为藏区铸牢中华民族共同体意识服务。

2022年11月，服务队一行12人组成"艺术系对口帮扶求吉乡甲吉村幼儿园小分队"，克服了高海拔、低温等困难，前往若尔盖县求吉乡甲吉村，帮助甲吉村幼儿园进行校舍环境创设。短短5天，同学们用画笔将甲吉村幼儿园装扮一新，用美丽的童话世界打造出"若尔盖县最高标准村级幼儿园"，受到当地媒体报道，该幼儿园俨然成为当地文化建设和乡村振兴的标杆。以幼儿园为辐射，打造具有美感和文化气息的村落，在当地已逐渐成为现实。

（三）深入社区送"风景"，城乡旧貌换新颜

秉持习近平总书记提出的"以人民为中心"的发展理念，"艺"心绘梦服务队坚持将服务基层作为社会实践的主战场，手握画笔进村组、进社区，已经成为队员们的常态。2022年4月，由校团委牵头，服务队前往中江县南华镇，让原本平淡无奇的墙面，经过绘制，摇身一变成了村里别具一格的"网红景点"，为村容村貌增添了艺术色彩，也为当地乡村旅游增加了亮点。

乡村要振兴，青年必先行。2023年7月，"艺"心绘梦服务队再出发，赴

什邡、中江两地开展以"乡村振兴·彩绘新农村2.0"暑期"三下乡"社会实践活动。什邡市师古镇的"雪茄现代农业园区"是大泉坑村核心产业区，服务队以地方特色雪茄为主要元素进行美化乡村"墙体彩绘"活动。炎炎夏日，队员们不惧酷暑，手执画笔，用色彩渲染大泉坑村，为村容村貌增添了艺术色彩，也为乡村注入了新的活力和吸引力，让当地百姓感受到家乡的独特魅力和文化底蕴。中江县集凤镇石垭子村是"中国芍药之乡"和"芍药谷"核心区。实践服务队第二站便以"芍药花"为主题进行创意乡村彩绘。在为期两天的实践中，队员们齐心协力帮助当地绘制了三面大型墙体。通过艺术彩绘，让芍药花绽放在美丽村落里，用艺术点亮振兴之路。

2021年5月至今，服务队与旌阳区民政局的"旌青绘"密切合作，服务队帮助德阳市老旧小区进行墙面改造。不论酷暑严冬，服务队的同学没有丝毫怨言，积极奔赴旌阳区的各个村落和小区。经过同学们的不懈努力，丁香巷等旧小区旧貌换新颜，展现出浓郁的川西风情和德阳特有的本土文化。同学们用自己的专长为德阳城乡环境建设服务，得到了老百姓的交口称赞，2022年3月，服务队被德阳市旌阳区民政局评为"优秀志愿服务团体"。

三、乡村振兴战略视域下"'艺'心绘梦"服务队的实践育人教育价值

（一）以专业发展联动，实现知行合一培养目标

陶行知提出，"知者行之始，行者知之成"，知行思想达到新的境界。"知行合一"作为中国传统文化中重要的修身理念，包含着极为丰富的育人价值[1]，也是今天高校开展实践育人工作的重要目标。服务队不仅突出乡村振兴服务的育人功能，充分结合学科专业特色，组织青年学生深入德阳的乡村、城镇，远赴学院对口帮扶的阿坝州若尔盖县求吉乡等地，通过彩绘项目，充分结合学前教育和艺术设计共通的专业特色，以"彩绘"为途径，使得两个专业发展联动，在实践探索中奉献青年力量，实现知行合一培养目标，树立

---

[1] 郭晶. "知行合一"视域下高校实践育人的路径和措施研究[D].石家庄：石家庄铁道大学，2021：3.

严谨认真的工作态度，极力突出实践育人价值，推动知识学习和能力培养。同时，助力本地和藏区的乡村美化基础设施、改善人文环境，将习近平总书记关于"实施乡村振兴战略要物质文明和精神文明一起抓""生态宜居体现了广大农民群众对建设美丽家园的追求"的指示落到实处。引导青年大学生走进乡村，在今昔对比中深刻理解"以人民为中心"的发展理念和全面推进乡村振兴的意义所在，上好理论与实践相结合的"大思政课"，提升学生的专业水平和实践能力、增强学生爱家乡、爱祖国的情怀，以专业特长赋能乡村振兴，更提升了学生的社会责任感和使命感。一系列社会实践活动中青年大学生以专业技能服务社会的积极性显著提高，活动组织能力、团队协作能力、专业认同度和自豪感、躬身实践的决心和家国情怀整体增强，用实际行动秉持"实践出真知""实践是检验真理的唯一标准"。

（二）紧扣红色文化，着力"听党话、跟党走"思想引领

服务队以党的先进思想为引领，承载着核心价值观传播、童心向党、思想引领和人才培养的多重职能。服务队走进革命红色基地、地方特色品牌农村地区、了解国情民情，旨在号召更多青年马克思主义者加入乡村振兴服务队，以画笔传播社会主义核心价值观、传播红色故事、彰显红色正气，培养一支"听党指挥、乐于奉献、实践为民"的青年社会实践队伍。通过实践项目把红色文化融入思想道德教育、文化知识教育等各个环节，着力"把党的思想利用好、把核心价值观发扬好、把红色文化传承好"。

服务队奔赴我校乡村振兴重点帮扶单位求吉乡，积极参与帮扶工作，紧扣地方红色文化，以画笔探寻红色足迹，引导青年大学生当好红色文化、民族团结的传播者、参与者和践行者，不断铸牢中华民族共同体意识。此外，同学们在指导老师的带领下，积极参与学校对口帮扶项目——甲吉村幼儿园环境创设，以专业促发展，以实践促新知。

（三）以志愿服务活动为载体，有效增强大学生思想政治教育实践育人实效性

志愿服务是"实践育人"的重要载体，是手段也是目的，学生通过志愿服务提升个人能力、展现自身价值，进一步促进向上向善的风气形成，同时

也彰显了奉献意识、责任意识和使命担当,将"奉献、友爱、互助、进步"的志愿者精神充分融入我国社会主义精神文明建设的历史进程之中。服务队主要通过"乡村振兴·彩绘新农村"暑期"三下乡"社会实践活动、德阳市青年志愿者协会、旌阳区民政局等部门联合"旌青绘"助力老旧社会改造,以学校精准扶贫帮扶项目等志愿服务活动为载体,将思想政治教育工作贯穿于各类志愿服务社会实践的始终,进行深刻的思想政治教育;在志愿者乡村助农活动中,着力提升大学生的大局意识、责任意识和服务意识;以志愿服务精神为导向,引导学生反哺社会、服务人民。行走的思政课较之传统讲授,更生动具体、贴近现实,更有效地实现了实践育人的教育目标,成为思想政治教育的有力抓手。

图2 实践育人成果展示

四、结语

至此,艺术系团总支依托"'艺'心绘梦"服务队荣获2023年"德阳市五四红旗团支部",此殊荣是对服务队工作的肯定,也是高校实践育人新路径探索的代表性成果。在持续推进乡村全面振兴的道路上,青年大学生更要积极响应时代号召。"'艺'心绘梦"服务队旨在引导具有现代社会意识、具有开阔视野、具有创新能力、具有专业技能的大学生走进乡村、感知乡村全新面貌,以核心价值观为思想引领,以墙绘浸润童心,让乡村百姓潜移默化接受思想洗礼,感召时代呼唤,不负时代使命。

"大自然、大社会"都是活教材。以专业为导向的实践育人模式既符合高校人才培养新模式,符合新时代大学生喜欢走出校园、"做中学"的学习方式,是陈鹤琴先生"活教育"思想的现代化体现。高校实践育人,实践是手段,育人是目标。"艺"心绘梦服务队坚持以党的先进思想为引领,秉持"体现专业、善用技能、项目驱动、服务社会"的理念,努力为广大青年学子创造条件,鼓励广大青年学子积极投身乡村振兴、练就助农本领,在知行合一中不断强化家国情怀、人文精神与艺术教育的共融;在服务地方文化和经济建设、服务人民群众高品质生活需求的过程中,推动青年与乡村的"双向奔赴",带领广大青年大学生为打造乡村振兴新蓝图贡献青春力量。"让青春在火热实践中绽放绚丽之花",成长为中国特色社会主义事业的合格建设者和可靠接班人。

参考文献

[1]中共中央 国务院关于实施乡村振兴战略的意见[EB/OL].中国政府网,2018-01-02.

[2]王忠.大学生思想政治教育实践育人机制创新研究[D].长春:东北师范大学,2016.

[3]中青社.关于进一步加强和改进大学生社会实践的意见[EB/OL].新华网,2004-10-14.

[4]董丽莹.乡村振兴战略视域下高校实践育人探究[J].农村经济与科技.2019,30(16).

[5]郭晶."知行合一"视域下高校实践育人的路径和措施研究[D].石家庄：石家庄铁道大学，2021.

作者简介

李静（1993—），女，四川绵阳人，教育硕士，四川工程职业技术大学艺术学院团总支书记，学前教育专任教师，讲师。

杨晓蕾（1981—），女，四川德阳人，四川工程职业技术大学艺术学院党总支书记，副教授，长期从事思想政治教育教学与研究。

心理剧在大学生心理健康教育课程中的应用

何丽娜　牛丽丽

校园心理剧是受心理剧启发而在校园里兴起的一种活动。通过戏剧的手法，校园心理剧创造了一个校园情境，将大学生常见的心理问题戏剧化地展现在舞台上，从而引起大学生的情感共鸣。在过去的几年里，我们在大学生心理健康教育课程的教学中尝试引入校园心理剧，整合教学内容，教学效果较好。在大学生心理健康教育课程中使用校园心理剧，学生编写剧本、表演和观看的教学体验，能够激发他们的积极性和主动性。有助于他们更好地理解理论知识，并培养独立思考的能力，从而促进个人的成长。

一、心理剧的研究意义

（一）深入探讨大学生的内在世界

校园心理剧以学生的心理问题和成长为主题，强调了人们内心世界的重要性，尤其是大学生的心理状态。通过研究校园心理剧，可以更深入地了解大学生的内心世界。

（二）促进大学生身心健康发展

通过校园心理剧，可以帮助大学生更好地理解自己的心理需求，提高对心理问题的敏感度，从而促进自身的心理健康发展。

（三）推进大学生情感教育

情感教育是培养学生情感智商和社会情感中的重要环节。校园心理剧有助于推动情感教育，通过剧中人物的故事，让学生更好地了解自己的情感，培养情感沟通和情感管理能力。

（四）挖掘文化价值

校园心理剧内容多样，涵盖了学生最基本的生活和现实问题，因此成为探讨人生意义和文化价值的有效途径之一。通过剧中情节和角色的塑造，可以引发观众对人生意义和文化的思考和讨论。

二、心理剧在大学生心理健康教育中的优势

（一）情感引导优势

心理剧情感引导是一种通过故事情节来引导表演者和观众产生情感反应、情绪共鸣的方法，它在传递信息和知识方面有着独特的优势。

1. 容易引起共情。心理剧情感引导可以在故事情节和角色性格塑造上，使学生很快地进入角色的情感世界中，与之产生共鸣和情感联结，容易引发学生的情绪反应。

2. 替代直接传送知识。相比于单调的演示和知识性讲解，心理剧情感引导能够以情节为线索，通过暗示和隐喻等手法，将信息和知识巧妙地融合进来，让学生在表演和观看的过程中自然而然地吸收所传达的知识。

3. 深化记忆印象。通过情节和角色塑造的深层故事内容，心理剧情感引导会在学生心中留下深刻的印象，使学生更容易记住和理解所呈现出来的信息和知识。

4. 提高表达效果。针对一些较为敏感的话题，如心理健康、人际关系等问题，心理剧情感引导能够避免直接地表达，而是通过情节上的暗示和隐喻，巧妙地传达出相应的信息和知识，有助于提高表达效果。

总之，心理剧情感引导是一种生动而又富有情感的传播方式，可以深刻地影响学生的认知和态度。

（二）心理剧实践性优势

心理剧是一种通过戏剧形式传达情感和心理问题的表演艺术。其凭借生动形象的表演、强烈的感染力和深刻的思想内涵，具有如下实践性优势：

1. 切身体验。心理剧通常是一种参与性表演，通过把学生带入角色的内心感受和情感状态中，可以更加直观地让学生理解和探索情感问题、人际交

往问题等。学生往往可以通过互动、角色扮演等方式来切身体验角色所经历的心理过程，从而更加深刻地领悟表演艺术所想要表达的思想内涵。

2. 倡导积极情感。心理剧通过让学生深入角色内心，引导学生懂得关注自我情感，学会从积极的角度看待生活中的困难和挫折，并调整个人的情绪状态，以达到自我改进的目的。

3. 沟通技巧。心理剧通过创造不同的角色，提供了一个让学生学习沟通技巧的宝贵机会，例如，如何表达情感和建立良好关系。

4. 促进理解。心理剧反映学生的心理认知和人际交往过程，让学生深刻认识自我，提高自我认知水平。同时，心理剧也能促进情感智商、理解人际关系和心理健康意识的提高。

因此，心理剧不仅具有艺术感染力和观赏性，还能够在实践中产生积极的作用，赢得越来越多人的喜爱和欣赏。

三、心理健康课堂教学中运用心理剧的重要性

心理剧是一种通过表演艺术来呈现各种心理问题的戏剧形式，它不同于传统的戏剧、电影或电视节目等艺术形式，它更注重于对角色内心感受和情感状态的表现，从而呈现出不同的心理状况和人际交往模式。在心理健康课堂教学中运用心理剧的重要性有以下五点：

第一，帮助学生探索和理解心理问题。心理剧可以让学生身临其境地感受到角色的内心感受和情感状态，从而更容易理解和探索各种心理问题，比如情感问题、人际交往问题等。

第二，培养学生的情感表达能力。心理剧不仅帮助学生表现角色的情感状态，还有助于提升学生的情感表达能力。通过表演和理解角色，学生能更加自信地表达个人情感和观点。

第三，帮助学生发掘自己的自我意识。通过心理剧的角色扮演，学生能够更加深入地了解自己的人格、性格、情感需求和自我概念。这种方法有助于激发学生的自我意识和自我认识，帮助他们更好地发掘和发展自己的潜力。

第四，促进学生的人际交往和合作。心理剧中的情境和情节涉及人际交往和合作的问题，通过学生的表演，让学生深刻认识自我，提高自我认知水

平，可以增强学生对合作和协调的理解，同时也可以增加学生之间的互动和交流，从而培养学生的人际交往能力。

第五，提高学生的思辨能力。心理剧中的情节可以引发学生对各种心理问题的思考和分析，从而培养学生的思辨能力和判断力，增强他们的自我意识和自我价值判断力。

综上所述，通过心理剧的教学模式，可以促进学生的情感交流、思考和发展，有利于提高学生的心理健康水平和自我意识。

四、课堂教学中如何运用心理剧

心理剧是根据心理学或者社会学相关知识，以类似于戏剧表现的形式，对人的思想、行为、情感等进行深入揭示和探究的一种教育方法。其适用于教育、心理咨询、社会工作等领域。

在课堂教学中，心理剧可以被用来增强学生对课程内容的理解和记忆。通过情节的设置、角色的刻画、问题的探究等方式，引起学生的深刻反思和启示。通过理论学习和实践探索，我们尝试通过以下方式运用心理剧开展课堂教学。

（一）模拟案例

对课堂授课内容的重点内容，选择一个有代表性的案例进行模拟。让学生通过在角色扮演和互动中更深入地了解案例的相关问题和解决方案。

教师可以设计一个案例，例如，一个失恋的学生面对现实压力和情感挫折，出现情绪波动、失眠，甚至有轻生的念头。在课堂上，教师可以跟学生充分讨论案例情景，接着，让学生分成小组，各自扮演不同的角色，如失恋学生、恋人、老师、室友、朋友等，通过互动模拟案例发生时的情景。学生可以在小组内进行讨论，了解各自在这个案例中的角色、责任，体会角色带给自己的情感体验。同时，也可以就案例假设分析角色背后的心理因素，寻求解决方案。教师可以在课后进行总结，强调重点内容，并对学生的表现进行评价和反馈。通过这样的模拟案例教学，学生可以更深入地了解心理健康理论知识，并将其应用到实际情境中，提高学生心理素质以及应对挫折的能力。

(二)角色扮演

通过给学生分发剧本,要求学生扮演不同的角色,帮助学生全面、彻底地了解情节中的人物,在这个过程中,增强"身临其境"的感觉。这是一个非常有趣和有用的教学方法,它可以让学生更好地理解情节和角色,增强情节的真实感和吸引力。

通过角色扮演,学生可以更加深入地理解情节和角色的内在世界,同时也可以锻炼他们的语言表达能力、沟通能力、想象力、批判性思维等方面的能力。当然,在实施角色扮演时,教师需要注意以下问题。首先,要选择适当的剧本和角色,确保剧本与学生的背景知识和能力相符,角色也应该有一定的代表性,并且涵盖多种文化和性格类型。其次,教师需要合理安排课堂时间,并且提前说明活动规则和期望,确保活动能够有序进行。同时,学生也需要克服羞涩和自我意识,全身心地参与角色扮演。最后,教师需要及时回顾和总结,让学生分享学到的经验和教训,以便更好地巩固和应用所学知识。

(三)故事讲解

通过讲故事方式来叙述一些重要的课程内容,故事情节要切合实际,让学生贴近生活情况,提高学习的主动性。故事讲解是一种非常有效的教学方法,它可以通过一个生动的故事情节来叙述重要的课程内容,这样可以更好地吸引学生的注意力、提高学习的主动性,并让学生更加容易理解和记忆。

有这样一个故事:人是复杂、多面的,既有沉溺欲望的本能,也有追求道德的崇高。故事的主人公程飞是一名在校大学生,每当面临选择,本我的欲望和超我的道德发生冲突时,做出不同的选择,即走上不同的道路,也注定会产生不同的结果。在本我的镜像中,他因攀比和虚荣,卷入了高利贷的旋涡;因好逸和敷衍,抄袭论文而被记过处罚;因功利和投机,考试舞弊被抓并被开除。在"恶魔"的诱惑下,用放纵追求低级的满足与快乐,却一步步陷入深渊,令身边的人失望。在超我镜像中,他毅然决然拒绝诱惑,勤工助学,用汗水挣钱,得老板欣赏;刻苦钻研,论文出色,为同学钦羡;勤奋学习,成绩优异,被老师肯定。在"天使"的引导下,以自律对待生活、修行人生，品味到成就与卓越，让自己充满自信。走出镜像，回归自我。程飞的成长就是在一次次选择中寻找并确定自我的过程，在寻找自我的道路上必定充满荆棘，唯有做到"本我难舍而不陷，超我难达而不辍"，方能寻到自我。通过这个故事，勉励所有大学生在寻我的过程中，承认本我，肯定自我，体验超我，以成就一个更好的自己。

总之，在使用心理剧进行教学时，需要根据课程主题内容和学生的实际情况来选择不同的方法。心理剧可以增强学生的思维启发和情感承载，同时也可以提高学生的认知能力和交流技巧。

五、校园心理剧在心理健康课堂实践中的问题及反思

校园心理剧作为一种形式新颖、受到广泛关注的心理教育方式，确实为学生提供了一种很好的体验和沟通交流的机会。通过表演和观看这些心理剧，学生们可以更好地了解心理问题、发现自我、培养自信心、增强心理适应能力，这对于促进学生心理健康发展有着积极的作用。然而在实践中，校园心理剧还存在一些问题，需要反思。

首先，校园心理剧通常是由学生扮演角色，而且往往需要自己编写剧本。有些学生可能缺乏足够的表演技巧和创作能力，难免会出现一些技术上的不足。这容易造成低质量的表演效果，给观众留下不好的印象，影响校园心理剧本身的推广和普及。

其次，一些校园心理剧在演绎时容易出现浪费时间、不利于及时教育、无法针对准确的问题等问题，这容易让观众产生审美疲劳，有些甚至会对这种形式的心理教育感到反感。

最后，校园心理剧在某些情况下可能会暴露一些敏感的心理问题。因为这些表演往往需要学生自己编写剧本和扮演角色，一些学生可能会因此表现出过于私人的心理问题，甚至会在表演中暴露出来，这就会带来一些安全隐患和心理问题。

所以，在实践中，应注意解决这些问题和不足，制订更加详细的教学计划，加强学生的心理建设，以便更好地推动校园心理剧的发展，真正发挥出其应有的心理教育价值。

一是找到合适的心理剧。在寻找心理剧的时候，最好选择与大学生实际生活、学习、工作相关的情境和主题，例如，情感困惑、人际关系、压力和焦虑等问题。

二是编排合适的剧本。编写引人注目且启发性强的剧本，以引起大学生的关注和兴趣。其扮演的角色是教育者，帮助学生掌握情感问题的解决方式，提升其自我调节能力。

三是运用巧妙的心理剧技术。在编排中巧妙地应用心理剧技术，可以呈现真实、自然、生动的情境。这样做可引起同学的共鸣，为他们带来更积极的心理体验。

四是课堂中注重互动环节。通过与学生的互动，引导学生更深入地思考、交流问题，并分享实际解决问题的思路和技巧。

五是对实际问题给予及时的解决方案。当学生自发提出问题时，有些可能会触及强烈的情绪和个人的隐私。教师应该以正确的方式去引导和帮助学生解决他们的疑虑，从而增加学生的参与感和获得感。

六是充分利用心理剧现场反馈意见。在心理剧演出现场，及时收集反馈意见十分必要。学生们的反应多种多样，教师应当通过观察和倾听，迅速获取信息并针对不同的反应进行调整和补充。

总之，在运用心理剧进行大学生心理健康教育时，教师要灵活运用，让学生能够根据剧中的故事与自己的生活做个有意义的对比，并帮助学生具备探究、思考和解决问题的能力。

参考文献

［1］黄捷畅.心理情景剧在大学生心理健康教育应用中的作用与实践［J］.现代职业教育，2020（22）.

［2］陆双鹤.行为预防戏剧作为心理干预技术的理论与实践［J］心理月刊，2019，14（1）.

［3］迟蕊.心理情景剧在大学生心理健康教育中的应用［J］.西部素质教育，2018，4（2）.

［4］贾淑娟，张振华.探析心理情景剧在大学生心理健康教育中的应用

[J].教育教学论坛，2017（40）.

［5］陈树婷，周文霞，艾恒.校园心理剧在大学生心理健康课中的应用[J].教育观察（上半月），2016，5（6）.

［6］王卫平.校园心理剧：高校心理健康教育的有效途径［J］.山西高等学校社会科学学报，2019，21（5）.

作者简介

何丽娜（1977—），女，四川工程职业技术大学，心理健康教育中心心理教研室主任，副教授，国家三级心理咨询师。研究方向：心理健康教育。从事心理健康教育中心教学和学生咨询工作20年。近年来在《教育界》《中国成人教育》等杂志共发表论文7篇，核心期刊论文2篇。

牛丽丽（1981—），女，四川工程职业技术大学，心理健康教育中心心理辅导室主任，副教授。研究方向：心理健康教育。工作以来一直从事学校心理健康教育和教学工作，发表了专业论文10余篇，其中核心期刊论文1篇；主编教材《大学生心理健康教育》等2本，参编教材《高职大学生心理健康教育教程》等2本；主持和参与课题《高职院校心理委员培训体系的实践研究》等6项。

第四篇 04

服务育人 资助育人

"三全育人"理念下高职学生的就业育人体系构建研究
——以四川工程职业技术大学为例

胡代明　高琦　郑黎

习近平总书记来川重要讲话指出:"党中央十分关心民生工作,民生首先是就业,我们对高校毕业生就业问题特别关心。""大学生就业要怀着一颗平实之心,综合考虑自身条件和社会需求,防止高不成、低不就。"[①]这为高校就业工作的重要性和方法论提供了明确指引。

高职院校是培养专业技能人才的主渠道、主阵地,以职业教育为核心,以就业为导向,在我国人才教育培养体系中发挥着至关重要的作用。[②]就业工作是高职人才培养的重要一环,也是推进教书育人的重要途径。作为高职教育体系中的重要组成部分,高职学生就业育人工作至关重要,很大程度上关系高职学生能否实现高质量就业。

本文基于"三全育人"理念,立足当前学校就业育人工作中存在的问题进行调查分析,从专业化的就业教育队伍建设、就业指导"六进"机制构建、就业教育课程"金课"打造,基于"三全育人"理念,探索构建高职院校学生就业育人体系的思路和路径,着力形成科学的学校就业育人体系,力求为高职院校学生高质量就业提供有效借鉴。

一、四川工程职业技术大学就业工作基本情况及问题分析

四川工程职业技术大学(原四川工程职业技术学院)是全国首批国家示

---

① 赵婳娜,丁雅涌,吴月. 千方百计帮助高校毕业生就业[N].人民日报,2022-06-15(1).
② 孟宜林. 三全育人教育理念下高职学生就业指导服务体系构建研究[J].中国教育技术装备,2022(13):152-154.

范性高职院校，同时也是"国家高水平高职学校"建设单位。多年来，学校始终坚持千方百计满足制造业发展和地方经济建设对技术技能人才需求，并通过优化人才培养模式，结合专业特色实施育人工程，不断探索就业指导模式，着力推进毕业生高质量充分就业，毕业生就业工作成效较为显著。

（一）毕业生就业质量持续提高

1. 高质量拓展就业市场

学校重点瞄准航空、航天、军工、核电等行业领域，以及成都中铁产业园、新都航空产业园、彭州航空动力产业园等重点产业园区，积极拓展就业市场，并将就业中心主动向我省"5+1"重点产业转移，并与南通、东莞、遂宁、郫都、双流、德阳等地人力资源部门签订技能人才战略协议，建立直接服务产业和地方的畅通渠道。2021年以来，学校书记校长亲自带队走访企业120余家，二级院系党政领导走访企业470余家，拓展就业岗位7300余个；开展线上线下共举办专场招聘会、双选会575场，为4439名毕业生提供各类就业岗位46313个。

2. 毕业生就业质量不断提升

2022届毕业生就业去向落实率96.5%，其中在航空航天、核电军工等高端装备制造业，以及电子信息、装备制造、食品饮料、先进材料、能源化工和数字经济等我省"5+1"产业优质企业就业毕业生占制造类专业毕业生的72.4%，学校2021届毕业生在世界500强、中国500强企业就业人数占比达20.83%，毕业生对学校就业指导服务满意度为96.88%，用人单位对学校就业工作满意度为98.15%。在《2021中国职业教育年度报告》榜单中，学校荣获高职院校服务贡献典型学校（全国60所，四川2所）和高职院校学生发展指数优秀院校（全国100所，四川1所）。

（二）就业工作面临的问题依然严峻

由于高等职业教育规模的扩大和就业市场竞争程度加剧，高职毕业生就业压力逐渐增大，学校的就业教育工作也主要面临两大问题。

1. 个人选择与社会需求岔口太大

随着制造强国战略的实施，国防军工、航天航空等高端装备制造领域高技能人才需求激增。学校2022届焊接智能焊接技术、航空材料精密成型技术、现代锻压技术、现代铸造技术、模具设计与制造、数控技术等专业求人倍率达15.3。但是，这类专业相当一部分毕业生不愿意进工厂从事制造业等相关工作。我校2022届制造类专业毕业生就业专业相关度不足75%。

2. 就业教育体系不够健全

一是学生只顾专心学习专业方面知识，对就业指导相关课程不太重视，专业教育与就业教育存在脱节情况；二是就业教育缺乏专业教学团队，部分任课教师未经过系统的就业教育的专业学习，讲授的内容存在照本宣科地生搬硬套或天马行空地单以个人经历和感悟作为就业教育内容的情况；三是学校三门就业课程——职业生涯发展与规划课、大学生就业与创业教育课和就业实务指导课未形成合力，存在教学知识点交叉重复，未能与学校人才培养模式充分结合，教学模式较为单一缺乏多样性，科学的教法仍未形成，就业课程的教学模式和教学方法亟待改革创新。此类问题的叠加，导致学生就业愿景模糊、选择困难、难以稳定，慢就业、缓就业甚至不就业情况凸显。

二、"三全育人"理念与高校就业育人的内在联系

党中央、国务院《关于加强和改进新形势下高校思想政治工作的意见》文件中提出要实施"三全育人"育人要求，即全员育人、全程育人、全方位育人。"三全育人"核心是"人"，其根本是"育"，关键在"全"。这不仅是新时代推进高校思想政治工作的一种新型教育理念，也是推进育人理念和育人方式变革的重大命题。[1]

"三全育人"理念的提出，是为了应对新形势下高校思想政治工作的新变化、新要求，促进大学生思政素养的全面提升，为高校全面、科学的人才培养体系构建提供指引。[2] 就业教育是高职教育的重要组成部分，是确保毕业生顺利迈入职业生涯的重要教育内容。高职生就业教育是一项系统性的教育工

---

① 董胜欢，刘云丽，菅迎宾，等. "三全育人"理念下高职院校学生就业创业指导路径研究[J]. 石家庄铁路职业技术学院学报，2022，21（4）：94-97.

② 孟宜林. 三全育人教育理念下高职学生就业指导服务体系构建研究[J]. 中国教育技术装备，2022（13）：152-154.

作，包括学生就业能力、就业素养培养及就业指导服务等系列的综合育人体系，不仅涉及就业指导服务部门的就业指导，也涉及专业学科育人工作及学校的综合教育管理工作等。

高职就业教育作为贯穿高职学生整个求学生涯的教育工作，也同样体现为"全员育人""全程育人""全方位育人"。因此，高职学生就业育人工作与"三全育人"理念体现内涵的核心价值和目标一致，"三全育人"理念为高校就业育人工作提供了指导思路。

三、基于"三全育人"理念的高职院校学生就业育人体系构建

（一）探索高职学生就业工作"全员育人"服务体系

探索三级协同联动工作机制构建。学校每年投入100万，实施"就业质量提升工程""人才培养质量提升工程"等专项，在顶层设计中将就业育人服务工作纳入各级人员绩效考核指标体系中，建立二级院系就业工作年度单项考核新办法，不断建立和完善就业指导和育人工作的激励机制，调动全体教职员工和教师的主动性，全员参与就业教育。以分管就业工作的学校领导牵头指导，将系主任、专任教师及辅导员老师等纳入就业育人工作服务队伍，在教学管理、专业教学、班级管理等工作中突出就业指导服务的功能作用，整合学校各方资源为学搭建就业平台，提供高质量就业指导服务，积极拓宽就业渠道，挖掘更多的就业机会，从而构建以学校领导为核心，系主任、专任教师、班级辅导员等多方人员共同参与，职责明确、分工有序的"学校—系部—辅导员"三级联动的全员育人就业工作格局和就业育人工作机制。

着力全员就业思政，树立择业就业观。整合各类校内外资源，实施全员就业思政。开展大国工匠进校园活动，邀请航天大国工匠高凤林、杨峰、曹玉玺为毕业生开设专题讲座，以榜样的力量培养学生"技能报国"情怀；开展优秀校友上讲台活动，邀请大国工匠何波，四川工匠胡明华、刘尚明、吴传华等技能大师为毕业生讲授成长经历，发挥"朋辈"教育、同伴教育功能；开展"心桥"服务，通过心理咨询中心的专业辅导、班会专题引导和顶岗实习指导老师的跟踪指导等途径，线上线下相结合缓解学生就业心理压力和焦虑，

疏导毕业生就业不良情绪；对就业指导教师团队定期培训和技能提升，对学生开展个性化的咨询指导，找准学生自身就业定位，帮助和引导毕业生树立正确的就业观。

（二）探索高职学生就业工作"全程育人"就业服务体系

1.实施"红润匠心"育人工程

第一，坚持将思政"红线"贯穿人才培养始终。学校于1959年建校，与中国二重、东方汽轮机等重装企业同期布点建设，"三线精神"红色基因已经融入学校血脉，学校通过高擎党旗领方向的"榜样引领"行动、三线精神融血脉的"修身力行"行动、职教建功新时代的"技能报国"行动等，把"牢记党的嘱托，扎根西部大地，心系国家命运，与装备制造企业风雨同舟"的精神元素融入思政课程和课程思政中，探索建立"红润匠心"重装工匠育人特色品牌，一条"红线"贯穿人才培养全过程，以此树立学生的技能报国情怀，引领学生的就业价值追求。

第二，坚持专业教育与就业教育同向同行。优化人才培养方案，落实立德树人根本任务，以"守报国初心，育重装工匠"育人主线，引导学生树立"国之重器"的"大国工匠"精神。同时，以就业为导向，将就业教育纳入思政教学内容的全过程，并在专业课程标准中落实就业教育要求，推进就业教育与专业教育同向同行。

一是强化专业建设，围绕我省"5+1"产业布局和"德阳世界级清洁能源装备制造基地"发展战略，对数控技术、焊接技术与自动化等改造升级，增设了现代铸造、现代锻压、增材制造技术等10个紧缺专业。立项建设了数控技术、焊接技术2个"国家高水平专业群"，新能源汽车、旅游管理2个"省级高水平专业群"，培养行业和地方急需人才。二是在专业人才培养方案中明确"大国工匠精神"塑造，并强调专业能力和就业能力"双能一体"的培养要求，实施"能工巧匠"培养计划，系统培养专业技能。三是重组学校就业指导教研室，依托学校"全国高校毕业生就业能力培训基地"专业化的师资团队、体系化的培养方案、丰富的教学资源，努力提升就业教育课程教学质量。四是实施"辅导员＋学业导师"制，与企业建立"校企结对共建支部"，聘请学校中层以上干部、教授和企业专家担任学生的学业导师，作为学生学业规划、职业引导的领路人。

2.完善学生各阶段就业指导全程服务体系

结合学生所处的不同年级特点，明确就业工作重心，设计不同侧重点的就业指导服务内容，使大一学生入校后有目标和规划，大二学生学习中有方向和计划，大三学生毕业时有能力和素养，学生毕业后有帮扶和保障。

大一入学阶段：针对新生特点，立足职业生涯发展与规划课程，充分将学生的入学教育、专业教育与职业生涯规划指导相结合。通过开展专题讲座、特色主题班会、优秀校友交流会等方式指导大一学生了解专业特色和专业就业发展前景，通过职业生涯规划明确个人职业方向。

大二学习阶段：立足专业学习，以大学生就业与创业教育课程为切入点，加强对学生所学专业的行业和职业分析指导，邀请行业专家、优秀学生代表，通过开展生涯人物访谈、就业指导专题座谈会等方式，激发学生的学习主动性和就业的积极性。

大三毕业阶段：结合就业实务指导课程教学开展，指导学生进行就业信息调研、社会实践、专业实习、择业指导、就业推荐等工作，同时将就业心理指导和就业价值观教育贯彻全过程，培养学生综合职业素养和能力，引导学生树立"先就业后择业"的理念，鼓励学生立足当下，从基层做起，鼓励学生积极培养自身就业技能，努力提升职业素养。

毕业"延伸"服务阶段：针对往届毕业生开展持续"延伸服务"。针对初次择业就业学生中存在的典型问题，进行及时的就业跟踪和就业延伸指导；针对毕业后因个人原因换岗的学生进行二次就业推荐和就业服务指导。往届学生向学校分管就业工作的部门提出申请，学校继续向其提供招聘推荐、就业创业咨询指导、技能提升培训等服务。近两年，学校为往届毕业生（含专升本毕业生）开展就业咨询服务270余人次，推荐就业58人。

（三）探索高职学生就业工作"全方位育人"就业服务体系

1.建立就业指导"六进"机制

一是以师生联合党支部为基础，以学生党员和学生干部为先锋引领，建立毕业生就业促进与互助协会，带动毕业生就业。二是在宿舍区设立就业政策和招聘专栏、开展就业指导进宿舍活动、建立"教师—楼长—室长"三级就业信息传达和反馈机制，以及寝室内已就业学生分享经验，发挥"同辈群体影响"作用。三是建立"慢就业""缓就业"学生家校共育工作台账，建立家校沟通定期联系机制。准确掌握毕业生就业意愿和特征情况，做好行业发展前景分析，做到就业动态全掌握，就业进展全了解，就业帮扶全方位。[①]四是用好"24365国家大学生就业服务平台"、学校就业网、就业信息展播平台、"线上"面试室等，拓展就业"云服务"渠道。五是开设职业生涯发展与规划课、大学生就业与创业教育课和就业实务指导课等就业必修课程，与此同时，在专业课程标准中明确就业教育要求，多举措积极推进就业教育进专业课。六是引企入校，技能大师上讲台；访企拓岗，书记校长进车间；校企支部共建，大学生社会实践到企业一线等，健全"六进"就业育人机制。

2. 全面打造就业"金课"，强化就业课程建设

学校是教育部"全国高校毕业生就业能力培训基地"之一，学校充分依托这个平台，重组学校就业指导教研室，建立专业化师资团队、体系化的培养方案、个性化的教法改革，对毕业生的个人优势和就业意愿进行精准"画像"，实施就业课程研究和科学的就业课程教学。立足学校特色和专业特色，整合行业资源和校友资源，优化就业课程设计，提升教学课程的针对性和实效性；将大国工匠、优秀校友成长故事融入职业生涯发展与规划课程、大学生就业与创业教育课程和就业实务指导课程当中，形成就业典型育人案例、活页式就业课程教材，利用新媒体平台和丰富教学资源，全方位打造就业"金课"，帮助学生树立科学的择业观和就业价值观，掌握有效的就业方法，改善择业就业心态，提升就业能力和素养，提升就业教育课程建设质量。

结语

"三全育人"理念为高职学生就业育人体系的构建指明了方向，立足当前高职院校办学特点和高职学生就业现状，基于学生就业育人中存在的实际问

---

① 董玲莉. "三全育人"理念下构建高校就业指导工作体系的思考[J]. 产业与科技论坛，2021，20（23）：216-217.

题分析，实施高职院校全员就业教育，将就业育人贯穿高职学生培养的全过程，全方位实施高职学生的就业育人工作体系构建具有十分重要的现实意义，持续推进"三全育人"就业育人体系研究，进一步落实高校立德树人的根本任务，着力推进高校毕业生就业育人工作上台阶，全力为高职学生高质量就业提供有力保障和强有力支撑。

参考文献

[1] 孟宜林. 三全育人教育理念下高职学生就业指导服务体系构建研究[J]. 中国教育技术装备，2022（13）：152-154.

[2] 董胜欢，刘云丽，菅迎宾，等. "三全育人"理念下高职院校学生就业创业指导路径研究[J]. 石家庄铁路职业技术学院学报，2022，21（4）.

[3] 董玲莉. "三全育人"理念下构建高校就业指导工作体系的思考[J]. 产业与科技论坛，2021，20（23）.

作者简介

胡代明（1969—），男，汉族，重庆奉节人，四川工程职业技术大学招生就业办公室主任。研究方向：就业管理、就业服务。

高琦（1983—），女，汉族，四川大邑人，四川工程职业技术大学外国语学院党总支副书记（主持工作）、招生就业办公室副主任，副教授。研究方向：就业指导、学生管理、英语教育。

郑黎（1981—），男，汉族，四川自贡人，四川工程职业技术大学教务处副处长，副教授。研究方向：就业指导、教学管理、大数据开发。

基于朋辈教育的资助育人体系构建路径研究
——以四川工程职业技术大学为例

刘浩 曹阳

全国高校思想政治工作会议召开以来,四川工程职业技术大学学生资助中心认真学习贯彻习近平总书记关于教育和扶贫的重要论述,以"立德树人"为根本任务,明确了"济困、励志、赋能"的育人目标,学校以朋辈教育为抓手,切实发挥优秀学生的榜样示范作用,在全校范围内营造向榜样学习、向榜样看齐,形成人人争做榜样的浓厚校园氛围,实现了"解困—育人—成才—回馈"的良性闭环,让学校学生资助工作真正成为扶智助困、育人成才的重要途径。

一、高校资助育人工作现状与问题

(一)对家庭经济困难学生认定标准不统一

目前,我校的家庭经济困难学生认定按照"学校—院系—班级"进行管理,即学校、院系、班级各自成立家庭经济困难认定工作领导小组,分别负责学校、院系、班级的困难认定工作。认定小组成员不包括评议对象,由各班组织评议小组,对本班学生的困难程度进行评议、贫困认定、定级分档。在困难认定的过程中,存在不同院系和班级之间标准不一,甚至有流程混乱的情形。学生来自全国各地,不同地方经济差异很大,导致对自己的经济状况缺乏对比,特别是大一新生,由于认定工作集中在军训期间,辅导员没有足够时间摸排,对学生缺乏了解,同学相互也不熟悉,只能根据学生本人的自述进行评选,增加了统一标准的难度。[1]

---

[1] 蒋莹颖.高校学生精准资助模式探究[J].江苏第二师范学院学报,2016,32(4):36-39.

（二）资助体系有待进一步完善

1. 名额分配方式导致的结构性问题

学生资助中心传统做法是把全校名额根据各院系在校生人数进行分配，但在实际操作过程中，不同院系因为各自专业特性，学生家庭经济状况差异很大。工科院系的困难学生所占比例普遍比文管院系困难学生的比例要高，家庭状况更差一些，如机电工程系、材料工程系的困难学生认定的比例就明显比经济管理系和旅游管理系的困难学生认定比例更高。为解决这一突出的结构问题，各院系被分配的名额不再是以院系在籍人数为基数进行计算，而调整为以各院系贫困认定的人数为基数，这样可以最大限度减少部分班级困难学生过于集中而名额不足的情形。

2. 无条件资助相对有条件资助比例过高

无条件的资助比例过高，而需要学生经过自己努力或者合法劳动获得的有条件资助太少。这类有条件资助包括国家奖学金、励志奖学金、学习奖学金和勤工俭学补助，无条件资助包括国家助学金，它的比例过高会助长主观惰性。有条件资助则可以保护学生的自尊心，增强他们的沟通能力和责任感。但在目前的奖助资助体系中，有条件的资助相对无条件的资助来说比例太低。一般来说，一个院系是1~2个国家奖学金，每个班级是2~3个励志奖学金，学习奖学金占比不超过25%，而国家助学金受助比例可达30%，国家奖学金、励志奖学金和学习奖学金数量太少，更容易让困难学生产生躺平的思想，去拿数量更多的国家助学金，而没有动力去争取励志奖学金和学习奖学金，对学校"以学争优"的学习氛围也有不良影响。在政策层面，今后应适当增加国家奖学金和励志奖学金的比例，降低国家助学金的比例。

（三）学生资助档案工作落实不够全面

部分院系未建立完善的特困生信息库，没有对信息库的数据及时更新，特别是没有及时录入和跟踪部分遭受重大突发变故的困难学生数据。部分困难学生没有及时得到帮扶和心理疏导，导致更严重的后果。持续建立和维护好特困生信息库有助于学校开展思想教育工作和精准资助工作，减少和消除贫困学生成长中的不利因素，满足其个体成长发展。

（四）学校与社会协作机制不够健全

提高学校各项资助资金的使用效率，主动对接社会需求，畅通捐赠渠道，健全捐赠机制，补全制度短板，积极发展与企业的新型产学研模式，建立良性的学校与社会协作机制。不断挖掘校友资源，接受校友捐赠，目前已设立"校友奖学金"。积极与各企业进行产学研相关合作，接收企业的捐资助学，增加更多的企业奖助学金，目前已设立"新希望奖学金""浩杉奖学金""杰奥励志奖学金""汉瑞励志奖学金""达卡电气奖助学金""一九八一创新奖学金""宏达奖学金"。

（五）重资助，轻育人

资助育人工作首先就是要让困难学生完成学业，目前普遍实行的"奖、助、贷、勤、补、减"多元化的资助体系能较好解决学生最基础、最紧迫的吃饭问题，减轻经济方面的顾虑。[①] 扶贫不仅要扶"智"，也要扶"志"，没妥善解决好育人这个根本问题，重资助，轻育人，只助不育，部分困难学生因此变得孤僻、自卑、焦虑等，会严重影响他们今后事业的发展。

二、基于朋辈教育的资助育人体系的构建

（一）完善"1+N"资助育人工作制度

以《四川工程职业技术大学资助育人实施方案》为核心，建立健全"1+N"资助育人工作制度，完善《四川工程职业技术大学关于奖助学金的评审管理办法》《四川工程职业技术大学经济困难学生认定工作实施办法》《四川工程职业技术大学国家奖学金评选办法》《四川工程职业技术大学国家励志奖学金评选办法》《四川工程职业技术大学国家助学金评审办法》《四川工程职业技术大学勤工助学管理办法》等制度，健全具有我校特色的学生资助政策体系，为资助育人提供制度保障。根据学生资助工作的新特点及新需要，坚持科学性、规范性和可操作性相结合的原则，积极推进制度创新，强化资助育人效果，及时修订和完善有关规章制度。

---

① 伍玥琪，于杰.高校院系"精准化资助"工作思路探究：以中国海洋大学海洋生命学院为例［J］.连云港职业技术学院学报，2016，29（1）：89-92.

（二）搭建朋辈教育平台

1. 打造朋辈教育思想浸润平台。"四川工程职业技术大学融媒体中心"已经在2021年全面投入使用，中心建成以来，演播中心、校园广播站已成为开展朋辈教育的重要阵地。依托四川工程职业技术大学学生资助中心网站、二级院系网站，发布资助政策、资助动态、榜样宣传、资助活动等。依托易班平台，通过政策解读、先进评选、榜样宣传等板块内容，使学生了解资助政策，学习先进榜样，培养爱国主义精神、责任担当、坚定理想信念。

2. 打造朋辈教育楼、堂、馆、所、路阵地。在教学楼、主干道路旁，悬挂"国家奖学金""国家励志奖学金""十佳青年学生"等先进典型的照片、展板，营造浓厚的学习氛围。在"一站式"学生社区、第二课堂学习中心、图书馆建立党团活动室、心理活动室等，朋辈之间在不同场所自由沟通和交流，及时地解决心理问题、答疑解惑。

3. 打造朋辈教育社会实践基地。近三年来，将"两弹城""黄继光纪念馆""建川博物馆"等作为大学生爱国主义教育的重要基地，组织受助学生、国家奖学金、励志奖学金获得者走进基地，扎实开展爱国主义教育。把乡村、社区作为社会实践基地，以志愿服务、爱心支教、三下乡、主题团日为依托，精心打造个性化素质拓展活动，引导学生传递爱心、回馈社会、报效国家。

4. 搭建朋辈教育素质拓能平台。学校积极搭建素质拓能平台，努力提升学生综合素质，设立了多个校内勤工助学固定岗位及临时岗位，涵盖了国旗班、治保会（护校队）、宿舍管理助理、食堂管理助理、日常行政工作助理、图书馆管理员助理。根据学生资助中心的统计，我校去年勤工俭学补助发放2900余人次、140余万元。

（三）选取朋辈教育先进典型

选取在学生中年龄相仿、心理和成长环境相似，遇到的问题在很大程度上趋同的朋辈教育者，他们在一起可以平等交流，有共同的语言，朋辈教育具有互动性良好、效果明显、感染力强等其他方式所不具备的先天优势。[①] 所

---

① 雷丽萍，李京京.朋辈辅导在应用型大学学生管理中的作用研究[J].传承，2011（29）：76-77.

以，学校以"国家奖学金""国家励志奖学金""校友奖学金""大学生自强之星""十佳青年学生"等榜样评选活动为契机，不断宣传在资助育人工作中涌现出的励志成才典型，发挥正向激励和育人导向作用，组织先进和励志典型深入院系班级，以分享交流、讲座报告、宣传展示等形式，讲述自身的奋斗成长历程，传递青春正能量，激励广大学生以励志典型为榜样，自立自强，圆梦青春，在潜移默化中实现朋辈教育。近年来，学校通过不同形式，组织国家奖学金获得者、励志奖学金获得者代表，宣传先进典型事迹，起到了较好的示范带动作用。

（四）多举措开展朋辈教育活动

1. 加强学生资助全过程的育人工作

通过新生入学教育，加强国家资助政策宣传，引导学生爱国、感恩、奉献。在国家助学金申请评定的阶段，积极开展资助育人宣传教育，引导学生铭记初心感念党恩。[1]通过开展大学生自强之星、十佳青年学生、最美职教生、国家奖学金获得者、励志奖学金获得者等的先进事迹风采展示，坚持"身边人讲身边事"，大力传播励志成才正能量，激励家庭经济困难学生自强不息、坚韧不拔的优良品德；在勤工助学的工作中，引入劳动教育，着力培养学生吃苦耐劳的奉献精神和自强不息的进取精神，增强学生社会实践能力；在国家助学贷款申办过程中、在应征入伍学费补偿中，深入开展诚信教育，通过开展专题讲座、签订《还款承诺书》、组织知识竞赛等形式，强化受助学生的诚信意识和法律意识，引导学生履行国家助学贷款合同，把诚信理念内化于心。[2]

2. 开展朋辈宣教活动

强化典型示范效应，利用学校主页、易班、微博、公众号等新媒体平台展示优秀学生典型事迹，通过校园广播、校报等，扩大典型宣传教育的覆盖面，营造育人氛围，引导广大学生在耳濡目染中找到成长成才的舞台。通过

---

[1] 杨茜麟.基于高校本科生资助育人新循环的思考与研究［J］.品位·经典，2023（3）：125-127.
[2] 张瑞，刘雨昊.高校发展型资助育人助推乡村振兴的价值及路径研究［J］.黑龙江教育（高教研究与评估），2022（10）：19-21.

报告会、座谈会、微视频、图片展示等形式，开展以"身边榜样"为主题的相关活动，邀请优秀学生代表现身说法，让先进典型真正起到示范引领作用，以身边事教育身边人。积极引导各班心理委员将心理培训的知识引入所在班级活动中，通过开展分享会、讲座、心理测试等，提高大学生心理健康水平。

3. 开展优秀校友进校园活动

邀请企业技术骨干、创业代表等优秀毕业校友走进校园，给在校大学生讲述成长的心路历程，分享他们的成长感悟，讲述就业创业故事等，通过他们的亲身经历，示范引领，有力地促进了学生成长成才。近年来，一大批优秀校友通过在学校设立"校友奖学金"、开设专题讲座、校友案例进课堂等，增强学生的母校情怀和爱校意识，校友的长效育人作用也得到了充分发挥。

三、工作实效

（一）实现了朋辈教育对学生的全覆盖

目前，国家资助政策受助面越来越广，每个院系都有国家奖学金和励志奖学金获得者，每个专业均开展了优秀校友进校园活动，他们走进院系、走进专业、走进班级，开展各具特色的朋辈教育活动，这些校友的事迹和活动通过学校主页、易班、微博、公众号等平台进行广泛报道。在学校楼堂馆所、"一站式"学生社区、第二课堂学习中心、校内外社会实践基地承载的朋辈教育功能，实现了对学生朋辈教育的全覆盖，育人条件不断提升，育人成效不断增强。

（二）构筑朋辈教育立体宣传教育平台，营造了浓厚的资助育人氛围

整合纸质媒体、校园广播站、新媒体平台，建设"四川工程职业技术大学融媒体中心"，为开展朋辈教育、提升宣传教育效果提供了重要保障，通过易班平台，实现了朋辈教育学习全覆盖。通过打造朋辈教育楼、堂、馆、所、路阵地，让学校的一楼一屋活起来，赋予其朋辈教育功能。打造朋辈教育"社会实践基地"，搭建朋辈教育素质拓能平台，将"知"与"行"有机结合，增强了教育的感染力。通过宣传教育平台，突破了时间与空间限制，融通"知"与"行"，朋辈教育氛围浓厚。

（三）培养了一批成长成才典型

近三年，学校为经济社会发展培养了一万余名技术技能人才。他们之中，有在校期间勇敢向病魔做斗争、始终把学习放在第一位的"自强之星"——杨华，他身残志坚、热爱学习、乐观面对一切挑战的精神至今仍激励着广大学生；有1200余名国家奖助学金获得者，他们在国家奖助学金的资助下，以优异的成绩顺利完成了学业；有在部队期间荣获"爱警习武之星""优秀义务兵"，在校期间荣获"国家奖学金""四川省优秀大学毕业生""四川省综合素质A级证书""十佳青年学生"的叶久祺，他荣获国家奖学金的事迹作为四川省优秀代表被《人民日报》报道，在全国进行广泛宣传，产生了较好的反响。

四、结语

目前高校普遍存在辅导员队伍人手紧缺的问题，采取朋辈教育模式，将优秀学生作为"教育者"，让优秀学生成为教师开展思想政治教育的得力助手，有利于补强思想政治教育力量的不足。以朋辈教育为驱动抓手，吸引越来越多的优秀学生和校友，用他们的专业知识和职业素养，在专业学习、职业规划、人际交往、心理调适等方面给学生提供帮扶和借鉴。"朋辈教育"是切实发挥资助育人作用、促进"三全育人"的特色载体和重要实践，学校通过优秀的朋辈教育，缓解了学业的困惑和焦虑，培养了个体适应能力和团队精神。[①]

我校已建立了国家资助、社会捐助、学校奖助、学生自助的综合资助体系。学生资助中心要充分挖掘朋辈教育的优势，让学生从自助到互助，助力家庭困难学生完成学业、实现人生梦想。

参考文献

［1］蒋莹颖.高校学生精准资助模式探究［J］.江苏第二师范学院学报，2016，32（4）.

［2］伍玥琪，于杰.高校院系"精准化资助"工作思路探究：以中国海洋

---

① 钟罡，张洪海，刘皡.后疫情时代关于高校班主任思政教育工作的思考［J］.高教学刊，2022，8（34）：155-158.

大学海洋生命学院为例［J］.连云港职业技术学院学报，2016，29（1）.

　　［3］雷丽萍，李京京.朋辈辅导在应用型大学学生管理中的作用研究［J］.传承，2011（29）.

　　［4］杨茜麟.基于高校本科生资助育人新循环的思考与研究［J］.品位·经典，2023（3）.

　　［5］张瑞，刘雨昊.高校发展型资助育人助推乡村振兴的价值及路径研究［J］.黑龙江教育（高教研究与评估），2022（10）.

　　［6］钟罡，张洪海，刘皞.后疫情时代关于高校班主任思政教育工作的思考［J］.高教学刊，2022，8（34）.

作者简介

　　刘浩（1988—），男，汉族，江西吉安人，硕士研究生，讲师，现任四川工程职业技术大学学生处处长助理，分管学生资助工作。曾多次被评为"优秀教师""优秀辅导员"，参与完成省、市、校级课题6项，参与编写教材3本，获实用新型专利授权2项，发表论文多篇。

　　曹阳（1984—），男，汉族，四川江油人，硕士研究生，副教授，现任四川工程职业技术大学纪委办公室主任，监审处处长。第一作者发表论文10余篇，参编教材《大学生党课教程》《形势与政策》。参与的课题"高职思政课建设一主线三课堂五融合多维推进的探索与实践"获四川省教学成果二等奖。

高校食堂"共建、共享、共育"服务育人机制的探索与实践——以四川工程职业技术大学为例

陈庚 叶靓 唐发新 廖秀勇

2016年,习近平总书记在出席全国高校思想政治工作会议时指出:"高校思想政治工作关系高校培养什么样的人、如何培养人以及为谁培养人这个根本问题。要坚持把立德树人作为中心环节,把思想政治工作贯穿教育教学全过程,实现全程育人、全方位育人,努力开创我国高等教育事业发展新局面。"[①] 2017年,中共中央、国务院印发了《关于加强和改进新形势下高校思想政治工作的意见》,文件明确指出,加强和改进高校思想政治工作,事关中国特色社会主义事业后继有人,是一项重大的政治任务和战略工程,要坚持以立德树人为根本,以理想信念教育为核心,以社会主义核心价值观为引领,培养德才兼备、全面发展的中国特色社会主义合格建设者和可靠接班人。高校应当坚定不移地实施全员、全过程、全方位育人,把思想价值引领贯穿教育教学全过程和各环节,形成教书育人、科研育人、实践育人、管理育人、服务育人、文化育人、组织育人的长效机制。[②]

在高校众多职能部门中,后勤作为一个特殊的群体,覆盖面十分广泛。食堂、宿管、保卫处、校医院、图书馆、基建等,在日常工作中各司其职,保障学校正常运行。食堂作为保障全校师生身体健康和生命安全的重要部门,对维护全校正常教学秩序起到了至关重要的作用。如今,高校食堂不再只是具备单一的"解决吃饭问题"的功能,在食堂的建设、发展、管理、组织和

---

① 吴晶,胡浩.把思想政治工作贯穿教育教学全过程 开创我国高等教育事业发展新局面[N].人民日报,2016-12-09(1).

② 朱荣.三全育人视角下高校后勤育人路径探析[J].现代经济信息,2019(22):412.

运行中，同样可以挖掘出实践育人、管理育人、服务育人和文化育人等潜能，通过师生主客体转变与融合，构建全新的"共享、共建、共育"发展理念。此外，提升食堂服务育人水平，不仅有助于学校服务工作的管理与运行，还能全方位培养学生，更能帮助提升师生归属感、责任感和认同感。对高校食堂而言，在"三全育人"视域下，如何实现"多手抓、多手硬、全面开花"的育人局面，既是一项全新的挑战，也是登上更大"舞台"、让全校师生深入了解的机遇。

一、高校食堂工作在"三全育人"中的重要性、必要性

（一）高校食堂工作在"三全育人"中的重要性

高校食堂不像教学那样进入教室当中，育人工作也不像课程那样具有教学计划，育人对象也不能获得学分，但是它却是"三全育人"不可或缺的"第二课堂"。从已有文献中可知，不少高校后勤尤其是食堂越来越重视服务育人，他们认为餐饮服务育人是一种间接育人方式，能对大学生身心、思想、观念形成重要影响。[①]从这些研究中不难发现，在新时代后勤改革背景下，后勤食堂服务育人正肩负着光荣的新使命，其成绩对"三全育人"工作具有重大意义。

（二）高校食堂工作在"三全育人"中的必要性

高校食堂的地位和作用决定了其在"三全育人"体系中是不可忽视的。食堂员工队伍在学校教职工这支育人队伍中占有庞大体量，学生到食堂就餐是其校园生活和学生生涯的重要组成部分，搞好食堂工作对维护教师的正常教学秩序、学生的正常学习生活起着至关重要的作用。积极推动后勤服务育人十分有必要，其具有划时代的意义：它是高校贯彻"三全育人"方针的应然要求，是落实"立德树人"根本任务的重要载体，是建设和谐校园的必要

[①] 杨远涛. 高校后勤社会化背景下"三全育人"路径探究［J］. 大众科技，2023，25（6）：99-101,110；齐勇. 新时代高校后勤服务育人的路径优化［J］. 中国多媒体与网络教学学报（中旬刊），2023（11）：136-139.

保障,是实现后勤"全局发展"的客观需求。[①]食堂员工必须明白,服务育人与其他育人理念一样,没有高低、主次之分,具有同样的重要性。习近平总书记曾强调:"新时代新形势,改革开放和社会主义现代化建设、促进人的全面发展和社会全面进步对教育和学习提出了新的更高的要求。"[②]因此,在培养学生德、智、体、美、劳全面发展的工作中,食堂必须责无旁贷参与进来,充分发挥自身优势,对学生进行全员、全过程、全方位育人,培养三观正、有担当、能吃苦、有理想的接班人。同时,通过"外改形象,内提素质"走上"前台",努力提升全校师生的幸福感和获得感,为维护校园稳定、促进学校健康发展和学生成长成才做出应有的贡献。

二、高校食堂"服务育人"工作的现状及困境

(一)育人工作与思政教育主动对接不够

目前,食堂各类管理制度的制定还达不到与时俱进的要求。食堂员工大多数观念陈旧,无法完全了解现在的学生需要什么样的服务,管理者也把握不了制度更替的方向。由于食堂员工的特殊性,平日工作中对其要求也不高。因此,急需专业人才加入队伍,从而带动、提升整体服务水平。

此外,全国各大高校普遍存在一个现象,即90%以上的后勤员工为非在编社招人员,并且这些人当中大多数年龄较大,文化水平不高,缺乏政治素养、专业技能素养、职业道德素养和学习能力,要使其完全理解"三全育人"的本质和意义存在较大的难度,需要不断加强培训和教育。同时食堂员工还存在流动性大的特点,导致育人工作难以持续开展。此外,几乎所有的食堂员工均为普通群众,政治站位高度不够,服务育人的主体意识薄弱,缺乏"领头羊"带动,摸不着育人方向。

(二)食堂及食堂服务育人工作不受重视

食堂在学校所有职能部门中所处地位尴尬,常被看作一个不起眼的岗位,

---

① 毛龙生."三全育人"视域下高校后勤服务育人的时代价值、现实困境和实现路径[J].无锡职业技术学院学报,2022,21(6):13-17.

② 坚持中国特色社会主义教育发展道路 培养德智体美劳全面发展的社会主义建设者和接班人[N].人民日报,2018-09-11(1).

自愿轮岗食堂的教师也寥寥无几，但其重要性却大相径庭。"高校稳定看后勤，后勤稳定看食堂"，食堂一旦出现重大安全事故，所有努力将付诸东流。另外，食堂员工身份未被正视，因为身处体制之外，不少教师甚至连食堂员工自身都认为其仅是一名临聘人员，导致员工心态失衡。

（三）育人对象对食堂工作缺乏了解的渠道

学生在学校的主要活动是学习，除开就餐，其余时间基本上不会和食堂员工存在交集，再加上有时因为"开小灶"或聚会等原因外出就餐，就更难有机会去了解食堂工作。问卷调查显示，现今的大学生想主动了解食堂工作的比例不到三成，这直接导致育人对象缺失，育人工作自然无法正常开展。食堂的主要任务是保证基本供应，平时由于工作时间紧、任务重、工作量大，也缺少宣传，参与到育人工作中的员工也就屈指可数。在这样的环境下，缺少沟通、交流，时常导致误会发生，学生对食堂的印象越来越差。

综上所述，高校食堂"服务育人"功能不能有效、充分发挥的根本症结在于：育人主体、客体的主观能动性未得到有效激发，育人主体、客体角色未能深度融合、转换。

三、提升高校食堂"服务育人"功能的途径

针对上述困境，本文提出"共建、共享、共育"服务育人机制，以有效提升高校食堂"服务育人"功能。

（一）深化"共建"机制，发挥协同优势

1.建立制度机制，加强育人队伍建设，多部门协同推进全员育人

食堂工作繁杂零碎，在长期的"机械"操作下，员工容易产生疲劳，引发食品安全隐患，继而造成食品安全事故。食堂应以"保障食品安全"为底线，对食品安全心怀敬畏之心，加强员工食品安全教育，确保食堂安全稳定运行，为食堂育人提供条件。通过建立健全各项规章制度，为"三全育人"更好地服务。例如，坚决贯彻执行好"日管控""周排查""月调度"制度、原材料采购溯源等工作，做好食品安全保障；坚持开展食堂月满意度调查，了解师生需求；落实后勤管理处参与的周协查工作，排查各类安全隐患；全

力推行"明厨亮灶"工程,有效发挥师生监督功能等。

此外,系统开展育人工作,明确育人职责,建立由"实施、评价、激励、监督"等一系列环节构成的育人机制。根据食堂实际情况制订年度育人计划,分配、落实到位。加强育人队伍建设也至关重要,所谓"专业人做专业事",往往有事半功倍的效果。首先,加强育人队伍素质的提升,包括思想政治素质、管理水平和专业技术水平,通过加强思想引导、培育正确育人观、调动育人积极性等措施,用服务态度和精神面貌去感染、教育学生,并将正能量传递给其他人;其次,加强育人队伍梯度建设,要着眼未来,做好人才储备工作;最后,恢复职业技能竞赛,加强员工交流,促进良性竞争,打造一支专业技能和心理素质过硬的育人队伍。

"三全育人"理念讲究的是多部门协同全员育人,仅靠食堂单打独斗,育人效果会大打折扣。因此,有必要加强后勤各部门、后勤与其他部门之间的协作。例如,在"厉行节约、反对浪费、光盘行动"活动中,如果食堂能与宣传部、团委竭诚合作,共同制作高质量宣传海报、电子滚屏,并置于特定位置展示、播放,学生在耳濡目染下,更能体会到学校的良苦用心。当然,加强兄弟院校合作交流,学习、借鉴其他学校的成功经验,对提升我校食堂育人水平也是大有裨益的。

2.转变育人理念,提升学校对食堂的重视,提升食堂员工对育人工作的重视

目前,大多数高校将"三全育人"的重点放在了科研、教学、人才培养等方面,但是,"三全育人"理念的本质是全员、全过程、全方位育人,后勤育人也是贯穿整个学校育人"闭环"中的重要一环,各环节相辅相成,缺一不可。[1]因此,必须转变学校对食堂刻板的印象,加强学校对食堂的重视。首先,学校可以针对食堂工作提出具体的育人目标和要求,并制订相应的育人计划;其次,食堂所属部门负责人对食堂管理员开展定期或不定期的育人工作宣讲与教育,并由管理员在日常工作中渗透到每个员工心中;最后,全体食堂员工自身也应主动提升育人意识,纠正错误认知,积极投身到服务育人

---

① 周颖洁. "三全育人"视域下优化高校后勤工作探讨[J]. 就业与保障,2021(20):185-186.

中去。从近年来我校食堂的发展、变化来看，学校对食堂的重视程度明显提升，食堂管理员已被纳入中层干部后备力量培养对象当中，食堂对员工的育人工作重视程度也在不断提升，员工归属感、自豪感和信念感随之增强，投入工作中的热情也更加饱满，服务育人效果初见成效。

3. 加强党建引领，担负育人主体责任，提升服务育人意识

始终坚定不移地坚持党对教育事业的全面领导，让党建工作深入食堂，走进后厨，来到员工身边，充分发挥党支部的政治功能、组织功能和服务功能，有力保障育人工作顺利开展。近年来，我校食堂已逐步将思政工作与每学期的食堂全体员工食品卫生安全培训与考核、每周的食堂管理员工作例会结合起来，在食堂业务、工作礼仪、食品安全保障等常规宣讲内容的基础上，将党课恰当地引入培训当中，邀请部门所属党总支书记走上讲台，以微党课的形式，将党建工作与日常工作紧密融合，增强食堂员工服务育人的主体意识和责任感。目前，我校食堂有超过半数的管理员为党员，这些党员管理员们也会将思政教育穿插于每日的晨会中，对员工产生潜移默化的影响。每个食堂力争突出"一名党员，一面旗帜"的先锋作用，近年来，食堂相继有2名员工转为正式党员，3名员工成为入党积极分子，由此可见，员工自身也在积极追求进步，思想觉悟不断提高，服务意识不断增强。

4. 加强内部管理，树立正确经营理念，做好育人后勤保障

我校食堂完全由学校自主经营，所有食堂管理员均为在编教师，充分说明学校对食堂的重视和对食堂管理员的高标准要求。学校要求食堂精细化管理，宗旨是"保本微利，服务广大师生"，不能通过降低菜品质量或提升价格去追求利润，目前菜品价格仍旧维持多年前的水平。同时要求加强库房材料管理、加工配料管理，提升材料利用率以维持收支平衡，再结合更科学、合理、安全、有效的手段，将"人、财、资"全面统筹，形成更规范的管理机制，保障育人工作正常开展。

（二）拓展"共享"渠道，凝聚育人合力

1. 挖掘育人素材，加大宣传力度，营造良好育人氛围

与教学育人、科研育人等"显性"育人方式不同，食堂育人属于"隐性"

育人,是"润物细无声"式的传播。宣传是一扇窗户和一种力量,能让更多人了解食堂育人工作,并参与进来,相辅相成,因此,加强宣传工作至关重要。从2022年起,学校开始通过各种渠道加强食堂宣传工作。例如,撰写工作简报,将每月食堂工作以简报的形式推送到教师工作群,让教职工更加了解食堂工作,了解食堂在育人上作出的努力与成绩,使食堂育人与其他育人形成合力,充实"三全育人"理念;成立"筷子协会",倡导文明用餐、健康用餐;QQ群宣传新菜品,想方设法推陈出新,尽最大能力满足学生饮食需求,保障学生身体健康,助力学生专注学业;利用学校公众号、官网等渠道大力宣传,"最平凡"的人在做着"最不平凡"的事,一方面借力提升食堂员工荣誉感和使命感,另一方面让学生有更多渠道了解食堂员工的苦心和用意。

2. 树立榜样力量,引领学生前行,增强服务育人实效

"榜样的力量是无穷的",为提升食堂员工服务育人的主动性和积极性,食堂推行了每月"服务之星"的评选工作。"服务之星"可以是一个窗口,也可以是一个人,它不仅是一种荣誉和肯定,更是对员工的鞭策和鼓舞,能够更好地激励员工奋发向上,在育人工作中冲锋在前。"告诉父母别牵挂,学校就是我的家",每个大堂都有可爱的大堂阿姨,她们被不少学生亲切地称为"妈妈",大堂里每一个角落都有她们的足迹,她们会主动上前关心、问候需要解决问题的学生;她们也会和学生打成一片,像朋友一样倾听学生的故事;不止线下如此,她们还活跃在多个学生生活委员QQ群里,"有同学掉手机了""有新菜品推出了"……她们总是第一时间为大家答疑解惑,她们带来的正能量已悄悄地种在学生心里,陪伴他们茁壮成长。对育人而言,这也是一种很好的宣传方式。

(三)构建"共育"格局,助力学子腾飞

1. "实践"出"真知",言传身教,身体力行

学生转换主客体身份,"成为"食堂一分子,体验食堂人的生活、工作,学会换位思考,感恩、反哺及回馈社会。近年来学校食堂为了让更多学生参与到育人中来,积极组织、举办了各种活动。例如,成立劳动教育基地,定期开展"进后厨"活动,跟踪记录员工一天的工作内容,让学生全方位了解

食堂员工的辛勤和劳累，深刻领悟"饮其流者怀其源，学其成时念吾师"的真谛；身份"互换"，参与岗位实操体验，学会尊重劳动；提供勤工俭学岗位，培养学生自食其力的素养、能力和乐于奉献的情操；开展"厉行节约、反对浪费、光盘行动"，弘扬中华儿女勤俭节约的传统美德；参与"端午节包粽子、冬至包饺子"活动，体验中华传统节日，感受民族文化瑰宝，增强民族自豪感。

2. 创建校园文化菜品创意工作室，开设餐饮公选课，传播中华餐饮文化

利用空余资源，食堂创立了"校园文化菜品创意工作室"。初期，工作室主要用于厨师交流切磋以提升厨艺。随着育人意识的提高和育人活动的需求，工作室有了新功能，即传播中华餐饮文化。2023年，食堂管理员开设了公选课"菜点鉴赏"，传授中华传统美食文化和代表性菜品，将五千年传统美德贯穿教学中，让食堂育人真正走进课堂。

四、结束语

在近几年探索中食堂收获不小。在食堂层面，所有食堂均为标准化食堂及A级单位，在多次省、市级食品安全风险防控工作中获得了专家肯定；在员工层面，在2022年首届四川省学校食堂职工烹饪大赛中，斩获中式面点团体一等奖、创意套餐团体二等奖和中式烹饪团体三等奖等多项佳绩；在学生层面，师生满意度、就餐率明显提升，满意度达到了85%，创历史新高；学生投诉明显减少，这些都充分体现了食堂在育人工作上做出的努力。在"三全育人"理念中，每个育人理念都不应是孤立的，食堂工作服务育人的同时，将实践育人、管理育人、文化育人、组织育人和环境育人等悄无声息地融合在一起，所有育人理念形成一个"闭环"，环环相扣，相辅相成。学生在育人过程中通过转变身份，加入育人行列中，同食堂员工一起"共建、共享、共育"，极大地提升了育人效果，为国家、社会以及中国式现代化提供了有力的人才保障。

参考文献

[1]朱荣.三全育人视角下高校后勤育人路径探析[J].现代经济信息，

2019（22）.

［2］杨远涛. 高校后勤社会化背景下"三全育人"路径探究［J］.大众科技，2023，25（6）.

［3］齐勇. 新时代高校后勤服务育人的路径优化［J］.中国多媒体与网络教学学报（中旬刊），2023（11）.

［4］毛龙生."三全育人"视域下高校后勤服务育人的时代价值、现实困境和实现路径［J］.无锡职业技术学院学报，2022，21（6）.

［5］周颖洁."三全育人"视域下优化高校后勤工作探讨［J］.就业与保障，2021（20）.

作者简介

陈庚（1981—），男，汉族，四川内江人，四川工程职业技术大学后勤服务中心主任助理，硕士研究生，副教授，研究方向：后勤服务管理与建设。

叶靓（1973—），男，汉族，四川西昌人，四川工程职业技术大学后勤服务中心主任，高级实验师，研究方向：后勤服务管理与建设。

唐发新（1964—），男，汉族，四川德阳人，四川工程职业技术大学后勤服务中心食堂管理员，助教，研究方向：后勤服务管理与建设。

廖秀勇（1971—），男，汉族，四川什邡人，四川工程职业技术大学学生服务党委书记，讲师，研究方向：思想政治教育。

人本·服务·精细：退役大学生德育培养新模式

余青霖　罗敏　杨玉荣

2021年11月召开的中央军委人才工作会议上，习近平总书记强调，强军之道，要在得人。人才是推动我军高质量发展、赢得军事竞争和未来战争主动的关键因素，对实现党在新时代的强军目标、把我军全面建成世界一流军队具有重大现实意义和深远历史意义。

新时代的国防建设，需要更多有知识、有思想、有学习能力的大学生投身进去。为了响应政策的号召，应征入伍的大学生人数逐年增加。经过军营的磨炼，他们具备了坚强的品质和优良的作风，但随之而来的问题也相对突出，比如，复学后对生活环境的不适应、人际关系难融入、专业课程理论基础薄弱、没有科学的职业生涯规划等。所以，如何针对退役大学生的特点，制定一套行之有效的精细化培养模式，实现退役大学生德育、智育、体育、美育、劳动教育的全面发展，非常急迫。五育并举，德育先行，德育作为育人工作的基础，是探索人才培养模式的重点。①

一、引言

建筑工程学院党总支始终坚持立德树人为根本，围绕学校"创本科，建双高"中心任务，以"管育结合，服务优先"为工作宗旨，走育人为本，德育为先的德育工作之路，不断推动建筑工程学院退役大学生德育工作创新发展。在实际工作中，以退役大学生实际需求为指导，积极探索精细化培育途径，充分发挥军人优秀品质的同时，帮助退役大学生群体尽快完成身份的转

---

① 申秀梅."五育"并举高职院校强化劳动教育的实践探索：以大连枫叶职业技术学院为视角[J].继续教育研究，2022（9）：96–101.

换，积极融进大学校园生活，顺利完成学业，科学进行职业生涯规划，实现高质量就业。

建筑工程学院目前在校退役大学生总人数共18名，均为男生，分布于大一、大二、大三年级中，在入伍前，大部分对学习表现出较为消极的状态，与之相对应的是，这部分同学性格相对外向，与周围同学相处较好。入伍后，经过部队的锻炼，对他们性格和意志力的培养，较其他同学而言，更为成熟稳重，生活习惯和安排更为有序，但是学习的中断、年龄和经历的差距，让他们在复学后较难融入大学的生活和学习。

人本化培养是德育培养的核心，精细化培养是德育培养的措施，服务育人是德育培养的宗旨。人本化即以人为本，在开展退役大学生德育工作过程中，制订个性化的德育培养方案，根据每个同学的个人爱好和专长，制订不同的职业生涯规划方案，最终实现退役大学生的高质量发展和就业。精细化培养模式要求教师对学生群体特点有深入且全面的了解，能够从学生的需求出发进行有针对性的培养。服务育人是将教学育人、管理育人、生活育人，有机地结合起来，致力于培养建筑行业所需的高素质技能人才。①

二、"三课堂"联动，引领退役大学生德育工作

为更好地对退役大学生群体进行培养，建筑工程学院党总支在2020年成立"退役大学生服务与管理工作站"，建立以党建为引领的退役大学生服务管理模式。学院党总支书记牵头，党政领导齐抓共管，在退役大学生思想政治教育、综合素质培养、专业发展等方面进行有针对性的指导与帮助，建立学生发展成才的基层组织保障。在该组织领导下，开展退役大学生的三课堂联动工作，在学习习惯、生活习惯和就业观念等方面进行德育培养。

（一）第一课堂——夯实专业知识，养成良好的学习观

建筑工程学院坚持以立德树人为根本任务，要求学院老师基于学生实际学情，深入挖掘课程教学环节中的思政元素，通过丰富的教学手段，引导退

---

① 卢凯，彭慧洁，江峰."大思政课"视域下高校红色文化资源育人的路径研究[J].黑龙江教师发展学院学报，2024，43（1）：38-42.

役大学生树立正确的国家观、民族观、历史观、文化观,为国家建筑行业培养更多德智体美劳全面发展的人才。

除了发挥教师在课堂上的德育教育作用之外,也应发挥班内优秀同学的带头作用。通过朋辈教育,进行谈心谈话,及时掌握退役大学生的学习情况,并提供及时的帮助,让退役大学生树立较高的学习目标,养成良好的学习习惯。

(二)第二课堂——丰富课余活动,培养积极的生活观

第二课堂作为第一课堂的补充和延伸,不仅可以弥补第一课堂在实践教育方面的不足,也可以在课外实践活动中,增强自身的综合素质。[①]建筑工程学院学生会成立帮扶小组,针对退役大学生个人特点,鼓励他们积极参与各种校内外活动,在专业学科竞赛、体育健身节、全国学生军事训练营比赛、大学生职业生涯规划大赛等活动中取得成绩,提高动手操作能力,强化使命担当精神,为职业生涯发展打下坚实基础。

(三)第三课堂——抓实就业帮扶,树立正确的就业观

为发挥党支部战斗堡垒作用,党支部定期组织退役大学生开展系列政治学习活动,如思想政治学习、以军旅文化为主题的集体活动、红色教育主题活动、红色之旅、党总支书记讲党课等,及时传达、学习各项会议精神,提升退役大学生的政治素养,加强学生思想政治教育。通过系列红色教育活动,让退役大学生建立正确就业观念,持续促进就业能力的提升。

建筑工程学院党总支建立退役大学生一对一帮扶机制,让每一名教师党员战斗在帮扶退役大学生的一线。帮扶内容主要体现在及时了解帮扶对象的就业能力和就业需求,根据退役大学生群体共性和个人特点,制订多途径、多元化发展的职业生涯规划方案。对退役大学生在大一的新生阶段、大二的学业中期及大三的实习就业阶段分别提供有针对性的就业帮扶。

三、多方位示范,发扬退役大学生先锋作用

深入挖掘退役大学生个人优势,为学院、班级服务,发挥示范引领作用。

[①] 李建玲,史渊."三全育人"背景下贵州高校"第二课堂成绩单"体系建设研究[J].贵州民族大学学报(哲学社会科学版),2023(2):75-97.

退役大学生有强烈的荣誉感和使命感,重返校园后对大学生的理想、信念、方向与追求有强烈的觉悟。为发扬退役大学生的先锋模范作用,建筑工程学院成立退役大学生先锋队,组织他们参与学生宿舍、学院国防宣传和班级的管理工作,为他们搭建自我展示的平台。这些活动不仅让他们增强了自信、锻炼了个人的综合素质,也促进了他们与同学的交往和相处,让学院的德育建设工作在这个相互促进的过程中更上一个台阶。

(一)退伍不褪色,内务整理示范领先

退役大学生的内务是一道亮丽风景线,将部队中练就的内务整理技能融入校园寝室,既是军旅习惯的传承又是寝室文化建设的一部分。学院组建退役大学生示范寝室,将部队内务整理方法和高校寝室文化建设要求相结合,退役大学生自创寝室整理风格,获得宿管阿姨高度评价,学院组织退役大学生示范寝室定时向同学们展示和教授。在寝室文化活动月期间,退役大学生担任标兵寝室评委人员,到各宿舍指导同学进行内务整理,退役大学生发挥群体优势,助力学院宿舍文化建设工作。

(二)离军不离党,班级工作示范领先

经过部队的洗礼,退役大学生有强烈的使命感和集体荣誉感,结合他们各自的性格特点,发动他们在班级担任班委,提供展现个人能力和想法的工作平台。在管理服务过程中,退役大学生可以极大地增进与老师、同学的沟通,辅导员可借此进一步了解退役大学生的思想动态,推动他们使命担当精神的落地开花。退役大学生的严谨务实、严于律己的军人作风,也能影响带领同班同学保持昂扬向上的精神状态,不做佛系青年,勤奋学习、积极向上,做"四有"新时代大学生,为实现中华民族伟大复兴,笃志前行。

(三)换装不换心,国防教育示范领先

部队生活对在校大学生而言是神秘的,邀请退役大学生梳理在部队中的成长故事,在学院和班级进行流动宣讲,既可以让在校生真实具体地了解部队对青年人的培养锻炼,又能让退役大学生重温部队经历,深入体会军队对个人品质、行为塑造的作用,让"执行精神"在退伍大学生心中不断发酵、生根。

军训最能勾起退役大学生的部队情怀，能在校园中亲自带领学弟学妹操练步伐、整理队伍，对退役大学生而言是莫大的身份认同和能力肯定，他们会带着极大的耐心组织新生训练，抱着同龄人的同理之心亲切地与新生交流。同时，对调动退役大学生积极性、发挥其优势专长，是贴合度更高、作用更强的方式，在军训工作中，他们的能力与情感会得到极大的升华。与此同时，退役大学生过硬的纪律性、自觉性和较强的志愿服务精神，也会成为同学们学习的榜样。

退役大学生加入校园国防教育工作中，积极引导在校大学生践行新时代国防观念，切实增强自身使命感和责任感。退役大学生用自身经历，激发在校大学生参军入伍，使更多优秀的大学生能够携笔从戎，投身国家国防事业的建设中。有效运用新时代退役大学生群体优势，带动高校思政教育工作长足进步。[①]

四、精细化施策，推动退役大学生人才培养质量提升

铸就一支坚强有力的德育队伍，是完善退役大学生德育工作必不可缺的一项工作。建筑工程学院通过退役大学生服务与管理工作站，党员教师一对一帮扶，落实"人本·服务·精细"的退役大学生德育培养新模式，认真开展各项德育活动，卓有成效。

（一）听党指挥、思想过硬

退役大学生在思想上实事求是、公道正派，工作上高效务实、拼搏进取，生活上严肃端正、阳光向上。2020级工程造价1班张子豪等退役大学生承担起军训的任务。他们提前返校进行集训，考核合格后，担任军训教官，不仅能给新生传授自身的所学所感，同时也充实了人生经历，为将来的就业打下良好的基础，通过新生军训经历，帮助学生逐步提高"国无防不立、民无兵不安"的思想意识和爱国意识，增强保卫国家安全的意识、技能和体魄，树

[①] 欧佳.退役军人大学生助推高校总体国家安全观教育的路径研究［J］.中国军转民，2023（24）：104-106.

立投身国防的信念；2020级工程造价1班葛润等利用假期在各个军事夏令营担任教官，通过夏令营交流活动，普及全民国防思想、国防知识、国防技能。为学生树立保家卫国的远大志向，将国防意识植根于少年心中。

（二）能打胜仗、学习过硬

退役大学生应勤于学习，把学习当作生命的一部分。不仅要向书本学习，还要向群众学、向实践学，学理论、学政策、学知识，做学习的模范，当学习的标兵。2019级建筑装饰工程技术1班熊以琳等同学通过勤奋学习，成功实现专升本的目标；2019级建筑工程技术2班李小龙等同学，参加全国装配式建筑职业技能竞赛，并获得省赛一等奖；2020级建筑装饰工程技术1班张誉译代表学校参加四川省第二届"点亮生涯"大学生职业生涯规划大赛，彰显了退役大学生科学规划职业生涯的思想意识，展现了退役大学生理性思考和科学规划未来的职业能力。2020级工程造价1班张子豪代表四川省参加第七届全国学生军事训练营比赛，经过近一个月的重重选拔和集训，最终在南京陆军工程大学举行的大赛中脱颖而出，收获两个团体二等奖、一个团体三等奖和一个单项第三名的好成绩，发挥专长，真正实现终身学习。

（三）作风优良、能力过硬

退役大学生应能克服困难，在毕业时铸就一身过硬的专业技能，为国家的建筑行业高质量发展贡献力量，在行业中建功立业，深耕细作，笃行致远。2020级工程造价2班廖天富、2020级建筑工程技术2班冯海航等同学成功被中国核工业第二二建设有限公司录用，为祖国的建设添砖加瓦；2020级工程造价2班马嘉辉、靳宗海等毕业生与中铁二局集团有限公司签订就业协议，未来为国家基础设施建设做出新的积极贡献。学院始终坚持职业教育的目标，让学生学到岗位所需知识、技能和职业道德。

五、工作成效及展望

通过建筑工程学院对退役大学生的德育培养，在党员发展、参与各类活动和比赛、毕业生去向落实率等方面均取得显著成效。在校共18名退役大学生，均递交入党申请书，其中有10人成为入党积极分子，1人成为重点发展对象。在校退役大学生参加校内外不同类型的比赛40余次，均取得优异成绩。截至2024年3月，11名毕业班退役大学生均完成就业协议签订，且就业单位都是国有企业、上市公司、地方龙头企业，就业质量高，毕业去向好。

经统计，已毕业退役大学生毕业去向落实率高达100%，持续发展及改进德育工作法，培养更多优秀的退役大学生，是学院开展德育工作坚持的初衷和使命。

参考文献

[1]申秀梅."五育"并举高职院校强化劳动教育的实践探索：以大连枫叶职业技术学院为视角[J].继续教育研究，2022（9）.

[2]卢凯，彭慧洁，江峰."大思政课"视域下高校红色文化资源育人的路径研究[J].黑龙江教师发展学院学报，2024，43（1）.

[3]李建玲，史渊."三全育人"背景下贵州高校"第二课堂成绩单"体系建设研究[J].贵州民族大学学报（哲学社会科学版），2023（2）.

[4]欧佳.退役军人大学生助推高校总体国家安全观教育的路径研究[J].中国军转民，2023（24）.

作者简介

余青霖（1989—），女，硕士研究生，四川工程职业技术大学建筑工程学院专职辅导员，讲师。公开发表学术论文10余篇，主持及参与各级课题7项。

罗敏（1988—），女，硕士研究生，四川工程职业技术大学建筑工程学院专职辅导员，讲师。公开发表学术论文10余篇，指导学生参加学科竞赛获省部级奖项5项。

杨玉荣（1982—），女，硕士研究生，副教授，四川工程职业技术大学建筑工程学院专职辅导员。主持及参与院级教育教学课题、思政研究课题4项，公开发表论文11篇。

基于乡村振兴教育帮扶背景下的多维资助育人模式实践
——以四川工程职业技术大学为例

李晓军　张宗书　余南

随着全面脱贫攻坚战取得胜利，需要将重心从解决贫困人口的"两不愁三保障"，转变为全面推进乡村振兴。为实现乡村振兴的战略目标，在全国范围内实行对口帮扶与定点帮扶相结合的政策来推动乡村振兴的进程。四川工程职业技术大学定点帮扶若尔盖县求吉乡麻藏村、甲吉村、上黄寨村，在定点帮扶过程中，学校结合自身专业优势，用心用情地开展了大量的教育帮扶工作，从学校党政领导到驻村工作队，从整合校内资源到引入社会资源，形成了多维资助育人的模式，获得了受扶地党政领导和群众的一致好评。本文就乡村振兴教育帮扶背景下，对四川工程职业技术大学开展的多维资助育人模式的成功实践经验进行梳理，为实现乡村振兴战略目标添砖加瓦。

一、乡村振兴概述

（一）乡村振兴战略提出的背景

党的十九大报告提出乡村振兴战略，党的二十大报告强调要全面推进乡村振兴。要实现全面建成小康社会、第一个百年奋斗目标，关键是要把乡村振兴事业推向前进。这一重大决策部署，给当前和今后相当长一段时间内的中国"三农"问题指明了发展方向。围绕中央关于"三农"的决策，为了落实四川省委、省政府关于巩固拓展脱贫攻坚成果，切实对接乡村振兴，发挥我院学科专业及人才优势，主动发挥社会服务职能的部署，学校的定点帮扶突出年度性任务，有针对性地采取措施，讲究实际效果，发挥农村基层党组织引领作用，抓党建带动抓项目，全力推动乡村振兴。

（二）乡村振兴的战略意义

党和国家在新时期新形势下提出的乡村振兴战略，对化解当前我国社会主要矛盾，具有重要的现实意义与历史意义。

1. 解决城乡发展不平衡问题

农村的扶持是城市发展过程中不可缺少的一环，近几年越来越多农民扎根城市，使得乡村发展渐渐丧失活力，变成荒凉的"空心村"，这不利于国家的长远发展。[①]

2. 解决三农问题

农业农村现代化，国家现代化，关键是要促进乡村振兴，这样才能从根本上解决目前我国农业欠发达，农村不兴，农民不富的"三农"难题。促进农村走向现代化城市化，实现农民增收，农村和美，农业兴旺的良好格局。

3. 传承中华优秀传统文化。

我国乡村文化博大精深，包含了无数宝贵的物质与文化遗产，传统文化就更不用说了。所以，乡村振兴既要进行有效的保护与继承，又要对中华优秀传统文化进行不断的发扬，使大家都能欣赏到自己国家所特有的文化特点，走一条别具一格的道路。

（三）乡村振兴的目标

乡村振兴范围包括产业、人才、文化、生态、组织五方面振兴。

1. 产业振兴

目前，中国农业正发生着深刻变革，农业的生产方式、组织方式、管理方式等都在发生着根本改变。因地制宜，打造乡村振兴特色产业，培育乡村地区的现代农业产业体系、生产体系、经营体系建设，从而加快乡村地区的产业发展与完善。

2. 人才振兴

乡村振兴，人才是关键。优秀人才资源对促进乡村人才、土地、资本、

[①] 姜长云. 实施乡村振兴战略需努力规避几种倾向[J]. 农业经济问题，2018（1）：8-13.

产业等要素之间的积极互动,进而推进乡村振兴、促进乡村的全面振兴具有至关重要的作用。

3. 文化振兴

文化振兴,旨在培养文明乡风,优良家风与纯朴民风,彰显强烈当代特色,继承传统文化与风气,顺应时代变化。构建一个饱含文化底蕴、充满生机活力的乡土新貌,我们必须在传承中不断创新、在开拓中继承。

4. 生态振兴

坚持绿色发展理念,走人与自然和谐发展的道路,强化农村环境问题综合整治,依托优越生态环境,推进乡村振兴,守护绿色家园,实现农业绿色发展。

5. 组织振兴

要确保农村社会充满活力,要维持农村的秩序稳定,组织建设是保障,必须构建出一套完善的现代农村社会治理机制,凸显群众参与、法治保障等,发挥农村党组织在乡村振兴和各项事务的中流砥柱作用。

二、乡村振兴与资助育人

(一)乡村振兴与人才培养的关系

唯有振兴乡村,方能使民族焕发新的生机。要加快社会主义现代化建设,就必须把三农问题作为基本出发点和立足点,破解三大难题关键是要培养造就一大批优秀乡土人才。乡村振兴以经济发展为中心,文化建设为难点,人才培养为重点。乡村振兴,需要一大批优秀的乡土人才资源的介入。乡村振兴要取得成功,必须有强大的人才支撑作为乡村振兴战略实施的基石与关键。实现农村稳定,农业兴旺发达的最主要因素就是人才振兴的正确方向。新时期"三农"问题的重点目标指向就是农村振兴,所以确保本土人才队伍多元化和高素质的"三农"问题就变得格外关键,这就要求我们必须拥有一支能够深入理解农村生产生活的团队。

(二)资助育人的意义

"十年树木,百年树人",人才的培养重在教育,但是教育属于长线投资,短期之内很难见到成效。正所谓"百年大计，教育为本"，乡村振兴的发力点是人才和教育，在定点帮扶的地区，一般都是经济社会条件发展相对滞后，对教育的重视度不够，乡村振兴定点帮扶立足受扶地的实际条件，开展教育帮扶，通过资助育人培养本土人才，具有重要的现实意义。①

三、四川工程职业技术大学的乡村振兴教育帮扶工作概述

（一）缘起

学校从2018年4月开始，按照四川省委、省政府和四川省教育厅的总体部署，在若尔盖县开展针对性帮扶工作，尤其在求吉乡麻藏村开展针对性定点帮扶工作，从此，学校和若尔盖县及求吉乡结下了不解之缘。由于当地党委政府强有力的领导，在校师生、派驻干部和帮扶地干部群众密切配合，齐心协力脱贫攻坚，阿坝州若尔盖县和求吉乡麻藏村终于在2019年岁末顺利摘帽。

（二）再续前缘

2021年，根据四川省教工委、四川省教育厅的安排部署，学校对若尔盖县求吉乡麻藏村、甲吉村进行乡村振兴的定点帮扶工作。2023年7月，在新一轮的乡村振兴驻村帮扶干部轮换中选派2人继续开展帮扶工作。2023年9月，按照上级部门的部署，学校新增派3名乡村振兴驻村帮扶干部，新增若尔盖县求吉乡上黄寨村为学校乡村振兴定点帮扶村，再续情谊新篇。

（三）定点帮扶

按照党中央、国务院相关部门的部署要求，为了统筹协调全国各地、各级力量，举全国之力实现乡村振兴的战略目标，在全国范围形成了3种乡村振兴的帮扶力量。第一种是东西协作模式，从东部经济发达省份，结对帮扶中西部地区经济发展相对落后的省份；第二种是省内对口帮扶模式，从同一个省份的经济相对发达的地区对应帮扶本省内经济相对落后的地区；第三种是

---

① 罗国立，储祖旺．不同的"起跑线"：我国幼儿教育事业城乡发展不均衡探析[J]．上海教育科研，2008（9）：12-14．

省内定点帮扶模式，省内各省级主管单位将下属的各单位，按照统筹安排帮扶相应的村。

2021年开始，学校按照四川省教工委、四川省教育厅的安排，开始了在若尔盖县求吉乡麻藏村、甲吉村、上黄寨村的乡村振兴定点帮扶工作。

四、四川工程职业技术大学乡村振兴教育帮扶成果

（一）求吉乡中心校

学校在乡村振兴定点帮扶的若尔盖县求吉乡，为了改善求吉乡中心小学的教学条件，投入教育帮扶资金28.9万元，其中投入6.3万元用于给全校学生购买校服，投入4.2万元用于建设求吉乡中心小学心理咨询室，投入3.5万元用于求吉乡中心小学心理教师培训，投入2.0万元用于购置求吉乡中心校心理咨询室办公用品，投入5.5万用于求吉乡中心小学教师办公室装修和购买桌椅，投入7.4万元用于改造教学楼走廊以及改善教师办公室设备。

（二）甲吉村幼儿园

学校自2021年开始定点帮扶若尔盖县求吉乡甲吉村，学校立足自身专业优势，发挥教育帮扶特长，在甲吉村的第一个帮扶项目就是2021年的甲吉村幼儿园改造项目。学校投入36.5万元用于改造定点帮扶的若尔盖县求吉乡甲吉村幼儿园。甲吉村幼儿园占地1200平方米，为老村委会改造的村小，村小撤销后改为村幼儿园，房屋建筑年久失修，教室墙壁破损、门窗破旧，缺少取暖设施，连最基本的厕所都没有，条件简陋。甲吉村幼儿园经彻底改建后，如今已是旧貌换新颜，它拥有教室、图书室、活动室、厨房、厕所、滑梯、玩具等各种学习、生活设施，是若尔盖县村级幼儿园中的楷模，给孩子们带来了新的学习、生活环境。2023年4月，学校以甲吉村幼儿园改造为主题的乡村振兴教育帮扶代表项目，拍摄出短视频《"师"美甲吉》，在中国教育电视台《乡村振兴·你我同行》栏目播出，引起了热烈反响，这是对学校乡村振兴帮扶工作真帮实扶的一个缩影，再次用心用情地诠释了"爱是教育的底色"。

（三）提供升学指导

学校自2021年乡村振兴定点帮扶工作以来，学校派出的驻村干部走村入户，了解、帮助村民解决实际问题，帮助两个受扶村的2名高三学生参加学校2022年的单招考试，被学校顺利录取，并按照学校与若尔盖县人民政府签订的协议，减免2名学生3年的大学费用，解决了两个家庭的学生教育升学问题。

五、乡村振兴教育帮扶背景下的四川工程职业技术大学多维资助育人模式

（一）校领导带头结对帮扶

学校党政领导高度重视教育帮扶，并身先垂范结对资助帮扶困难学生和困难家庭，学校党委书记和院长、乡村振兴分管领导分别在两个受扶村，各自结对帮扶一户有在读学生的家庭，这是对乡村振兴教育帮扶、资助育人模式的成功实践，起到了很好的引领示范效果。

（二）签订帮扶协议

学校与若尔盖县人民政府于2021年9月签订了5年的帮扶协议，其中教育帮扶项目的重要举措之一，就是对考上我校的若尔盖籍学生，减免大学期间的学费，这一举措对激励若尔盖籍学生实现大学梦，特别是对家庭困难学生圆梦大学，具有重要意义。

（三）发放助学金

2022年，学校党政领导在乡村振兴帮扶工作考察调研中，立足自身优势，结合受扶地实际需求，在定点帮扶的若尔盖县求吉乡麻藏村、甲吉村，对两个村的所有在校学生拨付助学金，按照幼儿园400元/年/人、小学600元/年/人、中学800元/年/人、大学1000元/年/人的标准。其中麻藏村在校生68人，拨付助学金5.1万元；甲吉村在校生131人，拨付助学金9.1万元。2023年，按照上一年的助学金标准，在麻藏村、甲吉村、上黄寨村三个村拨付助学金合计约20万元，助学金惠及覆盖近70%的家庭。

（四）基层党组织结对共建促资助

学生服务党总支与受扶地的麻藏村党支部结为基层党组织结对共建，学生服务党组织在开展基层党组织结对共建活动中，按照基层党组织结对共建协议，为麻藏村开展为民办实事活动，工作队通过各方争取，促成了一名爱心人士对麻藏村的一名困难学生的长期资助。

（五）驻村干部带头帮扶

学校派驻麻藏村的驻村干部，在麻藏村、求吉乡助学学会2021年的助学金资金比较紧张的情况下，了解到有一名大学生的学费没有着落，便主动与同事、朋友凑钱，完成了这名大学生大学期间所有学费的资助任务。

（六）引入社会企业帮扶

学校选派的驻村干部，通过一些社会企业，为求吉乡助学学会募集了一些有责任感的企业的爱心帮扶资金，这一举措对推动求吉乡教育事业，推动求吉乡教育助学学会的发展壮大和长期运行，帮助求吉乡更多的学生顺利完成学业，发挥了积极的作用。

（七）促成社会爱心人士结对帮扶

学校派驻甲吉村的驻村第一书记，发挥自身的专业优势，通过导游平台，为村民、学生募集到了大量的爱心物资，促成甲吉村的8名学生获得社会爱心人士的长期资助，其中5名学生每人每月200元；爱心人士为甲吉村因患尿毒症而具有返贫风险的监测户泽然张松家的3个孩子资助每人每年5000元，直到孩子18岁成年。为求吉乡中心小学和甲吉村在校学生、甲吉村幼儿园学生募集到了大量的校服、书本玩具，减轻了学生家庭的经济负担。

结语

相信在党和国家惠民政策的引领下，在各级党政领导的关怀下，在四川工程职业技术大学用心用情的教育帮扶下，以多维资助育人的模式助力若尔盖的教育事业，为若尔盖培养更多的本土人才，若尔盖农业强、农村美、农民富的乡村振兴目标一定会早日实现。

参考文献

[1]姜长云.实施乡村振兴战略需努力规避几种倾向[J].农业经济问题，2018（1）.

[2]罗国立，储祖旺.不同的"起跑线"：我国幼儿教育事业城乡发展不均衡探析[J].上海教育科研，2008（9）.

作者简介

李晓军（1986—），男，汉族，甘肃静宁人，四川工程职业技术大学党政办公室副主任，硕士研究生学历，讲师，研究方向：旅游文化、民族文化。主持、参与完成科研课题、论文20余项。

张宗书（1966—），女，汉族，四川内江人，四川工程职业技术大学科研与社会服务处处长，教授，研究方向：旅游管理与乡村旅游规划。先后公开发表学术论文45余篇，主持各类科研项目课题20余项，主持旅游策划规划类项目10余项。获省市级以上科研奖励10余项，编撰教材多部。曾获"德阳市旅游工作先进工作者""四川省优秀青年教师""四川省高等学校教书育人先进个人""四川省优秀教育工作者"等荣誉。

余南（1983—），女，四川省南充人，四川工程职业技术大学党委组织部干事，讲师。第九届四川省大学生艺术节舞蹈甲组一等奖，四川省舞蹈家协会会员，德阳市舞蹈家协会常务理事，炫舞季全民舞蹈大赛金牌导师。

基金项目

本文系四川省2022—2024年职业教育人才培养和教育教学改革研究项目《职业教育服务民族地区乡村人才振兴路径研究》（项目编号：GZJG2022-365）阶段性研究成果。

"三全育人"视域下职业院校"三心三意"服务育人理念的实践

邓锋 孙宁 姜雯玉 田媛媛

服务育人是"三全育人"体系的重要组成部分,是职业院校育人工作系统不可分割的部分,更是课程育人、实践育人、管理育人的有效补充。职业院校辅导员在践行服务育人时,常会在构建和谐师生关系、心理疏通与辅导、处理生生关系、创新服务手段等方面遇到困难,"三心三意"服务育人模式聚焦精神层面、心理层面、情感层面、工作手段和服务成效等维度,体现了新时代职业院校辅导员服务育人的意义及践行方式,明确了辅导员在服务育人过程中的重要作用,拓展了服务育人落地形式,为职业院校辅导员开展思想政治工作提供了新思路。

一、"三全育人"和服务育人的重要性

（一）"三全育人"理论概述

2017年中共中央、国务院印发的《关于加强和改进新形势下高校思想政治工作的意见》指出,要坚持全员、全过程、全方位育人,把思想价值引领贯穿教育教学全过程和各环节,形成教书育人、科研育人、实践育人、管理育人、服务育人、文化育人、组织育人长效机制。"全员育人,是指由学校、家庭、社会、学生组成的'四位一体'的育人机制;全过程育人,是指学生一进校门到毕业,从每个学期开学到结束,从双休日到寒暑假,学校都精心安排思想政治教育,贯穿始终;全方位育人,是指充分利用各种教育载体,主要包括学生综合测评和奖学金评比、贫困生资助与勤工助学、学生组织建设与管理、校园文化建设、学风建设、诚信教育、社会实践等,将思想政治

教育寓于其中。"①

(二)职业院校十大育人体系中服务育人的重大意义

职业院校十大育人体系是"三全育人"理念的具体实践体系。其中,"服务育人在实现德智体美劳'五育'并举目标方面,在统合'全员、全过程、全方位'育人方面有其独特优势"②。服务育人是高校育人体系的重要环节,是配合课程育人、实践育人等显性育人举措的有效补充,对切实提高学生适应社会需求的能力有切实的促进作用。当前,在职业院校中,实施服务育人面临着诸多问题,如辅导员队伍人员不稳定、服务育人理念不强、服务育人工作方法不够创新等,要解决这些问题,就需要改革服务育人理念,丰富服务育人手段,切实践行新的服务育人模式。

二、职业院校践行服务育人的难点

在"三全育人"视域下,职业院校服务育人的核心在于,将服务育人理念全面贯彻到学生的技能培养、理论学习、思想政治教育、生活习惯培养、卫生习惯培养等方方面面。但职业院校的学生存在生源情况复杂、学习能力和学习习惯较差、自我意识较强、心理健康问题较为突出等诸多服务育人难点。因此,辅导员在践行服务育人理念时,常会在构建和谐师生关系、心理疏通与辅导、处理生生关系、创新服务手段等方面遇到困难。这些困难往往聚焦于精神、情感、心理、工作手段和方法等。同时,职业院校辅导员存在专业素养不足、工作缺乏针对性和系统性、实践和理论融合不足、难以满足学生个性化需求等问题。职业院校的辅导员多数是非师范专业,缺乏教育学、心理学等方面的专业知识和技能。由于学生问题具有多样性和动态性,辅导员难以将理论知识有效贯彻于实践中,从而使得服务育人效果不佳,难以满足学生个性化需求和综合发展需求。"三心三意"服务育人理念的形成,为上述的职业院校服务育人难点提供了有效的解决方案。

---

① 周燕红. 高职院校文化育人机制探究:以陕西铁路工程职业技术学院为例[J].新西部,2018(15):56,58.

② 王胜本,刘旭东,李鹤飞. 新时代高校服务育人:重要价值、优化图景、推进路向[J].国家教育行政学院学报,2021(11):54.

三、"三心三意"理念概述及实践意义

（一）"三心三意"服务育人理念的含义

辅导员既是学生思想政治的引领者，又是生活、学习的解惑者，是服务育人体系的主要实践者。辅导员做好服务育人工作既是工作的职责所在，也是提升高校思想政治工作质量的必然要求。面临诸多服务育人实践过程中的问题，作为职业院校的辅导员，在践行服务育人理念时，要聚焦服务育人的难点和痛点，以爱心、耐心、细心为"三心"和以新意、真意、满意为"三意"（如图1所示），在精神、情感、心理、工作手段、方法和服务成效维度等各方面做到"情系学生办实事，爱满校园谱新篇"。

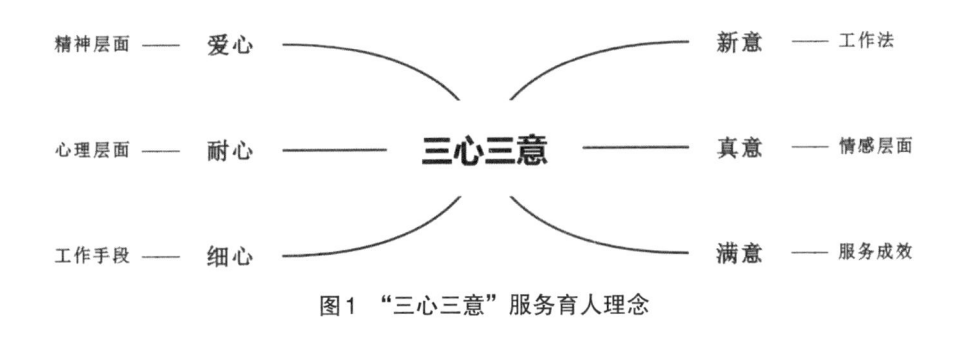

图1 "三心三意"服务育人理念

爱心聚焦精神层面，职业院校辅导员对学生要充满爱心，要如父母般关爱学生、体贴学生、照顾学生；耐心聚焦心理层面，职业院校辅导员无论面对何种情况，都要对学生保持耐心，用心聆听，耐心解决学生的生活、学习、工作、爱情等各方面的问题；细心聚焦工作手段层面，是指涉及学生服务的各项工作时，职业院校辅导员务必要细心，尤其是处理奖助学金评定、评优选先、学生心理健康问题和情感问题等，要细心留意学生的生活动态和心理波动情况，关注并保障学生的利益。新意聚焦工作法，是指服务育人的工作方法要创新，尽量做到高效有序；真意聚焦情感层面，是指职业院校辅导员对待学生要真情实意，把学生当作最好的朋友，愿意与学生交流和沟通，倾听学生的倾诉；满意聚焦服务成效，则是指要尽力做到让学生满意，进而促进师生感情，更好地为学生服务。

（二）"三心三意"服务育人理念的实践意义

职业院校辅导员肩负着培养学生全面发展的使命，"三心三意"服务育人理念的践行对培养致力于民族复兴的时代新人具有深刻意义。首先，坚持好"三心三意"，能够有效践行立德树人的根本理念，为所有的服务对象也就是职业院校的学生们树立起标杆和榜样，以身作则地影响和推动学生们的成长，帮助学生树立正确的人生观、价值观及社交观。其次，辅导员坚持好"三心三意"服务育人理念，以真心换真情，能够得到学生的理解和认可，进而有效促进服务学生工作的开展，辅助推进学生管理工作，成为管理育人的有效补充。再次，"三心三意"理念能够引领和指导职业院校辅导员的服务育人工作开展，遵循"三心三意"服务育人工作法，就能少犯错、不犯错，减少与学生发生冲突的可能性，避免激化师生矛盾。最后，"三心三意"服务育人理念也就是为人民服务理念的延伸，为职业院校辅导员开展思想政治工作奠定了良好的基础，以正面的导向引导并提升学生的思想政治水平。

四、新时代职业院校"三心三意"理念服务育人实践和预期效果

（一）"三心三意"服务育人理念的实践做法

1. 爱心是职业院校辅导员服务育人的基石

职业院校的生源渠道丰富，这就导致职业院校的学情极为复杂。作为职业院校的辅导员，需要对学生怀有真挚的爱和关怀，关心学生的成长和发展。通过表达爱心，辅导员能够建立起与学生之间的信任和亲近感，让学生感受到被重视和关心。爱心还能够激发学生的积极性和动力，促使他们更加主动地参与到理论学习和实践活动中。在实践中，可以采取倾听与共情的策略向学生展现出爱心。美国心理学家卡尔·罗杰斯（Carl Rogers）反对教师以"教导者"或"训练者"的面目出现，主张用 facilitator（方便学习的人）代替 teacher 等称谓"教师"，认为"教师在学生学习过程中的作用仅仅是一个侍者（servant），并形象地比喻为'音叉'（tuning forks），意为应学生之呼声而共鸣"[1]。因此，辅导员应转变"教导者"的角色，充分倾听个体的内心体验和情

---

[1] 曹树真. 论罗杰斯的师生观 [J]. 外国教育研究，2000（6）：3.

感,并通过真实的反馈和理解来回应个体,从而促进个体的自我探索和成长。职业院校辅导员应以爱心为基础,通过倾听和共情来建立与学生的情感连接。可通过运用非评价性倾听技巧,如积极倾听、反馈和理解,以展现对学生的爱心。例如,辅导员可以通过设计以人为本的主题班会,切实跟进学生近期动态,优化班风建设,增强班级凝聚力,从而提高班级管理效率。还可以每周确定一个固定时间(如周二16:00—18:00),作为"心里话倾诉"时间,鼓励全体学生与辅导员自由沟通交流。另外,职业院校辅导员还可以通过为学生提供情感支持来传达对学生的爱心。社会支持理论认为,人们对他人的情感支持和鼓励对于心理健康和发展至关重要。[1] 辅导员可以通过组织支持性小组活动,让学生分享彼此的困惑和心理压力,打造一个充满鼓励、安慰和互助的环境。

2. 耐心是职业院校辅导员服务育人中必不可少的品质

在职业院校中,辅导员需要给予学生充分的时间和空间来表达自己的思想和情感。辅导员的耐心能够帮助他们与学生建立起有效的沟通和互动,让学生感到被尊重和理解。在实践中,辅导员可通过以下方式展现出对学生的耐心。首先,辅导员应当给予学生个体化支持。每个学生都有自己独特的需求和问题。辅导员需要耐心了解每个学生的情况,给予个体化的支持和指导。罗杰斯认为,"人的行为是绝对理性的稳定的、复杂而有秩序的,它们在朝向自己的目标运动着"[2],因此辅导员应引导学生实现目标。其次,辅导员应以目标为导向,帮助学生明确目标并提供具体的行动计划和实施策略,以推动学生的个体发展和成长。最后,辅导员应为学生提供持续支持。耐心应当贯穿学生个体发展的全过程。辅导员应该持续关注学生的进展和需求,给予持续的支持和指导,帮助学生实现目标。

3. 细心是职业院校辅导员服务育人的支撑要素

职业院校辅导员需要细心倾听学生的问题和需求,关注个体差异和特点。细心还能够帮助辅导员发现学生的潜在潜能和优势,从而提供针对性的培养

---

[1] 程虹娟,张春和,龚永辉. 大学生社会支持的研究综述[J]. 成都理工大学学报(社会科学版),2004(1):89.

[2] 曹树真. 论罗杰斯的师生观[J]. 外国教育研究,2000(6):2.

和引导。细心的实践首先要求辅导员能够敏锐观察到学生的学习情况和情绪状态，以此推断学生是否面临困难或挑战。例如，辅导员可以留意学生的注意力集中程度、学习成绩、学习动力、情绪变化等，从中获取线索并提供相应的支持。其次，职业院校辅导员应细化服务育人手段。辅导员可以在班级中分别建立学习互助小组和生活互助小组。通过小组成员的信息反馈，了解学习困难和生活困难学生的特殊需求，提供针对性的有效服务措施。

4. 新意是职业院校辅导员服务育人的重要动力

职业院校辅导员需不断探索和创新育人方法，提供多样化的服务方式和途径。辅导员要关注学生的时代特点和需求，结合新的教育理念和技术手段，为学生提供更具针对性和吸引力的服务。首先，职业院校辅导员可以提供多元化的资源和活动，以满足不同学生的需求和兴趣。例如，辅导员通过组织职业发展讲座、心理健康工作坊等，为学生提供多样化的学习和发展机会。其次，辅导员可以建设一个支持和共享的社群环境。通过组织学生社团和志愿者项目等，帮助学生建立联系和互相支持，促进彼此的成长和发展。最后，辅导员可以与其他学校部门和教职员工开展跨学科合作，共同关注学生的综合发展。例如，与教师合作开展学习策略培训，与心理健康专家合作开展心理辅导活动，从而提供更全面的服务。

5. 真意是职业院校辅导员服务育人的润滑剂

将辅导员工作的真意付诸实践可以提升学生管理效率。在真意的落地过程中，职业院校辅导员需体现出对学生的综合关怀。辅导员应关注学生的综合发展，包括学业、职业、情感和社交方面。为学生提供学习技巧培训、职业规划指导、心理健康支持等，帮助学生在各个方面实现平衡和成长。其次，辅导员应致力于与学生建立相互信任和尊重的关系。为学生打造一个安全的环境，鼓励学生分享自己的想法、感受和困惑。

6. 满意是职业院校辅导员服务育人成效的考量标准

通过满足学生的需求和期望，可以促进师生之间的良好关系，提升学生对职业院校辅导员工作的满意度。这将有助于建立互信和合作的氛围，进一步增强辅导员的工作效果。满意的践行首先要求辅导员能够密切关注学生需求。辅导员应当及时与学生进行沟通和交流，了解学生对辅导员工作的期待，并根据学生的反馈进行调整和改进。其次，辅导员应及时回应和解决问题。辅导员在学生遇到问题或困惑时应积极回应，寻找解决方案，确保学生得到及时的支持和帮助。最后，辅导员应持续改进工作方法和提升服务质量，不断反思和调整工作方式，以满足学生的期望和需求，提供更好的服务，最终做到让每位学生都感到满意。

（二）践行"三心三意"服务育人理念的预期效果

"三心三意"服务育人理念的实践对学生的全面发展和成长有着重要作用。通过将"三心三意"理念融入辅导员的服务育人工作，可以获得服务育人的预期效果（如图2所示）。

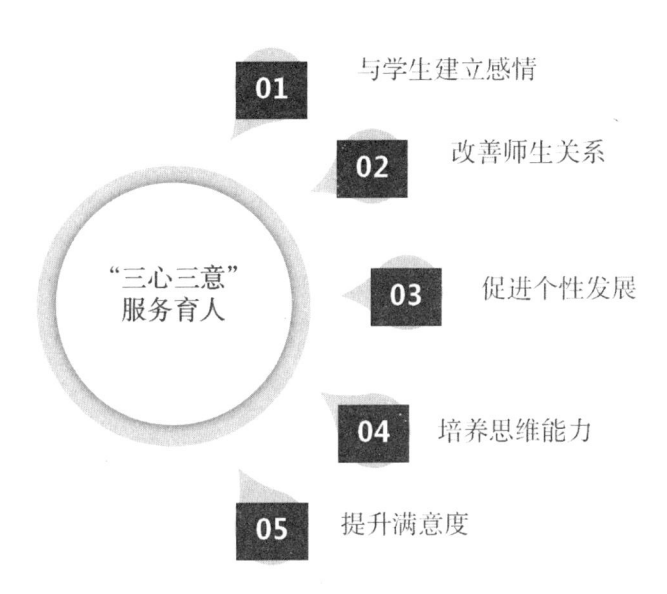

图2 "三心三意"服务育人理念预期效果

1.有助于与学生建立情感链接，增强学生归属感

根据社会支持理论，学生在情感上得到支持和鼓励，有利于他们的情绪调节和心理健康。当学生感受到辅导员的爱心时，他们更愿意与辅导员分享内心的疑虑和困惑，进而建立起更加紧密的信任关系。这种情感链接和归属感有助于学生形成积极的自我认知，增强学习和成长的动力。

2. 建立积极的师生关系

辅导员的爱心、细心和耐心能够赢得学生的信任和亲近感。这种积极的师生关系能够为学生提供一个安全的环境，使他们更愿意与辅导员合作、分享和倾诉。通过与学生建立起信任与合作的良好关系，辅导员能够更好地了解学生的需求和发展，提供更有效的支持和指导。

3. 促进学生个性化发展需求

"三心三意"服务育人理念要求辅导员能够关注到学生的个体差异，提供个性化的发展支持。辅导员能够了解学生的兴趣、目标和学习风格，并根据学生的需求制订相应的发展计划和策略。这种个体化的支持能够更好地满足学生的发展需求，帮助他们实现自己的潜力和目标。

4. 培养学生的自主能动性和批判性思维

辅导员的新意和真意体现在对学生独立思考、自主学习和批判性思维的培养上。通过启发式的提问、引导性的讨论和开放性的学习活动，可以培养学生的自主能力和批判性思维，帮助学生成为主动学习者和终身学习者。

5. 提升学生满意度

通过"三心三意"服务育人理念的实践，学生的满意度有望得到提升。当感受到辅导员的关心和支持时，学生更有可能积极参与理论学习和社会实践活动。学生满意度的提升将进一步促进师生之间的良好关系和合作，为学生的成长和发展创造良好的环境。

五、结语

职业院校作为培养职业技能和职业素养的重要教育机构，在学生职业发展和人格塑造中扮演着重要角色。"三全育人"视域下的"三心三意"服务育人理念的实践运用，旨在提升学生的综合素质、职业道德和创新能力。在践行"三心三意"服务理念时，会遇到不少困难和挑战，需要辅导员不断提升专业素质，加强理论学习，改进工作方法，以"服务育人"为向导，秉承"三心三意"服务理念，遵循"一切工作为学生服务"的原则，始终把学生放在首位，关注学生的权利，注重学生的个性，尊重学生的人格。可采用全方位强化辅导员队伍、优化服务体系、创新评估体系、引入辅导员团队建设新方案等方法来达到解决问题的目的。"三心三意"服务育人理念能够解决服务学生过程中的痛点，为服务育人工作提供新的思路和方法，提高服务育人的成效，值得大力推广和实践。

参考文献

［1］周燕红.高职院校文化育人机制探究：以陕西铁路工程职业技术学院为例［J］.新西部，2018（15）.

［2］王胜本，刘旭东，李鹤飞.新时代高校服务育人：重要价值、优化图景、推进路向［J］.国家教育行政学院学报，2021（11）.

［3］曹树真.论罗杰斯的师生观［J］.外国教育研究，2000（6）.

［4］程虹娟，张春和，龚永辉.大学生社会支持的研究综述［J］.成都理工大学学报（社会科学版），2004（1）.

［5］国正.三全育人视域下职业学校服务育人功能的实践［J］.天津职业院校联合学报，2022，24（2）.

［6］沈壮海.新编思想政治教育学原理［M］.北京：中国人民大学出版社，2022.

［7］王岩，冯爱玲.高校思想政治"三全育人"模式组成要素解析［J］.高教学刊，2018（16）.

［8］杨怡斐，张建功.新时期高校辅导员职业能力困境及提升研究［J］.高校辅导员，2017（5）.

［9］朱国鹏.新时代高校辅导员服务育人的价值意蕴与路径探析［J］.市场周刊，2023，36（4）.

作者简介

邓锋（1979—），男，汉族，四川达川人，本科，四川工程职业技术大学外国语学院，讲师。研究方向：思想政治教育、商务翻译。

孙宁（1998—），女，汉族，山西运城人，文学硕士，四川工程职业技术大学外国语学院，助教。研究方向：思想政治教育、跨文化研究、翻译研究。

姜雯玉（1990—），女，汉族，四川宜宾人，在读博士，四川工程职业技术大学外国语学院,助教。研究方向:组织行为、市场营销。

田媛媛(1980—),女,汉族,四川德阳人,本科,四川工程职业技术大学外国语学院,助教。研究方向:思想政治教育、英语教育。

第五篇 05
管理育人 组织育人

基于"大思政课"实践创新的高校思政类社团建设研究
——以四川工程职业技术大学听潮学社为例

葛威 柏菁 韩志敏

在新时代推进"大思政课"建设的战略定位下，高校比以往任何时期都更需重视以文化人和实践育人，切实拓展好"第二课堂"的育人功能。高校思政类社团作为思政育人体系的重要组成部分，是践行立德树人根本任务和推动思政课成为铸魂育人主渠道的桥梁纽带。四川工程职业技术大学听潮学社始终坚持"思政社团+社团思政"的办社思路，致力于不断提升社团成员的理论水平、实践能力和政治素养，凸显社团思政育人和实践育人双重导向，育人成效显著。用理论学习、研讨交流、志愿服务、社会实践等多种形式多层面组织引导学生开展综合实践活动，引导社团成员深入观察、思考和探讨社会问题，涵养家国情怀，坚定理想信念，不断提高青年大学生思想政治素质。通过多年探索式发展，社团规章制度逐步完善，社员政治理论功底不断增强，综合素质显著提升，社团活动越办越好，在学校师生群体中的影响力日臻扩大。

一、思政类社团的探索、创新与实践

四川工程职业技术大学听潮学社聚焦实践活动的思政元素、文化建设的思政方向、师资队伍的思政条件、考核评价的思政要求等，与专业课同向同行，打造社团思政育人的名片，定位"思政社团+社团思政"，通过主题丰富、形式多样的综合实践活动引导学生积极参与社团，将思想政治教育有效融入社团，引导青年社员在各项实践学习活动中把爱国情、强国志、报国行自觉融入走向共同富裕、以中国式现代化全面推进中华民族伟大复兴的新时代壮丽事业中，为实现思政育人和实践育人的润物无声提供了有效范式。

（一）坚持思想理论武装与实践育人协同发展

听潮学社在日常例行开课活动中牢牢将政治理论学习放在首位，及时组织传达学习党和国家的最新理论和大政方针，督促社员掌握时政动态，增强政治敏锐性和判断力；坚持不懈抓党史主题学习，以传播红色革命文化、当代先进文化的青春气息为突破点开展多种形式的马克思主义理论、新闻资讯、时政专题内容的交流学习讨论。以文会友，筹办多场次读书分享交流会，促进社员思想交流、思维碰撞，增强情感认同和团队凝聚力，以学促思、学思悟行促成长。集中体现在以下几方面。

1. 深入推动习近平新时代中国特色社会主义思想进社团

由社团指导老师定期开展专题理论讲授，邀请马克思主义学院教授专家、骨干教师开展"思政大讲堂"，组织全员阅读学习《习近平谈治国理政》第三、四卷等党的创新理论权威著作，集中观看讴歌新时代传递正能量的专题片、纪录片和影视片，结合习近平新时代中国特色社会主义思想概论课程章节内容深入开展主题教育，集体研读研学党的全国代表大会报告等马克思主义纲领性文献，带动社员共同感悟新时代十年党和国家事业取得的历史性成就与发生的历史性变革，从而更加坚定理想信念，更加自觉不断增强"四个意识"，坚定"四个自信"，做到"两个维护"，做"两个确立"的忠诚拥护者。

2. 多措并举推进团队成员理论与实践相结合

马克思主义真理指引人生未来发展航向。社团通过形式多样的开课活动组织社员集体阅读党报党刊，组织集中下载人民网、学习强国、学习思政课、今日头条、四川观察等官方融媒体 APP 进行课内外学习，每次开课学习均随机抽选若干社员分享学习收获、交流心得体会，鞭策社员注重加强自主学习。在指导教师帮助下，社团注重洞悉党和国家最新政治动态和创新理论，及时召开社员大会进行研学讨论。与表面形式上学习时事政治理论不同，在集体研学中高度重视社员对理论热点和创新表达的学习研究，指导老师以专题授课形式引导社员更加深入地学习思考，努力发挥思政理论社团作为思政课立德树人主渠道"第二课堂"的作用，促进社员不断提高政治站位，丰富政治理论，涵养政治品格，引领社团大学生快速成长为推进马克思主义中国化、时代化、大众化的青年先锋。

3. **持续深入开展"四史"学习教育**

根据全体社员兴趣意向和知识擅长科学划分"四史"学习小组，分别对应中国共产党史、新中国史、改革开放史和社会主义发展史，由各小组成员承担学习资料收集、主题PPT制作、知识拓展延伸、学习心得感悟分享等任务。不定期以社团文化沙龙形式进行集体座谈研讨，摆史实、讲故事、谈感受，在知识碰撞和交流探讨中得真知、增才干、长知识，通过主题学习让社员更清晰"四史"之间的区别和内在联系，更加坚定他们永远听党话、跟党走的信心和决心。

（二）打造"行走的思政课"

为深入推进"大思政课"理念的实施，切实发挥思政社团实践育人功能，多年来"听潮学社"积极采用课堂主题授课和校外实践锻炼相结合的方式，以红色场馆社会实践为依托，组织社团会员实地观摩调研参观。社会实践内容分为党史学习专项、理论宣讲专项、健康中国专项、乡村振兴专项4个专题社会实践，涉及精准扶贫、理论宣讲、三线建设、返乡助力、志愿服务等多个领域。以"学习贯彻党的二十大精神"主题理论宣讲为"1"个着力点，开展"1+N"个服务基层项目，通过发挥开展时政知识主题演讲、乡村振兴实地调研、文化场馆参观考察等贴近基层、贴近群众等方式让学生们进一步了解国情、社情和民情，进一步增长实践本领和实干能力。

1. **把红色资源深度融入实践，开展朋辈爱国主义教育**

本着厚植大学生爱国主义情怀的育人目标，马克思主义学院持续挖掘整合红色资源，利用红色资源开展好听潮学社社员的革命传统教育和爱国主义教育，通过朋辈互动教育传播红色文化。社员走进建川博物馆，感悟中华民族自强不息的奋斗精神；奔赴中江县黄继光纪念馆，感受大无畏的革命英雄主义精神；观看红色主题电影《八佰》《长津湖》等，利用校园广播、抖音、官方微博及新闻网页等媒介传播，让社员的收获感悟变成生动现实的红色教育资源，并按要求在所在专业班级宣讲分享，以点带面在全校形成星火燎原之势，拓展提升教育成效。

2. 把文化场馆作为实景课堂，提升文化育人实效

把校史馆、德阳市档案馆、三星堆博物馆、成都城市规划馆等文化场馆作为实践育人阵地，通过参观主题展览，观看学校历史沿革和发展成就、百年沧桑话德阳的惊天巨变、三星堆出土文物和考古发掘现场、了解国家中心城市科学发展规划等，讲文化场馆作为思政课的实景课堂。精彩翔实的解说分析不仅有助于达到思政实践课程知识、能力和素质方面的育人目标，还能让学生深刻领悟习近平新时代中国特色社会主义思想的科学性、正确性、指导性，涵养坚定的文化自信和历史自信，增强中华文化认同感、改革开放自信心和爱国主义情感，引领青年社员在社会实践的大课堂中不断学党史、强信念、跟党走。

3. 依托思政社团实践活动，让"四史"教育活起来

在追寻红色记忆的实践活动中社团尤为注重传承以伟大建党精神为源头的中国共产党人精神谱系，将"四史"教育有机融入实践活动中，积极引导学生感受历史温度，用脚步丈量红色热土，用行动传承革命精神，在寻访红色遗迹中淬炼如磐初心，在聆听红色故事中汲取奋进力量，在宣讲红色文化中担当时代责任。"行走"式课堂成为最鲜活的教科书，使学生在学思中内化、在实践中升华，真正做到学思用贯通、知信行统一，持续让"四史"教育活起来。

（三）以共青团建设促"团"建

强化社团的政治性管理，提升理论社团在众社团中的思想先导性地位，始终学习贯彻习近平总书记"青年在哪里，团组织就建在哪里；青年有什么需求，团组织就要开展有针对性的工作"[①]的重要指示精神，把团支部建在社团上，坚持"共青团"管"社团"，促进思想政治工作与社团思政实践教育协同并举。

---

① 霍小光. 紧跟党走在时代前列走在青年前列　在实现中华民族伟大复兴的征途中续写新光荣[N]. 人民日报，2013-06-21（1）.

成立"听潮学社"团支部,选聘思想政治素质高、组织管理能力强、有责任担当的优秀学生干部(一般为社长)担任团支书,按照共青团章程、校团委工作部署和要求做好各项团的工作。学期末由社长(团支书)召集,指导老师全程监督参与,召开全员参加的听潮学社团支部团员民主评议会。引入合理的考核激励机制,由社团团支部组织"优秀社团干部"和"优秀社团会员"荣誉称号民主评选,根据结果向学校大学生社团联合会推优评选。创新实施社团团支部考核激励制度,以社团团支部名义进行考核表彰,用真理赢得青年之心,用实践激励青年之行,激发学生干部干事创业热情。

二、思政类社团推动"大思政课"实践创新的成效

四川工程职业技术大学听潮学社在开展社团实践研习活动中注重以寓教于乐、寓教于活动的方式有效解决青年学生对主课堂思政课学习中兴趣不浓、心浮气躁、厌腻排斥的问题,成为对思政课主课堂有力补充的"第二课堂",有效提升了高校思政教育的实效性,推动了思政教育的教育创新,拓展了思政实践教育的空间。

(一)学生认可度参与率高,综合素质得以提升

听潮学社自成立至今共计社员共320余名,社团年均开展常规开课活动、学习经验分享会、社团文化沙龙等数十次,活动到场率高,社员参与度好,团队凝聚力强。社团成员在各类综合实践活动中进一步增强学习的积极性和创造性,为在校期间学好文化基础知识、扎实专业技术技能奠定了坚实的思想基础,进一步提升了综合素质。

(二)社团干部学思砺新,赋能成长达成

通过指导老师悉心指导和多次团体实践活动的组织、策划和管理中的实操锻炼,显著地增强了社团学生干部的责任担当意识,其自身思想政治素养、综合素质和能力也得到明显提升,也为学校培养高质量学生干部队伍源源不断地输送社团人才。近年来,多名社团干部(含普通社员)先后成长为班级、院系和校级学生干部,其中部分特别优秀者已光荣加入中国共产党或成为预备党员考察培养对象,全体新老社员在思想上和行动上始终积极向党组织靠拢。

（三）社团思政润物无声，朋辈育人彰显

一系列社团综合实践活动，也成为一堂堂行走的"沉浸式思政课"，充分实现了以德育引领课程思政的教育理念。社团成员的组织协调能力、行为管理能力和人际交往能力也在校内外实践拓展活动中潜移默化地得到提升，同时能够更深入地了解国情、感知社情、观察民情，接触到不同的群体，在丰富社会经验和增长人生阅历的同时增强了报效国家、服务社会的责任感。社团思政的功能作用得到充分发挥，也激发了思政教育的活力。

社团成员通过运用新媒体手段和信息化途径宣传分享社团实践成果，既展示了青年学生热爱党、感党恩、跟党走的坚定决心和积极进取、昂扬向上的精神风貌，也让社团思政拓展了思政教育空间，达成了朋辈育人、自育育人的良好效果。

三、思政类社团实现育人功能的路径优化探析

对标有理想、敢担当、能吃苦、肯奋斗的新时代好青年的四个标准，思政类社团要主动发挥思政育人、实践育人功能，加强自身制度化、规范化建设，不断推动高质量发展。用习近平新时代中国特色社会主义思想武装头脑、指导实践，促进青年大学生在社团活动中实现自我教育、自我提升，将社团思政育人成效在校园中积极传递，让更多人受到教化熏陶，让高校思政教育永葆生机。

（一）用"大思政课"理念打造思政类学生社团

以"大思政课"理念，坚持"走出去"。实践出真知，把育人工作放进社会大课堂，积极组织学生到一线开展参观考察、劳动教育、沉浸式体验等社会实践活动，带领学生深入社会、了解社会、贴近群众，增强社会的认同感、归属感，开阔视野的同时带动思考解决问题的能力锻炼提升。充分利用"大思政课"实践教学基地的丰富资源开展专题讨论、专题教育，用情景体验式、语言浸润式教学方法讲授真理、传播道理，把对祖国与人民的情感内化于心、外化于行，正确引导学生树牢服务国家、扎根人民、奉献社会的政治立场，争做勇挑民族复兴重担的时代新人。

（二）注重选拔培养思想政治素质过硬的学生骨干

加强社团队伍建设，建立健全科学有效的社团成员纳新机制。在年度换届招新工作中，加强对新入社团成员的理论素质和入团动机纯洁性考察。可探索通过学校"青马工程"培训班学员、院系团总支学生会的学生干部中考察选拔，在学校团委、各院系党团组织遴选培养的基础上，选取有政治视野、家国情怀和共同价值追求的青年为社团会员；还可借助马克思主义学院承担全校思政课教学任务的先天优势，经所属班级思政课任课教师考察推荐优秀学生代表（如班长、团支书、学习委员、课代表等）加入社团，既加强了社团人才队伍建设，也为新生会员提供了一个认识自我、认识社会、锻炼成长的良好平台，为社团事业高质量发展奠定坚实的人才基础。

（三）以"小"见"大"推动完善学生自我教育长效机制

紧密结合社团实际，建立以社团为桥梁的第二课堂融合培养创新模式，定期展示社团思政育人成果。加强对社团指导老师的业务素质培训与考核，加强对学生干部的专业化业务能力培训，同步提升师生共同推进社团建设发展的综合能力和专业水平，也很大程度上增强学生社团科学自我管理功能，助力社团成长壮大，越办越好。围绕学生自我教育、自我管理和自我服务的内容逐步建立健全规章制度和工作体系，加强服务保障配套，积极为学生自我教育作用的发挥搭建广阔舞台，针对社团建设发展中出现的新情况、新问题，总结推广有益经验和做法，不断探索学生自我教育的长效机制，推进思政类社团育人成效上取得新进展，再上新台阶。

（四）在"大思政课"视野下加强学生活动的组织保障

立足"大思政课"建设背景，整合社团实践活动场地资源，有效利用校内外实习实训基地、产学研平台、省级重点实验室、"大思政课"实践基地等，社团所属指导单位负责人积极与职能部门对接协调、化整为零，为推动社团实践育人工作发挥基础性保障作用，助力社团采用灵活多样的方式开展活动，不断增强社团实践育人成效。指导单位和指导教师要切实担负起责任，群策群力领导制定思政类社团科学规范的章程和健全合理的制度，以制度为规范引领工作开展；社团管理职能部门要发挥好协同社团指导和管理的职责，做好经常性调研，关注和解决社团发展过程中的困难和问题，及时帮助包括思政理论社团在内的其他学生社团组织持续健康地发展，提升实践育人教育实效。

四、结语

思政类社团开辟了行之有效的思政实践育人新路径，广泛而深刻地影响着高校德育工作的成效，在高校实践育人工作中正发挥着不可替代的重要作用，尤其在实现思想政治教育实践育人成效方面，具有凝聚成员团结精神、提升成员理论修为、引导成员价值认同、强化成员躬身践履的多重功能。在新时代新征程上，高校要坚定不移地建设和发展好思政类社团，全面推进"大思政课"建设，促进人才培养质量不断提升，在学思践悟中完成为党育人、为国育才的时代使命。

参考文献

[1]郑志强.依托高校大学生理论社团开展思想政治理论课实践教学初探[J].改革与开放，2015（15）.

[2]中共中央文献研究室.习近平关于青少年和共青团工作论述摘编[M].北京：中央文献出版社，2017.

[3]杨宏伟，李金玲.论新时代高校理论社团的育人功能[J].高校辅导员，2019（3）.

[4]胡颖蔓.高校"思政社团＋社团思政"的研究与探索[J].学校党建与思想教育，2020（6）.

[5]李丽娜，武智.高职思政课实践育人共同体建设研究[J].教育与职业，2022（11）.

[6]陈兰."大思政"格局下高校思政理论学生社团建设研究[J].长江丛刊，2022（13）.

[7]张梦露."大思政课"背景下马克思主义理论社团培育研究[J].江西电力职业技术学院学报，2023，36（9）.

[8]史惠惠.习近平关于培养时代新人的重要论述研究[D].大连：大

连理工大学，2022.

[9]武智."四史"教育视域下高校思政课实践育人共同体建设路径探析[J].继续教育研究，2023（6）.

作者简介

葛威（1985—），男，河南信阳人，法学硕士，现任四川工程职业技术大学马克思主义学院党总支青年委员，讲师。主持和参与省、市、校级课题7项，参与编写教材3部，发表论文10余篇。荣获四川省高校首届形势与政策课"教师职业能力提升"教学竞赛（专科组）二等奖、"2022年四川省职业院校教师教学能力大赛（高职组）"二等奖。

柏菁（1983—），女，四川达州人，法学硕士，四川工程职业技术大学马克思主义学院党总支组织委员、教工第二党支部书记、教研室主任，讲师。主持和参与省、市、校级课题10项，参与编写教材4部，发表论文10余篇。荣获四川省职业院校教师教学能力大赛三等奖、学校"永好教师育人奖"。

韩志敏（1983—），女，河南焦作人，法学硕士，四川工程职业技术大学党委宣传部副部长、马克思主义学院党总支副书记（主持工作），教授。参编专著1部，主编教材2部，主持省、市、校课题29项，在《教育与职业》等期刊发表论文20余篇，研究成果获奖4项，荣获学校"永好教师育人奖"。

以习近平法治思想为指引
推动高校法治教育新发展

曹婷

2021年,"八五"普法规划全面实施,规划提出要学习宣传、深入贯彻习近平法治思想,"把习近平法治思想融入学校教育,纳入高校法治理论教学体系,做好进教材、进课堂、进头脑工作"[①]。以习近平法治思想为旗帜,指导新时代高校法治教育,既是落实高校立德树人根本任务、提升学生法治素养的迫切要求;也是完成高校法治教育改革实践,提高法治教育效果的重要途径;更是夯实法治根基、加快建设法治社会的有力抓手。

一、新时代孕育新思想,新思想领航新征程

习近平法治思想是社会主义法治建设的重大理论创新成果。习近平法治思想从历史维度、理论维度和实践维度三方面,彰显了内涵丰富、逻辑严密的理论体系和实践脉络,具有鲜明的科学性、突出的先进性、强烈的时代性。

(一)习近平法治思想是对中国共产党法治思想的继承与创新

回顾百年党史,中国共产党不断深化对"法治"的认识,持续探索符合我国国情的法治建设道路。新民主主义革命时期,从土地革命初期《井冈山土地法》的颁布,到具有苏区特色的《中华苏维埃共和国宪法大纲》的出台,再到抗日战争期间《陕甘宁边区施政纲领》的实施;从民主宪政思想的确立,到权利保障制度的创新,党的法治思想在萌芽中发展。新中国成立之初,《婚姻法》《土地改革法》《宪法》等多部法律法规相继诞生,社会主义法律体系

---

① 中共中央 国务院转发《中央宣传部、司法部关于开展法治宣传教育的第八个五年规划(2021—2025年)》[EB/OL]. 中国政府网,2021-06-15.

框架开始搭建。改革开放之后，党的第二代领导集体历史性地解决了人治与法治之问，重新认识了民主与法制的关系，立法、执法、司法、守法等工作全面推进，党的法治思想逐步完善。党的十五大之后，我国法治建设阔步前行，完成了从"法制"到"法治"的重大转变；人权保障入宪，标志着"以人民为中心"的法治理念初步形成。进入新时代，以习近平同志为核心的党中央深刻阐明现代法治精神，为全面依法治国确立了新方向，制定了新方针。党的十八届四中全会系统阐述了全面推进依法治国的指导思想、基本原则等问题，提出了全面依法治国的总目标、工作布局和重点任务，开启了法治建设新篇章；党的十九届五中全会确立了法治中国建设的发展蓝图；党的二十大以专章形式论述"法治"，擘画了我国法治建设的新图景，确保"法治"持续为中国式现代化建设保驾护航。

纵观党的法治思想的发展变化，从民主专政到民主法制，从法制到法治再到全面依法治国，从法律体系到法制体系再到法治体系，从法治国家到法治中国，党的法治思想不断实现新飞跃。习近平法治思想是在党带领人民历经百年法治实践取得的经验总结和历史性成就的基础上形成的，延续了党对坚持法治建设的一贯认知，创新了党对法治建设的战略安排。

（二）习近平法治思想完善了中国特色社会主义法治理论

在中国法治建设实践过程中凝练形成并不断充实的中国特色社会主义法治理论，现阶段的核心议题，即推进全面依法治国。习近平法治思想科学解答了全面依法治国的引领者、依靠者、参与者、前进方向、奋斗目标、实现路径等一系列重大问题。

新时期我国的法治建设，在习近平法治思想的指引下精准定位、全面布局、有力推进。从"全面依法治国"的战略升级到"法治中国"这一创新理论的提出，表明我党对中国特色社会主义法治理论的认知达到新高度。习近平法治思想用"十一个坚持"深刻剖析了全面推进依法治国的理论难题和实践探索，积极回应并解决我国法治建设中的瓶颈问题。习近平法治思想开宗明义地论述了党与法的关系，明确回击"党大还是法大"这一伪命题，毫不动摇地坚持党对全面依法治国的领导作用。习近平法治思想强调法为民所用，指出推进全面依法治国的根本目的,就是为了充分保障人民群众的各项合法权益,体现我国法治建设的"人民性"。同时指明社会主义法治国家的推进要紧紧围绕中国特色社会主义法治体系这一总抓手,着力构建一个覆盖法治建设各领域、贯通法治建设各环节、连接法治建设全过程的立体化协同网络,有力促进法治中国建设迈上新台阶。习近平法治思想以内容的全面性、严密的系统性和鲜明的优越性,完成了对中国特色社会主义法治理论的丰富与升华。

（三）习近平法治思想推动了社会主义法治建设的跨越式发展

党的二十大报告总结了新时代以来我国法治建设的成就。过去十年,我国法治建设成果丰厚、成绩斐然,各项工作各个领域各个环节均取得显著性提升和突破性进展。

良法是善治之前提。我们始终坚持科学立法,出台了一大批关系国计民生的法律法规,法律体系日臻完善,为中国特色社会主义法治体系的构建提供了更加科学完备的基础保障。

立良法,更谋善治。随着依法行政工作的不断推进,各级行政机关坚持"法定职责必须为、法无授权不可为",秉持公正文明、公开透明的执法原则,有力度又兼具温度的"柔性执法"得到人民群众的认可。平安中国建设有序推进,一大批涉黑组织、涉恶犯罪集团及其背后的保护伞被立案查处,黑恶犯罪得到根本遏制,中国的安全指数领先全球。

公平正义、权利保障是"公正司法"的最终价值目标。每一起案件的高水平审理,提升了人民群众对司法机关的满意度;重大影响案件的直播审判,提高了司法机关的公信力;"数字法院""数字检察"的探索,拓宽了司法机关的便民渠道。坚实有力、和谐有序的法治保障得以构建,开放透明、公正高效的司法体制日益成熟。

中国法治建设迈入新时代的十年来,在法治宣传的强力引领下,在普法工作的持续推进下,全民法治意识显著提升。"六五"普法硕果累累,"七五"普法成就满满,"八五"普法全面铺排,"法治"已然成为全体人民共同的思维方式和行为习惯,认真学法尊法、自觉守法用法、主动信法护法不断成为全社会的价值共识，全民族法治素养的整体水平不断提高，法治建设的根基不断筑牢。

二、习近平法治思想引领高校法治教育的逻辑理路

习近平法治思想是新时代我国法治理论成果的集大成者，也是高校法治教育的思想指南。高校法治教育要始终在习近平法治思想的指引下，坚定政治方向、坚守根本立场、把握目标导向，不偏航不迷航。

（一）坚定政治方向：坚持党的领导

"党的领导是中国特色社会主义最本质的特征，是社会主义法治最根本的保证。"[①] 坚持党的领导，既是全面依法治国必须遵循的首要原则，也是高校法治教育必须坚守的根本方向。

法治教育关涉高校意识形态工作，而意识形态工作关乎党和国家事业发展的全局，必须把准方向，旗帜鲜明地坚持党的领导，保证正确的政治站位。目前，我国意识形态领域呈现"一元主导，多元并存"的态势。[②] 如果任由多元思潮蔓延至深不加引导，高校法治教育的根基势必遭受冲击，这就要求务必坚持党在高校法治教育中的领导地位，充分发挥党在高校各项工作中总揽全局的核心作用，全力推进依法治校。依法治校，要确保高校依据程序正当、内容合规的制度措施实施管理，规范权力运行；也要突出学校党委的领导作用，提高各级领导干部、各管理服务主体依法办事的能力；还要充分维护师生的合法权益，不断拓宽权益救济渠道、完善争议解决机制，凸显师生依法参与学校各项事务管理的主体地位。矢志不渝地坚持党对高校法治教育的领导，才能确保高校治理体系和治理能力在法治轨道上稳步前行，有效实现依法治校的目标，形成良好的校园法治生态，从根本上保障高校法治教育的有序开展。

[①] 中共中央关于全面推进依法治国若干重大问题的决定[EB/OL].中国政府网，2014-10-28.
[②] 陈驰，古剑.高校思政课法治教育的价值、内容与路径：习近平新时代中国特色社会主义政法思想融入高校思政课教学研究[J].四川师范大学学报（社会科学版），2019，46（4）：5-12.

（二）坚守根本立场：坚持以人民为中心

坚持以人民为中心，是习近平法治思想的根本立场。从人民当家作主原则的确立，到人权入宪，再到反家庭暴力法、个人所得税法、未成年人保护法、著作权法等法律法规的实施和修订；从对看脸色、跑多次、低效率等行政不作为、乱作为、慢作为的整治，到对各种"奇葩"证明、重复证明、循环证明等现象的清理，再到对"老赖"等执行难问题的惩戒……我国法治建设始终从法治运行的各环节回应人民诉求，有效保障人民的合法权益。坚持以人民为中心，就是要充分发挥全过程人民民主的优越性，让人民群众成为法治建设的积极参与者、法治成果的广泛共享者，切实提高人民群众的法治获得感、幸福感、安全感、满足感。

高校法治教育是我国法治建设从社会到校园的延伸，承担着为社会主义事业培养掌握专业技能、具有较高道德修养和法治素养的建设者的重任，以实现高校立德树人的教育任务。以人民为中心的法治理念在高校法治教育中的语境，即法治教育为了学生、依靠学生、服务学生。要求高校必须明确以培养德才兼备、德法兼修的合格人才为目标，坚持以人为本，实现学生综合素养的全面提升。因此，高校法治教育要立足于学生实际需求，激发学生学习研讨和实践探索的欲望，发挥学生在法治教育中的主体性，引导学生自觉投身于法治实践活动，正确行使权利、积极履行义务，不断提升法治思维能力，成为我国法治建设的中坚力量。

（三）把握目标导向，坚持中国特色社会主义法治道路

中国特色社会主义法治道路，是历经真金火炼的法治建设科学发展之路。任何国家的法治道路，都是立足于本国国情，顺应法治发展规律做出的选择。中国有大量优秀的法律文化成果，有独具一格的社会制度，有自成一脉的法治理论体系，有最广泛的群众基础。我们的法治道路，是从我国法治建设的实际需求出发，凸显"中国特色"的法治道路，也必然成为高校法治教育的目标导向。

在"两个大局"交织交融的时代背景下，西方国家针对中国的打压已延伸至法治领域。故意污蔑我国民主制度、恶意诋毁我国法律制度、蓄意抹黑

我国人权状况、肆意干涉我国司法主权。青年学生正处于"三观"形成期，面对西方以"普世价值"为核心的意识形态思潮侵袭，部分学生缺乏免疫力和抵抗力，对我国法治建设现状出现了认知偏差，对社会主义法治建设成效产生怀疑、对中国特色的法治道路产生动摇。因此，在高校法治教育中，要及时关注学生思想动态、积极回应学生法治疑虑，引导学生树立政治自觉，坚定道路自信和法治自信。在当今以制度、规则、法律为主要竞争对象的国际局势下，要始终坚持以具有中国特色的法治发展道路作为高校法治教育的根本指向，切实帮助学生认清形势、保持定力，巩固社会主义的法治价值认同。

三、习近平法治思想引领高校法治教育的实践向度

高校法治教育的有效发展，应该以习近平法治思想"三进"要求为抓手，立足于法治教育质量的提高和效果的改进，着力培植学生的法治思维能力、增强学生的法治实践本领。

（一）转变教育理念，明确法治教育目标

作为指导各阶段各层级学校法治教育的《青少年法治教育大纲》，明确提出法治教育要"从传授法律知识到培育法治观念、法律意识的转变"[1]，确立了法治教育的发展目标。

1. 就法治教育主体而言，促进知识传授与价值引领的有效衔接

不同于以基本法律常识普及、基础法律原理认知为目标的中小学法治教育，大学阶段的法治教育，应该进一步深化对法治精神的领悟、法治观念的培育和法治素养的提升，教育目的更应侧重于价值引领，而非单纯的知识灌输。但是，受课程定位、内容设置、课时安排、考评方式等因素的影响，目前高校法治教育仍多以知识传授、规范识记为主，理论讲授有余、实践应用不足，单向传递有余、双向反馈不足。教育理念的局限性，阻碍了法治教育质量的发展，限制了法治教育水平的提升，延宕了法治教育目标的完成。故此，高校应持续改进法治教育理念，注重知识灌输与价值引领有效融合，促

---

[1] 教育部 司法部 全国普法办关于印发《青少年法治教育大纲》[EB/OL].中国政府网，2016-07-18.

进基本知识掌握、实践能力提高、法治素质养成等教育目标的一体推进,不断筑牢法治教育的价值根基,促进法治教育效果的提质增效。

2.就法治教育对象而言,实现感性认知到能力培育的融会贯通

大学生对法治知识的学习,不应停留于被动获取状态,也不应停留于了解识记阶段,更不应停留于课堂学习层面,而是应该激活内在驱动力、发挥主观能动性,积极思考探究。作为伴随我国法治建设快速发展成长起来的一代,当代大学生权利意识显著增强,因此,应大力引导、支持学生参与班级规则、学校制度制定等校园法治建设活动,强化学生对法治的感性认知和理性思考。鼓励学生参与法治实践,通过社会生活中的真实案例和典型示范,学会识权、用权、维权,自觉守法、敢于用法,感知法治实效性、提高法治获得感、增强法治认同度,完成对"法治"从内心信仰到实践能力的升华。

(二)拓展教育渠道,构建协同育人模式

目前,非法学专业院校进行法治教育的途径,多依托于思政课教学,基于此,务必坚守好思政课主阵地,善用全学科法治资源,构筑显性思政与隐性思政同向同行、协调推进的法治育人模式。

1.立足思政课程,构建多学科一体推进的教学体系

对于承载法治教育主任务的思政课而言,努力打造各课程之间相互衔接、融通协调的联动机制。思想道德与法治课设置有法治教学专章,应该在对习近平法治思想整体阐释的背景下,系统学习"法治"的基础理论、全面依法治国的基本原理;"毛泽东思想和中国特色社会主义理论体系概论"课程着重梳理中国法治建设发展的历史脉络;"习近平新时代中国特色社会主义思想概论"课程开设有"全面依法治国"教学专题,应侧重于对全面依法治国整体布局的解读;"形势与政策"课程要体现时效性,突出讲授我国法治建设的发展规划和最新成果。在法治通识教育的基础上,以专业特性为依据,根据不同专业设置不同法治教学模块。比如,工科专业安排安全生产法规教学,财经专业安排金融法规教学,电子信息专业安排网络安全法规教学等,实现法治教育在各学科间的融合渗透,打造立体化的法治教育课程体系,形成协同养成的培育模式。

2. 激活社会"大课堂",发挥"大思政课"育人功效

高校法治教育除了发挥学校的主导作用外,还应该吸纳全社会的力量,共同构筑法治教育的纵深网络,实现学校、家庭、社会的协调发力、同频共振。探索与校外法治力量的合作之路,将校外专家"引进来",让校内学生"走出去"。开设专家讲堂,邀请法律从业者进校进课堂,系统解读法治建设前沿成就,深度分析重大典型案件,帮助学生由内而外强化对法治的认同感,提升法治教育的影响力。搭建校外法治实践平台,通过旁听庭审、探访监狱、普法宣传、送法下乡等活动,为学生提供观摩体验的机会,让学生感悟法治力量、感受法治魅力,实现理论学习与实践操作"1+1>2"的效果。

(三)优化培育体系,深化法治教育"三教"改革

高校法治教育实效性的提升,必须从教师、教材、教法三方面同时发力,走深走实"三教"改革之路,提高法治教育质量。

1. 提升教师的专业素养

作为高校法治教育前线阵地的教师,承担着传道授业解惑的重任,应该具备丰富的法学知识、较高的法治素养、完善的授课能力。然而,当前承担高校法治教学任务的一线教师,大多非法学科班出身,在未接受过系统学习和专业培训的情况下,教师仅凭统编教材开展法治教学,难度可想而知,教育效果也大打折扣。因此,高校应该一方面组建专业的法治教育教师团队,由具有法学背景的教师开展授课教学;另一方面,加强对任课教师的研修培训,构建教师法治素养提升的长效机制。同时,教师要对包括习近平法治思想在内的法治理论,深入研究、学深悟透、融会贯通,讲清知识体系、讲透重点难点,给学生提供清晰准确、严谨生动的法治教学内容,有效实现法治育人目标。

2. 赋能教材的升级转化

教材是进行法治教育的重要载体,但统编教材具有高度理论性和概括性,要在教学实践中应用,必须对教材进行二次开发,优化整合教学资源,实现教材对教学的有效指导。在高校现有的教材体系中,法治教育的内容通常仅占一个篇章或者一个小节,如何将高度浓缩的法治理论转化为通俗易懂的教学内容,需要结合我国法治建设的实践活动、融合近年来的经典案例,对教材进行开发、补充、拓展。还需要借助网络信息工具、利用数字化技术,形

成多元的立体教学资源，丰富教材形式，强化教材的适用性和实用性。有条件的高校，可以组织法学专业教师和法律专业人士编制教辅用书和实践教材，完善教材体系，满足法治教育的现实需要。

3.促进教法的多维创新

教学方法的多元化，既满足了教师"课堂革命"的需求，又唤醒了学生的主体意识，可实现对教育效果的有效提升。法治教育中教法的创新，就是要由传统的灌输式向灌输与启发并重、理论与实践并存、认知与思辨并举的模式转变。通过翻转课堂、对分课堂的应用，将教学主体从教师转化为学生，教学范式从教师讲授转化为师生对话。通过模拟法庭、法治剧目的展演，调动学生的积极性、主动性，增加课堂的趣味性生动性。教学方法的丰富、教学方式的创新，让学生从知识的被动接受者上升为问题的主动思考者和实践的自觉践行者，极大增强法治教育的实效性。

参考文献

［1］中共中央　国务院转发《中央宣传部、司法部关于开展法治宣传教育的第八个五年规划（2021—2025年）》［EB/OL］.中国政府网，2021-06-15.

［2］中共中央关于全面推进依法治国若干重大问题的决定［EB/OL］.中国政府网，2014-10-28.

［3］陈驰，古剑.高校思政课法治教育的价值、内容与路径：习近平新时代中国特色社会主义政法思想融入高校思政课教学研究［J］.四川师范大学学报（社会科学版），2019，46（4）.

［4］教育部　司法部　全国普法办关于印发《青少年法治教育大纲》［EB/OL］.中国政府网，2016-07-18.

作者简介

曹婷（1983—），女，陕西富平人，硕士研究生，讲师。公开发表论文10余篇，参编教材2部，主持参与科研项目9项，研究成果2次获德阳市理论研讨征文三等奖。2019年获四川省"中华传统美德进课堂"教学大赛三等奖，2022年获四川省教师教学能力大赛三等奖。

党建领航,"三维"融合赋能,助力学生成长成才
——以四川工程职业技术大学大数据与会计师生融合党支部为例

胡 超

大数据与会计师生融合党支部隶属于学校经济管理系党总支,为"双带头人"师生融合党支部。现有支部成员17人,其中,教师党员11人,学生预备党员6人,教师中党员占比高达92%。党支部深入学习贯彻党的二十大精神,用习近平新时代中国特色社会主义思想铸魂育人,践行党建与事业双融合,在党建工作提质增效的同时,努力促进学科专业特色化、品牌化。

一、支部工作法的背景

高校不仅是为党育人为国育才的摇篮,更是马克思主义理论,习近平新时代中国特色社会主义思想必须牢固坚守占领的意识形态前沿阵地。着眼于党建与业务"两张皮"、教师与学生"不相干"的难点、痛点,党支部按照"以业务作为党建的着力点,让党建与业务深度融合,支部与师生紧密连接,着力发挥党支部的政治引领和价值传递功能,以组织力助推行动力,为三全育人领航导向"的宗旨,和党建业务双融双促双提升的理念,将党支部建在学科专业上,避免"为党建而党建"的形式主义做法,增强全体党员对党建工作的政治认同感、责任感,在引领带动师生积极投身于学校改革发展的实践探索中逐渐形成了党建领航,"三维"融合赋能,助力学生成长成才的支部工作法。

二、支部工作法的基本内涵

大数据与会计党支部作为学校党建工作的基层组织,始终坚持把党建工

作高质量的内涵发展摆在首位。以习近平新时代中国特色社会主义思想为指导，突出政治引领、强化责任担当，聚焦大数据时代专业的转型升级，推进党建工作与思想政治、教学业务、人才培育等工作有机契合、深度融合，同频共振。探索将党的政治优势、组织优势转化为专业发展的助推力，以高水平党建领航事业高质量发展。

（一）支部工作法的主要目标

以党建赋能学科专业建设和立德树人工作，构建党建领航、知识为本（深度）、德技兼修（宽度）、能力递进（高度）的"三维"育人培养模式，实现"高素质+高实践能力+零适应"的育人培养目标，助力学生成长成才。

（二）支部工作法的实践路径

1. 理念层面

以习近平总书记"立大志、明大德、成大才、担大任"为感召，把思想政治教育始终贯穿于专业建设和人才培养全过程，坚持"以生为本、全面发展、产出导向、持续改进"理念，构建科学合理的思政教育和专业教学双融双促双提升的专业人才培养方案，增强创新精神、实践能力和社会责任感，促进学生"立志做有理想、敢担当、能吃苦、肯奋斗的新时代好青年，让青春在全面建设社会主义现代化国家的火热实践中绽放绚丽之花"[1]。

2. 实践层面

一是党建赋能业务。在深入学习宣传贯彻党的二十大精神中，将党的理论转化为专业提质培优的行动效能。聚焦围绕专业大数据转型期的业务重点，发挥党员的凝聚力、战斗力，固本强基，锤炼党性修养，净化师德师风，提高教书育人的本领和增强社会服务的能力，为基层党组织解决党建与业务"两张皮"的难点。

二是党建赋能育人。以学生为中心，紧密支部与师生的连接，凝心聚力，锤炼育人水平，做"三全育人"的践行者。立足专业建设，发力学科竞赛。弘扬劳模精神，工匠精神，以履职奉献，创优争先，增强核心竞争力。解决

---

[1] 习近平. 高举中国特色社会主义伟大旗帜　为全面建设社会主义现代化国家而团结奋斗：在中国共产党第二十次全国代表大会上的报告[N]. 人民日报，2022-10-26（1）.

教师与学生"不相干"的痛点。

三、支部工作法的实践

（一）党建领航铸师魂，立德树人守初心、凝心聚力育人才

1. 以理论夯基，双向融合赋能，为党建工作创新提质

首先，坚定理想信念，突出政治引领，加强政治建设。一是强化党支部政治功能核心，彰显政治底色。发挥师生融合支部的优势，凝心聚魂，建机制、强队伍、激活力，将支部建设、教师成长、学生成才有机融合，以扎实有效的党员教育，根治"软弱涣散"，切实提升支部的战斗力，锤炼支部的执行力，筑牢战斗堡垒。二是强化"双带头人"在事业发展中的政治责任意识，聚焦学校事业发展中心工作，抓好党建主业主责，确保党对教育事业的全面领导落地见效。党支部书记将讲政治、敢担当、勇作为贯穿于专业建设、课程改革、学科竞赛、教学科研、社会服务等各项业务工作，以身作则当好"领头雁"，做到政治强、业务精、善创新、勇实践、肯奉献、有威信。有效防范党建与业务"两张皮"、"重业务轻党建"甚至"虚化"党建工作等功利性错误倾向。三是围绕学校建设、专业发展的中心工作、细化党建内容，形成党建与事业发展有机融合，齐抓共进、相互促进、相得益彰的局面，用事业发展的实绩提升改善党建工作的实效。四是在思想铸魂中融汇为党育人、为国育才的价值使命，以爱岗敬业、无私奉献增强广大教师教书育人的使命感，坚定责任担当，锻造理想信念的践行力。号召支部全体成员将个人理想追求、价值实现与事业发展相融合，积极投身学校建双高、升本科和专业大数据转型升级的事业发展，恪尽职守敢担当、履职尽责促发展。

其次，创新体制机制，改进组织工作路径，提高政治引领能力。一是根据专业特点和新时期党建具体任务要求，解放思想，构建党建与人才培养的组织保障力。按照有利于党员教育管理、有利于组织生活开展、有利于教书育人的"三有利"原则，成立支部工作与业务工作融合、支部工作与育人教育工作融合的两个党小组，激活组织活力，夯实党建业务融合发展的组织基础，推动事业发展到位。二是利用党支部书记双带头人的主体作用，解决行政业务与党建分离、学生教育与党建分离的问题。对教师"供给侧"思想政

治工作和学生"需求侧"思想政治工作[①]实施分类指导、双向提升、协同育人，有效解决基层党组织弱化虚化边缘化问题，切实做到转思想、增党性、带队伍、保落实、优知识、强能力，实现党建与人才培养、学科建设等业务的良性双提升。三是践行立德树人、党建育人。党员辅导员、班级导师在学生党建、团建、班建工作中融入参与，有力服务师生，密切党员之间、党群之间、师生之间的联系。围绕学生成长成才，完善入党积极分子的评价机制，把政治标准放在首位，严把质量关。端正师生入党动机，从源头上防范"精致的利己主义者"，重视发展少数民族学生入党，提高学生党员发展质量，提升学生党员的公信力，使广大青年学生树立正确的价值理念，勇于担当跟党走。促进党建与业务、党建与育人的同步聚合、同频共振，增强同向合力。四是规范形成党支部下支委会—党小组—党员的党建主体分层责任落实机制，明确主体目标任务，落实实施措施，做到责任到位、全员参与、注重实效的程序化、规范化的支部党建工作新格局。同时，将业务融入支部党建工作中，确保支部在学科专业建设、绩效考核、奖惩激励等重大事务中的政治把关作用，避免党建工作"走过场"。五是努力锤炼形成一支政治坚、作风硬、本领强、业务精的党员教师队伍，为支部建设提供人才支撑。按照把党员培养成业务骨干，把业务骨干发展成党员的目标，结合科教兴国、乡村振兴、社会服务等实际业务工作，在活动经费由总支下沉支部举措的支持下，让支部党员"动"起来，让组织生活"活"起来，学做结合，使广大党员积极投身到学校事业发展、专业转型升级建设的实践中，把党支部的领导力、组织力转化为推动学校中心工作的动力，实现党建与事业发展双融双促双提升。

2021年年初，大数据与会计专业获评学校"课程思政"示范专业项目评选三等奖。2022年年底，党建引领，"三维"融合赋能，助力学生成长成才支部工作法荣获学校党委"优秀支部工作法"荣誉称号。

2.夯实创新育人能力，提升专业育人功效，以组织力助推教学力

党支部将讲政治践行到日常业务工作的全过程，将理想信念、价值引领融进三全育人，将专业大数据转型发展的使命融入目标攻坚，以此锻造支部

---

① 王陈. 高校全面实施教师党支部书记"双带头人"培育工程的路径分析［J］. 思想理论教育，2019（2）：91-95.

凝心聚力发展的推动力。以建设形成的一门四川省高等学校省级创新创业教育示范课程、两门四川省"十四五"首批职业教育精品在线开放课程，两门校级思政课程，三本全国高等职业教育规划教材等优质教学资源为支点，在人才培养方案、专业建设、课程改革等方面坚持全课程思政、全过程思政，注重精神引领、价值传递。将正确的政治方向、立场、原则传导给全体学生，坚定师生理想信念，培养师生的政治认同。树立师德模范，褒扬业务尖兵，在已有思政专业的基础上，争创课程思政教学团队，努力将广大一线教师锻造成为业务精、党性强的复合型教师党员，为"大思政"育人营造必要的专业环境。

3.提高政治站位、履行社会责任，助推科教兴国

支部以专业服务为手段，对接"补短板、强弱项"的需求，通过书记抓、聚力推，在产业、人才、项目扶贫中发挥职教专业优势，实施产教融合，履行职业教育服务国家和区域社会经济发展的政治使命，不仅将支部党建活力转化为社会服务的动力，而且取得了良好的社会效益和经济效益。一是自2014年以来，先后承担了新疆第1~3期职业院校双师型师资培训、四川省深度贫困地区中小微企业创新管理与提质增效培训、深度贫困地区产业园区（企业）高质量发展培训等10余个社会培训项目；二是教师党员为学校对口帮扶地区的精准扶贫工作提供财会专业工作支持；三是与甘孜职业学院大数据与会计专业结对，在人才培养中"授人以渔"，切实提高边远少数民族地区职教师资队伍育人水平。

（二）党建领航强根基，立德树人成人才，以党建锤炼育人特色，构建大党建协力育人机制

1.发动竞赛育人引擎，促进学生成长成才加速度

党建育人是高校人才培养的责任和使命，专业技能大赛是检验教育教学质量的试金石。党支部始终以学科竞赛为抓手、赛教融合为着力点，探索实现以赛促教、以赛助学、以赛促创、以赛赋能、以赛提质的螺旋上升育人路径。以名师带优生，拓宽学科知识，拓深专业技能，激发学生奋发有为的精神动力，探索形成了将学科竞赛作为专业发展内生驱动力的人才培养新模式，打造知识、能力、素质融合发展的创新型人才，以创新精神增强学生的专业

核心竞争力，践行技能成才、技能报国，以此推动"一流专业、特色专业"的建设，树立人才培养品牌化。

近两年来，大数据与会计专业学生在各级各类学科专业竞赛中踔厉奋发、勇攀高峰、成效显著。先后在全国财务大数据应用大赛、全国职业院校税务技能大赛等各类全国性大赛中，荣获全国一等奖9项、二等奖3项、三等奖3项；其中，全国第一名1次，全国十强院校2次。在四川省职业院校技能大赛等大赛中，荣获四川省一等奖15项、二等奖5项、三等奖1项。其中，四川省第一名2次。尤为显著的是，竞赛指导老师100%为共产党员，参赛学生中，学生党员、预备党员占到参赛学生数的50%以上，师生党员的先锋模范作用显著。支部以"凝心聚力向未来"为主题，将参赛学生的典型事例搬进专业实训室，形成了氛围浓厚的竞赛文化墙，以彰显先进、激励学生踔厉前行，奋发有为。

2. 以党建强基、团建固本，党建带团建，凝心聚力谋育人

为党育人、为国育才是支部党建的政治使命。支部实践旗帜领航，首先，以党建带团建，以团建促班建，将思想政治工作始终贯穿于"三全育人"，用课程思政的抓地落实，为青年学生点亮理想信念之光，以正党风，促教风、育学风，以此塑造优良班风学风，助力集体成长，促进"拔节孕穗"，提升育人功效，实现党建工作和育人水平双向提升，协同增效。

其次，结合专业建设、学生思想政治教育工作，以学生党员为旗帜，以预备党员为标杆，以入党积极分子为中坚，建设党员责任区。亮党员身份，立先进标杆，树先锋形象，强责任担当，练过硬本领。突出班支委在班级建设中的政治引领属性，以"爱国、励志、求真、力行"铸造班级精神，用青春梦激扬强国志与报国心，号召青年学生争做伟大理想的追梦人、伟大事业的生力军、强国有我的新青年。在担当作为、攻坚克难、成长成才的新征程中留下无悔于青春的奋斗足迹，以此推动形成了党风、团风、班风、学风融合促进、协同共进的一体化运行机制。同时，通过对先进集体、先进个人的表率彰显、辐射带动、营造比学赶超、追求优秀的浓厚班级氛围，以此推进社会主义核心价值观的培育践行。

近年来，大数据与会计专业的学生以敢为人先、勇立潮头的进取精神，

以争创"五四红旗团支部""先进班集体"的集体目标,对标争先、积极进取。先后涌现出了中国大学生自强之星一名,学校"十佳青年"四名,"见义勇为"先进个人一名等先进个人。2017会计1班更是两次荣获"五四红旗团支部"、两次荣获"先进班集体"的集体荣誉,党建品牌建设在基层班团建设中所起的榜样引领作用凸显。

3. 推进书证融通,助推三教改革

以人民为中心的发展思想在高校育人工作上的落实,就是以学生为主、以学生为本的育人理念。党支部聚焦学生综合素质的全面提升,积极探索岗课赛证融通育人路径,将新技术、新标准等最新职业标准融入人才培养方案,构建宽口径、厚基础的多元化课程结构,顺应产业结构大数据、数智化转型升级的需要,培养社会急需的创新型、复合型新人才,服务行业产业,成效显著。近两年,财务数字化应用职业技能等级证书考核通过率达99%以上。专业教研室屡获"全国优秀教学团队""全国优秀院校代表"的荣誉称号。

4. 以专业为切入点,探索"专创融合"育人新路径,培育创新人才

发挥专业专长,对接学校重点发展的新能源、新材料等相关行业学科领域,采取"专业教育+创业项目""专业创新+跨界联合"的方式,探索专业教育与创新创业教育双向互融的"专创融合"育人机制,锤炼专业素养、培育创新精神。以专业教育赋能创新创业。积极拓展"专创融合"育人的深度和广度,构建"专创融合"的实践育人体系,实现专业背景下的精准化"双创"育人。在中华职业教育创新创业大赛等创新创业赛项中,职教育工匠、双创筑梦想,专业学生屡获包含金奖在内的各项大奖。

5. 延伸学业路径,彰显党建育人成效

支部以学生为中心,服务学生,以此践行以人民为中心的发展思想。扎实推进专升本工作的做细做实,以此拓展学生职业发展空间,提升培养质量,为学生继续成长保驾护航,成效显著。专业学生专升本竞争力突出,自2017年以来专升本报考录取率均在90%以上。2017级会计1班两名同学还考取了会计专业硕士研究生。党建领航形成的优秀班风学风成效尽显。

6. 以思想政治建设,承载价值引领,激活班级文化活力

发挥我党在宣传工作中的政治优势,以理论宣讲这把金钥匙筑牢马克思

主义在高校意识形态领域的指导地位，增强政治鉴别力，把好意识形态关。支部重视发挥文化对党建工作的内生驱动力，逐步打造党建育人载体，努力形成党建育人品牌。将政治引领、价值塑造、知识传授、能力养成相融合，践行育人初心。支部以网络新媒体拓展宣传阵地、创新党建工作新形式，以求形成整体效应和舆论导向，保障政治安全与和谐稳定，带动党建工作质量整体提升。支部所在专业学生积极参与"传火者"基层理论宣讲队，传理想信念之火，传民族复兴之火，传青春奋斗之火，感悟时代脉搏，传承革命薪火。以讲带学、以讲促学、悟思想。抢占思政高地，以文化铸就精神之魂。

四、工作启示

党建领航，"三维"融合赋能，助力学生成长成才工作法，把握育人工作全局，着眼育人工作高度，遵循科学发展理念，立足支部、立足教师、立足学生、辐射社会。把学纳入经常，把做纳入日常，有效解决了支部党建工作中的实际问题，获得了广大师生的广泛认可，具有鲜明的示范导向和辐射带动作用，有力地促进了党建和事业发展的双融双促共提升，实现了党建工作的提质增效。

参考文献

［1］习近平. 高举中国特色社会主义伟大旗帜　为全面建设社会主义现代化国家而团结奋斗：在中国共产党第二十次全国代表大会上的报告［N］. 人民日报，2022-10-26（1）.

［2］王陈. 高校全面实施教师党支部书记"双带头人"培育工程的路径分析［J］. 思想理论教育，2019（2）.

作者简介

胡超（1969—），男，硕士研究生，四川工程职业技术大学经济管理学院党总支宣传委员，大数据与会计党支部书记，财务管理教研室主任，副教授。

"讲好中国故事"视域下高职来华留学生人文素养教育探析
——以四川工程职业技术大学为例

何冬梅　周莉琨　曾维静

随着中国对外开放政策和"一带一路"倡议的深入推进，越来越多中国企业"走出去"，同时也吸引了大量"一带一路"沿线国家学生来华。中国成为亚洲最大的留学目的国，高职院校则成为培养"一带一路"沿线国家技能型人才的生力军。2018年8月，习近平总书记在全国宣传思想工作会议上强调，要"讲好中国故事，传播好中国声音，向世界展现真实、立体、全面的中国，提高国家文化软实力和中华文化影响力"[①]。高职留学生是未来"一带一路"沿线国家的建设者，也是中外友谊使者和合作桥梁。他们既是中国故事的承载者，也是中国故事的有效传播者，更是讲好中国故事的重要力量。习近平总书记多次给来华留学生回信，鼓励他们讲好中国故事，积极投身中外友好事业。

人文素养是一个人在思维、情感和行为方面对人类文化、人类价值观、道德规范以及社会关系的理解、尊重和参与。人文素养的内涵包括人文知识、人文精神和人文行为。讲好中国故事，通过加深对中国精神、中国价值、中国文化和中国力量的理解认同，提升留学生人文素养，帮助留学生快速适应因生活背景、语言文化、思维习惯等引起的跨文化差异，有利于留学生在学习好专业知识和技能的同时，成为具有全球视野的、知华友华的、全面发展

---

① 习近平出席全国宣传思想工作会议并发表重要讲话[EB/OL].中国政府网，2018-08-22.

的高素质人才和人类命运共同体的合格建设者。①

目前，学术界针对高职院校留学生"人文素养教育"的研究成果很少，且多集中在汉语、中国文化和中国概况等课程实践中，缺乏较为深入和系统的研究成果。因此，本文以四川工程职业技术大学为例，分析留学生人文素养教育现状，立足于"讲好中国故事"，探索高职留学生开展人文素养教育的有效途径。

一、川工程大留学生人文素养教育现状

为贯彻落实《推进共建"一带一路"教育行动》《国家职业教育改革实施方案》等文件精神，推进"双高"建设，四川工程职业技术大学（以下简称"川工程大"）将留学生教育作为学校国际化发展的重点。学校从2018年开始招收来自"一带一路"沿线国家的留学生，2023年秋季学期留学生在校人数68人，与泰国职业院校合作的工业机器人技术联合培养项目入选"第三批中国—东盟高职院校特色合作项目"。目前，留学生教育总体处于探索阶段，留学生教学管理相对独立，单独成班，由相关专业系部直接管理。留学生教育对大部分教师来说还是新鲜事物，教师对留学生人文素养教育的认识不足。本文针对川工程大教师开展了来华留学生人文素养教育问卷调查，并对留学生人文素养教育的认识误区和存在问题进行了分析。

（一）认识误区

1. 留学生人文素养教育不是必须

对于国内学生，人文素养教育作为专业素质能力要求被写入专业人才培养方案、课程教学标准，践行于教学实践之中。对于留学生，部分教师认为人文素养教育不是必须。一则，因为专业课程时间紧、知识量大，没有时间和精力开展人文素养教育；二则，因为语言差异，加之大多数高职留学生汉语水平不高，担心学生无法恰如其分理解中国人文素养教育内容；三则，教师认为高职留学生来我国大部分是短期培训或是参加中外合作项目，其主要诉求是

---

① 胡小强. 编码解码理论视域下高校向"一带一路"来华留学生讲好中国故事的路径研究[EB/OL]. 学习强国，2024-02-22.

语言或技能的学习，没有必要专门开展或是在教学中融入人文素养教育。

2.留学生人文素养教育等同于中华优秀传统文化教育

《来华留学生高等教育质量规范（试行）》要求："来华留学生应当熟悉中国历史、地理、社会、经济等中国国情和文化基本知识，《来华留学生高等教育质量规范（试行）》从学科专业水平、对中国的认识和理解、语言能力、跨文化和全球胜任力四个方面设定了来华留学生人才培养目标。"学校管理者或教师在留学生的教学管理中，将来华留学生培养等同于语言或技能的培养，狭隘地理解留学生教育培养的内涵与外延。在调查问卷中，针对留学生培养内容（多选题）的调查中，100%的教师认为课程内容应该包含专业知识和技能培养，中华优秀传统文化教育只占比78%，而世界观方法论、职业素养、心理素养等占比在10%~30%。在访谈中笔者发现部分教师认为讲好中国故事的"人文素养教育"是教授中国学生的理念，并不适用于留学生，或者认为人文素养教育是汉语、中国概况课程教师以及班主任辅导员的工作。

（二）存在的问题

1.重视程度不够

目前，学校管理者和教师普遍认为：留学生不在人文素养教育教学改革对象范围内。因此，重视程度不够，没建立相应的整体布局和保障体制机制，未将留学生人文素养教育纳入学校总体教学计划，留学生专业人才培养方案主要以教授专业知识和技能为主，忽视人文素养教育内容[①]，留学生人文素养教育未落实在学校的质量改革、科研、产教融合、校园文化等项目实践中。

2.跨文化交流能力不强

中华文化和留学生的原生文化存在一定差异，中国传统文化博大精深，而原生文化中形成的世界观、人生观、价值观又会导致文化的地域性差异；不同语言习惯和思维方式带来沟通效果差异；每位学生对文化的接受程度不同，会带来对人文知识、人文精神、人文素养理解的个性差异。学校管理者和教师国际化程度不高，外语水平有限，对留学生来源国国情知之甚少，对

---

① 向思前.基于中国优秀传统文化的高职留学生人文素养教育的作用及实现路径[J].爱人，2023（2）：283-285.

留学生原生文化、生活背景、教育背景、思维方式等了解不多,导致跨文化交流能力不强,人文素养教育维度、力度和效度受限。

3. 内容深度广度不够

从问卷调查情况来看,教师对留学生人文素养教育的内涵理解不到位,普遍认为留学生人文素养教育仅仅是了解中国国情、知华友华,从而对留学生人文素养教育元素的深度广度挖掘不够,人文素养教育内容碎片化,系统性、针对性不足。

4. 手段方法有效性不足

由于对留学生群体的思想意识、文化背景和接受能力等差异性认识不足,加之缺乏留学生教学经验,教师大多沿用对中国学生的思政教育手段和方法,人文素养教育方式生硬,水土不服,适应性差,教育效果不明显,也无法实现人文素养的内化。

三、人文素养教育路径

基于川工程大留学生人文素养教育现状分析,针对高职留学生特点,从讲好中国故事出发,建议从以下路径开展人文素养教育。

(一)充分重视,多重保障

儒家经典《大学》中说:"大学之道,在明明德,在亲民,在止于至善。"立德树人是教育的根本任务,留学生也不例外。国际合作是高校的五大职能之一,留学生教育不是摆设,是学校的"一把手工程"。出于高职学校国际合作的使命要求,留学生生活和未来发展的现实需求,留学生与中国学生人文素养教育的差异,需要学校管理层高度重视留学生人文素养教育,做好留学生人文素养教育顶层设计,建立"五位一体"的保障体系,全面、深入、持续推进留学生人文素养教育改革。

坚持党对留学生人文素养教育工作的统一领导,设立留学生人文素养教育领导小组,由党委直接领导,协调教务处、外事办、科研处、教师工作部、学生工作部、马克思主义学院和留学生各系部,建立纵向贯通、横向融通的统筹机制,共同落实人文素养教育目标。在人文素养教育的资源建设、教师培养、课程改革与实践等方面给予支持,提供政策、资金、师资以及环境保障。

从顶层设计角度出发，将留学生人文素养教育纳入学校整体教育教学建设范畴，中外学生人文素养教育统一部署、统一实施、统一管理。首先，深度分析中外学生人文素养教育异同，理清留学生人文素养教育建设思路，将留学生人文素养教育写入学校《来华留学生教育质量规范》，明确留学生人文素养教育的培养目标，为学校管理者和教师指明人文素养教育方向，落实好责任；其次，将留学生人文素养教育纳入学校和系部的年度计划，作为年度考核点列入质量建设工程、科研、文化建设、双创、校企合作、社区共建等重大工程和项目之中，引领各部门重视并加强留学生人文素养教育建设（如图1所示）。

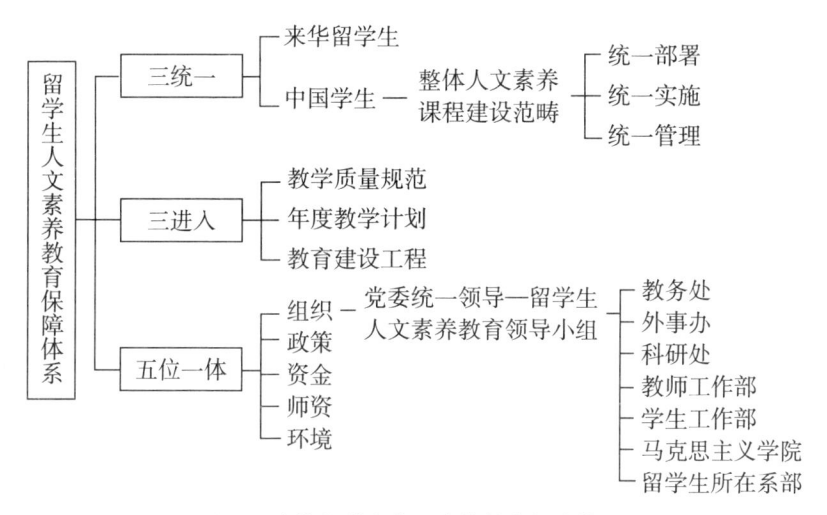

图1 来华留学生人文素养教育保障体系

（二）强化意识，打造团队

1. 强化人文素养教育意识

"师者，所以传道授业解惑也。"留学生的人文素养教育关键在教师。留学生人文素养教育是以心印心、言传身教的过程，是教师用自己思想影响学生思维，用自身行动带动学生行动的过程。

留学生是中国高职教育的参与者，中外文化交流的使者，"一带一路"沿线国家的建设者。深入研究人文素养教育对象，明确人文素养教育为谁教、教什么、怎么教。人文素养教育是要帮助留学生了解学校、了解中国国情、中国文化、法律法规和道德思想等，培养拥有健康向上的品质、很好融入中国学习生活的学生；是要培养"德技兼修"、服务"走出去"的中国企业和"一带一路"沿线国家本土企业、促进"一带一路"沿线国家经济发展的人才；是要培养知华友华、能讲好中国故事、有助于中外友好交流的人才。在"三全育人"的理念之下，强化教师对留学生人文素养教育的意识和担当。

2.打造人文素养教育团队

相较于中国学生，留学生人文素养教育起步晚，敏感性强，跨文化交流障碍大，且是系统工程。教师单打独斗无法打破学科间壁垒，无法形成协同育人的效应。组织跨学科的人文素养教育团队，定期开展教学研讨，集体备课，推进横向联动式的人文素养教育改革，同频共振，协同育人。①

建立留学生教学管理办公室，统筹留学生人文素养教育管理工作；选拔业务素质过硬、外语水平高、跨文化交流能力强的教师担任留学生专业课程教师和管理人员，为教师和管理人员提供留学生人文素养教育专项培训，建立相应的轮训制度；增强教师外语能力，深入研究留学生来源国国情、文化习俗、价值观等，尊重多元文化，培养全球意识，提升跨文化交际能力；提高教师人文素养教育理论水平，加强自身人文修养。鼓励教师开展留学生人文素养教育教学实践和科研工作，开发留学生人文素养教育教学资源（如图2所示）。

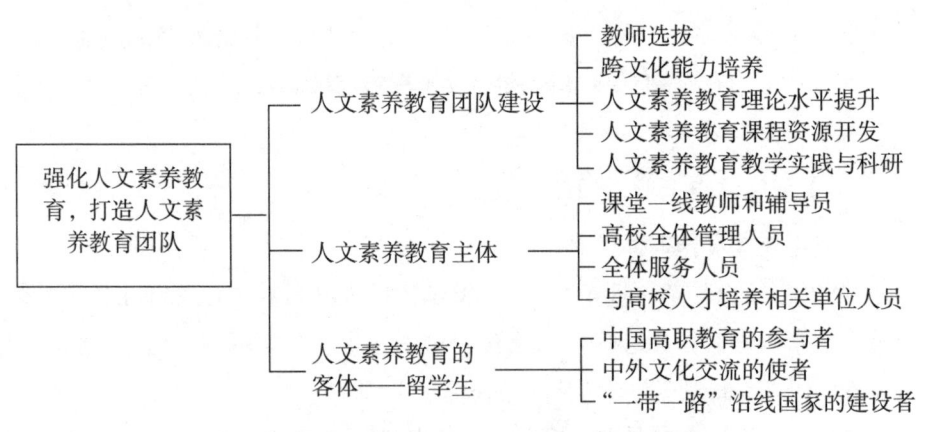

图2 强化人文素养教育，打造人文素养教育团队

① 张知惊，温广瑞，王美玲，等. 来华留学生"课程思政"实施现状与展望初探：基于高校教师视角［J］.陕西教育（高教），2022（12）：10-12.

(三)明确内涵,三全育人

在留学生教育中,大部分高职院校重视中华优秀传统文化,加大中国概况和汉语类课程课时比例。然而,中华优秀传统文化只是留学生人文素养教育内涵的一小部分。做好人文素养教育,首先得明确人文素养教育内涵与外延,从而构建完整的人文素养教育体系,让育才与育人同向同行,相得益彰。

基于《来华留学生高等教育质量规范》和留学生人才培养目标,高职留学生人文素养教育内涵包含五条主线:1.中国观——中国国情(校情、市情、省情和国情)与中华优秀传统文化;2.自然观与文化观——多元平等、文明互鉴、尊重包容、和谐共生;3.世界观与方法论——批判性思维、科学精神、实践精神、工匠精神、奋斗精神;4.人生观和价值观——奉献精神、法律意识、安全意识、责任意识、团结意识;5.职业理想和职业道德——职业精神、职业规范,如遵纪守法、爱岗敬业、诚实守信、公道办事、开拓创新(如图3所示)。

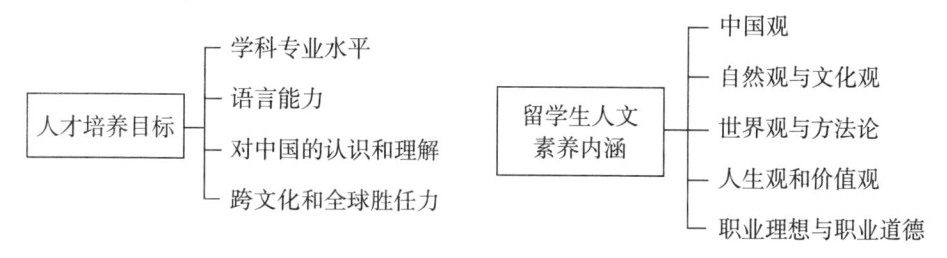

图3 培养目标与人文素养教育内涵

根据留学生人文素养教育的内涵与外延,以讲好中国故事、立德树人为根本,构建人文素养教育人才培养体系。一方面,将人文素养教育写入留学生专业人才培养方案,细化到所有的课程标准之中,并建立相应的激励导向的评价机制,如开展留学生人文素养教育竞赛;另一方面,全方位、全过程、全员人文素养教育。留学生三年培养中,从招生宣传、入学教育、班会、课程教学、实训、顶岗实习、就业指导到毕业跟踪,人文素养教育全程融入,如招生简章中对学校的介绍,申请条件中对尊重中国文化习俗、法律法规的要求;从基础课程、专业课程和实训课程教学、国情文化体验、社团活动、校园文体活动、寝室文化营造到社区活动实践，全方位人文素养教育浸润；人文素养教育，人人有责。汉语、中国概况类课程教师责无旁贷，专业教师更是德技兼修技能人才的塑造者，班主任辅导员是学生行为规范的引领者，学校管理者和服务人员一言一行体现着学校人文教育育人文化，影响着留学生成长。①

（四）因材施教，故事育人

1. 全人类共同价值，中国底色，职业味道

由于中西意识形态差异，西方往往对中国形象加上标签。留学生来华之前，接收到的有关中国信息是不客观甚至是负面的，有调查表明，有68%的受众了解中国的主要渠道是西方媒体。②来华之后留学生所见所闻与之前得到的信息形成巨大的反差，即"文化休克"。虽然世界各国大学都重视人文素养教育，但中国的人文素养教育容易被国外别有用心的媒体诟病和污名化。"和平、发展、公平、正义、民主、自由，是全人类共同价值。"③因此，在高职留学生人文素养教育的主题阐释中，更需要从全人类共同价值出发，以中国国情、中国文化、中国智慧为底色，凸显职业特色。在展示中国文化，彰显文化自信的同时，尊重多元文化和价值差异，避免出现民族优越感的表达。充分遵循职业教育类型特征，将人文素养教育元素与职业知识和职业技能"基因式"融入，聚焦职业道德，彰显劳动精神、工匠精神、奉献精神，让人文素养教育有专属的职业味道。

2. 溶盐于水，故事育人

留学生来自异域，对抽象宏观的人文教育知识缺乏背景输入，人文素养教育中容易出现"两张皮"现象，即人文素养教育内容与专业知识技能的"硬结合"。如果人文素养教育内容与专业知识衔接不好，留学生理解困难，一头雾水，人文素养教育的启迪唤醒功能就无法实现，更无法落实于行动之中。

---

① 董必荣. 论课程思政的本质与内涵［J］. 财会通讯，2022（12）：21-26.
② 牛百文. 高校来华留学生课程思政建设与实践路径研究［J］. 开封教育学院学报，2019,39（12）：212-214.
③ 习近平出席第70届联合国大会一般性辩论并发表重要讲话［EB/OL］. 新华网，2015-09-29.

因此，在教学中，教师需从学科知识、语言、跨文化理解出发深入分析学情，充分把握人文素养教育内涵，将人文素养教育元素之"盐"自然融入课程之中，通过环境浸润、故事讲解、活动体验，春风化雨，启迪学生思想，唤醒学生对真善美的追求，对中国道路的理解认同。比如，在新能源汽车技术的讲授中，结合比亚迪汽车的发展和留学生亲身实践，探寻中国汽车产业发展历程、知识产权发展与保护、对"一带一路"沿线国家经济发展的影响以及人类命运共同体的构建。

中西方思维方式和叙事手法不同，中国传统宏观抽象意象化的表达不适于留学生。应因材施教，基于跨文化传播策略，遵从国际话语叙事手法，将宏大叙事故事化，"以小见大"，形象直观地讲述中国故事、职业道德、社会准则和全人类共同价值。基于中外比较，历史比对，加深学生对本国国情的认知，对中国文化的理解。通过人文素养教育元素的互通性和共享性探讨，将中国故事升华为全球故事，用中国实践升华中国理论，让留学生主动探寻中国经验和模式，传播中国声音。

3. 三课结合，实践育人

美国学者雷德蒙·罗斯（R. Rose）认为：在人际交流活动中，人们所得到的信息总量有65%来源于非语言符号传达。留学生由于母语迁移和文化背景差异，对口头讲解的知识理解接受程度有限，因此，人文素养教育中，实践教学显得尤为重要。首先，在课堂教学中，需要尽量创设情境，教师演示示范，学生观摩操作，使人文素养教育抽象的知识具体化、形象化。增加实践课时占比，比如，中国概况和中国文化类课程以理实结合方式进行。其次，引导留学生积极参与校园第二课堂活动，如社团活动、双创活动、科技文化节、体育健身节等；同时组织留学生参与国际化竞赛，如国际双创大赛、国际技能大赛、汉语演讲比赛、讲好中国故事视频大赛等；利用班会或节假日，开展中国传统文化体验活动。最后，充分利用第三课堂，让学生走入中国乡村、城市，走进中国家庭、社区、企业和政府，亲身感知中国。例如，参加留学生感知四川活动，参与社区和政府举办的文化旅游经贸活动，如德阳文庙祭祀活动、非遗曲艺晚会、春节等传统节庆活动、国际装备智能展会等。在实践中，潜移默化地引导留学生将人文素养内化于心，外化于行（如图4所示）。

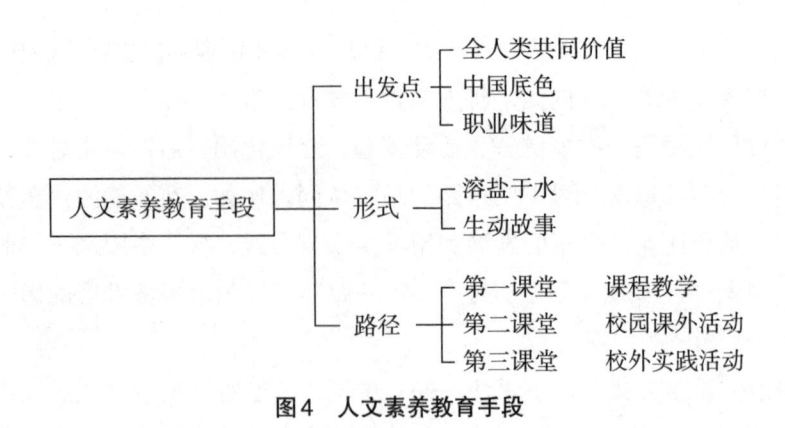

```
                    ┌─ 全人类共同价值
           ┌─ 出发点 ─┼─ 中国底色
           │        └─ 职业味道
           │
人文素养教育手段 ─┼─ 形式 ──┬─ 溶盐于水
           │        └─ 生动故事
           │
           │        ┌─ 第一课堂    课程教学
           └─ 路径 ─┼─ 第二课堂    校园课外活动
                    └─ 第三课堂    校外实践活动
```

图4　人文素养教育手段

四、结语

2023年1月24日，习近平总书记在拉美和加勒比国家共同体第七届峰会上强调："弘扬和平、发展、公平、正义、民主、自由的全人类共同价值，促进世界和平与发展，推动构建人类命运共同体，共同开创更加美好的未来。"[①] 讲好中国故事，弘扬全人类共同价值，构建人类命运共同体是留学生人文素养教育的使命。充分发挥高职院校特色，以培养高素质技能技术人才为依托，建立"三全育人"的留学生人文素养教育体系，立足讲好中国故事，找准人文素养教育的切入点，精准滴灌，用心、用情、用力做好人文素养教育，帮助留学生更好地融入中国学习生活，更好地认识中国、理解中国，成为中国故事的讲述者、中外友好合作的桥梁纽带，为"一带一路"国家建设助力，共同推进人类命运共同体建设。

参考文献

[1] 韩瑞. 高职院校国际学生课程思政体系构建研究初探[J]. 传播力研究，2020，4(19).

[2] 黄超. 国际学生课程思政实施路径探究[J]. 江南社会学院学报，2021，23(4).

---

① 习近平向拉美和加勒比国家共同体第七届峰会合作视频致辞[N]. 人民日报，2023-01-26(1).

［3］刘晓丹，侯松."一带一路"视域下高职院校留学生人文素养培养研究：以广东食品药品职业学院为例［J］.广东教育，2023（2）.

［4］林书舟."一带一路"背景下高职来华留学生人文素养提升路径探析［J］.新丝路（下旬），2021（6）.

［5］王晋宝，刘超杰.来华留学生讲好中国故事的多元路径探索［J］.神州学人，2024（2）.

作者简介

何冬梅（1970—），女，四川德阳人，文学硕士，四川工程职业技术大学外国语学院副主任、国际合作交流中心副主任，副教授。发表论文20余篇，主编及参编教材10余部，主持完成四川省高校中华优秀传统文化重点建设系列课程"体验四川·初识中国"建设。

周莉琨（1979—），女，四川德阳人，文学硕士，四川工程职业技术大学专职教师，副教授，第一作者发表论文20余篇，主编及参编教材10余部；参加"首届全国高职高专英语课堂教学课件大赛"获一等奖。

曾维静（1986—），女，四川德阳人，硕士研究生，四川工程职业技术大学旅游管理学院专职组织员，副教授，"职引未来"辅导员工作室负责人，主持完成德阳市哲学社会科学"十四五"规划项目"新媒体与文创融合视角下德阳乡村旅游品牌形象推广研究——以红伏村为例"等，获四川省职业院校教师教学能力大赛一等奖。

构建"一主干，两循环"就业管理与服务体系，实现大学生高质量就业
——以四川工程职业技术大学建筑工程学院为例

曾令俊　蒋明慧　佘青霖

党的二十大报告提出："健全终身职业技能培训制度，推动解决结构性就业矛盾。完善促进创业带动就业的保障制度，支持和规范发展新就业形态。"[①]继2022年我国高校毕业生规模首次突破千万大关之后，2023年高校毕业生规模再创历史新高。面对不断攀升的高校毕业生人数，我国出台了一系列强有力的高校毕业生就业政策和措施，全力稳定就业大局。

为适应高校毕业生就业新形势，努力构建管理育人新格局，针对大学生高质量就业问题，四川工程职业技术大学建筑工程学院建构了"一主干，两循环"大学生就业管理与服务体系，持续深化大学生就业管理与服务向纵深发展，全面践行"三全育人"理念。其中，"一主干"指以党建为引领，赋能大学生就业管理与服务体系建设，实现高质量就业的中心目标。"两循环"指在人才培养过程中，通过PDCA循环质量控制体系建设，以教学诊改、大学生职业生涯规划等为抓手，不断调整和优化培养质量，建立人才培养质量控制循环；从社会层面入手，加强校企合作与产教融合，让企业深度参与专业人才培养全过程，根据行业和企业需求反馈，动态循环调整人才培养方案，让毕业生质量优于岗位需求，建立学生就业能力评价控制循环，在此循环中缩小毕业生与就业要求之间的鸿沟，提升大学生就业竞争力。

---

① 习近平.高举中国特色社会主义伟大旗帜　为全面建设社会主义现代化国家而团结奋斗：在中国共产党第二十次全国代表大会上的报告［EB/OL］.中国政府网，2022–10–25.

一、大学生就业工作突出问题

党的二十大报告提出"实施就业优先战略",高校毕业生是就业工作的重点群体,是社会关注的焦点。目前,一些因素还在制约着高校就业工作往高质量方向发展。

(一)"三角困顿"现象突出

"三角困顿"概念来源于美国学者伯顿·克拉克(Burton Clark)在《高等教育系统:学术组织的跨国研究》一书中提出的高等教育发展中政府、市场与大学的关系。[①] 通过对三者"三角协调模式"的分析,结合我国高等教育的发展现状可以发现,大学、市场与毕业生之间构成了就业工作的"新三角协调模式"。

1. 大学方面

随着我国高等教育普及化的来临,高校毕业生的供给总量迅速上升,2023届毕业生总人数达到1158万。与此同时,行业企业由于各种因素的制约,对高校毕业生的需求总量没有同步增加,就业工作面临较大的风险与挑战。

2. 市场方面

由于部分高校在专业设置与行业发展、社会需求之间存在错位,校内培养与校外需求出现"两张皮"现象,这是很多用人单位招不到合适员工的根本原因,从而导致企业将招聘的主战场放在了社会招聘中,校招岗位数量下降,供需矛盾更加突出。

3. 毕业生方面

目前,毕业生层面存在高期望和精英情结,而现实情况往往与之形成鲜明对比,突出表现为"两个不",即"轻松的工作不好找,艰苦的工作不愿做"。在经济形势变化的情况下,"懒就业""慢就业"成为大学生就业的一大标签。

---

① 克拉克.高等教育系统:学术组织的跨国研究[M].王承绪,徐辉,殷企平,等译.杭州:杭州大学出版社,1994:153-192.

（二）职业规划不清晰放大就业困惑

调查显示，近九成没有明确职业规划的大学生认为，规划不明确对就业有显著影响，具体表现为简历内容单一、选择迷茫以及自身不具备必要的岗位能力。如果大学生缺乏主动进行职业生涯规划的意识，就有可能造成其对自我认知的不健全，从而影响形成正确的就业观造成就业困惑。

（三）大学生就业工作机制体制尚不健全

部分高校存在就业工作机构不健全、保障不到位的问题，学校就业部门与二级院系之间联动不足，信息沟通不畅。另外，部分学校就业工作信息化水平不高，经费不足等困难严重影响了大学生就业工作的顺利开展。同时，二级院系对就业工作重视不够，工作水平偏低，教职工参与率低，对如何有效整合资源手段不足，很难达到全员有效协同的工作要求，成了推进大学生就业工作向好的障碍。

二、以党建引领为主干，为大学生就业工作破题

四川工程职业技术大学建筑工程学院坚持以党建工作为引领，从解决广大就业工作参与者的思想认识问题入手，努力构建"党建+就业"的工作新局面。

（一）党建赋能，为就业工作提供组织保障

组织保障是事业成败的关键因素，在习近平新时代中国特色社会主义思想和党的二十大精神指导下，应紧紧围绕立德树人这一根本任务，进一步加强党对大学生就业工作的领导，把就业工作成效纳入党建目标考核。同时，深入贯彻落实上级关于高校毕业生就业工作的决策部署，以党政联席会议形式专题研究部署毕业生就业工作，针对不同时期面临的就业形势，制订毕业生就业工作推进计划、冲刺计划和质量提升计划，明确各阶段就业工作目标任务、方法措施和工作责任，抓好顶层设计，统筹各方力量促进就业工作。

发挥学生主体作用是推进大学生就业工作的内生动力。[1]建立一支预备

---

[1] 王蕊.学历红利衰减与普通高校大学生专业学习内驱力激发［J］.扬州大学学报（高教研究版），2024，28（1）：54-62.

党员和入党积极分子为主体的学生就业自治协会是解决这一问题的有效途径。协会由基层党组织指导，充分调动学生自主参与就业工作的积极性，发挥朋辈影响作用，在学生群体中形成良好的就业工作氛围。

另外，以创建党建品牌、支部优秀工作法等特色党建工作为目标，加强基层党组织对大学生就业工作的指导，将学生就业质量作为检验党建工作成效的重要指标，实现党建引领下的就业工作保障机制。

（二）党政共管，为就业工作提供机制保障

深入落实就业工作"一把手工程"，充分发挥二级学院党政负责人的主导作用，形成党政齐抓共管的就业工作机制。领导干部以对口联系基层党支部制度为遵循，下沉到就业工作一线，统筹就业干事、学工组长、教学组长、辅导员、任课教师等多方力量，实现全员参与就业工作的局面，将就业工作列为基层党组织抓党建、部门年度目标任务完成的重要抓手。

同时，打破党政工作"两张皮"现象，在就业工作部署、推进等过程中"分工不分家"，凝聚党政合力保障就业工作的高质量完成。

（三）党员带头，为就业工作提供人员保障

党员先锋模范带头作用应体现在大学生就业工作全过程，通过建立精准对接帮扶退伍、建档立卡户、残疾人等特殊群体大学生的工作机制，努力实现就业工作的全覆盖。二级学院党政班子成员带头帮包毕业生，全体党员教师参与就业帮扶工作。通过个别谈话、召开座谈会等形式引导毕业生树立正确的择业观。充分调动教学、科研、校友等各方资源，积极开展访企拓岗，建立就业实践基地等就业合作渠道，广泛开拓就业岗位，帮助毕业生高质量就业。

另外，教师党员在帮扶工作中积极争当"先锋队"，辐射带动身边教师全员参与，利用个人社会资源为毕业生就业牵线搭桥，帮助毕业生早就业、择好业。开展教师党员"一对一"帮扶活动，邀请用人单位到学校招聘人才，积极为毕业生挖掘岗位资源，提供优质和精准的就业信息。毕业班辅导员、班级导师、任课教师全面细致做好毕业生就业教育、指导和服务工作，建立学校、二级学院、班级和家长四级联动机制，精准掌握每名毕业生的思想动态和就业状况。同时，"学生就业促进与互助协会"中的学生预备党员和入党积极分子广泛参与就业宣讲、招聘服务等过程，构建起了党政领导、党员教师、党员学生等多群体就业管理服务工作队伍。

三、以提质培优为循环，为大学生就业工作破局

习近平总书记在全国高校思想政治工作会议上强调指出："要坚持把立德树人作为中心环节，把思想政治工作贯穿教育教学全过程，实现全程育人、全方位育人，努力开创我国高等教育事业发展新局面。"[①]大学生就业工作是"三全育人"的重要抓手，高职院校作为培养高素质高技能人才的根据地，是实现第二个百年奋斗目标的人才保障。

（一）对标岗课赛证，提升专业培养水平

就业的基础竞争力是专业知识和技能，在人才培养过程中，要积极探索"岗课赛证"融通发展，畅通技术技能人才成长成才通道，深化人才培养模式改革。[②]以"赛"为考场，检验课程教学水平和人才培养质量；以"岗"为导向，瞄准岗位需求、更新教学内容；以"课"为核心，推动课堂革命、完善评价体系；以"证"为标准，全面开展"1+X"证书制度试点，拓展学生就业创业本领。

（二）强化就业培训，厚植职业素养意识

当前学生消极被动就业特征突出，有躺平人生不良趋向，所谓"佛系"学生日益增多，部分学生就业自主性不强，对未来的发展预期不明确。为切实提升高职院校学生就业教育效果，提升学生就业自主性和积极性，建筑工程学院创新提出了"1131"就业教育工作法。

1. 成立1个协会，提升就业教育自主性

学生就业焦虑的原因之一就是缺少有效就业信息，无法准确获取企业用人信息，在等待中会产生强烈的焦虑感。大学生就业促进与互助协会以组织

---

① 吴晶，胡浩.把思想政治工作贯穿教育教学全过程 开创我国高等教育事业发展新局面［N］.人民日报，2016-12-09（1）.

② 隋东旭."岗课赛证"生态融通下高职院校人才培养模式创新研究［J］.知识文库，2023，39（24）：71-74.

化形式，主动接洽用人单位，并向用人单位反映学生素质状况和求职意向，帮助就业学生准确获得就业信息，减少学生就业过程中的信息压力和信息空乏带来的压力和焦虑，提高了整个就业的整体效率。协会的各种活动和老师的针对性帮助，提升了学生的整体就业素质水平。同时，发挥朋辈影响力，协会队员们作为助讲参与到大学生职业生涯规划课程的讲授中，深入低年级班级进行宣讲，以自己的经历勉励学生树立正确的就业观，做好自己的大学规划，取得了良好的效果。学生的求职简历更有质量，就业心态更加积极，就业信息获取更加精准，形成了健康良好的就业氛围。

2.健全1套机制，保障就业教育实施性

推动完善协会制度化建设。第一，为协会运行确定专属工作地点，提供办公地点。第二，民主协商后确立规章规则，并进行公示。第三，确立党总支书记和二级学院党政领导共同负责、就业干事指导、学生自治的工作机制。

3.开展3项活动，增强就业教育参与性

通过开展就业恳谈会、就业经验分享会以及就业困难学生帮扶会3项代表性活动，广泛邀请学校党委武装部、招生就业办公室、教务处等党政职能部门为学生在参军入伍、专升本及求职应聘等方面答疑解惑，满足不同毕业去向学生的需求，切实增强就业教育的针对性和实用性。

4.制定1个目标，确保就业教育持续性

为实现树立和培养学生职业素养的目标，将毕业综合实践指导教师、顶岗实习指导教师与就业帮扶负责人三者合一，保持就业工作的连续性，发挥教师在过程中对学生就业观、职业观养成的主体作用。

（三）丰富二三课堂，加强综合素质能力

在教育实践中，大学生综合素质教育的实施还需要进一步深化，注重个性教育和因材施教，探索和制定个体个性发展相关的自主意识、自信心以及多能力的培养机制。心理学研究表明，人的个性特质往往与职业特性相契合，开展个性化教育，了解学生的职业兴趣有助于学生职业发展的优化。[1]

通过二级学院、学校和行业企业建立的三级平台，开展丰富多彩的课余

---

[1] 胡微.制造业班组长职业能力的构成与发展研究［D］.上海：华东师范大学，2022.

素质拓展活动，在体育文化、学科竞赛、志愿服务等方面为学生提供广阔的施展舞台，培养学生不断学习、坚持探索的精神，提升专业能力和综合素质。

在以上三方面的实践过程中，采用PDCA循环质量控制体系，结合常规教学诊改工作，形成人才培养质量检验闭环，进一步提升人才培养质量。

四、以产教融合为循环，为大学生就业工作破冰

要最大化实现大学生的个人价值和社会价值，全社会需要群策群力，力促大学生充分合理就业，进而实现大学生职业发展的可持续性。在高等教育普及化过程中，需要构建供求匹配的就业政策体系，就改革发展情况而言，需要进一步推进产教融合，发挥行业企业、高校联动效应，形成多主体、深融合、协同式的就业工作机制。①

加强与行业企业的沟通交流是畅通就业工作机制的基本保障。通过现场调研、企业实践锻炼等多种形式，专业教师积极学习建筑产业转型升级过程中出现的新技术、新材料和新工艺，及时将工程实践案例转化为项目教学案例，动态掌握企业对学生就业岗位的需求，邀请企业技术专家深度参与人才培养方案的修订工作。与优质企业建立校企合作关系，通过党建结对、企业订单班等形式丰富合作层次，实现学生所学即企业所需的人才培养新模式，不断提升学生的知识能力水平与经济社会发展需求的契合度，帮助大学生从学习状态快速过渡到就业状态，实现高质量就业。

在校企合作过程中，需要建立大学生培养规格与社会需求之间的良性循环，主动对接产业"新材料、新技术、新工艺"要求，使学生就业能力呈现循环上升态势，有效缩短大学生就业适应期。

结语

四川工程职业技术大学建筑工程学院始终秉承以就业为导向的工作原则，探索创新工作方法，不断解决就业工作的短板，持续推进大学生就业观念的转变。按照就业工作"全程化、全员化、专业化、信息化"的要求，努力构

---

① 陈时见，杨盼.中西部高等教育区域协调发展的使命、挑战与路径[J].中国教育科学（中英文），2023，6（2）：109-120.

建"机构到位、场地到位、人员到位、经费到位"的就业保障体系。近年来，应届毕业生专升本升学率达到20%左右，入职国有及上市企业学生比例达到39.8%，毕业生去向落实率保持在97%以上，实现了就业工作的高质量发展。

参考文献

［1］克拉克．高等教育系统：学术组织的跨国研究［M］．王承绪，徐辉，殷企平，等译．杭州：杭州大学出版社，1994．

［2］王蕊．学历红利衰减与普通高校大学生专业学习内驱力激发［J］．扬州大学学报（高教研究版），2024，28（1）．

［3］隋东旭．"岗课赛证"生态融通下高职院校人才培养模式创新研究［J］．知识文库，2023，39（24）．

［4］胡微．制造业班组长职业能力的构成与发展研究［D］．上海：华东师范大学，2022．

［5］陈时见，杨盼．中西部高等教育区域协调发展的使命、挑战与路径［J］．中国教育科学（中英文），2023，6（2）．

作者简介

曾令俊（1982—），男，工程硕士，四川工程职业技术大学建筑工程学院，副教授。公开发表学术论文10余篇，主持四川省教育厅大学生思想政治研究课题1项，高等职业教育教学改革项目1项，主持和参与其他类别课题10余项，指导学生参加学科竞赛获省部级奖项7项。

蒋明慧（1982—），男，工程硕士，四川工程职业技术大学建筑工程学院，教授。省级教学能力大赛一等奖获得者、省级课程思政示范课程负责人。先后在专业核心期刊发表论文8篇，主编教材3部，主持或参与各级课题20余项，指导学生参加学科竞赛获省部级及以上奖项10余项。

余青霖（1989—），女，硕士研究生，四川工程职业技术大学建筑工程学院，讲师。公开发表学术论文10余篇，主持及参与各级课题7项。

工作室视角：构建高职"三全育人"新矩阵

曾维静　江雨　朱洪端　杨惠玲

2021年3月6日，习近平总书记强调："'大思政课'我们要善用之，一定要跟现实结合起来。"[①]习近平总书记关于"大思政课"的重要论述，引领高校思想政治工作进入新阶段。为进一步贯彻落实中共中央、国务院《关于新时代加强和改进思想政治工作的意见》[②]和教育部、中央宣传部等十部门《全面推进"大思政课"建设的工作方案》，四川工程职业技术大学（原四川工程职业技术学院）出台《关于加强和改进新形势下思想政治工作的实施意见》和《中共四川工程职业技术学院委员会全面推进"大思政课"建设实施方案》两个指导性文件，提出要充分调动全社会力量和资源，构建"大课堂"、搭建"大平台"，就是要坚持不懈用习近平新时代中国特色社会主义思想铸魂育人，依托工作室培养更多高层次技术技能人才、能工巧匠，培养服务现代服务业、传承优秀传统文化、扎根新农村建设的旅游类专业人才，为全面建成社会主义现代化强国和中华民族伟大复兴提供有力的人才支撑。

一、研究背景

"三全育人"理念和实践在育人过程中取得了一定的进展，但仍然存在差异化对比研究内容不足的问题，应结合新时代为党育人、为国育才的要求培育更多的育人共同体来加强育人实践。

[①] 杜尚泽."'大思政课'我们要善用之"（微镜头·习近平总书记两会"下团组"·两会现场观察）[N].人民日报，2021-03-07（1）.

[②] 楚国清."大思政课"：引领高校思政进入新阶段［EB/OL］.党建网，2022-05-09.

（一）"三全育人"实践中的不足

1."三全育人"主体合力不足

全员育人主体众多，特别是一线的思政课教师、思想政治辅导员，心理健康辅导岗老师，宣传学工、群团组织和课程教学老师，他们各管一段渠，在"三全育人"实践中信息互通不足、协同协作差，育人的主体合力不足。

2."协同育人"阵地贯通不足

习近平总书记指出："思政课不仅应该在课堂上讲，也应该在社会生活中来讲。"[1]大思政课就是要发挥好"第一课堂"主阵地作用，积极拓展校园内外实践"第二课堂"，用好思政新阵地网络"第三课堂"，将思想政治教育融于各项活动中，实现资源在育人过程中的高度整合。实践中，三个课堂主线贯通效果不佳，资源整合效能不高，三个课堂活动冲突时有发生，相互占用资源现象经常出现。

（二）新时代对人才培养提出新要求

伴随着全面深化改革和产业转型升级，社会对技术创新型人才、专业复合型人才的需求越来越高。创新育人模式，培养具有良好道德素养的技能型人才，成为社会主义现代化对人才的基本需求。因此，高职院校要实现人才培养目标，必须坚持育德同育才的有机统一，系列工作室应运而生，对创新平台育人模式、提升人才培育水平有着重要且实际的意义。

（三）工作室在育人工作中的积极作用

我校"辅导员工作室""双带头人教师党支部书记工作室""双创工作室"构建系列新型育人平台，工作室坚持立德树人导向，立足学生成长，深化改革创新和协同育人，在大学生个人成长、思想引领、危机干预、生涯规划、就业帮扶和生活学习管理上发挥积极作用。工作室创新育人平台模式的同时，必将提升育人队伍的专业化、职业化和专家化水平，聚焦教研室主任（党支部书记）在人才培养中的双带头人作用发挥，提升学生创新创业水平，提升

---

[1] 杜尚泽. "'大思政课' 我们要善用之"（微镜头·习近平总书记两会"下团组"·两会现场观察）[N].人民日报，2021-03-07（1）.

学生职业适应性和就业竞争力。工作室团队作战，能有效整合资源，形成育人实践闭环，耦合育人，畅通"三全育人"微循环，增强育人主体合力。

二、工作室建设内容及目标

工作室坚持立德树人，围绕"生涯"咨询、"就业"指导、"双创"孵化等中心工作，面向全体学生提供职业规划、就业指导、职场心理疏导、项目孵化等职业适应性提升服务；工作室聚焦师德师风建设，为教师成长搭建平台，推动育人队伍建设，增强工作室成员职业成就感与归属感。工作室积极探索"党建＋旅游"双融合和双促进的党支部品牌，引导鼓励党员教师结合教学、科研、竞赛、就业等实际业务，深入开展党建研究，实现党建与业务相辅相成。

（一）坚持立德树人，扎实开展"三个深化"育人实践

工作室注重一体化育人实践，通过整合学校在职规划和就业指导中的资源、经验，探索开展大学生职业规划和就业指导的机制和路径，通过建立咨询档案、挖掘兴趣优势、设立职业目标、提升求职技能等重要环节，形成德育引领专业赋能、覆盖全员全程的职业指导，深化学生职业意识；工作室围绕学生专业特色，结合现代服务业产业需求，积极培育与专业契合的社会项目，如全国两会、世界大学生运动会、金砖国家人文交流会等服务平台，增强专业自信，提升专业自觉，深化学生专业意识；工作室依托职业规划和就业指导及双创项目孵化，如"职规/就业技能训练营""职场成长沙龙""职就爱心加油站"等各类创新专题活动，帮助学生熟练应用测评工具开展科学自测，明确职业规划方向，深化学生技能意识，拓展专业技能，依托各类专业大赛、竞技平台，以赛促教、以训促教，锻造学生积极成熟的职业观、择业观、创业观，助力学生在职业生涯发展中坚定前行，在求职道路上行稳致远。

（二）坚持协同育人，抓好工作室、教室、寝室三个阵地建设

工作室重视阵地建设，将定期开展专题学习、技艺切磋、特群服务、阳光咨询、职通训练和主题沙龙等专题活动。工作室建设与学生寝室、文化课教室同为协同育人的三个阵地。进一步完善工作室各项机制建设，创新服务

活动开展的形式并形成特色活动，开发就业育人资源，打造职业化、专业化的辅导团队，构建大学生生涯规划、职业指导长效机制和有效路径。

（三）坚持文化育人，实现中华优秀传统文化、社会主义先进文化同行业文化自然融合

工作室通过文化引领，努力实现文化育人、就业教育同专业教育同向同行。依托工作室阵地建设，通过党建活动、就业辅导、双创孵化等育人活动面向师生开展中华优秀传统文化、社会主义先进文化和行业文化教育融合教育，将工作室建设为教师育人平台，学生成长窗口，助力师生成长为中华优秀传统文化的传承人。

（四）坚持党建引领，创建"党建+业务"的双融合模式

以党支部建设为引领，探索"党建+旅游"的双融合和双促进，开展"教学、科研、竞赛、师生结对、就业指导、创新创业"形成"六元一体"融合实践。一是教学中按照课程思政要求，构建"大思政"育人课程体系，挖掘每门专业课充分融入思政元素；二是大力推进科研和社会服务，工作室成员近三年牵头红旅项目8项，开展服务乡村振兴技能培训、旅游宣传、电商助农活动16次，参与师生360人次，服务成效显著；三是教师牵头教改和竞赛活动，近三年党员教师参加教学能力大赛获省级奖项6项，团队指导学生竞赛获国家级、省部级大赛表彰13项，充分彰显党员模范作用和先锋形象；四是构建师生结对"一帮一"育人模式，一名教师党员帮扶一名困难学生，以点带面，通过思想引领、行为引导关心学生学业、关注学生心理、实现学生全面成长；五是搭建就业帮扶平台，依托旅游行业特点，持续推进"六进"帮扶就业工作，提高学生专业技能，完善职业规划；六是围绕"职规引领，无忧就业"为师生提供交流学习、双创服务、教学实践等活动平台，开展创新创业实践。

三、工作室育人矩阵实践

（一）思想引领，依托工作室构建思政育人"大格局"

构建完善的"大思政"育人格局必须坚持不懈加强党的领导，必须坚持

以马克思主义为指导，举旗定向，在青年学生中筑牢思想基础，实现价值引领，工作室育人模式将"教书"与"育人"紧密统一起来[①]，整合三个课堂，形成课堂主渠道、实践大平台、网络活资源为一体的育人大阵地。工作室坚持用习近平新时代中国特色社会主义思想铸魂育人，实施"小我融入大我，青春献给祖国"主题实践和"技能成才 强国有我"主题教育。工作室依托德阳文庙、黄继光纪念馆、绵竹年画、德阳潮扇等"大思政课"实践教学基地，构建实践教学工作体系，开展社会实践和志愿服务。工作室抓好各类宣传思想阵地和网络阵地的建设，结合"学习强国""云上大思政课"、大学生在线、易班等网络平台，开展卓有成效的内容建设，打造一支宣传团队，形成一批高水平网络传播作品。用好网络课堂，增强"大思政课"的时代感和吸引力。[②]站稳网络平台这一宣传阵地，以旅游管理系新闻门户网站为核心，强化价值引领和舆论引导，为立德树人营造良好舆论氛围，不断优化网络育人成效。

（二）筑梦引航，依托工作室拓展实践育人"大平台"

面向社会大课堂，将"大思政"工作同专业建设、学科竞赛、社会服务、成果转化相结合，开展"大思政"育人实践。依托专业技能，服务高端平台。依托扎实专业技能，服务高端国事活动，拓宽视野、锻炼本领、展示风采。如组织学生服务杭州"G20峰会"（2016）、北京"全国两会"（2020）、国家大剧院（2021）、成都"泛珠三角区域合作行政首长联席会议"（2021）等综合性高端平台。响应时代号召，投身乡村振兴大舞台。工作室开展罗圈岩村、白马关"青年筑梦之旅"活动，赴罗江调元镇、孝感镇红伏村开展乡村旅游服务，培育乡村振兴主题大创项目4个，其中省赛获奖2项，校赛金奖1项。立足主题教育，丰富课程思政内容。工作室积极引导学生树立正确的劳动观念，形成良好的劳动习惯，加强宿舍文明教育和养成教育。让学生在奋斗一线感悟人生启迪、在红色基地汲取精神力量，成立校园讲解队，传播优秀传

[①] 东北师范大学.构建"大思政"格局推进全员全程全方位育人：东北师范大学打造思想政治教育新高地的探索与实践[EB/OL].共产党员网，2019-07-16.

[②] 徐晓明.新论：构建"大思政"育人格局[EB/OL].人民网，2019-10-08.

统文化和校史红色文化,开展传统文化进社区系列志愿服务、理论宣讲、社会调研实践活动。自觉将全面建成小康社会、庆祝中华人民共和国成立70周年、建党100周年、疫情防控成果纳入课程思政的活页教材中。依托技能竞赛,培养工匠精神。工作室积极助力学校"能工巧匠"计划,提升师生队伍竞技能力和水平,增进师生爱校爱系情怀和集体荣誉感,刻苦训练,精进技能,锤炼意志。近两年来,我校旅游管理系获国家、省级赛事奖励共计19项,其中教育部职业院校技能大赛导游服务赛项全国二等奖1项(2022年),"鼎盛诺蓝杯"全国导游大赛二等奖1项(2020年),全国乡村振兴职业技能大赛选拔赛餐厅服务员赛项获四川省一等奖(2021)。

(三)典型示范,依托工作室写好立德树人"大文章"

工作室将思政教育贯穿学生成长各方面、全过程,分层教育和分段教育并行推进。分层次教育是围绕重大历史事件、爱国教育主题等,充分用好志愿服务、社会实践、双创活动、劳动教育、军事教育等载体,面向全体学生开展"国魂、青春、使命"等理想信念、形势政策教育[①];开展党员示范岗、责任区活动,搭建青年学生成长成才大舞台的"1234"育人模式。鼓励师生党员围绕疫情防控、乡村振兴、文化传承、党史学习教育等需求,结合自身实际参与志愿服务活动,将工作室建设为教师育人平台、学生成长窗口,增强辅导员职业自信和职业归属感,做好大学生职业生涯的点灯人、引路人。分阶段教育是将思政教育贯穿学生成长全过程:大一围绕"理想信念、安全法纪、行为养成、心理健康、团队意识"等主题开展入学教育和市情校情学习;大二通过"专业学习、职业精神塑造、各类评优选先、创新创业"开展职业教育;大三通过"就业帮扶、毕业教育、毕业典礼"开展就业教育。

(四)资源整合,依托工作室打造育人"新矩阵"

1.打造协同育人团队

工作室整合系部各类思政教育资源,从党总支到支部,从系部到教研室,从理论学习的课堂到顶岗实习的岗位,将团学工作队伍、教学一线教师、企

---

① 周知民.努力构建"大思政"工作格局[J].新长征(党建版),2019(2):26-27.

业双师资源等整合为协同育人联合体,衔接校内课堂、宿舍、社团和校外基地、企业。依托思政队伍建设实践,工作室积极培育"规范化、精品化、科学化"的辅导员队伍,针对职业规划和就业指导,发挥队伍专业、专家的身份,面向学生提供准确、科学的服务。在双创实践的指导中,依托专业开展社会服务,开展一对多、一对一培训指导,深入项目一线,带领学员团队奋战在乡村振兴的一线。

2. 筑牢融合育人阵地

工作室融合三个课堂(教室一课堂、实践二课堂、网络三课堂),抓好三个阵地(学校、社区、新农村),牢牢站稳站好人才培养阵地。以工作室为纽带,以生涯规划引导、SYB特色课程为抓手,开展融合三个课堂的社会实践。"职引未来"高职辅导员工作室牢牢把握育人高地,着力聚焦专业人才素养和职业技能的融合发展,结合学校育人目标,紧扣辅导员职责探索融合阵地的"立体化"育人新路径:一方面,针对辅导员队伍开展系统性的交流培训,夯实个人及团队的"三化"能力,打造专业的师资队伍;另一方面,针对学生开展系统科学的职业生涯服务,建立学生"一人一档"职业生涯档案,紧密结合社会及行业的发展,聚焦解决重点群体学生,创新活动开展形式,形成工作室独有的品牌服务。

3. 培育联合育人载体

工作室依托多元主体、多维载体,联合育人彰显育人活力和育人合力。工作室对标"能工巧匠"系统化、整体化培训计划,对标"世界技能大赛""全国职业院校技能大赛"等职教领域高端赛事,铸就职业精神,增强职业认同,锤炼职业技能,提升就业竞争力。依托校企合作,开展高水平社会服务,为学生成长成才提供高端平台,如G20峰会、全国两会、全国大学生运动会等。通过高水平服务,锻炼师生队伍、提升专业素养和社会影响力。工作室注重立体化育人实践,把立德树人和职业教育人才培养目标作为工作室的出发点和落脚点,充分发挥示范引领作用,致力于"生涯"咨询和"就业"指导工作建设。以工作室为平台,宣传红色文化、传统文化、先进文化同职业文化相结合;通过建立咨询档案、挖掘兴趣优势、设立职业目标、提升求职技能等重要环节,形成德育引领专业赋能的覆盖全员全程的职业指导,将深化"职业意识、专业特长和就业技能"同步推进。

4.塑造朋辈育人典型

工作室凸显典型示范、辐射引领，实现朋辈教育与自育育人有机统一。工作室育人成效显著，培养了一大批优秀典型，如获得全国职业院校技能大赛二等奖的李锄熔、《人民日报》点赞的叶玖祺、获省长表扬的两会服务明星万琳、全国技能达人汤元斌……工作室通过修身立行、行为养成、榜样引领、感恩教育等系列教育活动，培养一大批在"服务奉献""个人成才""文明修身""专业技能"方面表现突出的学生团队和优秀个人，开展朋辈教育，引导青年学生永远跟党走。

四、结语

思想政治工作从根本上说是做人的工作，就是要帮助学生扣好人生的第一粒扣子。旅游管理系通过工作室育人模式探索，整合资源形成育人主体合力，坚持用思想伟力来引领学生、感情纽带来拉近学生，坚持形式创新、团队示范，构建"三全育人"新矩阵，必将在学校立德树人实践中走出一条实践育人的新路子。

参考文献

[1]楚国清."大思政课"：引领高校思政进入新阶段[EB/OL].党建网，2022-05-09.

[2]东北师范大学.构建"大思政"格局推进全员全程全方位育人：东北师范大学打造思想政治教育新高地的探索与实践[EB/OL].共产党员网，2019-07-16.

[3]徐晓明.新论：构建"大思政"育人格局[EB/OL].人民网，2019-10-08.

[4]周知民.努力构建"大思政"工作格局[J].新长征（党建版），2019（2）.

作者简介

曾维静（1986—），女，四川德阳人，硕士研究生，四川工程职业技术大学旅游管理学院专职组织员，副教授，"职引未来"辅导员工作室负责人，主持完成德阳市哲学社会科学"十四五"规划项目"新媒体与文创融合视角下德阳乡村旅游品牌形象推广研究——以红伏村为例"等，获四川省职业院校教师教学能力大赛一等奖。

江雨（1996—），女，硕士研究生，讲师，研究方向：农文旅融合，乡村振兴。主持德阳市2023年度"十四五"哲学社会科学规划项目"德阳文旅争先战略路径研究——基于政府主导视角"，德阳市2022年度"十四五"哲学社会科学规划项目"新时代乡村振兴助推乡村旅游高质量发展路径研究——以德阳市旌阳区为例"，撰写论文《乡村旅游与乡村振兴的有效衔接路径研究——以四川省峨边县乡村旅游为例》《乡村振兴战略背景下乡村旅游发展同质化困局突破研究》。

朱洪端（1987—），女，硕士研究生，副教授，旅游管理学院副主任，主持完成四川省教育厅人文社会科学重点研究基地科研项目"全域旅游背景下成都城郊乡村旅游景观特色营造研究"，德阳市哲学社会科学"十三五"规划项目"供需视角下德阳市夜间文旅经济发展策略研究"等，获四川省职业院校教师教学能力大赛一等奖，四川省教学成果二等奖。

杨惠玲（1981—），女，管理学硕士，教授，主编"十四五"职业教育国家规划教材1册，发表学术论文28篇，（专业核心1篇，北大核心2篇）；主持及参与省市级课题5项。"四川省职业院校教学能力大赛"一等奖获得者，四川省在线精品课程负责人，四川省课程思政课程负责人，四川省课程思政教学团队负责人，四川省高校思想政治工作精品项目负责人，四川省第二批虚拟仿真实训基地负责人。

基金项目

四川省教育厅、高校思想政治工作队伍培训研修中心（西南交通大学）思想政治教育研究课题（高校辅导员专项）（CJSFZ23-107）研究成果。

多元协同学生三自管理工作法探索与实践

高东璇　滕峻林　周国清

大学生活是一个重塑自我、突破自我、超越自我、完善自我的过程。多年来，系部管理围绕学生三自管理（自我教育、自我管理、自我服务）工作法进行探索与实践，多方协调育人为本，持续深化二级管理系部综合育人。师以匠心简化组织建设，加强过程管理，深化价值引领，逐步形成多元协同、"育"为核心的学生"三自"管理模式（如图1所示），对营造良好的校园文化氛围及建设和谐校园效果明显。[①]对于系部学生管理水平、辅导员育人能力、专任教师课程思政素材挖掘、实训教师人才培养能力拓展，培根铸魂融合发展构建良好的育人环境、向上的师生风貌和技能成才的路径提供动力支持和可靠保障。

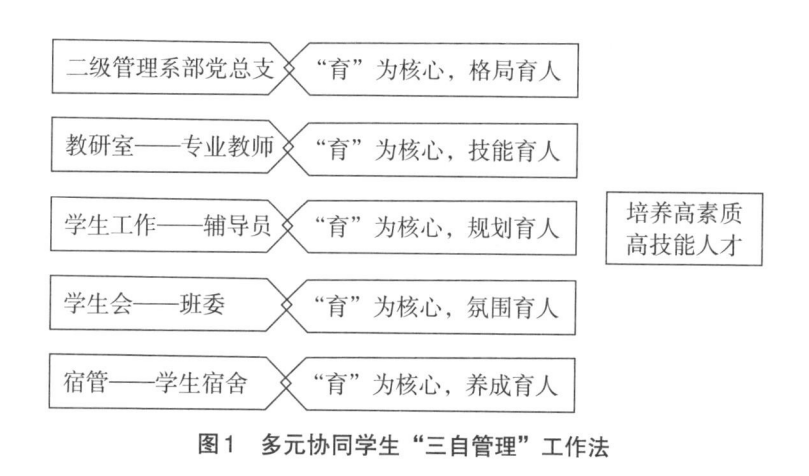

二级管理系部党总支	"育"为核心，格局育人	
教研室——专业教师	"育"为核心，技能育人	
学生工作——辅导员	"育"为核心，规划育人	培养高素质高技能人才
学生会——班委	"育"为核心，氛围育人	
宿管——学生宿舍	"育"为核心，养成育人	

图1　多元协同学生"三自管理"工作法

[①] 潘凌云.高职院校学生管理模式创新探析［J］.湖北广播电视大学学报，2017，37（3）：36-39.

一、多元协同学生三自管理是教育实践的必然选择

（一）培养全面发展的人需要依托多元协同学生三自管理的基本内涵

1. 系部二级管理发展的主观需求

系部二级管理以应用型人才培养为主线，基于"育"为核心的学生参与管理模式实践与探索，以学校的品牌文化建设活动"三节一广场"为切入点，夯基垒土颇有建树，取得丰硕的科技文化育人成果，师生敢于创新、热衷钻研、热爱艺术的精神风貌，匠心筑梦技能成才成绩突出。以学生管理规划为抓手，触发动力引擎，全面构建全程育人体系，形成具有鲜明特色大有作为的应用型人才培养模式，前途广阔为应用型本科人才培养提供有益参考。

2. 学生自我完善的基本诉求

适合的教育就是最好的教育。坚持"以人为本"理念，"金无足赤，人无完人"，展示自我、绽放光彩，自我完善、自我超越是健全自我意识的最终目标。"尺有所短、寸有所长"，学生成就自我的过程是由自我统一不断走向完善的过程。从眼前小事做起，付诸行动协调个人期望与个人能力，注重自我又不固守自我，不断改造自我。教师在工作中以人文关怀为核心，精细化以职业发展为基准分层次及个性化管理。求同存异、因事而化、因时而进、因势而新，让每个同学都有出彩的机会。顺势而为充分利用新媒体技术、人工智能的优势增强教师的内在创新能力渠道，以此作为学生管理工作的数据依据。[1]

（二）提升管理质效需要依靠多元协同学生三自管理

聚焦主业、立足日常、坚持底线、服务中心，推动学生管理工作精准化、智慧化，赋能学生管理水平提质增效路径。

1. 应用针对性的系部发展策略

多元协同学生三自管理工作法作为培养应用型人才的有效途径，以学生发展为主线，在培养学生综合素质，提高学生实践、创新能力，推动课程体系和教学内容上的提质培优，探索实践持续完善和构建培养应用型人才培养

---

[1] 安富海. 探索增值评价制度 学生素质提升幅度大，才是好学校[N]. 光明日报，2020-07-21（13）.

的途径，启智润心注重开发学生潜能。①发挥系部管理的战斗堡垒作用，建设好常规工作，重点工作，特色工作系部学生管理工作平台，常规工作经常抓——重点工作重点抓——特色工作专人抓。课堂无缝衔接岗位能力，实现更高水平的"产、学、研"一体化，推动学生管理质效不断提升。②

2. 进一步深化学生管理的重要抓手

充分增强育人主体的参与度，逐渐提高学生的管理质量，提升其对学生管理工作的认知度，教师全心全意服务指导，得以满足不同学生的个体需求，学生学习信心十足，实践热情高涨。合理运用精细化养成模式，提升学生主动学习积极性的提升，组织形式多样且内容丰富的活动，引导学生交流互动，明辨是非，进行自我管理，道德素养水平不断提升。

二、多元协同学生三自管理工作法的具体实施

以多元参与"育"为核心的学生三自管理模式，为走出一条具有二级管理系部的职业教育发展路子起到了积极的推动作用和很好的示范作用。呈现健康、积极的学风生态与发展路径，铸就职业化素养，"人无我有，人学我优"起到辐射引领作用。

（一）"育"为核心，格局育人

首先是"入心"，德育之花竞芬芳，供给端发力育人先育德，紧密结合各专业类课程、将"第一课堂"和"第二课堂"主阵地的特点有机融入，实施系统工程，潜移默化地对学生的思想意识、行为举止产生影响。学生工作坚持以德育人理念，加强课程思政的建设工作，有效提升学生的专业知识及综合素质，系好人生"第一粒扣子"。发展的出发点与立足点都以学生为主体，在探索的过程中培养发现问题、解决问题、利用资源、归纳总结等多种行为能力，创新精神始终贯穿全过程。③有利于学生多技能融汇，打造坚实的素质基础，扬帆起航成长成才建功立业。

---

① 郑永廷. 把高校思想政治工作贯穿教育教学全过程的若干思考：学习习近平总书记在全国高校思想政治工作会议上的讲话[J]. 思想理论教育，2017（1）：4-9.
② 辛涛，张文静，李雪燕. 增值性评价的回顾与前瞻[J]. 中国教育学刊，2009（4）：40-43.
③ 刘云生. 供给侧结构性改革：教育怎么办？[J]. 教育发展研究，2016，36（3）：1-7.

（二）"育"为核心，技能育人

人人皆为师、处处均受教——聚焦成长成才，建好技能平台，学业指导到位。广泛开展创新创业教育活动，大力提高学生创新创业能力。大学生创新项目立项不断突破，创业项目和团队不断涌现，大学生创新创业教育硕果累累。鼓励跨学科组队，鼓励校企合作、产教融合项目，统筹科研、教学和社会实践等，人人育人、时时育人、处处育人，发挥教师教书育人"排头兵"示范带头效应。

1. 以赛促建，训练创意思维

以赛事任务及具体问题为导向，师生对完成一个实际竞赛项目应具备的职业素养进行分析，构建专业知识、技能、素养能力，以赛促培达到培养学生综合能力的培养目标。一专多能综合型人才成为市场发展的新需求，对技能人才的能力要求更全面。通过巴哈赛车项目、新能源汽车技术项目、智能网联汽车项目等专项训练、教师课题组，参加训练计划、校企合作、工程实践、驻厂实训，研产协同育人全面充分提升锻炼学生的育人生态，全力以赴、密切配合实现知识共享与转移。

2. 扎实训练，培育工匠精神

参加技能大赛是教学的延伸，达到以赛促学、以赛促教的目的。技能人才需要具备操作技能能力、技术技能，创新研发能力。根据赛事技术文件要求，一步一个脚印地牢固基础分解任务，按照生产制造流程设定工作岗位，在研发与生产的各个环节中，促进学生主动学习提高技术技能水平，并通过跟踪机制进行调整。"德""技"并修通过与其他院校的同级别学生的同台竞技，发扬奋勇争先、文明竞技的精神风尚，互学互鉴，发现技能短板或与他人的差距后找到学习目标，形成良好的学习循环，爱创新、会动手、能协作、勇拼搏促进个人发展，聚焦民生热点促进学生高质量就业。

3. 薪火相传，打造时代品格

学生在训练、备赛、参赛的过程中收获更多的本专业及跨专业的知识，掌握"一技之长"，提高了学生的培养质量，提高就业能力匹配度。递进式进行研究、优化、实践，多年级联动、多学科融合、团队协作传帮带是最有效途径。多个专业进行交叉与综合互学互鉴，使相关专业之间相互渗透并形成有机的融合。在提升本专业技能的同时，加强其他专业技能的学习，通过课内实践将知识外化成为单项的专项能力。在人才培养过程中充分利用资源，大胆"请进来"与"走出去"。

（三）"育"为核心，规划育人

师生"同心"改变师本现象，内涵提升促使学生发展创新，近期规划与长远目标共存高质量发展，保持开放与和谐共存的原则。

1. 管与放——管放有序

直击学生关心、关注、关切的问题，准确把握"管与放"的核心要义，在班级建设中充分考虑学生特性，班级计划的发展阶段及规划实施，将学生管理落实到师生共建、协调发展、潜移默化的过程中。根据班级和学生个体的发展需要，制定学生管理工作的中长期发展目标，把握控制管理工作的整体思路。[1]

2. 宽与严——宽严有度

伟大的人民教育家陶行知先生言："你的教鞭下有瓦特，你的冷眼里有牛顿，你的讥笑中有爱迪生。"关爱学生是师德的灵魂，搭建沟通桥梁，重视警示性的教育作用。注重技能教育与生活教育一脉相承，引导学生结合学校规章制度以及班级实际情况制定合理的班规，做到有规可循"以法治班"，引导学生向上向善。理性平和、严慈相济，严中有宽，宽中有爱，爱中有教，增强学生对学校、系部、班级的认同感与自我存在感。

3. 导与堵——导堵协同

"去除心灵杂草最好的办法是被美德占据。"导"堵点"、"淤点"和"难点"，引导学生提升明辨是非与自我教育的能力，充分调动学生的积极性和主动性，共同发展为学生注入知行合一、奉献社会的青春正能量。[2] 系部强化人文关怀共建校园安全防线，掷地有声处理好各类关系在学生管理中堵是必要的、必需的。分类施策畅通学生合法、有序表达利益诉求的渠道。优化系部、

---

[1] 崔景贵.解读职校生"习得性无助"现象：心理症结与教育策略[J].中国职业技术教育，2013（12）：65-72.

[2] 胡劲松，欧阳恩剑.职业教育校企合作的法律制度建构：法律制度生成理论的视角[J].教育研究，2018，39（1）：74-82.

班级、宿舍"三级"预警防控体系,层层负责建立矛盾隐患化解、决策风险评估机制,深入完善各类突发事件应急处置预案,切实落实二级管理系部责任制度。严明奖惩措施,文化氛围熏陶与感染,以促进学生健康成长成才为重点,聚力提升新时代管理服务水平,助力学生的健康全面发展。

(四)"育"为核心,氛围育人

结合时代精神做好"融入"文章,在社会经济不断发展的今天,要想为社会培育出大批高素质、高水平的优秀人才,不断加强学生管理,应鼓励学生们有效学习专业知识,学会运用所学知识,立志成为"德才兼备"的人,积累知识经验对社会建设做出的实际贡献。

1.以规划促管理,激励学生科学有序改变

即知即传,重视学生的科学化管理,对标开展思想政治工作,积极引导学生分析相关案例,明确发展目标,正确地进行职业规划,真正提升思想觉悟、主体优势等,同时拥有鲜明的特色情怀。在活动设计上兼顾价值性和趣味性的深度统一,凸显活动价值避免形式主义的活动组织。按需设计,在活动开展前提前预判,通过摸底及调研等前导工作明确活动受众群体的需要,关注活动本身的有效性,体现内涵性增强活动的针对性,在喜闻乐见的主题活动中收获成长,以达到预期效果。①

2.以仪式促管理,激励学生积极主动改变

人人有事做,事事有人做。开展仪式促管理新格局,结合学生特点做好设计、给予一定"第二课堂积分"等"红利",加强宣传引导,真正拉近与学生的距离获得理解和支持;调动学生的主观能动性,鼓励支持学生组织、社团开展各类活动,学生管理水平提升的关键在于高素质高水平的学生参与管理工作团队,因而要加强对学生参与管理工作队伍的培养,使其在学生参与管理工作实际开展的过程中不断地实现自我超越、不断地提升专业能力。

3.以朋辈促管理,激励学生潜移默化改变

以身示范及时树立典型,使其承担起自己的社会责任,明晰自身发展中

---

① 李湘萍,周作宇,梁显平.增值评价与高等教育质量保障研究:理论与方法述评[J].清华大学教育研究,2013,34(4):40-45.

存在的不足，注重反思，及时改进，不断进步。三自管理目标得以顺利实现，德育与智育有效结合。朋辈引领亦师亦友，榜样力量相伴同行，对创新思想政治教育方法、提升育人实效，具有重要的逻辑意义和现实意义。发挥学生同辈的独特角色，发挥高年级优秀学生在思想引领、学习科研、技能竞赛、社会实践、生涯规划、人际交往、防电信诈骗、校园贷等方面的榜样示范作用，开展朋辈引领及传帮带工作。

（五）"育"为核心，养成育人

基于"三全育人"理念，在二级管理系部的统一指导下，"暖心"展现生活育人的理论与实际价值反省—审视—整改，制度化与人性化有机结合脚踏实地仰望星空，建立以辅导员监督管理，学生干部积极配合，学生会组织安排，舍长直接负责的管理体系。

1. 强化基层支部的思想引领和战斗堡垒作用

融入认同落实基层支部特色的育人实践，为提高育人层次发挥积极作用。赓续党的红色血脉，强化开拓斗争精神，理论武装头脑，加强民族精神教育，打造富有时代特色的系部文化，注重道德情操元素融入，营造良好的学习生活氛围。建立和完善积分制度，引进奖惩措施，发挥团学组织的积极作用，将职业素养提升、企业文化融入校园文化活动中，促进学生成长成才。提高同学们的生活质量，更好地展现丰富多彩的大学生活，体现积极向上的精神风貌。融思想、融文化、融生活、融艺术、融技能，以仁爱之心加强学生间的交流与沟通，获取更多的信息资源，并及时向辅导员反馈，提出解决方案。

2. 强化文化内涵的目标导向和基础保障作用

主动求变的过程中努力做到科学应变。以"'寓'见"为抓手，打通育人"最后一公里"，加强人际沟通、调整宿舍人际关系，使学生拥有良好心态，学会理解包容与相互尊重，学会做一个自律的人，积极掌握交往之道。引领凝聚、组织动员、联系服务各宿舍制定宿舍行为规范，落实共创温馨和谐安全的美好校园。双向协作、服务下沉、文化浸润、自我治理，通过舍长获取学生情况的第一手资料，定期由学生会组织召开舍长会议，深入学生、围绕学生、关照学生的力度不断加大，形成"长辈引领+朋辈辅导"的融洽氛围，师生之间的思想"隔阂"与心理"疏离"等问题得以有效解决。提高寝室生活质量育阳光学生，更好地展现丰富多彩的大学生活，体现寝室积极向上的精神风貌，在管理中自觉强化自身道德修养。

结语

学生工作因事而化、因时而进、因势而新。系部在多元参与、"育"为核心理念指导下发挥自身特色，形成了"学校搭平台，系部为龙头，师生共参与，学生齐支持"的协同育人工作格局。系部站位有高度、挖掘育人主体的参与度、师生合作有深度、人文关怀有温度、网络宣传有广度。多元协同"育"为核心工作法统筹聚力、分工协作、全员联动、系统推进，赋能学生工作效果水平。青春正值扬帆时，打通发展通道同频共振输出"工匠精神"，全面提升系部提升学生工作的教育、管理、服务水平，全面推进学生管理工作的科学化、规范化、专业化。提升育人的融入度、渗透力和实效性，全面构建良好的育人生态环境。

参考文献

［1］潘凌云.高职院校学生管理模式创新探析［J］.湖北广播电视大学学报，2017，37（3）.

［2］安富海.探索增值评价制度 学生素质提升幅度大，才是好学校［N］.光明日报，2020-07-21（13）.

［3］郑永廷.把高校思想政治工作贯穿教育教学全过程的若干思考：学习习近平总书记在全国高校思想政治工作会议上的讲话［J］.思想理论教育，2017（1）.

［4］辛涛，张文静，李雪燕.增值性评价的回顾与前瞻［J］.中国教育学刊，2009（4）.

［5］刘云生.供给侧结构性改革：教育怎么办？［J］.教育发展研究，2016，36（3）.

［6］崔景贵.解读职校生"习得性无助"现象：心理症结与教育策略［J］.中国职业技术教育，2013（12）.

［7］胡劲松，欧阳恩剑.职业教育校企合作的法律制度建构：法律制度生

成理论的视角［J］.教育研究，2018，39（1）.

［8］李湘萍，周作宇，梁显平.增值评价与高等教育质量保障研究：理论与方法述评［J］.清华大学教育研究，2013，34（4）.

［9］田奕.高职院校学生宿舍管理模式改革与创新探讨［J］.工业技术与职业教育，2018，16（4）.

［10］魏强，周琳.因事而化、因时而进、因势而新：做好高校学生思想政治工作的新要求［J］.思想政治工作研究，2017（3）.

作者简介

高东璇（1982—），女，硕士研究生，四川工程职业技术大学交通工程学院专任教师，主要从事新能源汽车运用工程的教学与研究工作。第一指导教师指导结题省级创新创业训练项目2项，主持课程建设2项，第一作者发表论文10篇，核心期刊论文2篇，第一发明人授权实用新型专利6项。

滕峻林（1984—），男，硕士研究生，四川工程职业技术大学交通工程学院党总支副书记、副教授，四川工匠、四川省技术能手。第一作者发表中文核心论文4篇，主持省部级课题3项，中华人民共和国第一届职业技能大赛四川省选拔赛"新能源汽车智能化技术"赛项第一名。

周国清（1988—），女，硕士研究生，四川工程职业技术大学交通工程学院学工组长，主任科员，从事学生管理工作14年。

辅导员角色下基于优势视角引导高职学生职业规划

陈希才

当前，高职教育在迎接机遇的同时也存在着各种挑战，其中之一就是如何帮助学生更好地适应职业市场。因此，开展高职学生职业规划辅导，尊重学生的需求，提供更多的职业发展机会是当前高职教育里的一个重要环节。运用优势视角介入高职学生的职业规划，可以丰富辅导的知识和方法，培养高职学生的职业适应能力。可以有效增强个人自信心、减轻职业压力，提升职业满意度和工作质量。在这个过程中，辅导员不仅要提供职业指导，帮助学生制定合理的职业规划，而且还在尽量激发他们的潜能，为其提供相关的技能和行业知识，在学生成长过程中强调职业道德素质的建立，引导他们树立正确的职业观念和道德观念。

一、优势视角概述

"优势视角"是指从一个个体、组织或群体的优势或有利方面来看待问题、分析情况或制定策略的观点或方法。它强调关注和发挥自身的优势、资源和潜力，以获取最佳结果。"优势视角"认为：每个人都在各种环境中拥有一定的优势。这些优势包括个人的性格特点、技能、经验积累以及社会资源等方面。

与"优势视角"相对的概念是"劣势视角"或"问题导向视角"。"劣势视角"强调关注问题、挑战和障碍，并试图解决或克服它们。它侧重于问题的本质、原因和后果，并着重于弥补或改善不足之处。这两个概念的本质区别在于它们的关注点和思考方式。优势视角关注的是个体或组织已有的优势和资源，强调发掘和利用这些优势来实现目标。它注重积极的心态、发展潜力和创造性解决问题的能力。相比之下，劣势视角侧重于问题和不足之处，着眼于解决这些问题和克服障碍，以改善状况或达到预期目标。

辅导员指导学生进行职业规划时，优势视角具有广泛的应用性和强大的适应性，它可以弥补问题视角所忽视的主观能动性和资源优势。

二、当代高职学生职业规划多样化特征

2020年7月，习近平总书记在吉林考察时强调，"高校毕业生要转变择业就业观念，只要有志向就会有事业，只要有本事就会有舞台"[①]。在社会变革、经济发展和个人追求的多重因素影响下，当代高职学生在职业规划方面拥有更多的选择和可能性。与过去的大学生不同，当代大学生不再仅仅以学习成绩为唯一目标。他们开始重视课余时间的学生工作、社会实践、志愿服务等与社会发展趋势相契合的活动。[②]这一变化也反映了社会对综合能力和多元化人才的提倡。当代高职学生在职业选择上更加多元化，他们不再局限于传统的行业和岗位，而是将创业、自由职业和新兴行业等视为职业发展的选择之一。有些人可能会在毕业后迅速就业以顺应时代的节奏，有些人则会提前规划创业，还有些人选择成为自由职业者，或者以半择业的状态边走边看。因此，当谈到职业选择时，"佛系"、个性和顺势而为已经成为当代大学生职业决策的三种主要态度。[③]当代高职学生在职业规划中也面临一些挑战，比如，面临职业选择的困惑和焦虑、不确定自己的职业方向和未来发展路径等。同时，他们也需要面对激烈的竞争和不确定的就业市场。因此，他们需要积极主动地进行职业规划和能力培养，不断提升自己的竞争力和适应能力。

在应对这些挑战过程中，辅导员起着重要的作用。他们可以提供职业指导和咨询服务，帮助学生了解职业市场的需求和趋势，引导学生制定个性化的职业规划；提供实践机会和职业技能培训，帮助学生提升自己的综合能力和就业竞争力；指引学生树立正确的职业观念和职业道德，培养他们的职业

---

① 坚持新发展理念深入实施东北振兴战略　加快推动新时代吉林全面振兴全方位振兴［N］人民日报，2020-07-25（1）．

② 袁霞．优势视角下大学生职业决策自我效能的干预研究：基于"Plus+"大学生职业生涯辅导项目［D］．上海：华东师范大学，2020．

③ 袁霞．优势视角下大学生职业决策自我效能的干预研究：基于"Plus+"大学生职业生涯辅导项目［D］．上海：华东师范大学，2020．

素养和道德意识,等等。

三、当前高职学生职业规划存在的主要问题

通过中国青少年研究中心发布的"在校大学生就业倾向调查报告"分析,尽管多数大学生都有着积极向上的职业价值观,并且在提升职业能力和规划职业生涯等方面都进行了不懈努力,但在确定职业意愿和职业规划的方向等方面仍然存在着一些问题,主要表现为以下四方面。

（一）职业规划意识不强

数据显示,绝大多数大学生（约90%）知道职业规划很重要,但真正进行了科学合理职业规划的学生人数只有10%左右。一些学生存在"升学无意识、就业无意识、发展无意识、生涯无规划、学习无动力"[1]等现象。缺乏明确职业规划的大学学习方式可能会对未来职业和发展产生负面影响。

（二）职业规划缺乏主动性

职业规划的主动性和被动性对学生未来的职业发展具有重要影响。一些高职学生存在职业规划中的被动性问题。被动的职业规划意味着大学生往往随波逐流,而不是根据个人发展需求和职业目标制定规划。这可能导致一些学生在就业中受到外界压力而选择职业道路,而另一些学生可能在盲目中失去自己的自我发展目标。调查数据显示,约30%的学生认为他们的职业规划是主动的,50%的学生认为他们的职业规划在主动行为和随波逐流之间存在平衡。此外,约10%的学生无法确定自己的职业规划,还有8%的学生承认他们的职业规划是被动的。

（三）职业规划认知片面

一些学生在职业规划时存在缺乏系统性和全面性的问题。目前的职业规划教育通常只着眼于学生的就业问题,忽视了个人兴趣、价值观、能力等因素的综合考虑,因而缺乏全面性和系统性。这种状况可能导致学生在职业选

---

[1] 王艳敏.构建职业生涯教育模式的思考［J］.高等函授学报（哲学社会科学版）,2008（5）:43-44,47.

择过程中未能充分考虑自己的内在优势和兴趣。过于关注就业前景和市场趋势可能使学生做出不适合自己的职业决策，最终可能导致职业不满和人生迷茫，也可能使学生错失发展适合自己潜力领域的机会。

（四）缺乏个性化指导

就目前来说，大多数学校是就业中心在进行学生的职业规划教育和就业培训，而这些教育培训往往只关注学生的就业问题，忽视了个人兴趣、价值观、能力等多方面因素的综合考虑，缺乏全面性和系统性。要使职业规划教育更加有效，有必要了解高职学生职业规划的特点和规律，学习如何将个人条件和需求融入职业生涯规划中。

四、辅导员以优势视角引导学生进行职业规划的意义

习近平总书记指出，"供给侧结构性改革的根本目的是提高供给质量满足需要"[1]。辅导员以优势视角引导高职学生发掘自身的兴趣、技能、经验和价值观，以此为基础进行职业探索决策和进行职业规划，是提升学校育人质量的重要措施，它对改善育人效果、提升育人质量、适应需求侧的新特征具有重要的意义。

（一）辅导员在高职学生职业规划中的重要作用

1. 提供职业指导，培养正确的职业规划意识

作为学生成长期间的重要引导者和伴随者，辅导员在学生职业能力培养方面具有独特的优势。辅导员可以了解学生的兴趣、能力和优势，为学生提供个性化的指导和建议。通过开展职业洞察力课程、个性化的职业咨询和实践活动，辅导员能帮助学生认识自身的职业优势和不足，了解不同职业领域的特点、文化和薪酬待遇，帮助学生根据自己的特点和优势选择合适的职业道路。

2. 辅助职业探索，培养良好职业规划能力

辅导员可以协助学生进行职业探索和实践活动。他们可以引导学生参加

---

[1] 坚定不移推进供给侧结构性改革　在发展中不断扩大中等收入群体［N］.人民日报，2016-05-17（1）.

实习、工作体验或志愿者活动等，帮助学生了解不同职业的实际工作环境和要求。在职业规划能力的培养上，辅导员还可以引导学生对自身进行认知，帮助学生了解职业市场和相关行业岗位，指导学生分析自身优势和兴趣，引导他们了解不同职业的前景和要求，科学合理地帮助学生提高职业规划能力。

3. 持续提供资源和信息

辅导员能够为学生提供相关的就业资源和信息，包括职业市场趋势、就业机会、招聘信息等。他们可以组织就业讲座、招聘会和职业技能培训，帮助学生了解就业市场的需求，并提供必要的技能培训，提升学生的就业竞争力。

4. 制定职业发展规划

职业规划是对职业生涯乃至人生进行持续的系统的计划的过程。辅导员可以帮助学生评估自己的职业兴趣和技能，与学生一起制定个性化的、持续性的职业发展规划，帮助学生设定明确的目标和阶段性计划，并提供相应的支持和指导，规划学习和实践的路径，以达到实现职业目标的目的。

5. 建立职业网络

辅导员可以帮助学生建立职业网络，引荐他们与相关行业的专业人士进行联系和交流。通过参加行业协会、社团组织或职业导师的指导，学生可以扩展自己的人脉资源，增加就业机会，并从他人的经验中获得职业的启发和指导。

6. 培养优秀职业道德

在职业道德培养方面，辅导员也发挥着重要作用。他们能通过教育活动和讲座、组织诚信教育和职业道德讨论等方式，帮助学生树立正确职业道德观，教导学生积极遵守职业道德规范，提高他们的道德素养。

（二）优势视角在职业规划与能力培养中的应用体现

1. 自我认知

优势视角强调学生个体对自身优势的认知，包括个人的兴趣、价值观、技能和特长等。在进行职业规划时，通过详细的自我评估，学生可以更好地了解自己的优势，从而为职业规划和能力培养提供有力的依据。

2. 积极情绪与动力

通过强调学生的优势和积极面，优势视角能够增强学生的自信心和积极情绪。这种积极情绪有助于提高动力，有助于学生在职业生涯中保持积极的心态，推动学生更有决心地追求职业目标。

3. 职业定位

在职业规划过程中，优势视角帮助学生根据自身的优势和价值观来选择合适的职业方向。这样可以提高学生在职业生涯中的成功率，也符合学生的长期发展需求，减少因盲目跟风或外界压力而做出的不适合的职业决策。

4. 适应变化与挑战

优势视角使学生更有能力应对职业生涯中的变化和挑战。通过依靠自身的优势和强项，学生可以更灵活地适应环境变化，克服困难，保持职业发展的稳定性。

5. 职业形象塑造

优势视角有助于塑造良好的个人职业形象。通过展示自己的优势和特长，个人可以在职业市场上脱颖而出，吸引更多的职业机会和人际网络。

五、辅导员基于优势视角的职业规划与能力培养策略

（一）发现学生的优势和潜能

从以下方面入手，辅导员可以很好地发现学生优势和潜能。

1. 兴趣和爱好

辅导员可以从学生参加课外活动、社团组织、课堂讨论以及志愿者工作等活动中，仔细观察学生的表现，发现学生在某些领域表现出特别的热情和才能，如领导才能、组织协调能力等，提供更多与之相关的职业选择和信息，帮助他们找到更适合且专业的职业岗位。

2. 学习成绩和表现

学生在某些学科或领域可能表现出色，辅导员可以通过评估学生的学习成绩和表现进行评估，来发现他们的学科优势。

3. 个体谈话和交流

通过家访、宿舍走访、心理咨询等方式，辅导员可以与学生进行一对一

的谈话和交流。在这个过程中，倾听学生的故事、梦想、兴趣和价值观，从中发现学生的优势和热情所在。

4. 测试评估工具

辅导员可利用职业能力测试和问卷等工具，帮助学生明确自身的职业优势和劣势。例如，MBTI 或 DISC 测试可以帮助辅导员了解学生的性格特点和潜在能力。

5. 实习和实践经验

学生的实习和实践经验是展现其特殊技能和适应能力的重要机会，辅导员可以关注这些经历，以了解学生的优势和潜能。

6. 作品和项目展示

学生创作的作品和参与的项目能够展示出他们的特长和潜能。辅导员可以鼓励学生积极展示自己的设计作品、艺术作品等，通过这些作品来深入了解学生的特长和能力。

（二）以优势视角为学生提供有针对性的职业能力培养

1. 以生为本，挖掘内在潜能与优势

帮助高职学生提高职业规划能力，需要激活高职学生自我意识，推动他们自我觉醒，使他们主动认识到自身的潜能。在日常生活中，多与学生交心，用一些成功的案例来激发他们思考自己的长处与潜力，在自己有优势的地方发力，提升自己的职业能力。

2. 有针对性地提供差异化指导

辅导员帮助学生提高其就业竞争力，必须注重个性差异，针对不同学生提供差异化指导。从优势角度来说，人的发展潜能是无穷的，然而，每位学生要充分激发潜能，所需的背景条件和指导过程各有差异。因此，在引导他们的职业规划时，应关注其个性差异，重视个性化发展。对于高职学生，需综合多种因素，为他们创造有利于提升就业竞争力的环境，从而更有效地发掘其潜力。

3. 整合资源，创造良好环境

辅导员可以充分挖掘各种社会资源和学校资源，将其有机地结合起来，激发高职学生的主动性、积极性，协助学生制定职业规划和能力培养的框架，使学生职业规划和能力更具针对性和实际操作性。充分利用社会资源，与相关机构和行业建立合作伙伴关系，策划并推行一系列丰富多彩、实用技能为主的活动，以营造积极的职业规划氛围。

4.家庭与朋辈支持形成帮扶合力

家庭和朋辈支持是高职学生职业规划能力提升的重要因素。通过家庭、同学和辅导员的合力支持，高职学生能够更好地规划自己的职业生涯，取得更好的职场成就。

5.提升综合能力和职业技能

优势视角鼓励学生在培养综合能力和职业技能的过程中进行跨学科的合作。通过与不同学科领域的学生和专业人士合作，学生可以接触到更广泛的知识和经验，学生能够不断调整和完善自己的综合能力和职业技能。

六、结语

本文探讨了辅导员以优势视角来引导高职学生职业规划的重要性。辅导员通过发掘高职学生的内在兴趣、优势和价值观等，积极引导学生进行职业定位和规划，可以显著增强他们的自我认知和自信，有效提升职业适应力、职业竞争力，帮助高职学生更好地理解和应对职业瓶颈、挑战和变化。通过优势视角的运用，辅导员可以帮助学生了解如何在职业生涯中充分发挥个人优势，为学生提供个性化的职业发展建议和指导，使学生能够更有针对性地制定实际可行的职业目标，为未来的职业发展奠定坚实的基础，对学生较为长远的职业发展也具有积极影响。

参考文献

［1］袁霞.优势视角下大学生职业决策自我效能的干预研究：基于"Plus+"大学生职业生涯辅导项目［D］.上海：华东师范大学，2020.

［2］王艳敏.构建职业生涯教育模式的思考［J］.高等函授学报（哲学社会科学版），2008（5）.

[3]坚定不移推进供给侧结构性改革 在发展中不断扩大中等收入群体[N].人民日报,2016-05-17(1).

作者简介

陈希才(1977—),男,汉族,四川岳池人,四川工程职业技术大学艺术学院主任助理,大学本科学历,讲师。研究方向:艺术教育。荣获"2020年四川省职业院校教师教学能力大赛(高职组)"二等奖,"2022年四川省职业院校教师教学能力大赛(高职组 专业课程一组)"二等奖。

组织文化在管理育人中的探索与实践
——以班级文化建设为例

严丽华　陈玥乔

近年来,高校校园文化取得了长足的进步,班级文化是校园文化的重要组成部分,其可以从根源上加快学校进行思想政治教育创新。对班级文化相关内容进行研究和讨论,可以为实现以人为本的教育理念奠定基础。本文基于组织文化视角,对新时代高等教育的对象进行分析。很多以往的育人模式不能在时代的革新过程中赋予高等教育足够的吸引力与感染力,因此,我们有必要针对育人模式开展充分的创新和优化改革工作,根据新时代背景下大学生的个性化发展特点,对高校班级文化建设进行分析研究并提出相关改进措施,实现立德树人总目标。

一、高校班级文化建设的现实意义

(一)高校班级文化建设的特征

从组织文化视角看,班级文化的建设主要包括以下四方面:物质文化、行为文化、精神文化及制度文化。在班级物质文化建设中,主要是对班级成员的生活和学习环境进行改善,为良好的学习奠定基础;在班级行为文化建设中,主要是对班级成员的学习活动、言行举止以及行为习惯等方面进行规范;在制度文化构建过程中,主要是利用制定各种规章制度来对学生的学习和生活情况进行约束;在精神文化建设时,充分运用思政教育的内容,有效帮助学生提高思想政治素养,践行社会主义核心价值观,增强其职业道德素质等。在高校班级文化建设当中,各个部分的文化建设内容之间存在着相互依存的关系,它们通过相互促进,共同发挥出整合、导向的功能,其具体特征表现如下。

1. 独特性

在大学阶段，大学生开始对自己的未来人生方向进行思考，并且也更加重视自身外在和内在的影响，这是学生独立性的特点。高校校园是一个较为特殊的环境，可以说其就是一个"小社会"，多数学生根据实际情况合理安排在校的生活及学习。另外，大学生有着更多独立的思想，但是因为其并没有真正走入社会，因而在看待问题时会出现片面的情况，就需要对其进行正确的引导。学生成长依靠班级文化做指引，集体逐渐走向成熟的标志，即班级文化所展现出的独立性特点。

2. 差异性

高校进行的班级文化建设中，需要给学生提供轻松、和谐、民主的氛围。学生作为班级文化和校园文化的主体，受到经济状况、成长环境以及生活思想等因素影响，从而使其在人格形成方面存在着文化理念、生活理解、认知水平等方面的差异性。因此，学生体现的专业性、社会性、生物性等层面不同点，造成了其在校园文化环境中的差异性。

3. 多元性

高校班级文化在一定程度上受到了校园文化、家庭因素等因素的影响，所以班级内的成员在人生观、价值观等方面有不同的表现，彼此之间产生碰撞、交融。另外，当前社会发展迅猛，大学生也受到多元文化的影响，因而其价值观念也处于不断的变化当中。大学生的实际需求在社会时代的发展下越来越走向多元化，这也要求在高等教育中要注重采用多元化的教育方式。

（二）加强高校班级文化建设的现实意义

1. 感悟思想真谛，弘扬时代主旋律

班级文化的建设在高校思想政治教育工作中所处的地位是不可替代的，其对思想政治教育的有效开展具有直接的影响。对高校而言，其班级文化有着独特性、差异性、多元性等特征，这些特征的存在使得班级文化为思想政治教育提供了众多素材，教师在开展思想政治教育时，可以将班级文化的相关内容融入思政教学内容当中，使学生能够以身边的实际案例作为学习内容，这样思政教育内容的吸引力大大增强，使得大学生能够在日常学习和生活当中受到思想政治教育的熏陶和影响，进而为以后的成长成才奠定基础。

2. 优化校园氛围，建设高校校园文化

随着社会经济的快速发展，在社会范围内生成一些价值结构以及评价标准互相影响的情况，此种情况势必对校园文化氛围带来影响。新形势下，如何才能帮助学生树立正确的价值观以及人生观成为思想政治教育创新的关键问题。高校思想政治教育工作的开展为班级文化建设提供一些素材，给思想政治教育注入创新动力。由于班级文化的价值导向是和校园文化氛围息息相关的，能够使得学生在潜移默化中受影响，所以班级文化建设致力于学生完整人格的塑造。班级精神是校园文化的精髓，班级文化的具体建设深层次体现了师生的思想价值，对师生的行为举止产生了一定影响。良好班级文化建设给师生带来温暖的感觉，和谐的校园氛围让师生积极向上。优质的学习环境能够让学生进入更好的学习状态，因此，加强高校班级文化建设，是加强高校校园文化建设的需要。

3. 凝聚力量，树立向上向善的价值观

高校的班级文化建设，是大学生思想政治教育的重要依托。通过良好的班风、学风建设以及榜样的示范作用，提升班级成员思想道德素养，增强学生的自豪感和班级荣誉感，形成团结和谐、奋力拼搏的班级精神，这种精神激励同学不断前进，汇聚成一股强大的班级力量，引导学生树立向上向善的价值观，学生在这种价值观的引领下，成为一个有理想、有担当、有情怀的新青年。

二、高校班级文化建设现状与问题

（一）物质文化待改善

高校班级物质文化指的是班级内的物质环境，文化建设的重要保障，其影响是最直接的。我们在开展物质文化的构建过程中，存在着物质文化管理不到位的情况。首先，很多高校在整合、扩招之后，面临占地面积扩大、学生人数激增等情况，因而在对教学硬件的管理方面存在着较大的压力。其次，校园环境有待加强。在校园环境方面，很多高校的绿化、校园卫生环境总体较好，但是教学楼区的管理方面却相对要差一些。教室中，有的布置过于单调，有的桌椅破损严重，有的标识牌指示不明等，正是因为存在这些问题，所以班级文化建设的进度受到了一定程度上的制约。

（二）行为文化待改进

高校班级行为文化是高校师生在日常的生活和学习当中所表现出来的精神状态和行为操守，是一所高校学校精神文化及办学理念的动态折射。目前在各大高校中，少部分学生的行为并不规范，迟到早退、上课玩手机、下课打游戏等情况在当前大学校园中一定范围内存在。当前班级的凝聚力不强，学习氛围不浓厚，学习态度不端正。对于一些非专业的课程，出现很多学生逃课的情况，部分学生存在着在考试之前对重点内容进行突击学习，认为考试成绩只要合格即可，不挂科就达到了目的。在这种思想的影响下，有些学生就将重心放在了与学习无关的事情上，为当前的高校校园文化建设带来了不利的影响。

（三）制度文化待加强

制度文化建设是当前校园文化建设最重要的保障，其能够规范大学生的行为习惯，为高校管理工作打下了扎实基础。但是，很多高校在班级建设中，并没有完善的制度，或者沿用着传统的制度来对学生进行刚性管理，虽然许多制度是学生民主制定的，但是实用性有限，没有引入柔性管理。另外，高校班级制度在执行的过程中，存在一定的偏差，难以真正地落实下去，这也导致很多学生对班级制度的关注程度不高，学生在内心中认为这些制度并没有真正的作用，因而在进行制度文化建设中存在较大的阻力。

（四）精神文化待提振

高校班级精神文化对学生的价值观念和道德观念的培养具有直接的影响，但是在实际管理当中，很多高校学生对班级精神文化建设的认识较为单一，因而也难以使精神文化的价值充分发挥出来。在新形势下，大学生受到社会上各种思想的影响，对于所学专业发展认识不清晰、学习目的不明确，对于未来的发展感到比较迷茫，人情淡薄、社会责任感差、个人主义凸显等情况已经成为影响其价值观形成的重要方面。另外，高校文化内容需进一步拓展，如果没有新颖的校园文化活动，那么大学生在参与文化活动的过程中难免觉得乏味。现有的精神文化也需要提升，庸俗、颓废的精神文化对于高校校园文化的建设也具有直接的影响。学生对于班级精神文化建设的认识是班级文化建设得以不断发展的重要动力源泉,我们只有不断地加强班级成员对班级精神文化建设的正确认知,提高其精神文化建设觉悟,在每一个学生内心形成一种极为强烈的意识,才能增强班级凝聚力,更好地为班级文化建设打下坚实的基础。

三、加强班级文化建设的措施

（一）班级物质文化建设措施

首先,学校在后勤管理部门设立硬件管理岗位,对硬件设施、校园环境以及教学楼等公共区域进行管理。面对整合、扩招等情况,高校在进行扩建时,要对学校的整体发展进行科学的规划,注重校园建设的和谐,使其成为学生发展的助力。在教育生活设施方面,一些高校因为资金的问题,导致生活、教学设施更新速度跟不上,在这种情况下,学校要加大资金的投入,做好教育生活设施的更新,从而保障学生正常的学习和生活。其次,班级物质文化也是一个班级整体精神面貌的具体反映,主要包括教室的设计布置等方面。各班辅导员可以通过指导学生进行固定教室的布置来完善。例如,教室宣传栏张贴社会主义核心价值观、班规、班训,定制手机袋、标志牌,教室两侧张贴名人名言、艺术作品,等等。固定教室各班每天安排同学值日,保持教室地面和桌椅干净整洁,营造一个温馨和谐的班级氛围,使班级整体形象得到提高。最后,要大力营造高校校园物质文化氛围。在生活设施方面,宿舍是学生的"小家",让学生在其中感受到和谐温暖。因此,在宿舍文化构建过程中,宿管中心每周固定两天开展常规检查,让学生以争创文明宿舍为动力,做好自己的本职内务工作,使学生养成爱护和珍惜宿舍的良好行为习惯。辅导员和学业导师经常深入学生宿舍,解决学生在生活当中所遇到的各种问题,引导同学之间要相互交流、相互尊重,不定期组织大家开展各种活动。

（二）班级行为文化建设措施

首先,高校应大力加强校风和学风建设,以此促进学校行为风尚的提升。在具体的实践当中,高校可以以项目为载体,打造一系列精品育人文化活动,开展体育健身节、科技节、文化艺术节、周末文化广场、大学生创新创业等项目。同时,立足现代课程论的"大课程观"视野,从第一课堂与第二课堂共建的视角，依托"第二课堂成绩单"开展"工匠精神"等培育活动，将育人文化融入项目中。其次，导师和辅导员需要加强与学生之间的交流，了解他们的思想变化，在其成长过程中做好引路人。在实践中，在大思政课程背景下，将课程思政融入教学，并依托学校思政课程，结合学生专业，培养学生良好的行为习惯、语言习惯和思维习惯，使学生养成学习的自觉性和主动性。辅导员还可以开展各项班级活动来加强学生对于班级行为文化建设的认知，如参观红色教育基地建川博物馆、黄继光纪念馆、张思德干部学院、两弹城等。通过行为文化，提升班级的凝聚力，树立班级品牌，实现一班一品，从而实现立德树人的根本目标。

（三）班级制度文化建设措施

首先，学校建立健全学生管理制度、道德规范、行为准则以及组织机构，规范约束学生的日常行为。各班级相对应建立和完善班级规章制度，各系部每月从学习情况等对各班级进行考评，作为系部推选优秀班级的一个重要依据。其次，保证制度的公正性和透明度，让学生感受到公平和尊重，并加强制度的执行和监督，确保各项制度得到有效落实。例如，为了调动学生的热情和积极性，在评优评先中，要做到公平、公正，由辅导员、学生干部和普通同学共同组成评议小组，根据学生个人的表现情况进行推选。最后，融入柔性管理制度，以人为本，进行人性化管理。例如，根据本班级的具体情况，建立健全辅导员和班级干部沟通交流的工作制度。要求班干部每学期制定完善的工作规划，建立健全定期竞选班干部制度。班干部可以每学期竞选一次，在竞选之前想要参与竞选的同学进行发言，阐述班级管理方式以及班级目标，最后由全体学生进行投票，这种班干部竞选方式能够提升学生的民主意识，对于参与竞选的学生而言，其能够有效提升其人际交往能力、抗压能力等。建立健全班级量化考核制度，通过严格的制度要求来制定班级发展的相关规划，对于班级制度文化建设也具有重要的作用。通过全体同学的协商所制定的量化考核标准更加具有说服力，其严格的量化考核制度是学生积极行为的引导，也是学生消极行为的约束，另外，量化考核制度还关系到奖学金及各种评优指标的参考，其促使学生能够更好地执行相关制度。

（四）班级精神文化建设措施

高校班级精神文化建设要以习近平新时代中国特色社会主义思想为指导，不断加强学生的理想信念教育和社会责任教育等，在大学生理想信念教育中，辅导员要引导学生树立愿景使命和奋斗目标，明确新时代大学生所肩负的历史使命，用正确的思想观念和价值观念来武装自己，从而为以后的发展奠定基础。在社会责任教育方面，要通过思想政治教育来增强大学生的社会责任感，以贡献意识教育，树立社会责任感。作为新时代大学生，要考虑如何通过自己的努力为国家、社会做出贡献，如何努力学习并利用自己所学为人类的发展尽一份自己的力量。

在实践中，首先，利用微信公众号、微博、抖音等新兴媒体社交平台发布一些具有教育意义的视频和文章，增强学生对人生意义和价值的思考。其次，在各系部的网站上开设"学长学姐有话说"等栏目，通过优秀校友的先进事迹，激励学生不断努力学习，使学生的个人学习目标与班级共同目标相结合，实现班级使命和愿景，鞭策其在日常的学习和生活中奋力向前，不断进步。最后，在班级中，辅导员与学生一起制定本班的班歌、班训、班号等，让学生思想经受砥砺，增强自信心和进取心。通过班级活动来增强学生之间、师生之间的友好交流和沟通，拉近师生之间的距离，是增强班级精神建设的重要途径。

四、结语

综上所述，高校班级建设目前可以说是处在良好的发展过程中，但是在高校班级文化建设中也存在一些需要解决和处理的问题。本文从组织文化视角下阐述了班级文化建设有关意义，并对存在的问题进行了针对性分析，提出了相关改进措施。通过在经管系进行试点，2017级会计1班两次获得校级"五四红旗团支部"和"优秀班集体"荣誉称号，共发展5名党员，其中1人被评为2018年度"中国大学生自强之星"，1人获得了国家奖学金；2019级电子商务3班两次获得校级"五四红旗团支部"和"优秀班集体"荣誉称号，共发展6名党员，1人获得了国家奖学金，1人被评为市级"艾滋病形象大使"，并获得四川高校大学生（高职组）讲思政公开课一等奖等奖项。将上述模式在全校推广，不仅可以为学生提供更为丰富、多样的学习和体验机会，还能深入理解和体验工匠精神和劳模精神,也可以为高校班级文化建设提供一定的参考价值,推动高校班级文化建设的创新与发展。

参考文献

[1]赵曦.论高校班级文化建设困境及其创新路径[J].佳木斯职业学院学报,2021,37(3).

[2]董庆珍.谈班级文化建设与塑造学生健全人格[J].中国校外教育,2020(14).

[3]邹红英.班级文化建设:塑造班级灵魂[C]//2020年教育信息化与教育技术创新学术论坛(重庆会场)论文集.重庆:重庆市鼎耘文化传播有限公司,2020.

[4]郑朝阳.新时代高校校园文化育人功能发挥研究[D].长春:东北师范大学,2019.

[5]叶柳.论班级文化建设的价值、策略与原则[J].教学与管理,2019(12).

[6]周萍.社会主义核心价值观融入高校校园文化建设的新思考[J].思想教育研究,2018(8).

[7]蔡世华.大学组织文化变革机理与实践路径研究:基于价值观管理的视域[D].徐州:中国矿业大学,2015.

[8]李小玲.高校班级文化建设现状及策略研究[D].重庆:西南大学,2012.

[9]张文惠.高校班级文化建设的路径探讨[D].天津:天津师范大学,2012.

作者简介

严丽华(1979—),女,四川工程职业技术大学经济管理学院,讲师,研究方向:学生工作、经济学。

陈玥乔(1983—),女,四川工程职业技术大学经济管理学院,讲师,研究方向:学生工作、大学英语。